全 世 界 无 产 者，联 合 起 来 ！

列宁全集

第二版增订版

第三十三卷

1917年10月—1918年3月

中共中央 马克思 恩格斯 著作编译局编译
列 宁 斯大林

人民出版社

《列宁全集》第二版是根据中国共产党中央委员会的决定，由中共中央马克思恩格斯列宁斯大林著作编译局编译的。

凡　例

1. 正文和附录中的文献分别按写作或发表时间编排。在个别情况下，为了保持一部著作或一组文献的完整性和有机联系，编排顺序则作变通处理。

2. 每篇文献标题下括号内的写作或发表日期是编者加的。文献本身在开头已注明日期的，标题下不另列日期。

3. 1918 年 2 月 14 日以前俄国通用俄历，这以后改用公历。两种历法所标日期，在 1900 年 2 月以前相差 12 天(如俄历为 1 日，公历为 13 日)，从 1900 年 3 月起相差 13 天。编者加的日期，公历和俄历并用时，俄历在前，公历在后。

4. 目录中凡标有星花 * 的标题，都是编者加的。

5. 在引文中尖括号〈　〉内的文字和标点符号是列宁加的。

6. 未说明是编者加的脚注为列宁的原注。

7.《人名索引》、《文献索引》条目按汉语拼音字母顺序排列。在《人名索引》条头括号内用黑体字排的是真姓名；在《文献索引》中，带方括号[　]的作者名、篇名、日期、地点等等，是编者加的。

目　　录

附　　录

插　　图

前　　言

本卷收载列宁在 1917 年 10 月 25 日(11 月 7 日)至 1918 年 3 月 5 日期间的著作。

1917 年 10 月 24—25 日(11 月 6—7 日),俄国无产阶级和劳动人民在布尔什维克党的领导下,在首都彼得格勒举行武装起义,推翻了资产阶级临时政府,建立了世界上第一个社会主义国家,开创了人类历史的新纪元。革命胜利后,布尔什维克党在极端复杂和困难的环境下,领导俄国人民着手巩固新生的苏维埃政权。苏维埃政权外部受到帝国主义国家的敌视和包围,内部面临被打倒的地主和资产阶级的疯狂反扑。原临时政府首脑克伦斯基逃往外地,收罗一些哥萨克部队,由前沙皇将军克拉斯诺夫率领,在十月起义胜利的第三天进攻彼得格勒。右派社会革命党人和孟什维克组织的反革命团体"拯救祖国和革命委员会"在首都发动士官生叛乱。苏维埃政权迅速镇压了士官生叛乱,于 10 月底击溃了克伦斯基和克拉斯诺夫的武装进攻,随后又粉碎了立宪民主党人在首都策划的反革命阴谋。社会主义革命迅速向首都以外的地区扩展。布尔什维克党领导人民着手建设新型的苏维埃国家。

本卷的开篇《告俄国公民书》是列宁在 10 月 25 日武装起义成功的当天为彼得格勒苏维埃军事革命委员会拟定的文告。它庄严宣告:资产阶级临时政府已被推翻,国家政权已转归彼得格勒工兵代表苏维埃。本卷的第二篇文献是列宁10月25日下午在彼得格勒工兵代表苏维埃会议上所作的《关于苏维埃政权的任务的报告》和列宁起草的相应决议。列宁在报告中阐明了工农革命成功的意义和当前的任务,指出:"在俄国,我们现在应该着手建设无产阶级的社会主义国家。"(见本卷第3页)本卷收载的《全俄工兵代表苏维埃第二次代表大会文献》是一组具有重要历史意义的文献,其中包括列宁起草的苏维埃政权的第一批法令和决定。10月25—26日召开的这次代表大会首先通过列宁所写的《告工人、士兵和农民书》,它宣告:代表大会已经把政权掌握在自己手里;苏维埃政权将向各国人民提议立即缔结民主和约;苏维埃政权将保证把地主、皇族和寺院的土地无偿地交给农民委员会处置;将使军队彻底民主化,以维护士兵的权利;将设法把粮食运往城市,把生活必需品运到农村;将保证各民族享有真正的自决权。列宁在大会上作了《关于和平问题的报告》、《关于土地问题的报告》,大会通过了列宁草拟的《和平法令》和《土地法令》。《和平法令》宣布苏维埃政府无条件地废除地主资本家政府所缔结的各项秘密条约,建议各交战国人民及其政府立即就缔结公正的民主的和约进行谈判,并郑重声明俄国决心根据对所有民族都公正的条件立即缔结没有兼并和赔款的和约。《土地法令》宣布:立刻无偿地废除地主土地所有制;把地主的田庄以及一切皇族、寺院和教会的土地交给乡土地委员会和县农民代表苏维埃支配;任何毁坏被没收的财产的行为,由革命法庭惩处。土地法令还列入了根据242份地方农民委托书拟定的《农民的土地问题委托书》。会上有人指责这个法令和委托书是社会革命党人拟定的,列宁回答说:"谁拟定的不都是一样吗? 我们既是民主政府,就不能漠视下层人民群众的决定,即使我们并不同意。只要把这个决议运用到实际当中去,在各地实行起来,那时农民自己就会通过实际生活烈火的检验懂得,究竟什么是对的。"(见本卷第 20 页)大会还通过了列宁草拟的《关于成立工农政府的决定》,并成立了以列宁为主席的工农政府——人民委员会。人民委员会因左派社会革命党代表拒绝参加而完全由布尔什维克组成。

　　工农政府一成立,列宁立即投入了捍卫新生革命政权的斗争。他积极动员和组织革命武装力量粉碎克伦斯基和克拉斯诺夫的反革命叛乱,他领导布尔什维克党挫败孟什维克和右派社会革命党把持的全俄铁路工会执行委员会妄图改组新成立的工农政府的阴谋,维护了布尔什维克党的执政地位。在收入本卷的《在俄国社会民主工党(布)彼得堡委员会会议上的发言》、《俄国社会民主工党(布)中央委员会关于中央内部反对派问题的决议》、《俄国社会民主工党(布)中央委员会多数派给少数派的最后通牒》、《俄国社会民主工党(布尔什维克)中央委员会宣言》等文献中,列宁批驳了全俄铁路工会执行委员会提出的所谓"建立清一色的社会党人的政府"的主张,揭穿了他们妄想把反对苏维埃政权的"社会党人"塞入工农政府的图谋。列宁强调必须坚持由苏维埃代表大会上的布尔什维克多数派掌握政权的原则,同时指出:布尔什维克党"过去同意,并且**现在仍旧同意**同苏维埃中的少数派分掌政权,但这个少数派必须诚心诚意地服从多数,并执行全俄苏维埃第二次代表大会**全体批准的**,采取渐进的、然而是坚定不移的步骤走向社会主义的纲领"(见本卷第 75 页)。列宁还严厉谴责了加米涅夫、季诺维也夫、李可夫、诺根、米柳林等人支持建立"清一色的社会党人的政府"、反对党中央路线的机会主义立场。

解散立宪会议是巩固新生的苏维埃政权的又一重要举措。收入本卷的《关于立宪会议的提纲》、《来自另一世界的人们》、《解散立宪会议的法令草案》、《在全俄中央执行委员会会议上关于解散立宪会议的讲话》等文献对解散立宪会议问题作了全面阐述。列宁指出：过去把召集立宪会议的要求列入革命社会民主党的纲领是完全合理的，因为在资产阶级共和国中立宪会议是民主制的最高形式。但是，根据十月革命前所提候选人名单选出的立宪会议成员没有反映出十月革命胜利后阶级力量的真实对比关系。以右派社会革命党人为首的反动分子占了多数，他们妄图使全部政权归立宪会议。在1918年1月5日（18日）开幕的立宪会议上，右派社会革命党人拒绝讨论全俄中央执行委员会通过的《被剥削劳动人民权利宣言》。他们拒绝苏维埃政权的这个纲领，就是拒绝承认苏维埃政权。"因此，这个应该是资产阶级议会制共和国花冠的立宪会议，就不能不成为横在十月革命和苏维埃政权道路上的障碍。"（见本卷第243页）全俄中央执行委员会决定予以解散。

立宪会议被解散后，苏维埃政权于1918年1月10—18日（23—31日）召开了全俄工兵农代表苏维埃第三次代表大会。代表大会正式批准列宁草拟的《被剥削劳动人民权利宣言》。这个宣言按内容来说，具有立法性质，因而成了后来的俄罗斯社会主义联邦苏维埃共和国宪法的基础。宣言宣告了第一个无产阶级专政国家的体制：俄国为工兵农代表苏维埃共和国，俄罗斯苏维埃共和国是建立在自由民族的自由联盟基础上的各苏维埃共和国联邦。宣言肯定了苏维埃政权的第一批法令和决定，公布了建立红军的命令和苏维埃国家对外政策的基本原则。列宁在《人民委员会工作报告》和《关于人民委员会工作报告的总结发言》中回顾了苏维埃

政权成立以来所走过的道路,说明了苏维埃政权胜利的原因及其
在同反革命势力斗争中取得的成就。列宁还论述了向社会主义过
渡的问题。他指出:代表大会宣布"我们的国家是社会主义的苏
维埃共和国"(见本卷275页),这是完全正确的;"我们的社会主义
苏维埃共和国将作为国际社会主义的火炬,作为各国劳动群众的
范例而稳固地屹立着"(见本卷第283页);但同时必须十分清醒地
看到,"我们才开始进入向社会主义**过渡的**时期,我们还没有达到
社会主义"(见本卷第275页),"我们知道,从资本主义到社会主义
的这条道路,是多么艰难"(见本卷第276页)。因此,列宁强调必
须采取一系列经济、政治和文化措施,坚定不移地完成向社会主义
过渡的历史任务。

　　列宁十分重视工农联盟问题。他在《工人同被剥削劳动农民
的联盟》这封给《真理报》编辑部的信中阐明了工农联盟的意义,指
出在社会主义革命中,雇佣工人和被剥削农民的根本利益是一致
的;社会主义完全能够体现他们的利益,而且也只有社会主义才能
保证他们的利益真正得到实现;"因此,无产者同被剥削劳动农民
之间的'真诚的联合'是可能的,也是必要的。"(见本卷第102页)

　　本卷中的不少文献阐述了工农管理国家的问题。列宁充分相
信劳动群众的被革命激发起来的创造力量,认为广大群众自觉地
参加国家管理是社会主义国家的力量源泉。列宁在《告人民书》中
写道:"劳动者同志们! 请记住,现在是**你们自己**管理国家。如果
你们自己不团结起来,不把国家的**一切事务自己**担当起来,谁也帮
不了你们。**你们的**苏维埃从现在起就是国家政权机关,即拥有全
权的决策机关。"(见本卷第66页)列宁在彼得格勒工兵代表苏维
埃和前线代表联席会议、全俄农民代表苏维埃非常代表大会、全俄

海军第一次代表大会、全俄铁路工人非常代表大会和全俄工兵农代表苏维埃第三次代表大会上所作的讲话和发言中,阐明了革命胜利后的形势和任务,指出了可能发生的困难和敌人的阴谋,号召人民大众发挥创造性和主动性,同反革命势力作坚决斗争,奋力建设社会主义新社会。列宁说:"我们想建立一个新的国家,苏维埃应当取代旧官吏,全体人民都应当学习管理。"(见本卷第63页)列宁多次指出,认为只有资产阶级才能管理国家,那是一种偏见;无产阶级必须同这种偏见作斗争,应当把国家的管理工作担当起来。列宁在全俄中央执行委员会会议上答复左派社会革命党人的质问时指出:"群众生气勃勃的创造力正是新的社会生活的基本因素。"(见本卷第56页)"社会主义不是按上面的命令创立的。它和官场中的官僚机械主义根本不能相容;生气勃勃的创造性的社会主义是由人民群众自己创立的。"(见本卷第57页)列宁批评了那些远远地站在生活之外,看不到群众积极性和创造性的人,指出:"千百万创造者的智慧却会创造出一种比最伟大的天才预见还要高明得多的东西。"(见本卷第285页)

　　列宁在《怎样组织竞赛?》一文中阐明了社会主义竞赛是吸引群众参加社会主义建设、发挥劳动者的创造性和积极性的极好形式。列宁说:"社会主义不仅不窒息竞赛,反而第一次造成真正**广泛地**、真正**大规模地**运用竞赛的可能,把真正大多数劳动者吸引到这样一个工作舞台上来,在这个舞台上,他们能够大显身手,施展自己的本领,发现有才能的人。"(见本卷第204页)列宁认为,有组织才能的人在农民和工人中间是很多的,他们已觉醒过来,正独立地着手建设社会主义社会。列宁非常重视工农建设社会主义社会的实践,他写道,"'事在人为',工人和农民应当把这个真理牢牢记住。他们应当懂得,现在一切都**在于实践**,现在已经到了这样一个历史关头:理论在变为实践,理论由实践赋予活力,由实践来修正,由实践来检验。"(见本卷第212页)他反对在实践中死套公式或者由上面规定划一办法。他认为,在细节方面,在地方特征方面,在处理问题的方法和手段方面,多样性不但不会破坏在主要的、根本的、本质问题上的统一,反而会保证这种统一。

资产阶级代言人攻击布尔什维克执政以来使用暴力,造成内战和经济破坏。列宁写了《被旧事物的破坏吓坏了的人们和为新事物而斗争的人们》一文,予以严词驳斥。列宁指出:布尔什维克执政两个月来摧毁了军队、农村和工厂里的各种不民主的制度,实现了工人监督和银行国有化等走向社会主义的最初步骤,而资产阶级代言人散布这种论调就是反对工人对资产阶级、怠工分子和反革命分子使用暴力的号叫。列宁强调指出:"社会主义是在最激烈的、最尖锐的、你死我活的阶级斗争和内战的进程中成长起来的;在资本主义和社会主义之间有一段很长的'阵痛'时期;暴力永远是替旧社会接生的助产婆;同资产阶级社会到社会主义社会的过渡时期相适应的,是一种特殊的国家(这就是对某一阶级有组织地使用暴力的特殊制度),即无产阶级专政。"(见本卷第201页)列宁深信无产阶级在严酷的斗争中学到本领,把阶级敌人从他们的最后藏身之处赶走,挖掉他们统治的老根,胜利属于一切奋不顾身的、有思想的、真诚的、勇往直前的、正在觉醒过来建设新事物的工人和农民。

本卷收载的许多列宁文献,包括列宁起草的或参加制定的法令和决定等,阐述了俄国无产阶级所采取的一些最初的社会主义改造措施。革命一胜利,苏维埃国家就宣布废除土地私有制、实行土地国有化,这为后来对俄国农村进行社会主义改造、使小农经济向社会主义过渡打下了基础。列宁一再指出,工人对产品的生产和分配的监督是走向社会主义的最初步骤。列宁所拟《工人监督条例草案》规定了工人监督生产的任务,它是后来全俄中央执行委员会正式通过的《工人监督条例》的基础。列宁认为银行和大工业的国有化是社会主义改造的极其重要的措施。列宁在这方面的文献有《在全俄中央执行委员会会议上关于银行国有化问题的讲话》、《关于实行银行国有化及有关必要措施的法令草案》、《人民委员会关于海洋与内河商船国有化法令草案》等。在这些文献中规定了最重要的生产资料社会主义公有化的方式、方法的基本原则。列宁在说到银行国有化时指出:"银行,这是现代资本主义经济的大中心。它们汇集空前的财富,又在幅员辽阔的整个国家内进行分配,它们是全部资本主义生活的神经。"(见本卷第277页)苏维埃政权把银行收归国有以后,又把交通、邮电这些重要国民经济部门收归国有。通过国有化,苏维埃政权掌握了经济命脉,夺取了主要经济阵地,为建立新的社会主义经济奠定了基础。《经济政策的若干问题》、《经济措施纲要草稿》以及列宁就建立消费公社、使军工厂转向有益于经济的生产、改善粮食供应状况等问题所拟的法令、决定草案都提出了革命胜利后的重要经济措施。尽管这些措施还不是社会主义的,但它们为向社会主义过渡创造了必要的前提。列宁说:"我们已经从实行工人监督进而建立了最高国民经济委员会。"(见本卷第279页)最高国民经济委员会指导和调节苏维埃国家的整个国民经济,列宁认为它在经济方面的作用就像人民委员会在政治方面的作用那样。最高国民经济委员会以及各经济人民委员部的建立有助于改造旧经济、建立新经济。无产阶级走向社会主义的最初步骤引起了资产阶级的拼命反抗,苏维埃政权用革命的强制手段来对付资产阶级的反抗。本卷中的一些文献阐述了"劳动义务制"的原则,论证了"不劳动者不得食"的思想。

本卷收载了反映苏维埃政权同德国媾和、签订布列斯特和约过程的文献,包括列宁在党的中央委员会会议上的多次发言,还有他为党起草的许多文件和他所写的文章,如《和平谈判纲要》、《谈谈不幸的和约问题的历史》、《致全国人民、特别是布列斯特-里托夫斯克和谈代表团的通电》、《社会主义祖国在危急中!》、《奇谈与怪论》、《严重的教训与严重的责任》等。苏维埃政府一建立即向协约国各政府建议,共同与德国及其盟国进行关于停战和签订和约的谈判,但是这项建议遭到了拒绝。由于法、英、美不愿意进行任何和谈,苏维埃政府便决定单独同德奥集团的国家进行谈判,以便尽快使俄国摆脱战争。1917年12月2日(15日),苏维埃政府的代表在布列斯特通过预备谈判同德国达成停战协定,12月9日(22日)开始缔结和约的谈判。布尔什维克党内在缔结和约问题上展开了激烈的争论。以尼·布哈林为首的"左派共产主义者"集团反对缔结和约,提出进行革命战争的口号。率领苏维埃和谈代表团的列·托洛茨基主张停止战争、复员军队,但不签订和约。列宁批评了他们的错误主张,指出:"革命战争"的口号不过是"单纯的示威",是冒险主义的空话,只有利于想把苏维埃国家继续拖在战争泥潭中而加以消灭的帝国主义者;苏维埃政权还没有建立起自己的军队,而德国则是用最先进的技术装备起来的已发展到垄断资本主义阶段的国家,苏维埃政权在敌我力量如此悬殊的情况下作战,那是自取灭亡。列宁认为,把第一个工农政权——苏维埃共和国保存下来,无论对俄国无产阶级还是对国际社会主义革命,都是一件大事。列宁为了使苏维埃俄国赢得和平喘息时机,积蓄力量,发展社会主义革命,建立红军以巩固国防,坚决主张立即缔结和约。他以极大的耐心进行说服工作。列宁的主张在布尔什维克党内终于获得多数的支持,布列斯特和约得以签订。签订布列斯特和约是执行革命的妥协策略的典范。1918 年德国十一月革命推翻威廉二世政权后,苏维埃政府废除了布列斯特和约。

在《列宁全集》第 2 版中,本卷文献比第 1 版相应时期的文献增加 55 篇,其中有《同美联社记者格·雅罗斯的谈话》、《对游行示威口号的补充》、《关于党的任务的提纲＋目前形势》、《答赫尔曼·费尔瑙》、《普列汉诺夫论恐怖》、《俄国社会民主工党(布)中央委员会关于开除索·阿·洛佐夫斯基的党籍的决议草案》、《在人民委员会会议上的发言》(1918 年 3 月 4 日以及《〈解散立宪会议的法令草案〉的提纲》等等。很大一部分新文献是列宁所拟的人民委员会决议草案和苏维埃政权法令草案。

在本增订版中,本卷比《列宁全集》第 2 版新增一篇文献《在俄国社会民主工党(布)彼得堡委员会会议上的发言》。列宁在发言中明确表示了布尔什维克党中央在夺取政权后坚持苏维埃政权纲领的不妥协立场。

弗·伊·列宁

（1918 年）

告俄国公民书[1]

(1917 年 10 月 25 日〔11 月 7 日〕)

临时政府已被推翻。国家政权业已转到彼得格勒工兵代表苏维埃的机关,即领导彼得格勒无产阶级和卫戍部队的军事革命委员会[2]手中。

立即提出民主的和约,废除地主土地所有制,实行工人监督生产,成立苏维埃政府,人民为之奋斗的这一切事业都有了保证。

工人、士兵、农民的革命万岁!

彼得格勒工兵代表苏维埃军事革命委员会

1917 年 10 月 25 日上午 10 时

载于 1917 年 10 月 25 日(11 月 7 日)
《工人和士兵报》第 8 号

译自《列宁全集》俄文第 5 版
第 35 卷第 1 页

彼得格勒工兵代表苏维埃会议文献[3]

(1917 年 10 月 25 日〔11 月 7 日〕)

1

关于苏维埃政权的任务的报告

报　道

同志们！布尔什维克始终认为必要的工农革命，已经成功了。

这个工农革命的意义是什么？这个革命的意义首先在于我们将拥有一个苏维埃政府，一个绝无资产阶级参加的我们自己的政权机关。被压迫的群众将亲自建立政权。旧的国家机构将被彻底打碎，而新的管理机构即苏维埃组织将建立起来。

俄国历史的新时期从此开始了，这第三次俄国革命终将导致社会主义的胜利。

我们当前的任务之一，就是必须立刻结束战争。可是大家都很清楚，要结束同现在的资本主义制度密切联系着的这场战争，就必须打倒资本本身。

在意大利、英国和德国已经逐渐展开的世界工人运动一定会在这方面帮助我们。

我们向国际民主派提出的立即缔结公正和约的建议，一定会得到国际无产阶级群众的热烈响应。为了增强无产阶级的这种信任，必须立刻公布一切秘密条约[4]。

在国内，农民中很大一部分人都说：我们不再跟资本家打交道了，我们要同工人一道干。我们只要颁布一项废除地主所有制的法令，就可以赢得农民的信任。农民会懂得，只有同工人结成联盟，他们才能得救。我们要对生产实行真正的工人监督。

现在我们已学会了齐心协力地工作。刚刚发生的革命就证实了这一点。我们拥有群众组织的力量，它定能战胜一切，并把无产阶级引向世界革命。

在俄国，我们现在应该着手建设无产阶级的社会主义国家。

全世界社会主义革命万岁！（热烈鼓掌）

2

决　议

彼得格勒工兵代表苏维埃祝贺彼得格勒无产阶级和卫戍部队革命胜利。苏维埃特别强调群众在这次罕见的不流血的和异常顺利的起义中所表现的团结性、组织性、纪律性和同心同德的精神。

苏维埃坚定不移地相信,革命将建立起保证城市无产阶级得到全体贫苦农民群众支持的工农政府,即苏维埃政府,这个政府一定会坚定地走向社会主义,这是能使国家摆脱战争的奇灾大祸的唯一办法。

新的工农政府定会立即向各交战国人民提议缔结公正的民主和约。

这个政府定会立即废除地主土地所有制,把土地交给农民。定会对产品的生产和分配实行工人监督,对各家银行实行全民监督,同时把这些银行变为单一的国营企业。

彼得格勒工兵代表苏维埃号召全体工人和全体农民竭尽全力奋不顾身地支持工农革命。苏维埃确信,同贫苦农民结成联盟的城市工人定能表现出不可动摇的同志式的纪律性,建立起社会主义胜利所必需的最严格的革命秩序。

苏维埃相信,西欧各国的无产阶级定会帮助我们把社会主义事业进行到取得完全的巩固的胜利。

载于1917年10月26日《中央执行委员会消息报》第207号

译自《列宁全集》俄文第5版第35卷第2—5页

全俄工兵代表苏维埃
第二次代表大会文献[5]

（1917 年 10 月下旬）

1
告工人、士兵和农民书

（10 月 25 日〔11 月 7 日〕）

全俄工兵代表苏维埃第二次代表大会开幕了。绝大多数苏维埃都派出代表参加这次代表大会。很多农民苏维埃的代表也出席了代表大会。妥协派把持的中央执行委员会[6]的权力结束了。根据绝大多数工人、士兵和农民的意志，依靠彼得格勒工人和卫戍部队所举行的胜利起义，代表大会已经把政权掌握在自己手里。

临时政府已经被推翻。临时政府的大多数成员已被逮捕。

苏维埃政权将向各国人民提议立即缔结民主和约，立即在各条战线上停战。苏维埃政权将保证把地主、皇族和寺院的土地无偿地交给农民委员会处置；将使军队彻底民主化，以维护士兵的权利；将规定工人监督生产；将保证按时召开立宪会议；将设法把粮食运往城市，把生活必需品运往农村；将保证俄国境内各民族都享有真正的自决权。

代表大会决定：全部地方政权一律转归当地的工兵农代表苏维埃，各地苏维埃应负责保证真正的革命秩序。

代表大会号召前线士兵要警惕沉着。苏维埃代表大会深信，在新政府向各国人民直接提出的民主和约尚未缔结以前，革命军队定能捍卫革命，使其不受帝国主义的任何侵犯。新政府将采取一切措施，实行向有产阶级征收和课税的果断政策，以保证供给革命军队一切必需品，并改善士兵家属的生活。

克伦斯基和卡列金等科尔尼洛夫分子正试图调军队到彼得格勒来。有几支被克伦斯基用欺骗手段调动的部队已经站到起义的人民这一边来了。

士兵们，积极反抗科尔尼洛夫分子克伦斯基！提高警惕！

铁路员工们，使克伦斯基派到彼得格勒来的所有军车都停下来！

士兵们，工人们，职员们，革命的命运和民主和约的命运完全操在你们手里！

革命万岁！

　　　　　全俄工兵代表苏维埃代表大会
　　　　　农　民　苏　维　埃　代　表

载于1917年10月26日（11月8日）　　　　译自《列宁全集》俄文第5版
《工人和士兵报》第9号　　　　　　　　　第35卷第11—12页

1917 年 10 月 26 日（11 月 8 日）载有列宁
《告工人、士兵和农民书》的《工人和士兵报》第 9 号第 1 版
（按原版缩小）

2

关于和平问题的报告

(10 月 26 日〔11 月 8 日〕)

和平问题是现时紧要而棘手的问题。这个问题已经讲得很多,写得很多,想必你们大家对这个问题也讨论得不少了。因此让我来宣读一个宣言,这个宣言拟将由你们选出的政府来发表。

和 平 法 令

10 月 24—25 日的革命所建立的、依靠工兵农代表苏维埃的工农政府,向一切交战国的人民及其政府建议,立即就缔结公正的民主的和约开始谈判。

本政府认为,一切交战国中因战争而精疲力竭、困顿不堪、痛苦万状的工人和劳动阶级的绝大多数所渴望的公正的或民主的和约,推翻沙皇君主制以后俄国工农最明确最坚决地要求的和约,就是立即缔结的没有兼并(即不侵占别国领土,不强制归并别的民族)没有赔款的和约。

俄国政府向一切交战国人民建议立即缔结这种和约,并且决心不等到各国和各民族的享有全权的人民代表会议最后批准这种和约的全部条件,就立即毫不迟延地采取一切果断步骤。

　　本政府根据一般民主派的法的观念,特别是劳动阶级的法的观念,认为凡是把一个没有明确而自愿地表示同意和希望归并的弱民族或小民族并入一个大国或强国,就是兼并或侵占别国领土,不管这种强制归并发生在什么时候,不管这个被强制归并或强制留在该国疆界内的民族的发达或落后程度如何,也不管这个民族是居住在欧洲还是居住在远隔重洋的国家,都是一样。

　　不管哪个民族被强制留在该国的疆界内,也就是违反这个民族的愿望(不管这种愿望是在报刊上、人民会议上、政党的决议上表示的,或是以反对民族压迫的骚动和起义表示的,都完全一样),不让它有权在归并它的民族或较强的民族完全撤军的条件下,不受丝毫强制地用自由投票的方式决定本民族的国家生存形式问题,这种归并就是兼并,即侵占和暴力行为。

　　本政府认为,各富强民族为了如何瓜分它们所侵占的弱小民族而继续进行战争,是反人类的滔天罪行,并郑重声明,决心根据上述的、对所有民族都无一例外是公正的条件,立即签订和约,终止这场战争。

　　同时本政府声明,上述和平条件决非最后通牒式的条件,也就是说,它愿意考虑任何其他和平条件,而只坚持任何交战国都要尽快地提出这种条件,条件要提得极端明确,没有丝毫的含糊和秘密。

　　本政府废除秘密外交,决意在全体人民面前完全公开地进行一切谈判,并立刻着手无保留地公布地主资本家政府从1917年2月到10月25日所批准和缔结的各项秘密条约。本政府宣布立即无条件地废除这些条约的全部规定,因为这些规定多半是为了替俄国地主和资本家谋取利益和特权,是为了保持和扩大大俄罗斯人所兼并的土地。

　　本政府在建议各国政府和人民立即就缔结和约问题进行公开谈判的同时，表示愿意通过电报往来，通过各国代表之间的会谈，或通过各国代表的会议来进行这种谈判。为了便于进行这种谈判，本政府特派自己的全权代表前往中立的国家。

　　本政府向一切交战国政府和人民建议，立即缔结停战协定，并认为停战时间最好不少于三个月，以便有充分的时间使所有卷入战争或被迫参战的民族的代表完成他们所参加的和约谈判，同时也使各国享有全权的人民代表会议能召开会议最终批准和约条件。

　　俄国工农临时政府在向一切交战国政府和人民提出以上媾和建议的同时，特别向人类三个最先进的民族，这次战争中三个最大的参战国，即英法德三国的觉悟工人呼吁。这些国家的工人对于进步和社会主义事业贡献最多，例如英国的宪章运动[7]树立了伟大的榜样，法国无产阶级进行过多次具有世界历史意义的革命，最后，德国工人进行过反对非常法[8]的英勇斗争，并为建立德国无产阶级群众组织进行过堪称全世界工人楷模的长期的坚持不懈的有纪律的工作。所有这些无产阶级英雄主义和历史性的创造的范例，都使我们坚信上述各国工人定会了解他们现在所担负的使人类摆脱战祸及其恶果的任务，定会从各方面奋力采取果敢的行动，帮助我们把和平事业以及使被剥削劳动群众摆脱一切奴役和一切剥削的事业有成效地进行到底。

————

　　10月24—25日的革命所建立的、依靠工兵农代表苏维埃的工农政府，应当立即开始和平谈判。我们应当既向各国政府，也向各国人民呼吁。我们不能漠视各国政府，否则就可能拖延和约的签订，人民政府不应当这样做，但是我们也没有任何权利不同时向各国人民呼吁。各国政府和人民之间都有分歧，所以我们应当帮助各国人民干预战争与和平的问题。当然，我们要极力坚持我们的没有兼并和赔款的全部和平纲领。我们决不放弃这个纲领，但是我们应当使敌人无法抓住把柄说，他们的条件跟我们不同，因此没有必要同我们谈判。不，我们应当使他们无机可乘，我们不应当以最后通牒的方式提出我们的条件。所以才写进这样一句话，说我们将考虑任何和平条件和一切建议。我们将予以考虑，这并不是说将予以接受。我们要把它们提交立宪会议讨论，立宪会议有权决定什么可以让步，什么不可以。我们要与各国政府的欺骗行为作斗争，它们都口头上高谈和平和正义，而实际上却在进行掠夺性的强盗战争。没有一个政府会把它想的统统说出来。我们是反对秘密外交的，我们要在全体人民面前公开行事。我们不忽视，而且也没有忽视过困难。战争不能用拒绝的办法来结束，不能由单方面来结束。我们建议停战三个月，可是我们也不拒绝较短的期限，以便使疲惫不堪的军队可以得到哪怕是短暂的喘息，同时，一切文明国家也有必要召集人民会议，讨论和平条件。

在建议立即缔结停战协定的同时，我们也向那些对开展无产阶级运动有过许多贡献的国家的觉悟工人呼吁。我们向进行过宪章运动的英国工人呼吁，向屡次在起义中充分表现出阶级觉悟的力量的法国工人呼吁，也向经历过反对反社会党人非常法的艰苦斗争并建立了强大组织的德国工人呼吁。

在3月14日的宣言[9]中，曾提出要推翻银行家，可是我们自己不但没有推翻本国的银行家，甚至还同他们结成了联盟。现在我们已经把银行家的政府推翻了。

各国政府和资产阶级定会竭尽全力以图联合起来,把工农革命淹没在血泊里。可是三年战争已使群众获得了充分的教训。其他国家也发生了苏维埃运动,在德国有过海军起义[10],尽管它被刽子手威廉的士官生镇压下去了。最后,要记着,我们不是处在非洲的荒漠,而是处在欧洲,这里的一切可以很快地让人们都知道。

工人运动定会占上风,定会铺平走向和平与社会主义的道路。(掌声经久不息)

载于1917年10月28日(11月10日)《真理报》第171号和《中央执行委员会消息报》第209号;和平法令载于1917年10月27日(11月9日)《真理报》第170号和《中央执行委员会消息报》第208号

译自《列宁全集》俄文第5版第35卷第13—18页

3

关于和平问题的报告的总结发言

（10 月 26 日〔11 月 8 日〕）

我不打算谈宣言的一般性质。你们的代表大会将要建立的政府，对于一些不大重要的条款可以修改。

我将坚决反对以最后通牒的方式提出我们的和平要求。最后通牒的方式会葬送我们的整个事业。我们不能坚持我们的要求毫无变通的余地，这会给帝国主义政府以口实，它们会说，我们抱着毫不妥协的态度，所以无法进行和平谈判。

我们把我们的宣言散发到各地去，大家就会知道。谁想隐瞒我们工农政府提出的条件，就办不到了。

要想隐瞒我国推翻了银行家地主政府的工农革命，是不可能的。

如果采用最后通牒的方式，各国政府就可能置之不理，如果采用我们那样的措辞，它们就不得不答复。要让每个人都知道，他们的政府究竟是怎样想的。我们不希望有什么秘密。我们希望政府时刻受到本国舆论的监督。

如果由于我们采取最后通牒的方式，某边远省份的某农民无从知道别国政府想些什么，那他会怎样说呢？ 他会说：同志们，你们为什么不让别人有提出各种和平条件的机会呢？ 我倒要琢磨琢磨，看看各种条件，然后再告诉我们那些出席立宪会议的代表怎样做。如果别国政府都不同意，我决心用革命的手段为争取公正的条件而斗争;不过,某些国家也可能有这样的条件,我愿意让这些国家的政府自己去继续斗争。我们的想法,只有推翻整个资本主义制度才能完全实现。这就是农民可能会对我们说的话,他还会责备我们在细节上太不通融,因为我们当前主要是要揭露资产阶级及其派去充当政府首脑的戴皇冠的和不戴皇冠的刽子手的一切卑鄙行径。

我们不能够而且不应当让各国政府把我们毫不通融的态度当做借口,向人民隐瞒它们驱使人民互相厮杀的目的。这不过是一滴水,但是我们不能够而且也不应当放弃这一滴可以滴穿资产阶级掠夺行为顽石的水。最后通牒方式会缓和我们敌人的困难处境。我们要把一切条件都告诉人民。我们要使各国政府正视我们的条件,让它们去回答本国的人民。我们要把一切和平建议提交立宪会议决定。

同志们,条文中还有一点你们应当十分注意。秘密条约一定要公布。关于兼并和赔款的条款一定要废除。同志们,有各种各样的条款,各个强盗政府不仅达成了关于掠夺的协议,而且还就经济问题以及关于睦邻关系的其他各种条款达成了协议。

我们既不用条约来束缚自己,也不让别人用条约来束缚我们。我们拒绝一切关于掠夺和暴力的条款,但是我们乐于接受一切关于睦邻关系的条款和经济协定,这些我们是不能拒绝的。我们建议停战三个月,我们选择一个长的期限,是因为各国人民已被拖了三年多的流血战争弄得疲惫不堪,渴望休息。我们应当懂得,必须让各国人民在议会参加下讨论和平条件,表明自己的意愿,而这就需要一定的时间。我们要求长时间停战,是为了让前线部队得到休息,停止噩梦似的无休止的厮杀,可是我们也不拒绝较短时间的停战的建议,我们要研究这种建议,而且应当接受这种建议,哪怕向我们提出的是停战一个月或一个半月的建议。我们的停战建议也不应当是最后通牒式的,因为决不能让敌人把我们毫不妥协的态度当做借口,向人民隐瞒全部真相。这种建议决不应当是最后通牒式的,因为不愿停战的政府就是犯罪的政府。如果我们不把停战建议变成最后通牒式的,我们就能使各国政府成为本国人民眼里的罪犯,而人民对于这样的罪犯是决不会客气的。有人反驳我们说,我们不采用最后通牒方式,就是表示我们软弱;可是现在该是抛弃资产阶级所谓人民力量的一切谎话的时候了。在资产阶级看来,只有当群众听从帝国主义政府指使,盲目去进行厮杀的时候,才算是有力量。只有当一个国家能运用政府机构的全部威力,把群众派遣到资产阶级当权者想叫他们去的地方的时候,资产阶级才认为这个国家有力量。而我们对力量的理解却不同。在我们看来,一个国家的力量在于群众的觉悟。只有当群众知道一切,能判断一切,并自觉地从事一切的时候,国家才有力量。我们丝毫用不着害怕说出疲乏的真情实况,试问现在哪一个国家不是疲乏不堪,哪一国人民不在公开谈论这一点呢? 就拿意大利来说吧,那里由于疲乏不堪而产生过要求结束这场厮杀的长期的革命运动。难道在德国没有发生过工人的群众性示威运动,提出停止战争的口号吗? 难道被刽子手威廉及其奴仆残暴地镇压下去的德国海军起义不是疲乏不堪引起的吗? 既然在德国这样纪律严明的国家都可能发生这样的现象,开始说疲乏,说要停止战争,那我们就丝毫用不着害怕公开讲出这一点,因为这无论对于我们,对于一切交战国,甚至对于非交战国来说,都是千真万确的实情。

载于1917年10月28日(11月10日)《真理报》第171号和《中央执行委员会消息报》第209号

译自《列宁全集》俄文第5版第35卷第19—22页

4

关于土地问题的报告

（10 月 26 日〔11 月 8 日〕）

我们认为革命已经证实和表明，把土地问题提得很明确是十分重要的。武装起义，第二次革命即十月革命的发生已经清楚地证明，应当把土地交给农民。已被推翻的政府，以及妥协的孟什维克党和社会革命党[11]犯下了罪行，它们用各种口实拖延土地问题的解决，从而使国家陷于经济破坏，激起了农民的起义。他们大谈农村里的大暴行和无政府状态，显然是撒谎和玩弄怯懦的欺骗手腕。试问什么时候什么地方明智的措施造成过大暴行和无政府状态呢？如果政府的行为是明智的，如果它的措施合乎贫苦农民的需要，难道农民群众还会闹风潮吗？但是政府所采取的、阿夫克森齐耶夫和唐恩领导的苏维埃所赞同的一切措施，都是反对农民的，逼得他们不得不举行起义。

这个政府引起了起义，却又对它自己引起的大暴行和无政府状态大叫大嚷。政府本想用铁和血来镇压起义，可是它自己却被革命士兵、水兵和工人的武装起义扫除了。工农革命政府首先应当解决土地问题，——能使广大贫苦农民群众得到安慰和满足的问题。现在我向你们宣读拟由你们的苏维埃政府颁布的法令的条文，其中一条附有根据 242 份地方农民代表苏维埃委托书拟定的给各地土地委员会的委托书。

土　地　法　令

（1）立刻废除地主土地所有制，不付任何赎金。

（2）地主的田庄以及一切皇族、寺院和教会的土地，连同所有耕畜、农具、农用建筑和一切附属物，一律交给乡土地委员会和县农民代表苏维埃支配，直到召开立宪会议时为止。

（3）任何毁坏被没收的即今后属于全民的财产的行为，都是严重的罪行，革命法庭应予惩处。县农民代表苏维埃应采取一切必要的措施，保证在没收地主田庄时遵守最严格的秩序，确定达到多大面积的土地以及哪些土地应予没收，编制全部没收财产的清册，并对转归人民所有的、土地上的产业，包括一切建筑物、工具、牲畜和储存产品等等，用革命手段严加保护。

（4）下附农民委托书是由《全俄农民代表苏维埃消息报》[12]编辑部根据242份地方农民委托书拟定的，公布于该报第88号（彼得格勒，1917年8月19日第88号），在立宪会议对伟大的土地改革作出最后决定以前，各地应该以这份委托书作为实行这一改革的指南。

农民的土地问题委托书

"土地问题只有全民立宪会议才能加以通盘解决。

解决土地问题的最公正的办法应该是：

（1）永远废除土地私有权；禁止买卖、出租、典押或以任何其他方式转让土地。

一切土地：国家的、皇族的、皇室的、寺院的、教会的、工厂占有的、长子继承的、私有的、公共的和农民等等的土地，一律无偿转让，成为全民财产并交给一切耕种土地的劳动者使用。

因财产变革而受到损失的人，只有在适应新生活条件所必需的时间内，才有权取得社会帮助。

（2）所有地下资源，如矿石、石油、煤炭、盐等等，以及具有全国意义的森林和水流，归国家专用。一切小的河流、湖泊和森林等等交给村社利用，但必须由地方自治机关管理。

（3）**经营水平高**的农场所占的土地，如果园、种植园、苗圃、养殖场、温室等等，**不得分割，而应改为示范农场**，并视其规模和作用，归**国家或村社**专用。

城乡的宅地连同家用果园和菜园，仍归原主使用，其面积和税额，由法律规定之。

（4）养马场、官办和民营的种畜场和种禽场等等，一律没收，变为全民财产，并视其规模和作用，归国家或村社专用。

赎金问题应由立宪会议审议。

（5）被没收的土地上的全部耕畜和农具，视其大小和用途，无偿转归国家或村社专用。

土地少的农民的耕畜和农具不在没收之列。

（6）凡愿意用自己的劳动，依靠家属的帮助或组织协作社从事耕种的一切俄国公民（不分性别），均享有土地使用权，但仅以有力耕种的期间为限。禁止使用雇佣劳动。

村团成员一时丧失劳动力在两年以内者，村团在该成员劳动力尚未恢复的这段时间，有责任通过共耕制的办法予以帮助。

农民因年老或残废而不再能自己耕种土地时，便丧失其土地使用权，但可向国家领取赡养费。

（7）土地应当平均使用，即根据当地条件，按劳动土地份额或消费土地份额把土地分给劳动者。

使用土地的方式应完全自由，究竟采用按户、按独立农庄、按村社、还是按劳动组合的方式，由各乡村自行决定。

（8）一切土地转让后都归入全民地产。在劳动者中分配土地的事宜，由地方的和中心的自治机关（从按民主原则组成的无等级的城乡村社起到各区域中心的机关止）负责主持。

根据人口增加、农业生产率和经营水平的提高等情况，土地应定期重新分配。

改变份地地界时，原份地的基本地段应予保留。

因故离村者应交还其土地，但其近亲及其所指定的人，有取得该段土地的优先权。

　　施肥和改良土壤(根本改良)投入的价值,由于在交还份地时尚未用尽,应予补偿。

　　如果个别地方现有土地不能满足当地全体居民需要,过剩人口应迁往他处。

　　组织移民和移民费用以及农具供应等等概由国家负责。

　　移民应按下列次序办理:首先是自愿迁移的无地农民,其次是品行不良的村社社员、逃兵等等,最后,才采取抽签或协商的办法。"

　　这个委托书的全部内容表达了全俄绝大多数觉悟农民的绝对意志,应立即宣布为临时法律,并应在立宪会议召开以前,尽可能立即实行,其中哪些部分必须逐步实行,应由县农民代表苏维埃决定。

　　(5)普通农民和普通哥萨克的土地概不没收。

————

　　这里有人叫嚷,说这个法令和委托书是社会革命党人拟定的。就让它这样吧。谁拟定的不都是一样吗? 我们既是民主政府,就不能漠视下层人民群众的决定,即使我们并不同意。只要把这个决议运用到实际当中去,在各地实行起来,那时农民自己就会通过实际生活烈火的检验懂得,究竟什么是对的。即使农民还继续跟社会革命党人走,即使他们使这个党在立宪会议上获得多数,那时我们还是要说:就让它这样吧。实际生活是最好的教师,它会指明谁是正确的;就让农民从这一头,而我们从另一头来解决这个问题吧。实际生活会使我们双方在革命创造的总的巨流中,在制定新的国家形式的事业中接近起来的。我们应当跟随着实际生活前进,我们应当让人民群众享有发挥创造精神的充分自由。已被武装起义推翻的旧政府,曾想依靠没有撤换的沙皇旧官僚来解决土地问题。可是这些官僚不去解决问题,反而一味反对农民。农民在我国八个月的革命当中,已学会了一些东西,他们想要亲自解决一切有关土地的问题。所以我们反对对这个法案作任何修改,我们不希望规定得很详细,因为我们写的是法令,而不是行动纲领。俄国幅员广大,各地条件不同;我们相信农民自己会比我们更善于正确地妥当地解决问题。至于究竟是按照我们的方式,还是按照社会革命党人纲领所规定的方式,并不是问题的实质。问题的实质在于使农民坚信农村中再不会有地主了,一切问题将由农民自己来解决,他们的生活将由他们自己来安排。(热烈鼓掌)

载于1917年10月28日(11月10日)《真理报》第171号和《中央执行委员会消息报》第209号

译自《列宁全集》俄文第5版第35卷第23—27页

5

关于成立工农政府的决定

（10 月 26 日〔11 月 8 日〕）

全俄工兵农代表苏维埃代表大会决定：

成立工农临时政府，在立宪会议召开以前管理国家，临时政府定名为人民委员会。设立各种委员会，主持国家生活各部门的事务，其成员应与工人、水兵、士兵、农民和职员等群众组织紧密团结，保证实行代表大会所宣布的纲领。行政权属于由这些委员会主席组成的会议，即人民委员会。

监督和撤换各人民委员的权利，属于全俄工农兵代表苏维埃代表大会及其中央执行委员会。

现在的人民委员会由下列人员组成：

人民委员会主席：弗拉基米尔·乌里扬诺夫（列宁）；

内务人民委员：阿·伊·李可夫；

农业人民委员：弗·巴·米柳亭；

劳动人民委员：亚·加·施略普尼柯夫；

陆海军人民委员会，其成员是：弗·亚·奥弗申柯（安东诺夫），尼·瓦·克雷连柯和帕·叶·德宾科；

工商业人民委员：维·巴·诺根；

国民教育人民委员：阿·瓦·卢那察尔斯基；

财政人民委员：伊·伊·斯克沃尔佐夫（斯捷潘诺夫）；

外交人民委员：列·达·勃朗施坦（托洛茨基）；

司法人民委员：格·伊·奥波科夫（洛莫夫）；

粮食人民委员：伊·阿·泰奥多罗维奇；

邮电人民委员：尼·巴·阿维洛夫（格列博夫）；

民族事务委员会主席：约·维·朱加施维里（斯大林）。

铁道人民委员人选暂缺。

载于 1917 年 10 月 27 日（11 月 9 日）
《工人和士兵报》第 10 号

译自《列宁全集》俄文第 5 版
第 35 卷第 28—29 页

工人监督条例草案[13]

(1917 年 10 月 26 日或 27 日〔11 月 8 日或 9 日〕)

1. 在工人和职员(共计)人数不少于 5 人,或年周转额不少于 1 万卢布的一切工业、商业、银行、农业等企业中,对一切产品和原材料的生产、储藏和买卖事宜应实行**工人监督**。

2. 企业较小,可由全体工人和职员直接实行工人监督者,则直接实行,否则,通过他们选出的代表实行,代表应**立即**在全体大会上选出,作出选举记录,并将当选人名单报告政府和当地工兵农代表苏维埃。

3. 非经工人和职员选出的代表许可,绝对禁止具有全国意义的企业或生产部门(参看第 7 条)停工,以及对生产进度作任何改变。

4. **一切**账簿和文据,以及**一切**仓库和库存的材料、工具和产品等,应毫无例外,一律对选出的代表公开。

5. 工人和职员选出的代表所作的决定,企业主必须服从,只有工会和职工代表大会有权加以撤销。

6. 在一切具有全国意义的企业里,**一切**企业主和**一切**由工人和职员选出实行工人监督的代表,均应对国家负责,维持严格的秩序和纪律,并保护财产。凡玩忽职守、隐瞒存货和报表等等者,没收其全部财产并判处 5 年以下的徒刑。

7.凡为国防服务以及与生产人民大众生活必需品有关的企业,都是具有全国意义的企业。

8.工人监督细则,由各地方工人代表苏维埃和工厂委员会代表会议以及职员委员会代表会议的代表联席会议制定。

载于1929年《列宁全集》俄文   译自《列宁全集》俄文第5版
第2、3版第22卷   第35卷第30—31页

同赫尔辛福斯在直达电报中的谈话

(1917 年 10 月 27 日〔11 月 9 日〕)

1

同芬兰赫尔辛福斯陆军、海军和
工人代表苏维埃执行委员会主席
亚·李·舍印曼的谈话

——您可以代表陆海军区域委员会说话吗？

——当然可以。

——您能马上尽可能多调一些雷击舰和其他军舰到彼得格勒来吗？

——我们立即请波罗的海舰队中央委员会主席来，因为这纯粹是海军方面的事情。

——彼得格勒有什么新的情况吗？

——有消息说，克伦斯基的军队已经迫近，并占领了加契纳，因为一部分彼得格勒的军队已经疲乏不堪，所以迫切需要最迅速最有力的增援。

——还有什么情况？

——我希望听到的是你们表示准备出发和战斗的决心，而不是询问"还有什么情况"

——这似乎没有必要再重复：我们已经表明过决心，因此，一切都会见诸实际行动。

——你们有机关枪和备用的步枪吗？有多少？

——区域委员会军事部主任米哈伊洛夫在这里。他会告诉您芬兰军队的情况。

2

同芬兰陆军、海军和工人区域委员会 军事部主任米哈伊洛夫的谈话

——你们需要多少战士？

——能派出多少我们就要多少，但是必须忠实可靠，有作战的决心。这样的人你们有多少？

——将近 5 000。可以马上派去，他们一定能打。

——用最快的速度运送，能保证在几小时内到达彼得格勒？

——从现在起，最多 24 小时。

——走陆路吗？

——走铁路。

——你们能够保证他们的粮食供应吗？

——行。粮食很多。而且还有大约 35 挺机关枪；我们还可以在不影响这里的局势的情况下调去少数野战炮兵。

——我代表共和国政府坚决请求你们立即调派，同时还请您回答：你们知道不知道新政府成立的消息，你们那里的苏维埃对新政府的态度怎样？

——现在只是从报纸上看到了政府成立的消息。我们这里对于已转到

苏维埃手中的政权表示热烈欢迎。

——那就是说，陆军可以马上出发，而且可以保证他们的粮食供应？

——是的，我们马上调派，并供给他们粮食。波罗的海舰队中央委员会副主席在电报机旁边，因为德宾科在今天晚上10点钟到彼得格勒去了。

3

同波罗的海舰队中央委员会代主席
尼·费·伊兹迈洛夫的谈话

——你们能够调来多少艘雷击舰和其他军舰？

——可以调去"共和国"号战列舰和两艘雷击舰。

——他们也是由你们供应粮食吗？

——我们海军有粮食，可以供应他们。我可以有把握地说，所有被调去的雷击舰和"共和国"号战列舰定会完成自己的保卫革命的任务。关于派遣武装力量的问题，请放心。我们绝对执行。

——要过几小时？

——最多18小时。是否必须马上派出？

——是的。政府绝对认为必须立即派来，让战列舰驶入莫尔斯科伊运河，并尽可能靠近河岸。

——战列舰是一艘装有12英寸口径大炮的巨型舰只，不能靠近河岸，否则，敌人不费吹灰之力就可以夺去。这个任务装有小炮和机关枪的雷击舰就可以执行。至于战列舰，它大概只能停在停泊场或"阿芙乐尔"号巡洋舰旁边，因为它的大炮射程达25俄里，——总之，水兵和指挥人员定能完成这个任务。

——雷击舰应该开到涅瓦河的雷巴茨科耶村附近，以便保护尼古拉铁路以及通向这条路的一切要冲。

——好，一定完成这一切任务。还有什么事？

——"共和国"号上有无线电收发报机吗？在途中能同彼得格勒联系吗？

——不仅"共和国"号上有，而且雷击舰上也有，它们能同埃菲尔铁塔取得联系。总之，我们保证很好地完成一切任务。

——这么说，我们可以期望这几艘舰艇立刻出发了？

——是的，可以。现在我们就下紧急命令，让这几艘舰艇按时到达彼得格勒。

——你们有备用的枪支和弹药吗？尽量多送一些来。

——有，但是在舰艇上的不多，我们把现有的都送去。

——再见，祝您好。

——再见，您是？您贵姓？

——列宁。

——再见。我们现在就执行任务。

载于1922年《无产阶级革命》杂志第10期

译自《列宁全集》俄文第5版第35卷第32—35页

在彼得格勒卫戍部队各团代表会议上的报告和发言[14]

（1917年10月29日〔11月11日〕）

报　道

1

关于目前形势的报告

政治形势用不着多讲了。现在政治问题简直就是军事问题。十分明显，克伦斯基收罗了科尔尼洛夫分子，因为除了他们就再没有人可以依靠了。他们在莫斯科虽然占据了克里姆林宫，却控制不了住着工人和一般贫民的城边地区。在前线，没有人拥护克伦斯基。甚至动摇分子，例如铁路工会会员，也表示拥护和平法令和土地法令。

绝大多数的农民、士兵和工人都拥护和平政策。

这不是布尔什维克的政策，而且根本不是"政党的"政策，而是工人、士兵和农民的政策，是大多数人民的政策。我们不是在实行布尔什维克的纲领，我们在土地问题上的纲领也完全取自农民的委托书。

社会革命党人和孟什维克退出了，这不能怪我们。我们曾经建议同他们分掌政权，可是他们却要等与克伦斯基的这场斗争有了结果再说。

我们曾经邀请大家都来参加政府。左派社会革命党人[15]声明，他们愿意支持苏维埃政府的政策。至于不同意新政府的纲领这一点，他们连提也不敢提。

在地方上人们还相信《人民事业报》[16]之类的报纸。但是我们这里大家都知道，社会革命党人和孟什维克是由于成了少数才退出的。彼得格勒卫戍部队是知道这一点的。他们知道，我们愿意成立苏维埃联合政府。我们没有把任何人排除于苏维埃之外。他们不愿意同我们一起工作，这对他们更不利。士兵和农民群众是不会跟孟什维克和社会革命党人走的。我毫不怀疑，在任何工人和士兵的集会上，十分之九的人会拥护我们。

克伦斯基的尝试同科尔尼洛夫的尝试一样，是一种可怜的冒险。但是目前形势是困难的。必须采取有力的措施整顿粮食工作，制止战争的灾难。我们不能等待，我们对克伦斯基的叛乱一天也不能容忍。如果科尔尼洛夫分子组织新的进攻，他们将遭到今天士官生暴动所遭到的那种回击。让士官生去抱怨自己吧！我们夺取政权几乎没有流血。要说有牺牲，那也只是我们方面的牺牲。新政府所执行的政策正是全体人民所期望的政策。这种政策新政府并不是从布尔什维克那里取来的，而是从前线的士兵，从农村的农民，从城市的工人那里取来的。

关于工人监督的法令这几天就要公布。我再说一遍：目前政治局势就是军事局势。我们决不能听任克伦斯基取得胜利，否则就不会有和平，不会有土地，不会有自由。我毫不怀疑，刚刚胜利地完成起义的彼得格勒的士兵和工人，是一定能够把科尔尼洛夫分子镇压下去的。我们有缺点，用不着否认。由于这些缺点，我们受到了某些损失。但是这些缺点是可以克服的。我们一小时一分钟也不能浪费，我们必须自己组织起来，成立司令部，这是今天就必须做的事情。只要组织起来，我们就能够保证在几天之内，也许在更短的时间内获得胜利。

根据工兵农代表的意志建立起来的政府，决不容许科尔尼洛夫分子嘲弄自己。

目前的政治任务和军事任务就是组织司令部，集中一切物质力量，保证供给士兵一切必需品；为了使一切能像过去一样胜利地发展，必须进行这些工作，一小时一分钟也不能浪费。

2

关于部队装备问题的发言

　　大混乱的时期结束了。司令部的司令已经任命，并且马上就要正式宣布。犹豫动摇的时期已经过去。我们曾痛感缺少军事秩序和联系。但是现在证明，部队是十分团结的，士气是高昂的。你们必须自己动手，自己检查每一个行动，交办的事情是不是办好了，同工人组织有没有联系上等等。在这方面工人是会来帮助你们的。我想对你们提出一个建议：不要依赖任何人，要通过监察委员会或团队代表来检查每一个消息，检查命令执行了没有，关于军需储备的报告准确不准确。你们要亲自动手，亲自检查一切，对每一种军需储备、每一个步骤都要考虑到，——这是成功的最可靠的保证。

3

关于建立城市秩序问题的发言

　　我完全赞成前面所讲的意见：工人应该担负一部分城市警卫工作。在这件协同进行的工作中，士兵要教工人掌握武器。实行普遍的人民武装，取消常备军，这是我们一分钟也不能忽视的任务。如果能把工人居民吸引进来，工作就比较容易了。同志们建议每天聚会一次，这是切实可行的。俄国革命提供了许多新的、任何革命不曾有的东西，这样说是正确的。工兵代表苏维埃这种机关就是过去所没有的。你们应当同工人打成一片，资产阶级至今一直不能正常供应的东西，他们都能供应你们。每一支部队都必须同工人组织一起设法把你们这次作战所需要的一切物资储备起来，不要等待上面的指令。从今天晚上起就应当独立地担负起这项任务。不必等待司令部的指示，让各部队自己出主意。你们有一种资产阶级从来没有过的办法，资产阶级唯一的办法是采购，而你们可以同生产这一切东西的工人直接联系。

载于1917年10月31日(11月13日)
《真理报》第174号

译自《列宁全集》俄文第5版
第35卷第36—40页

人民委员会通电

(1917 年 10 月 30 日〔11 月 12 日〕)

致全体公民

全俄苏维埃代表大会已经组成了新的苏维埃政府。克伦斯基政府已经被推翻,其成员已经被逮捕。克伦斯基逃跑了。所有机关已经掌握在苏维埃政府手里。在 10 月 25 日提出保证后获释的士官生,在 10 月 29 日举行了暴动。暴动当天就被镇压下去了。克伦斯基和萨文柯夫率领士官生和一部分哥萨克用欺骗的方法钻进了皇村。苏维埃政府已经动员武装力量来粉碎科尔尼洛夫分子对彼得格勒的新的进攻。一支以"共和国"号装甲舰为首的舰队已奉命调往首都。[17] 克伦斯基的士官生和哥萨克动摇了。被俘的克伦斯基人员肯定地对我们说,哥萨克是受骗的,他们一旦了解真相,就不会再开枪。苏维埃政府尽量设法防止流血。如果流血无法避免,如果克伦斯基的部队仍要开枪,苏维埃政府将毫不犹豫地采取无情的措施来粉碎克伦斯基—科尔尼洛夫分子的新的进攻。

我们通知你们,苏维埃代表大会已经闭幕,它通过了两项重要

的法令:(1)立即把所有的地主土地交给农民委员会掌握;(2)提出
缔结民主和约。

苏维埃政府主席

弗拉基米尔·乌里扬诺夫(列宁)

载于 1917 年 10 月 30 日(11 月 12 日)　　　译自《列宁全集》俄文第 5 版
《工农临时政府报》第 2 号和 1917 年　　　第 35 卷第 41 页
10 月 31 日《中央执行委员会消息报》
第 212 号

职员守则草稿

（1917 年 10 月底）

1. 国营、公营和私营工业等大型企业（雇佣工人不少于 5 人）中的全体职员，必须完成其所担负的工作，非经政府、工兵农代表苏维埃或工会特别许可，不得擅离职守。

2. 凡违反第 1 条的规定，以及在向政府和政权机关交出文书和报表方面或在为公众和国民经济服务方面玩忽职守者，没收其全部财产并判处 5 年以下徒刑。

载于 1928 年《列宁文集》俄文版第 8 卷

译自《列宁全集》俄文第 5 版第 35 卷第 42 页

在俄国社会民主工党(布)
中央委员会会议上的发言

(1917 年 11 月 1 日〔14 日〕)

记　　录[18]

1

列宁同志认为,加米涅夫的政策应当立即停止执行。现在不必同全俄铁路工会执行委员会谈判[19]。必须派军队到莫斯科去。他提出关于全俄铁路工会执行委员会的决议案。全俄铁路工会执行委员会没有参加苏维埃,也不能让它参加;苏维埃是群众自愿组成的机关,而全俄铁路工会执行委员会没有群众基础。

2

列宁同志认为,谈判本来应该成为军事行动的外交掩护。唯一正确的解决办法就是消除动摇分子的动摇,而且我们自己要坚决果断。必须援助莫斯科人,这样我们的胜利就有保证了。

3

列宁同志：这是一个根本问题，现在是结束动摇的时候了。很明显，全俄铁路工会执行委员会站在卡列金分子和科尔尼洛夫分子那一边。我们决不能动摇。大多数的工人、农民和军队都拥护我们。这里谁也无法证明基层群众反对我们；或者是同卡列金的代理人站在一起，或者是同基层群众站在一起。我们应该依靠群众，应该派鼓动员到农村中去。我们曾经要求全俄铁路工会执行委员会把军队运往莫斯科，可是它拒绝了，我们应当向群众呼吁，群众一定会把它抛弃的。

载于 1922 年《无产阶级革命》杂志
第 10 期

译自《列宁全集》俄文第 5 版
第 35 卷第 43 页

在俄国社会民主工党(布)
彼得堡委员会会议上的发言[20]

（1917 年 11 月 1 日〔14 日〕）

我不作报告,但我要讲一个大家都非常关心的问题。这就是在党取得政权的时候突然发生的党内危机问题。

对于所有关注出版物的人来说,《工人之路报》[21]上进行的争论以及我对加米涅夫和季诺维也夫的抨击已不是什么新闻。《人民事业报》载文说布尔什维克不敢夺取政权。这使我不得不拿起笔来证明,社会革命党人的话是毫无根据的,是一派胡言(《布尔什维克能保持国家政权吗?》[①])。采取行动的问题在会上提出过。[②]我曾担心国际主义派-联合派中出现机会主义分子,但这一点已经用不着担心了,而我们党的一些党员却不这么认为。

这使我感到非常痛心。关于起义的问题早就提出来了,而且我从来没有放弃过,甚至不顾季诺维也夫和加米涅夫的反对。明知起义必须举行、不可避免,季诺维也夫和加米涅夫同志却鼓动反对起义。我已经把他们当成工贼。我甚至给中央委员会写信,提出将他们开除出党。[③]

---

① 见本版全集第 32 卷第 282—331 页。——编者注
② 同上书,第 411—414、415—419 页。——编者注
③ 同上。——编者注

当加米涅夫在《新生活报》上发表文章**22**后，我在报刊上毫不客气地表明了态度。但是后来我不再提及此事，因为我不想再严厉地对待他们。我对加米涅夫在中央执行委员会进行的关于协议的谈判乐观其成，因为原则上我们不反对。

社会革命党人放弃政权后我明白了，他们①是在克伦斯基进行反抗之后，是在战胜克伦斯基之后，是在赤卫队员们已作好充分准备并表现出高涨的热情之后（这不是秘密）。莫斯科的起义拖延了。我们的人陷于悲观情绪之中。说莫斯科正在被毁掉，我们不可能夺取政权，等等。于是产生了协议问题。

起义是一项新的工作，还需要其他力量和其他素质。

例如，莫斯科发生了多起士官生残忍施暴的事情。枪杀被俘的士兵和其他人员。士官生，这些资产阶级的崽子明白，随着人民政权的建立，资产阶级政权就要灭亡。我们在代表会议上就拟定了一系列措施以及夺取银行等的计划。

布尔什维克过去总是太温和。如果资产阶级是胜利者，他们就会像1848年和1871年那样去做。有谁想过我们不会遇到资产阶级的暗中破坏呢？这一点连小孩子都明白。所以我们应该把经理们抓起来，将他们暂时抓起来的做法取得过很好的效果。

这并不使我感到惊奇，我知道，给他们保留待遇优厚的职位，他们就不大会反抗。在巴黎，这种人被砍了头，而我们要剥夺他们的配给证，剥夺那些未获得工会许可的人的配给证，我们将履行自己的义务。

就在我们已经掌握政权的时候，却发生了分裂。季诺维也夫和加米涅夫说我们不会夺取政权，等等。我无法平静地听完这些

---

① 下面有一个词辨认不清。——俄文版编者注

如同背叛一样的理由。

他们想干什么？要动刀子吗？只有无产阶级能够拯救国家。而协议呢？社会革命党人同情我们，要是唐恩也能同情的话，可唐恩是资产阶级。瞎话——小孩子要杀人，如此等等。

我简直无法认真地来谈这个问题。托洛茨基早就说过，联合是不可能的。托洛茨基清楚这一点，不过从此再也没有一个更出色的布尔什维克了。

季诺维也夫说，我们不是苏维埃政权，我们只是布尔什维克。社会革命党人和孟什维克退出了，但不能怪我们。

我们是由苏维埃代表大会选举出来的。这是一个新的组织，进入这个组织的是那些想奋斗的人。这不是普通百姓，而是带领群众前进的先锋队。我们带领的是积极的而不是倦怠的群众。现在放弃起义，就是滑向倦怠的群众一边，而我们要与先锋队在一起。苏维埃给自己下了定义。苏维埃是无产阶级群众的先锋队。没有别的成分——整个资产阶级和其他阶层。现在有人建议我们与城市杜马联姻——这是荒谬的。

有人说我们想实行社会主义，这是胡说。我们不想搞农民社会主义。有人对我们说，应该停下来——这是办不到的。谁说我们不是苏维埃政权？那我们是什么？就是不与杜马联合。恐怕还会有人建议我们与罗、黑、敖苏维埃中央执行委员会[23]、全俄铁路工会执行委员会[24]等达成协议。这是小商人行为。可能还要与卡列金讲条件，而以后他们会处处横加阻挠。这是无聊的小商人行为，而不是苏维埃政权。在代表会议上就是要这样提出问题，我们让出一部分权力给杜马，这部分权力只是摆在那里，而99％的工人支持我们。

如果出现分裂，那就分裂吧。如果他们占多数，那就请拿走中央执行委员会中的权力并采取行动吧,我们将去找水兵们。

我们已经掌握政权。资产阶级开始落入应该"被消灭掉"的境地。不是走向"新生活",这是一些无原则性的懦夫:时而同我们站在一起,时而同孟什维克站在一起。说我们单独不能保持住政权,等等。但我们不是单独的①。我们面对的是整个欧洲。我们应当开始行动。现在仅仅是社会主义革命。所有这些反对意见、怀疑态度都是荒谬的。

当我说我们要用面包配给证进行斗争时,士兵们的脸上出现了笑容。有人对我们说,士兵们不会这样的。但发言者对我们说,他们以前从未见过这样的热情。

只有我们才能激发出这样的革命热情,只有我们才能够去斗争……　而孟什维克呢? 不会有人跟着他们走。在即将举行的代表会议上,还要提出继续进行社会主义革命的问题。我们的面前还有个卡列金,我们还没有取得胜利。

有人对我们说,"没有政权了"。

既然我们必须实行逮捕,我们就一定要这样做。但是如果有人对我们说:太可怕了,以及诸如此类的话——这就是无产阶级专政。就拿逮捕全俄铁路工会执行委员会成员来说,这我理解。当有人对逮捕议论纷纷的时候,一位特维尔农夫走过来说:"把他们都抓起来。"这话我完全理解。这就是他对什么是无产阶级专政的理解。

不要协议!

译自 1999 年《不为人知的列宁文献
(1891—1922)》俄文版第 215—217 页

---

①　文中此处留有空白,看来是为以后添写遗漏的内容留的。——俄文版编者注

俄国社会民主工党(布)中央委员会关于中央内部反对派问题的决议[25]

(1917 年 11 月 2 日〔15 日〕)

中央委员会认为,这次会议具有重要的历史意义,因此有必要把会上显露出来的两种立场记录在案。

(1)中央委员会认为,中央内部形成的反对派一再发表绝非马克思主义的言论,说什么社会主义革命在俄国不可能成功,必须向苏维埃组织中明显的少数派所提出的最后通牒和退出的威胁让步,这样就是违反全俄苏维埃第二次代表大会的意志和决议,暗中破坏刚建立的无产阶级和贫苦农民的专政,从而完全背离了布尔什维主义的一切根本立场,完全背弃了无产阶级的阶级斗争。

(2)中央委员会认为,反对派必须对阻碍革命工作,对目前等于犯罪的动摇负完全责任,中央委员会请反对派放下他们所不相信的实际工作,而把自己的争论意见和自己的怀疑论搬到报刊上来谈。因为反对派无非是被资产阶级吓倒了,是反映了倦怠的(而不是革命的)那部分居民的情绪。

(3)中央委员会确认,既然全俄苏维埃第二次代表大会的多数派在没有将任何人排斥在大会之外的情况下,把政权交给了清一色的布尔什维克政府,那么,拒绝这个政府,就不可能不背叛苏维埃政权的口号。

(4)中央委员会确认,采用小商贩讨价还价的办法以求让非苏维埃类型的组织,即不是由为推翻地主和资本家而斗争的群众的革命先锋队自愿结合的组织并入苏维埃,就不可能不背叛工兵农代表苏维埃政权的口号。

(5)中央委员会确认,对苏维埃中少数派的最后通牒和威胁让步,不仅等于完全背弃苏维埃政权,而且等于完全背弃民主制,因为这种让步就等于多数派害怕运用自己的多数,就等于屈服于无政府状态,纵容任何少数派再提出最后通牒。

(6)中央委员会确认,它没有将任何人排斥在全俄苏维埃第二次代表大会之外,即使在目前它也十分愿意让退出的人再回来,愿意承认他们在苏维埃范围内的联合,因此,说什么布尔什维克不愿意同任何人分掌政权,这是彻头彻尾的谎话。

(7)中央委员会确认,在现政府成立的那一天,在成立前几小时,中央委员会曾邀请三个左派社会革命党人的代表出席自己的会议,并正式建议他们参加政府。但是左派社会革命党人拒绝了,虽然是暂时的和有条件的,但他们仍然必须对不能达成协议负完全责任。

(8)中央委员会提请注意,由布尔什维克党团提出、并经全俄苏维埃第二次代表大会通过的决议,表示苏维埃要增补前线来的士兵和各地农村来的农民,因此,硬说布尔什维克政府反对同农民联合,这是彻头彻尾的谎话。相反,中央委员会声明,我们政府的土地法完全是按社会革命党人的委托书照抄的,这实际证明,布尔什维克有极大的诚意,愿意实现同俄国居民大多数的联合。

(9)最后,中央委员会确认,不管有多少困难,只要坚定不渝地继续贯彻现政府的政策,社会主义在俄国和在欧洲的胜利是有把握的。中央委员会对这次社会主义革命的胜利充满信心,希望所有的怀疑派和动摇分子抛弃一切动摇,一心一意、全力以赴地支持这个政府的活动。

列　宁

载于 1917 年 11 月 4 日(17 日)
《真理报》第 180 号(无前三点)

译自《列宁全集》俄文第 5 版
第 35 卷第 44—46 页

全文载于 1932 年《列宁全集》俄文
第 2、3 版第 30 卷

俄国社会民主工党(布)中央委员会 多数派给少数派的最后通牒[26]

(1917年11月3日〔16日〕)

俄国社会民主工党(布尔什维克)中央委员会多数派完全赞同人民委员会迄今执行的政策,认为必须向中央委员会少数派作以下坚决的声明:

由列宁同志提出的、中央委员会昨天(11月2日)通过的决议[①]已经规定了我党目前的政策。决议宣布,全俄苏维埃代表大会既然代表千百万工人、士兵和农民,根据我们的纲领,把政权交给了我党的代表,那么,强迫我党放弃政权的任何企图都是对无产阶级事业的背叛。我们从反对妥协的整个斗争中得出的这一基本的策略路线,曾经是我们推翻克伦斯基政府的起义的指南,现在是布尔什维主义的革命实质,它又一次得到了中央委员会的赞同,全体党员首先是中央委员会的少数派必须无条件地执行。

但是少数派的代表,不论在昨天的中央委员会会议以前,或者在会议以后,始终执行一条公然反对我们党的基本路线、瓦解我们自己队伍的政策,在必须表现最大的坚定性和不可动摇性的时刻,他们却在制造动摇。

---

① 见本卷第44—46页。——编者注

例如,在昨天中央执行委员会的会议上,在少数派中央委员直接参加下,布尔什维克党团竟公然投票反对中央委员会的决定(关于我党在政府中的代表人数和代表人选问题的决定)。如此骇人听闻的破坏纪律的行为是这些中央委员背着中央干的,是在这几位反对派的代表在中央挑起了好多小时的争论之后干的,这就使我们清楚地看出,反对派想用纠缠的办法掌握党的机构,在党的命运、革命的命运取决于党的工作的最近结果的时候,他们却在暗中破坏党的工作。

我们不能也不愿对这种情况负责。

在向中央委员会少数派作这个声明的同时,我们要求少数派以书面形式明确地回答:少数派是不是保证服从党的纪律并执行列宁同志提出的中央委员会通过的决议中所制定的政策?

如果对这个问题作否定的或者含糊不清的回答,我们将立即请彼得格勒委员会、莫斯科委员会、中央执行委员会布尔什维克党团、彼得格勒市代表会议、党的非常代表大会对以下建议加以抉择:

或者是党不得不委托目前的反对派和他们的同盟者(为了这些人,反对派现在正在对我们的工作进行暗中破坏)一道组织新政权,那时我们将认为我们不受这个只会造成动摇、软弱和混乱的新政权的任何约束。

或者是党赞同中央委员会昨天的决议中提出的唯一可行的革命路线(我们对这一点毫不怀疑),那党就应当坚决要求反对派代表到我们党组织以外去搞他们的瓦解工作。没有也不可能有别的结局。当然,分裂是一件极可悲的事。但是现在开诚布公地分裂要比在内部进行暗中破坏、撕毁自己的决议、进行瓦解活动和散布沮丧情绪好得多。不管怎样,我们一分钟也不怀疑,如果把我们的意见分歧(基本上是重复我们同"新生活派"[27]和马尔托夫派的意见分歧)交给群众来评判,我们的政策保证会得到革命的工人、农民、士兵的无条件的、奋不顾身的支持,而使动摇的反对派在最短期间陷入软弱无力的孤立境地。

载于 1922 年《无产阶级革命》杂志
第 7 期

译自《列宁全集》俄文第 5 版
第 35 卷第 47—49 页

在人民委员会会议上的发言

（1917 年 11 月 3 日〔16 日〕）

列宁同志反对同全俄铁路工会执行委员会达成任何协议，这个执委会明天就要被下层用革命手段推翻。必须从彼得格勒派遣有创造精神的、有组织能力的革命力量即水兵增援莫斯科。粮食问题：我们已从北方得到保证。占领莫斯科并从下面推翻全俄铁路工会执行委员会以后，我们将从伏尔加河流域得到粮食供应。

载于 1927 年 11 月 6 — 7 日《真理报》第 255 号尼·哥尔布诺夫《人民委员会的工作机构是怎样在十月革命的日子里建立起来的》一文

译自《列宁全集》俄文第 5 版第 35 卷第 50 页

关于出版自由的决议草案[28]

(1917 年 11 月 4 日〔17 日〕)

　　资产阶级认为,出版自由就是富人有出版报纸的自由,就是由资本家霸占报刊。这种霸占的实际结果是使包括最自由的国家在内的世界各国到处都有卖身投靠的报刊。

　　工农政府认为,出版自由就是使报刊摆脱资本的压迫,把造纸厂和印刷厂变成国家的财产,让每一个达到一定人数(如 1 万人)的公民团体都享有使用相应数量的纸张和相应数量的印刷劳动的同等权利。

　　这一目的同劳动者摆脱资本压迫有着不可分割的联系,工农临时政府为达到这一目的而采取的第一个步骤就是设立调查委员会,调查定期刊物同资本的联系,调查它们的经费和收入的来源,捐助者是哪些人,它们弥补赤字的方法直至报馆的整个经济情况。凡对调查委员会隐瞒账簿或其他文据者,凡显系谎报情况者,均将受到革命法庭的制裁。

　　所有报馆的业主、股东和职员必须立即向设在彼得格勒斯莫尔尼学校的调查报刊同资本的联系、报刊对资本的依赖关系的**调查委员会**提出有关上述问题的书面报告和材料。

　　调查委员会由下列人员组成:①

――――――――――

　　① 手稿中此处留有填写名单的空白。——俄文版编者注

委员会有权补充人员,传讯鉴定人和证人,要求公开各种账簿等等。

载于 1932 年 11 月 7 日《真理报》
第 309 号

译自《列宁全集》俄文第 5 版
第 35 卷第 51—52 页

全俄中央执行委员会会议文献

(1917 年 11 月 4 日〔17 日〕)

1

关于出版问题的讲话

卡列林同志要我们相信,他走的那条道路是通向社会主义的。但是他那样走向社会主义其实是退着走。托洛茨基说得对:为了出版自由,士官生曾经举行过暴动,在彼得格勒和莫斯科宣布了战争。这次社会革命党人的表现既不像社会主义者,也不像革命者。在这一星期中,所有的电报局都曾被克伦斯基占据。全俄铁路工会执行委员会也站在他们那边。但是他们没有军队。实际表明,军队是拥护我们的。一小撮人挑起了国内战争。这场战争并没有结束。卡列金的部队正在逼近莫斯科,突击队²⁹正在逼近彼得格勒。我们不愿意进行国内战争。我们的军队表现了很大的克制。他们等待过,没有开枪,是突击队先打死了我们的三个人。我们对克拉斯诺夫采取的措施是宽大的。他只是被软禁在家里。我们反对国内战争。但是,如果国内战争还是要打下去,那我们该怎么办呢?托洛茨基问得好:你们是替谁说话。我们问克拉斯诺夫能不能担保卡列金不再打了。他自然回答说不能。既然敌人不停止敌对行动,我们怎么能停止追击敌人的措施呢?

只要有人向我们提出媾和的条件,我们就谈判。可是目前建议我们媾和的人是一些在媾和问题上做不了主的人。这不过是些漂亮话罢了。《言语报》[30]本来就是卡列金派的报纸。我们完全可以假定社会革命党人是有诚意的,但是他们背后毕竟还有卡列金和米留可夫。

士兵们、工人们! 你们愈坚定,我们的成绩就愈大。不然有人会对我们说:"他们要放走米留可夫,可见还不怎么坚强。"我们早些时候就声明过,我们一旦取得政权,就要查封资产阶级报纸。容许这些报纸存在,就不成其为社会主义者了。谁主张"开放资产阶级报纸",谁就是不了解我们正在大踏步地向社会主义前进。沙皇制度被推翻后,维护沙皇制度的报纸就被封闭了。现在我们粉碎了资产阶级的桎梏。社会革命不是由我们凭空臆造的,而是由苏维埃代表大会的代表宣布的,在代表大会上没有一个人反对,一致通过了宣布社会革命的法令。资产阶级宣布自由、平等、博爱。工人说:"我们需要的不是这个。"有人对我们说:"我们在倒退。"不对,同志们,是社会革命党人倒退到克伦斯基那里去了。有人对我们说,我们的决议里有新东西。当然,我们提出了新东西,因为我们正在走向社会主义。社会革命党人在第一届和第二届杜马中发言的时候,也曾有人嘲笑他们标新立异。

私人广告应该实行垄断。印刷工会会员是从吃饭问题着眼。我们给他们饭吃,但是要通过另一种方式。我们不能给资产阶级诬蔑我们的机会。必须立即任命一个委员会以调查资产阶级报纸对银行的依赖关系。这些报纸需要的是什么自由?是购买大批纸张、雇用许多下流作家的自由吗?我们应当摒弃这种依赖资本的出版自由。这是一个有原则意义的问题。既然我们要进行社会革命，我们就不能在卡列金的炸弹上再加上造谣诽谤的炸弹。

我们的法案当然是有缺点的。但是各地苏维埃都将因地制宜地实行。我们不是官僚主义者，我们不愿像旧衙门那样到处死搬硬套。我记得社会革命党人说过：农村里知道的事情极少，而且都是从《俄罗斯言论报》³¹看来的。可见，我们过去把报纸留在资产阶级手中是错误的。必须前进，向新社会前进，必须像我们在 2—3 月间对待黑帮报纸那样对待资产阶级报纸。

2

答左派社会革命党人的质问

列宁同志回答左派社会革命党人提出的质问[32]。他提醒左派社会革命党人,布尔什维克在革命后的最初几天就建议左派社会革命党人的代表加入新政府,但是左派社会革命党人的党团自己拒绝同布尔什维克合作,不愿意在这些艰难的、危急的日子里同它的左邻分担责任。

新政权虽然严格遵守一切程序,仍会遇到种种作难的事情,它在自己的活动中就顾不了这么多了。当时情况十分严重,不允许有一点拖延。不能浪费时间去精雕细琢,因为这只是表面的修饰,丝毫不会改变新措施的实质。就是全俄苏维埃第二次代表大会也曾不顾一切形式上的困难,在一次大会上通过了两项具有世界意义的法律。尽管用资产阶级社会的眼光来看,这些法律有形式上的缺点,但是,政权在苏维埃手中,苏维埃可以作必要的修改。克伦斯基政府那种罪恶的无所作为,使国家和革命濒于灭亡;拖延确实等于自取灭亡,新政权颁布了符合广大人民群众的要求和希望的法律,从而在新的生活方式的发展道路上立下了里程碑。各地苏维埃可以因地、因时制宜,修改和扩充政府所制定的基本条例。群众生气勃勃的创造力正是新的社会生活的基本因素。让工人着手在自己的工厂建立工人监督吧,让他们用工业品来供应农村,换取粮食吧。每一件产品、每一俄磅粮食都应当计算到，因为社会主义首先就是计算。社会主义不是按上面的命令创立的。它和官场中的官僚机械主义根本不能相容；生气勃勃的创造性的社会主义是由人民群众自己创立的。

3

就左派社会革命党人的质问
而作的发言

（1）

列宁谈到了对人民委员会提出的一些具体的指责。关于穆拉维约夫的命令[33]，人民委员会只是从报上知道的，因为总司令根据他的权限有权颁发紧急命令。这个命令在内容上同新政权的精神没有丝毫抵触，但是它的措辞可能引起一些不必要的误会，因此中央执行委员会把它撤销了。其次，你们批评土地法令。然而这个法令是符合人民要求的。你们责备我们的法令写得过于简略。那你们的草案、修正案和决议案在哪里呢？你们的立法创造的成果在哪里呢？你们有过立法的自由。但是我们没有看到任何成果。你们说我们是极端分子，那么，你们呢？你们是议会中阻碍议事的行为的辩护士，即过去所谓的讼棍佞俩的辩护士。如果你们不满意的话，就去召开新的代表大会吧，去吧，但是不要说什么政权崩溃了。政权属于我们的党，属于依靠广大人民群众信任的党。就让我们的某些同志去拥护同布尔什维主义毫无共同之处的政纲吧。但是莫斯科的工人群众是不会跟李可夫和诺根走的。普罗相同志说，在芬兰，左派社会革命党人同群众保持着联系，他们认为革命社会主义的整个左翼必须紧密地合作。我们这里的左派社会革命党人不愿和我们联合起来，那只能说明他们遭到了和自己前辈护国派一样的命运。他们脱离了人民。

（2）

列宁和托洛茨基举了历次党代表大会的例子，认为他们必须服从党的纪律，因此声明将参加投票。

4

关于一部分人民委员声明退出
人民委员会问题的讲话和决议案

　　列宁同志反驳前面几个发言人。他指出,"西欧可耻地保持沉默"[34]这种说法,出自国际主义者之口,是不能容许的。只有瞎子才看不见德国和西欧的工人群情激愤。德国无产阶级的上层分子、社会党知识分子,也像其他各国一样,大多数都是护国派。但是无产阶级的下层却违反自己上层的意志,准备响应我们的号召。统治着德国陆军和海军的残暴的纪律并没有阻止住反政府分子的起事。德国海军的革命水兵事先就知道他们的尝试一定会失败,但仍然不惜英勇牺牲,只求自己的牺牲能唤醒人民中还在沉睡的起义思想。"斯巴达克派"[35]正在日益紧张地展开自己的革命宣传活动。为无产阶级的理想进行不倦斗争的战士李卜克内西,在德国的声望愈来愈高了。

　　我们坚信西欧一定会发生革命。我们知道西欧革命是不可避免的,但是按订单制造革命当然是不行的。难道我们在去年12月就能确切知道将要发生的二月事变吗?难道我们在9月里就肯定知道一个月以后俄国的革命民主派将完成世界上最伟大的革命吗?我们知道旧政权正处在火山上。根据许多迹象,我们可以揣测到,地层下的巨大活动正在人们内心深处进行着。我们已经感到空中雷电密集。我们知道它必将爆发为一场冲掉一切污秽的大雷雨。但是我们不能预言这场雷雨在哪一天下，在几点钟下。我们的这种情景今天也能在德国看到了。那里，人民群众暗中的不满正在增长，它必然会酿成人民的运动。我们不能用法令来制造革命，但是我们能够促进革命。我们将在战壕里举行有组织的联欢，将帮助西欧各国人民发动不可战胜的社会主义革命。后来扎克斯同志又说到用法令来建立社会主义。难道现在的政权没有号召群众自己去创造更好的生活方式吗？用加工工业的产品交换粮食，对生产实行严格的监督和计算，这就是社会主义的开端。是的，我国将成为劳动的共和国。不劳动者不得食。

其次，我们党的孤立究竟表现在什么地方呢？表现在个别知识分子离开党。但是农民对我们的支持与日俱增。只有相信人民的人，只有投入生气勃勃的人民创造力泉源中去的人，才能获得胜利并保持政权。

接着，列宁同志向中央执行委员会提出下列决议案：

中央执行委员会责成人民委员会在召开下次会议之前提出内务人民委员、工商业人民委员的人选，并提议由柯列加耶夫同志担任农业人民委员。

载于1917年11月7日（20日）
《真理报》第182号和《中央执行
委员会消息报》第218号

译自《列宁全集》俄文第5版
第35卷第53—61页

在彼得格勒工兵代表苏维埃和前线代表联席会议上的讲话

（1917 年 11 月 4 日〔17 日〕）

报　道

我今天不能作大报告，只能简略地谈一谈新政府的状况，它的纲领和任务。

你们都知道，实行和平政策、立即提议媾和是大家一致的要求。在全欧洲，在我国，没有一个资产阶级部长不曾许下和平的诺言；俄国士兵已经看透了他们这些诺言的虚伪性；他们答应士兵实行和平政策，但是没有提议媾和，反而驱使士兵去进攻。我们认为，我们政府的首要责任就是立即提议媾和，并且已经这样做了。

列宁同志说明了新政府建议根据什么条件媾和，接着说，如果各国要保留殖民地，那就意味着这场战争永远也不会结束。出路是什么呢？出路只有一条，就是工农革命战胜资本。我们从来也没有许过愿，说把刺刀往地上一插，一下子就可以结束战争。发生战争是因为已将全世界瓜分完毕的亿万资本彼此之间发生了冲突，因此，不消灭资本的政权，就无法结束战争。

在谈到政权转到苏维埃手中的时候，列宁同志说他现在看到一种新的现象：农民还不相信全部政权属于苏维埃，他们还在期待政府拿出东西来，忘记了苏维埃不是私人机关，而是国家机关。我们说,我们想建立一个新的国家,苏维埃应当取代旧官吏,全体人民都应当学习管理。挺起胸来,抬起头来,这样我们对威胁就不感到可怕了。士官生尝试过举行暴动,但是我们制服了他们;他们在莫斯科进行过屠杀,在克里姆林宫的墙头上枪杀过士兵。但是人民取得了胜利以后,不仅让敌人保持了军人的荣誉,而且还让他们保持了武器。

全俄铁路工会执行委员会用罢工来威胁我们,但是我们要向群众呼吁,我们要问他们:你们是不是想用罢工使前线的士兵和后方的人民挨饿? 我深信铁路部门的无产者是不会这样做的。有人责备我们,说我们抓人。是的,我们是在抓人,今天我们还抓了国家银行的经理。有人责备我们,说我们采取恐怖手段,但是,我们还没有采取法国革命者所采取的那种恐怖手段,把赤手空拳的人送上断头台,我希望我们将来也不采取这种恐怖手段。我希望不采取这种手段,是因为我们有力量。我们每抓一个人,就对他说,如果你具结保证今后不再暗中破坏,我们就放了你。他们都具了结。我们的缺点是,苏维埃组织还没有学会管理,我们的大会开得太多。苏维埃应该分成若干小组,把管理工作担当起来。我们的任务就是向社会主义前进。前几天工人已经接到一个监督生产的法律[36]。按照这个法律,工厂委员会成了国家机关。工人应该立即贯彻这个法律。工人供给农民布和铁,而农民则提供粮食。我刚才见到一位从伊万诺沃-沃兹涅先斯克来的同志,他对我说,这是头等重要的事情。社会主义就是计算。如果你们愿意对每一块铁和每一块布都实行计算,那就是社会主义。在生产中我们需要工程师,我们很重视他们的劳动。我们将很乐意付给他们报酬。我们暂时还不打算取消他们的特权地位。我们重视每一个愿意工作的人,但是,希望他们在工作中不要摆官架子,而应当同大家一样受工人监督。我们对个人没有丝毫怨恨,我们将努力帮助他们转到新的地位上来。

至于说到农民,我们主张:对劳动农民应该帮助,对中农不应该得罪,对富农则应该使用强制手段。10月25日革命以后,有人威胁过我们,说我们要被消灭。有的人被吓得魂不附体,想丢下政权逃跑,但是消灭我们的尝试没有得逞。没有得逞的原因,是我们的敌人只能够依靠士官生,而人民则支持我们。如果不是每个士兵和工人的斗志都十分高昂,政权永远也不会脱离统治者之手。政权已经转归苏维埃了。苏维埃,这是人民享有充分自由的组织。我们苏维埃政府的全部权力是苏维埃代表大会给的,我们仍会像过去那样行动,我们深信会赢得你们的支持。我们没有排斥过任何人。既然孟什维克和社会革命党人退出,那就是他们的罪过。我们曾经建议左派社会革命党人参加政府,但是他们拒绝了。在政权问题上我们不愿意讲价钱,我们不愿意搞二次拍卖。我们不允许市杜马这个科尔尼洛夫分子的中心参加政权。有人说我们被孤立了。虽然资产阶级对我们大肆造谣诽谤,但是我还没有看到过一个士兵不欢天喜地地庆贺政权转归苏维埃。我没有看到过一个农民表示反对苏维埃。贫苦农民和工人必须结成联盟,这样,社会主义就会在全世界获得胜利。(苏维埃代表起立,热烈欢呼,欢送列宁)

载于1917年11月5日(18日)
《真理报》第181号

译自《列宁全集》俄文第5版
第35卷第62—64页

告 人 民 书

（1917 年 11 月 5 日〔18 日〕）

工人、士兵、农民以及一切劳动者同志们：

工农革命驱散和逮捕了为数不多的受克伦斯基欺骗的哥萨克残部，在彼得格勒取得了彻底的胜利。革命在莫斯科也取得了胜利。从彼得格勒开出的几列军车还没有到达莫斯科，那里的士官生和其他的科尔尼洛夫分子就接受了解除士官生武装和解散拯救委员会[37]的和平条件。

从前线和农村每日每时都传来消息，说前线的士兵和各县的农民绝大多数都拥护新政府，拥护新政府的关于建议媾和和立即把土地交给农民的法令。工农革命的胜利已经有了保证，因为大多数人民已经起来支持这个革命。

地主和资本家，同资产阶级有密切联系的**高级**职员和官吏，一句话，一切富人以及伸手援助富人的人，都敌视新的革命，反抗革命的胜利，用停止银行业务来进行威胁，破坏或停止各个机关的工作，千方百计地、直接间接地阻挠革命，这是完全可以理解的。每个觉悟的工人都清楚地知道：我们必然会遇到这种抵抗；布尔什维克党的一切报刊都一再指出过这一点。各劳动阶级一分钟也不会害怕这种反抗，丝毫也不会在资产阶级追随者的威胁和罢工面前表示畏缩。

大多数人民拥护我们。全世界的大多数被压迫劳动者拥护我们。我们的事业是正义的。我们的胜利是有保证的。

资本家和高级职员的抵抗一定会被粉碎。在国家还未颁布银行和辛迪加国有化的专门法令之前,我们不会剥夺任何人的财产。这项法令正在制定。任何一个劳动者和工作人员都不会失掉一个戈比,相反地,他会得到帮助。除实行最严格的计算和监督,把以前所规定的捐税全部征收上来外,政府不打算再采取任何其他措施。

为了实现这些公正的要求,绝大多数的人民已经在工农临时政府的周围团结起来了。

劳动者同志们!请记住,现在是你们自己管理国家。如果你们自己不团结起来,不把国家的一切事务自己担当起来,谁也帮不了你们。你们的苏维埃从现在起就是国家政权机关,即拥有全权的决策机关。

你们要团结在你们的苏维埃的周围。要巩固苏维埃。自己动手从下面干起来,不要等待任何人。建立最严格的革命秩序;无情地粉碎醉鬼、流氓、反革命士官生和科尔尼洛夫分子等等制造无政府状态的一切活动。

你们要对生产和产品计算实行最严格的监督。把一切胆敢危害人民事业的分子抓起来,交付人民革命法庭审判,不管这种危害的表现形式如何,是暗中破坏(损坏、阻碍、搞垮)生产、隐瞒存粮和产品、阻挠粮食运输,还是扰乱铁路运输和邮电业务,总之是千方百计地抗拒伟大的和平事业、把土地交给农民的事业以及保证对产品的生产和分配实行工人监督的事业。

工人、士兵、农民以及一切劳动者同志们!把全部政权掌握到自己的苏维埃手里。像爱护眼珠一样地爱惜和保护土地、粮食、工厂、工具、产品和运输设备,所有这一切从现在起都**完全**是你们的、即全民的财产了。我们在取得大多数农民的同意和赞许的情况下,根据他们和工人的**实际**经验,将逐步地、坚定不移地、勇往直前地走向社会主义的胜利,最文明国家的先进工人一定会使这个胜利得到巩固,这个胜利将使各国人民赢得持久和平,摆脱一切压迫和剥削。

人民委员会主席
弗·乌里扬诺夫(列宁)
1917 年 11 月 5 日于彼得格勒

载于 1917 年 11 月 6 日(19 日)
《真理报》第 4 号(晚上版)

译自《列宁全集》俄文第 5 版
第 35 卷第 65—67 页

答复农民的问题[38]

(1917 年 11 月 5 日〔18 日〕)

为了答复农民的许多问题,必须说明国家的全部政权从此已经完全转到工兵农代表苏维埃手中。工人革命已经在彼得格勒和莫斯科获得胜利,并正在俄国其他地方获得胜利。工农政府保证广大农民,即占农民多数的贫苦农民,同工人结成联盟来反对地主,反对资本家。

因此,从现在起一直到立宪会议召开的时候为止,农民代表苏维埃,首先是县苏维埃,其次是省苏维埃,是地方国家政权的全权机关。全俄苏维埃第二次代表大会已经**废除**地主土地所有制。现在的工农临时政府已经颁布了土地法令。根据这个法令,地主的全部土地完全交给农民代表苏维埃支配。

乡土地委员会必须立刻将地主的全部土地收归自己支配,实行严格的计算,维持良好的秩序,严格保护从前属于地主的财产,这些财产现在已成为全民的财产,因此人民自己应当加以保护。

乡上地委员会的一切命令,取得县农民代表苏维埃同意后,都是**法律**,应当无条件地立即执行。

全俄苏维埃第二次代表大会任命的工农政府称为人民委员会。

人民委员会号召农民自己把地方上的全部政权掌握在自己手

中。工人将尽一切可能全力支持农民，安排好机器和工具的生产，但请求农民供给粮食。

人民委员会主席

弗·乌里扬诺夫(列宁)

1917 年 11 月 5 日于彼得格勒

载于 1917 年 11 月 8 日《中央执行委员会消息报》第 219 号

译自《列宁全集》俄文第 5 版第 35 卷第 68—69 页

俄国社会民主工党(布尔什维克)中央委员会的信

(1917 年 11 月 5 日或 6 日〔18 日或 19 日〕)

致加米涅夫、季诺维也夫、梁赞诺夫及拉林同志

中央委员会已经向你们政策最著名的代表(加米涅夫和季诺维也夫)提出过一次最后通牒,要求你们完全服从中央的决定和路线,完全停止对中央工作的暗中破坏和瓦解活动①。

你们政策的代表虽然退出了中央,但还留在党内,因此有服从中央决定的义务。然而你们不限于在党内进行批评,还在未把起义进行完毕的战士队伍中制造动摇,继续违反党的纪律,在我们党的范围以外,在苏维埃、地方自治机关、工会等组织中破坏中央的决议,阻挠中央的工作。

有鉴于此,中央不得不重申它的最后通牒,要求你们或者立即书面保证服从中央的决议,并在你们的一切言行中贯彻它的政策,或者在召开党的代表大会以前退出党的一切公开活动,辞去工人运动中的一切重要职务。

如果拒不作出上述两种保证之一,中央将不得不提出立即开除你们出党的问题。

载于 1927 年《党在 1917 年 10 月反对季诺维也夫和加米涅夫的工贼行为的斗争》一书

译自《列宁全集》俄文第 5 版第 35 卷第 70—71 页

① 见本卷第 47—49 页。——编者注

俄国社会民主工党(布尔什维克) 中央委员会宣言

告全体党员及俄国一切劳动阶级书

(1917年11月5—6日〔18—19日〕)

同志们:

大家知道,在全俄工兵代表苏维埃第二次代表大会上,布尔什维克党的代表占了多数。

这一事实是理解刚刚在彼得格勒和莫斯科以及在全俄各地发生并获得胜利的革命所必需的基本事实。一切拥护资本家和不自觉地充当资本家帮手的人,这些破坏**全部政权归苏维埃**这一新革命的基本原则的人,常常忘记和回避的也正是这个事实。俄国除了**苏维埃政府**以外,不应当有别的政府。在俄国,已经争得了苏维埃政权,因此,政府由一个苏维埃政党手里转到另一个苏维埃政党手里,无须经过任何革命,只要通过苏维埃的决议、苏维埃代表的改选,就可以实现。在全俄苏维埃第二次代表大会上布尔什维克党占了多数。因此,只有这个党组织的政府才是苏维埃政府。大家知道,布尔什维克党中央委员会在成立新政府和向全俄苏维埃第二次代表大会提出新政府成员名单前数小时,曾邀请三位最著名的左派社会革命党人,即卡姆柯夫、斯皮罗、卡列林同志参加自己的会议,**并建议他们**参加新政府。我们极为遗憾,左派社会革命党人同志们拒绝了这个建议,我们认为他们的这种做法,对革命者和劳动群众的拥护者说来是不能容许的,我们随时都准备接纳左派社会革命党人参加政府,然而我们声明,我们作为全俄苏维埃第二次代表大会上的多数党,不仅有权利,**而且**对人民**负有义务**组织政府。

大家知道,我党中央委员会向全俄苏维埃第二次代表大会提出了清一色布尔什维克的人民委员名单,而**代表大会批准了这个清一色布尔什维克的政府成员名单**。

因此,说什么布尔什维克政府**不是**苏维埃政府,这种骗人的鬼话是彻头彻尾的谎言,都是来自人民的敌人,苏维埃政权的敌人,也只能出自他们的口。恰恰相反,现在,在全俄苏维埃第二次代表大会以后,直到召开第三次代表大会,或直到苏维埃改选,或直到中央执行委员会组织新政府时为止,**只有布尔什维克政府方能被认为是苏维埃政府**。

＊　　　　＊　　　　＊

同志们!我党中央委员会和人民委员会的几个成员加米涅夫、季诺维也夫、诺根、李可夫、米柳亭以及其他几个人昨天,即11月4日,退出了我党中央委员会,后面三人还退出了人民委员会。在我们这样一个大党里,虽然我们的政策方针是无产阶级的革命的,但也难免有个别同志在反对人民公敌的斗争中表现得不够坚定,不够果敢。现在摆在我党面前的任务的确是非常巨大的,困难也是很大的,于是有几个以前担任重要职务的我党党员在资产阶级进攻的面前动摇了,从我们的队伍中逃跑了。整个资产阶级及其所有帮手都因此而欢天喜地,幸灾乐祸,高喊布尔什维克政府已经瓦解,预言布尔什维克政府必将覆灭。

同志们! 不要相信这些谎话。这些退出的同志不仅抛弃了托付给他们的岗位,而且还违反了我党中央要求他们至少等到彼得格勒和莫斯科的党组织作出决定后再退出的明确决定,他们的行为和逃兵一样。我们坚决斥责这种临阵脱逃的行为。我们深信,一切身为我党党员或同情我党的觉悟的工人、士兵和农民也都会坚决斥责这种逃兵行为。

可是,我们声明,我党几个上层分子的逃兵行为一分钟也不会,丝毫也不会动摇拥护我们党的**群众**的团结,因而也不会动摇我们的党。

同志们总还记得,其中两个逃兵,即加米涅夫和季诺维也夫还在彼得格勒起义以前就有过逃兵行为和工贼行为,因为他们不仅在 1917 年 10 月 10 日那一次有决定意义的中央会议上投票反对起义,而且竟**在**中央作出决定**以后**,鼓动党的工作人员反对起义。大家都知道,当时那些不敢站到工人方面来、更多地倾向于资产阶级方面的报纸(如《新生活报》)同所有资产阶级报刊一起大喊大叫起来,说什么我们党"瓦解了","起义破产了",如此等等。可是实际生活很快就驳倒了一些人的谎话和诬蔑,另一些人的怀疑、动摇和怯懦。利用加米涅夫和季诺维也夫破坏彼得格勒起义的行为所掀起的"风波",原来不过是**杯水风波**而已,群众的伟大热情,千百万工人、士兵和农民在彼得格勒和莫斯科,在前线,在战壕中和在农村里所表现的伟大英勇精神,好像火车抛弃木屑一样,轻而易举地抛弃了这些逃兵。

让一切信念不坚定的分子,一切动摇分子,一切怀疑分子以及一切被资产阶级吓倒、听信于资产阶级直接间接的帮手的叫喊的分子去惭愧吧。在彼得格勒、莫斯科及其他各地的工人和士兵**群**

众中没有发生丝毫动摇。我们的党团结得像一个人,坚定地捍卫着苏维埃政权,捍卫着全体劳动人民的利益,首先是工人和贫苦农民的利益!

资产阶级的下流作家和那些被资产阶级吓倒的人齐声责备我们,说我们不肯让步、不愿和解,说我们不愿意同别的政党分掌政权。同志们,这都是谎话!**我们曾经建议**,而且还在建议左派社会革命党人同我们分掌政权。**他们拒绝了**我们的建议,可见并不是我们的过错。我们开始了谈判,在苏维埃第二次代表大会闭幕以后,我们又在谈判中作了种种让步,甚至有条件地同意容纳彼得格勒市杜马这个科尔尼洛夫分子巢穴的一部分代表。如果万恶的科尔尼洛夫分子,如果士官生这些资本家和地主的子弟,像他们上星期日在彼得格勒所干的那样,像他们现在打算再干的那样(这已由破获普利什凯维奇阴谋和昨天即11月3日在他那里搜获的文件证实了),还试图反抗人民的意志,那么人民首先就要铲除这个巢穴。但是,那些站在左派社会革命党人的背后,通过他们来为资产阶级谋利益的先生们,却把我们的让步说成是软弱的表示,乘机向我们提出新的最后通牒。阿布拉莫维奇和马尔托夫两位先生出席了11月3日的会议[39],并提出了最后通牒:如果我们的政府不停止逮捕,不停止查封资产阶级报纸,就不进行任何谈判。

我们党和苏维埃代表大会中央执行委员会已经**拒绝**接受这个显然出自卡列金、资产阶级、克伦斯基和科尔尼洛夫的拥护者的最后通牒。普利什凯维奇阴谋,以及第17军某部的代表于11月5日来到彼得格勒,说要向彼得格勒进攻,对我们进行威胁(这种威胁是可笑的,因为这些科尔尼洛夫分子的先头部队已被击溃,在加契纳附近溃散了,而其中大部分都拒绝反对苏维埃),所有这些事件都表明,阿布拉莫维奇和马尔托夫两位先生的最后通牒,**实际上是**由谁发出的,他们这些人**实际上**是为谁服务的。

但愿全体劳动者都能沉着而坚定!苏维埃中的少数派被资产阶级吓倒了,不管他们抱着怎样"良好的愿望",事实上都是科尔尼洛夫分子手中的傀儡,我们党决不会向他们提出的最后通牒让步。

我们坚持苏维埃政权的原则,即由最近一次苏维埃代表大会上的**多数派**掌握政权的原则;我们过去同意,并且**现在仍旧同意**同苏维埃中的少数派分掌政权,但这个少数派必须诚心诚意地服从多数,并执行全俄苏维埃第二次代表大会**全体批准的**,采取渐进的、然而是坚定不移的步骤走向社会主义的纲领。可是,对于那些没有群众拥护,**实际上**只有科尔尼洛夫分子、萨文柯夫分子、士官生等拥护的知识分子集团所提出的最后通牒,我们是决不会屈服的。

但愿全体劳动者都能沉着而坚定!我们的党,苏维埃中多数派的党是团结一致地保卫着他们的利益的,而千百万城市中的工人、前线的士兵和农村中的农民一如既往地拥护我们的党,决心无论如何要使和平成功,使社会主义胜利!

载于 1917 年 11 月 7 日(20 日)　　译自《列宁全集》俄文第 5 版
《真理报》第 182 号　　　　　　　第 35 卷第 72—76 页

对为前线士兵征收防寒物品法令草案的几点补充[40]

(1917 年 11 月 7 日〔20 日〕以前)

补充如下:

标题:十……和为减轻贫民困难而征用富户住房……

第一条。……除被子外,增加一件防寒物品(大衣、皮大衣、外套、毡靴等等)。

第二条。……凡房间数目等于或者多于常住人口的住房,也应看做是宽绰住房。

宽绰住房的房主应立即提出关于他们现有的和他们支援前线的防寒物品的报告一式两份,一份交住宅委员会,一份交区工兵代表苏维埃;否则将没收其全部财产。

宽绰住房的房主应立即提出关于将两套宽绰住房腾出一套供首都贫苦居民使用的报告(即占有两套宽绰住房的两家富户今冬必须合住一套住房,鉴于战争造成的严重困难,另一套住房应提供给贫苦居民居住),也是一式两份,分送给上述两机关;否则,也将没收其全部财产。

住宅委员会要立即将应予征用的宽绰住房登记造册,由区工人代表苏维埃批准，并定出贫苦家庭迁入这些住房的条件和手续。

载于 1933 年《列宁文集》俄文版
第 21 卷

译自《列宁全集》俄文第 5 版
第 54 卷第 380—381 页

政府同大本营在直达电报中的谈话⁴¹

（1917 年 11 月 9 日〔22 日〕）

——您是最高总司令吗？

——我是季捷里赫斯。

——劳驾去请一下代理最高总司令。如果杜鹤宁将军不担任这个职务了，就请目前接替他的职务的人来。据我们知道，杜鹤宁将军还没有卸职。

大本营答：代理最高总司令杜鹤宁将军等你们的电报一直等到夜里一点钟，现在在睡觉。电报机发生过故障，后来又用于大本营同作战部门通电。

——如果可以的话，请告诉我们：人民委员会在四点钟发出的无线电报，你们收到了没有，人民委员会的命令，你们是怎样执行的？

大本营答：收到过一份有关国家要事的电报，但没有号码和日期，所以杜鹤宁将军要求马尼科夫斯基将军提供能证实该电报的真实性的必要保证。

——马尼科夫斯基对这个要求是怎么答复的，这个要求是在几点钟，用什么方式提出的，用无线电报、电话还是有线电报？

大本营答：回电还没有收到，一小时前曾催问过。

——请您确切说明，第一次要求是在几点钟，究竟用什么方式提出的？ 能否快一点？

大本营答：给马尼科夫斯基将军的电报是用有线电报和无线电报分头发出的，——马上就告诉你们几点钟。

——电报是在 19 点 50 分发出的。

——我是陆军人民委员[42]，为什么没有同时向我提出这个要求，最高总司令同我亲自谈过话，知道马尼科夫斯基将军所担负的责任只是接管供应和粮食方面的技术工作，而对陆军部的工作进行政治领导和负责的是我。

大本营答：关于这一点我无从答复。

——我们坚决声明，杜鹤宁将军必须对拖延如此重要的国家大事负完全责任，我们坚决要求：第一，立即派出军事谈判代表；第二，要杜鹤宁将军在明天上午11时整亲自来接电报。如果因拖延而引起饥荒、瓦解或失败，或者引起无政府主义的暴乱，你们要负全部责任，这一点我们将告诉所有的士兵。

大本营答：这一点我一定报告杜鹤宁将军。

——什么时候报告？——现在吗？——那我们就等着杜鹤宁。

大本营答：我马上去叫醒他。

——我是临时代理最高总司令杜鹤宁将军。

——我们是人民委员，我们正在等您的答复。

——看了刚才给我的作战局局长同你们谈话的电报纸带，我确信给我的电报是你们发出的，在我根据人民委员乌里扬诺夫-列宁、托洛茨基、克雷连柯签署的电报的内容作出决定之前，我十分需要知道下列实际情况：（1）人民委员会向各参战国发出和平法令后，有没有得到什么答复；（2）打算如何处理加入我方阵线的罗马尼亚军队；（3）是否打算进行单独停战的谈判，同谁谈判，只是同德国人谈判，还是也同土耳其人谈判，或者是进行全面停战的谈判？

——在给您的电报中已经说得十分明确，立即开始同所有的参战国进行停战谈判，我们决不容许用预先提出种种问题的办法来拖延这件国家大事，坚决要求立即派出军事谈判代表，并且每小时向我们报告一次谈判进程。

大本营答：我的问题都是纯技术性的问题，不解决就无法进行谈判。

——您不会不懂得,在谈判中一定会产生许多技术性问题,更确切些说,许多细节问题,将来问题产生了,或者由敌人提出了,我们随时给您答复;因此,我们再次断然要求您立刻无条件地着手同所有参战国,既同盟国,也同与我国处在敌对行动中的国家正式进行停战谈判。请给以明确的答复。

——我只懂得,由你们同列强直接谈判是不可能的,由我代表你们去进行谈判,更加不可能。只有受到军队和全国拥护的中央政权,在敌人看来才有足够的威望和意义,从而使谈判具有必要的权威性,使谈判获得结果。我也认为,迅速签订全面和约是符合俄国的利益的。

——您是否坚决拒绝给我们明确的答复,拒绝执行我们的命令?

——关于我不能执行你们的电报的原因,我已经作了明确的答复,我再重复一次,只有中央政府才能缔结俄国所必需的和约。**杜鹤宁**

——由于您不服从政府的命令,由于您的行为给各国劳动群众,特别是给军队带来了空前深重的灾难,我们受人民委员会的委托,以俄罗斯共和国政府的名义解除您所担任的职务。我们命令您在新任总司令或他的全权代表来到大本营接管您的工作之前,必须继续进行工作,否则将按战时法律处分。现在任命克雷连柯准尉为总司令。

列宁、斯大林、克雷连柯

载于 1917 年 11 月 9 日(22 日)　　　译自《列宁全集》俄文第 5 版
《工人和士兵报》第 20 号　　　　　　第 35 卷第 77—80 页

通　电

致各团、师、军、集团军等委员会，
全体革命陆军士兵和革命海军水兵[43]

（1917 年 11 月 9 日〔22 日〕）

11 月 7 日夜，人民委员会打无线电报给杜鹤宁总司令，命令他立刻向所有参战国，既向盟国，也向同我国处在敌对行动中的国家正式提出停战建议。

大本营在 11 月 8 日凌晨 5 时 5 分收到了这份电报。电报命令杜鹤宁不断向人民委员会报告谈判进程，只有在人民委员会批准后才可以签订停战协定。同时，缔结停战协定的建议也正式向各盟国驻彼得格勒的全权代表提出了。

人民委员会直到 11 月 8 日晚上，还没有收到杜鹤宁的回电，因此授权列宁、斯大林和克雷连柯打直达电报给杜鹤宁，问他拖延的原因。

通话从 11 月 9 日凌晨 2 时一直进行到 4 时半。杜鹤宁一再企图回避对他的行为作出解释，回避对政府的命令作出明确的答复，当我们坚决命令杜鹤宁立刻开始正式停战谈判的时候，他竟拒不服从命令。因此我们受人民委员会的委托，以俄罗斯共和国政府的名义向杜鹤宁宣布，由于他不服从政府的命令，由于他的行为给各国劳动群众，特别是给军队带来了空前深重的灾难，我们解除他的职务。并且命令杜鹤宁,在新任总司令或他派去接管杜鹤宁工作的全权代表到达以前,必须继续进行工作。现在已经任命克雷连柯准尉为新任总司令。

士兵们!和平的事业掌握在你们手里。不要让反革命将军破坏伟大的和平事业,你们要派卫兵看守他们,避免发生在革命军队里不应有的私自审判的事情,不让这些将军逃避以后法庭的审判。你们要维持极其严格的革命军事秩序。

前沿阵地的各团要立刻推选全权代表同敌人正式进行停战谈判。

人民委员会授予你们这种权利。

你们要用各种办法把谈判的每一步骤通知我们。至于最后的停战协定,只有人民委员会才有权签订。

士兵们!和平事业掌握在你们手里!要保持警惕,坚韧不拔,充满毅力,和平事业就一定胜利!

　　　俄罗斯共和国政府代表
　　　人 民 委 员 会 主 席　　　**弗·乌里扬诺夫**(列宁)

　　　陆军人民委员兼最高总司令　　　**尼·克雷连柯**

载于 1917 年 11 月 9 日(22 日)　　　　译自《列宁全集》俄文第 5 版
《工人和士兵报》第 20 号　　　　　　　　第 35 卷第 81—82 页

《社会革命党人怎样欺骗人民，布尔什维克的新政府给了人民什么》小册子的序言

(1917 年 11 月 9 日〔22 日〕)

现在俄国农民就要把国家命运掌握在自己手里了。

工人革命在两个首都和俄国绝大多数地区取得了胜利，使农民**能够**把制定土地制度的工作掌握在**自己的**手里。现在还并不是所有农民都明白，**他们的**农民代表苏维埃就是名副其实的、真正的最高**国家**政权，不过，他们很快就会明白的。

农民只要明白了这一点，他们同工人的联盟，也就是说，占农民多数的贫苦的劳动农民同工人的联盟，就会巩固起来。不论在苏维埃里，还是在立宪会议里，真正能够保障劳动者利益的只有**这个联盟**，而不是农民同资本家的联盟。

毫无疑问，农民很快就会明白，他们要从战争的灾难中得救，要从地主和资本家的压迫下得救，就必须同城市劳动者，首先同工厂工人结成联盟，而**不是**同富人结成联盟。

为了使农民更快地明白这一点，尤其需要让农民更准确地、更有凭据地把社会革命党人关于土地问题的诺言和法案同新的工农政府的土地法进行核对、对照和比较。

这本小册子就是为了作这种比较而编的。读者只要愿意认真

弄清楚问题，在这里可以找到最必需的**文件**。社会革命党人方面的主要文件是社会革命党部长马斯洛夫的土地法案。这个法案我是照《人民事业报》（切尔诺夫办的报纸）全文转载的。同时，我也转载了发表在《工人之路报》上的我的一篇有关的文章①。

工农政府的土地法②也全文转载了。

农民同志们！把各党的真情弄清楚吧，你们会弄清楚的。请你们自己把各党的土地法案收集起来比较一下吧。

请你们认真地读一读社会革命党部长的土地法案和全俄苏维埃第二次代表大会授予全权的布尔什维克现政府颁布的土地法。我们一分钟都不怀疑，最后农民会得出什么样的看法。

尼·列宁

1917 年 11 月 9 日于彼得格勒

载于 1917 年农村通报印刷厂
在彼得格勒出版的小册子

译自《列宁全集》俄文第 5 版
第 35 卷第 83—84 页

---

① 见本版全集第 32 卷第 420—425 页。——编者注
② 见本卷第 18—20 页。——编者注

人民委员会给军事革命委员会的命令

(1917 年 11 月 9 日或 10 日〔22 日或 23 日〕)

由于投机倒把分子、趁火打劫者及其在铁路、轮船公司、运输办事处等部门中的一批帮手在兴风作浪,战争和管理不当引起的粮食恐慌已经严重到了极点。

在人民灾难深重的情况下,这些万恶的匪徒为了发财,竟把千百万士兵和工人的健康与生命当做儿戏。

这种情况一天也不能容忍了。

人民委员会命令军事革命委员会采取最坚决的措施,以铲除投机倒把、暗中破坏、隐藏存粮、恶意积压货物等现象。

凡犯有这类罪行的人,应当依照军事革命委员会的专门决定**立即逮捕**,并在送交军事革命法庭审判以前**拘留在喀琅施塔得的监狱里**。

应当吸收所有的人民团体参加反对粮匪的斗争。

人民委员会主席

弗·乌里扬诺夫（列宁）

载于 1917 年 11 月 12 日《中央执行委员会消息报》第 223 号

译自《列宁全集》俄文第 5 版第 35 卷第 89 页

在全俄中央执行委员会会议上关于同杜鹤宁通话的报告

（1917 年 11 月 10 日〔23 日〕）

1

报　　告

我们同杜鹤宁通话的全文已经发表，因此我只要稍微说明一下就可以了。我们清楚，我们在同违背人民意志、与革命为敌的人打交道。杜鹤宁那一边的人用各种借口和诡计来拖延问题。他们对我们电报的真实性表示怀疑，但是不向克雷连柯，而向马尼科夫斯基将军询问电报是不是真的。这样一来，将军们在和平这一重要和迫切的问题上，至少窃取了一昼夜的时间。直到我们声明要向士兵呼吁的时候，杜鹤宁将军才来接直达电报。我们对杜鹤宁说，我们要求他立即开始停战谈判，仅此而已。我们没有给杜鹤宁签订停战协定的权利。不仅签订停战协定的问题不在杜鹤宁的职权范围以内，就是他在停战谈判方面采取的每一个步骤，也要受人民委员的监督。资产阶级报纸指责我们，说什么我们在建议单独停战，不顾罗马尼亚军队的利益。这是彻头彻尾的谎话。我们建议毫无例外地同一切国家立即开始和平谈判，缔结停战协定。据悉,我们的无线电报传到了欧洲。例如,我们的关于战胜克伦斯基的无线电报①就被奥地利无线电台截听到并且转播出去了。德国人却发出了干扰电波,阻止人们收听它。我们现在能够用无线电报同巴黎联系,一旦和约拟就,我们就能告诉法国人民,和约是可能签订的,能不能在两小时内签订停战协定完全取决于法国人民。那时就能看清,克列孟梭会说什么。我们党从来没说过,它能马上给人们和平。它说它将立即提议媾和,公布秘密条约。这一点已经做到了,争取和平的斗争已经开始。这将是一场困难而顽强的斗争。国际帝国主义动员自己的一切力量来反对我们,但是不管国际帝国主义的力量多么强大,我们取胜的条件是非常好的;在这场争取和平的革命斗争中,我们将把革命联欢同争取和平的斗争结合起来。资产阶级很希望各帝国主义政府能够勾结起来反对我们。

---

① 见本卷第 35—36 页。——编者注

2

总 结 发 言

丘德诺夫斯基同志在这里说,他"冒昧地"对人民委员的行动进行了尖锐的批评。这里根本谈不上能不能冒昧地进行尖锐的批评,进行尖锐的批评是革命者的责任,人民委员并不认为自己绝对没有过错。

丘德诺夫斯基同志说,我们不能接受难堪的和约,但究竟为什么我们不能接受这种和约,他却说不出一个所以然,也举不出一件事实。我们说过,只有人民委员会能够签订和约。我们去同杜鹤宁通话的时候就知道,我们是和敌人通话,既然是同敌人打交道,那就不能延缓自己的行动。谈话会有什么结果我们当时还不知道。但是我们下了决心。我们必须在直达电报机旁边立即作出决定。对于违抗命令的将军应当立刻采取措施。我们不可能通过直达电报来召开中央执行委员会会议;在这个问题上丝毫没有破坏中央执行委员会的特权。在战争中必须当机立断,而这是一场反对反革命将领的战争,因此我们立刻向士兵呼吁,反对这批将领①。我们已经把杜鹤宁撤职了,但我们不是形式主义者,也不是官僚主义者,我们知道,光撤职是不够的。他决心反对我们,我们

---

① 见本卷第81—82页。——编者注

就呼吁士兵群众来反对他。我们给士兵群众进行停战谈判的权利。但是,我们没有签订停战协定。士兵已经得到警告:要看守反革命将军。我认为,各团都很有组织,能够维持必要的革命秩序。如果在士兵进行停战谈判时有人趁机叛变,如果在联欢时有人发动进攻,那么士兵的职责就是:就地枪毙叛徒,无需通过任何手续。

　　说我们现在削弱了我们的战线,万一德国人转入进攻怎么办,这真是奇谈怪论。在杜鹤宁被揭露、被撤职以前,军队不相信自己在执行和平的国际政策。现在相信这一点:同杜鹤宁斗只有依靠士兵群众的组织性和主动性。签订和约不能光靠上面。应当从下面争取和平。对德国的将领我们一点也不信任,但是我们信任德国人民。没有士兵的积极参加,总司令所签订的和约是不牢靠的。我反对加米涅夫的提议,并不是因为我在原则上不同意,而是因为加米涅夫的建议不恰当,太不高明[44]。我丝毫不反对建立委员会,但是建议不要预先决定委员会的职能;我反对的是不高明的措施,我建议不要在这方面束缚我们的手脚。

载于 1917 年 11 月 13 日(26 日)　　　译自《列宁全集》俄文第 5 版
《真理报》第 188 号　　　　　　　　　　第 35 卷第 85—88 页

给芬兰同志们的信

(1917 年 11 月 11 日〔24 日〕)

致曼纳、西罗拉、库西宁、瓦尔帕斯、维克

敬爱的同志们:我非常高兴地从我的芬兰朋友们那里听说,你们领导着芬兰社会民主工党的革命派,正在为无产阶级社会主义革命事业而斗争。我可以代表俄国革命的无产阶级满怀信心地宣称,芬兰工人的伟大组织才能、他们的高度素养以及在民主体制下所受到的长期的政治训练,将帮助他们卓有成效地实现芬兰的社会主义改造。我们期望得到革命的芬兰社会民主党兄弟般的援助。

国际社会主义革命万岁!

致真挚的敬礼

尼·列宁

1917 年 11 月 11 日

载于 1931 年 1 月 21 日《真理报》第 21 号

译自《列宁全集》俄文第 5 版第 35 卷第 90 页

全俄农民代表苏维埃
非常代表大会文献[45]

（1917 年 11 月中旬）

1

给全俄农民代表苏维埃非常代表大会
布尔什维克党团的声明[46]

（11 月 12 日〔25 日〕）

我们坚决要求布尔什维克以最后通牒的形式要求代表大会就立即邀请若干政府代表的问题进行公开的**表决**。

如果在全体会议上拒绝**宣读**和表决这一建议，布尔什维克党团应当全部**退出**会议，以示抗议。

列　宁

载于 1933 年《列宁文集》俄文版
第 21 卷

译自《列宁全集》俄文第 5 版
第 35 卷第 93 页

2

关于土地问题的讲话

（11 月 14 日〔27 日〕）

报　　道

列宁同志受布尔什维克党团的委托，阐述了布尔什维克党对土地问题的观点。

社会革命党口头上宣传没收地主土地，事实上却拒绝实行，因而在土地问题上遭到了破产。

地主占有土地是农奴制压迫的基础，没收地主土地是俄国革命的第一步。但是土地问题离开革命的其他任务是不可能解决的。要正确地提出这些任务，必须首先分析革命所经历的各个阶段。第一步是推翻专制制度，确立资产阶级和地主的政权。地主的利益同资产阶级、银行的利益紧密地交织在一起了。第二个阶段是巩固苏维埃和实行同资产阶级妥协的政策。左派社会革命党人的错误就在于他们当时借口群众觉悟不够而没有反对妥协政策。党是阶级的先锋队；它的任务决不是反映群众的一般水平，而是带领群众前进。但是左派社会革命党人同志要带领动摇的人们前进，那就自己必须先停止动摇。

左派社会革命党人同志们！人民群众同妥协政策决裂的时期在 7 月间就开始了，但是左派社会革命党人至今还是伸出整只手去援助阿夫克森齐耶夫之流，对工人却只伸出一个小指头。如果继续妥协下去，革命就完了。只有农民支持工人，各项革命任务才能得到解决。妥协就是工农兵群众试图不用社会主义革命,而用改良的办法,用取得资本让步的办法来实现自己的要求。然而不推翻资产阶级,不实行社会主义,就不可能给人民以和平和土地。革命的任务就是要终止妥协,而终止妥协就意味着走上社会主义革命的道路。

接着列宁同志为乡委员会的工作条例[47]辩护,并且谈到必须同集团军委员会、农民代表执行委员会这一类上层机构决裂。他说:我们的关于乡委员会的法律是从农民那里得来的。农民希望有土地、希望禁止使用雇佣劳动、希望得到耕作的农具。但是,不推翻资本,就不能得到这些东西。我们对他们说:你们希望得到土地,但是土地已被抵押出去,属于俄国资本和世界资本了。你们向资本挑战,虽然你们走的道路和我们不一样,但是,我们和你们都在走向而且应该走向社会革命,这一点是一致的。至于立宪会议,有一位报告人说,它的工作将以国内的民意为转移;但我要说:依靠民意吧,可是不能忘掉步枪。

接着列宁同志谈到战争问题。当发言人讲到撤换杜鹤宁和任命克雷连柯为总司令时,场内发出笑声。他说:你们觉得好笑,可是士兵们会因此而谴责你们的。如果这里有人认为我们撤换反革命将军而委任反对这个将军并去进行谈判[48]的克雷连柯是可笑的,那我们同这班人就无话可谈了。我们和不赞成同反革命将领作斗争的人是毫无共同之点的;我们宁愿退出政权,甚至转入地下,也决不和这些人同流合污。

载于1917年11月15日(28日)
《真理报》第190号和《中央执行
委员会消息报》第226号

译自《列宁全集》俄文第5版
第35卷第94—95页

3

决 议 草 案

（11 月 14 日〔27 日〕）

农民代表大会完全拥护全俄工兵代表苏维埃第二次代表大会批准的、由俄罗斯共和国工农临时政府即人民委员会颁布的1917 年 10 月 26 日的土地法（法令）。农民代表大会表明坚定不移的决心，要全力维护这项法律的实施，号召全体农民一致拥护这项法律并且由农民自己立即在各地付诸实施，同时号召农民只选举那些不是用空话而是用行动证明自己完全忠于被剥削劳动农民的利益，证明自己有决心、有能力去对付地主、资本家及其随从或走狗的任何反抗以维护被剥削劳动农民利益的人担任一切重要职务。

同时农民代表大会表示深信，只有在 10 月 25 日开始的工人社会主义革命获得成功的条件下，土地法规定的一切措施才能全部实现。因为只有社会主义革命才能保证土地无偿地转归劳动农民，保证没收地主的耕畜和农具，保证在立即着手无条件地消灭整个资本主义雇佣奴隶制的同时充分保护农业雇佣工人的利益，保证把农产品和工业品合理地和有计划地分配给国内各个地区和居民，保证对银行的控制（没有这种控制，即使废除了土地私有制，人民也无法控制土地），保证国家给被剥削劳动者以各方面的援助，如此等等。

因此农民代表大会完全拥护 10 月 25 日的革命,而且拥护的正是这场作为社会主义革命的革命;大会表示坚定不移的决心,要稳妥而又毫不动摇地实现俄罗斯共和国社会主义改造的各项措施。

只有社会主义革命的胜利,才能保证土地法获得巩固的成就和得以全部实现。而社会主义革命胜利的必要条件,就是各先进国家的被剥削劳动农民同工人阶级即无产阶级结成完全的联盟。今后俄罗斯共和国的整个国家体制和管理工作,从上到下都必须以这种联盟为基础。这种联盟将扫除一切直接和间接的、公开和隐蔽的重新同资产阶级及其政策推行者妥协的企图,这种妥协已为实际生活所否定;只有这种联盟才能保证社会主义在全世界取得胜利。

载于 1917 年 11 月 15 日(28 日)
《真理报》第 190 号和《中央执行委员会消息报》第 226 号

译自《列宁全集》俄文第 5 版
第 35 卷第 96—97 页

4

关于全俄铁路工会执行委员会
代表的声明的讲话

（11 月 18 日〔12 月 1 日〕）

报　　道

同志们！

全俄铁路工会执行委员会的声明，毫无疑问，不过是一种误会。难道你们能够设想，即使有一分钟这样设想：一支认识到自己的革命天职、为人民利益而斗争的部队，竟会开到大本营，不提出要求，不说明来意，甚至对驻在大本营周围的士兵也不说明来意就动手捣毁一切吗？ 同志们，你们知道，这种事情是不可能有的。懂得自己在做什么的革命军队希望对方知道对他们的要求。而且我们的军队在提出要求时，还做了更多的事情：它指出和说明违抗就是违抗人民的意志，这不仅是通常的严重罪行，而且是反对人民自由、反对人民利益、反对人民最崇高愿望的道义上的罪行。革命军队从来不先放第一枪，只有对掠夺人民压迫人民的人，它才凶狠。不然，革命这个字眼就会失去它的意义。我不能不注意到：全俄铁路工会执行委员会不经过调查就横加指责，同时又声明自己是"中立"的。全俄铁路工会执行委员会没有丝毫权利说这种话。在革命斗争的日子里，每一分钟都是宝贵的，不一致和中立就使敌人有话可说了,况且现在还有人听信敌人的话,还有人不急于帮助人民为争取最神圣的权利而斗争,因此,这种立场,我决不能称之为中立。这不是中立;革命者应把这叫做教唆。(鼓掌)你们采取这种立场,就是教唆那些将军叛乱,你们不支持我们,就是反对人民。

杜鹤宁将军所需要的无非就是推迟停战。你们帮助他,就是破坏停战。你们想一想,自己要负多么重大的责任,人民将怎样看待你们。

列宁同志接着说,有些地方的电报局在怠工。政府得不到消息,而敌人营垒在散布荒唐的谣言。譬如,说波兰营在反对政府,其实波兰人已经屡次声明,他们现在不会,将来也不会干涉俄国的事务,我们还收到了他们赞成停战的声明。

载于1917年11月19日《中央执行委员会消息报》第230号　　　译自《列宁全集》俄文第5版第35卷第98—99页

5

关于土地问题的总结发言

（11 月 18 日〔12 月 1 日〕）

报　　道

列宁同志首先指出，左派社会革命党人责备布尔什维克搞无政府主义，这是没有根据的。

社会主义者和无政府主义者有什么区别呢？区别就是无政府主义者不承认政权，而社会主义者包括布尔什维克在内，则主张在我们目前所处的状况和我们要进入的社会主义之间的过渡时期内要有政权。

我们布尔什维克主张要有坚强的政权，然而必须是工农的政权。

任何国家政权都是一种强制力量，但是迄今为止国家政权一向是少数人的政权，是地主资本家压迫工农的政权。

而我们则主张要有大多数工人农民反对资本家和地主的坚强的政权。

其次，列宁同志在指出左派社会革命党人在关于土地的决议中称新政府为人民社会主义政府以后，详细地说明了能把布尔什维克和左派社会革命党人紧密地联系起来的是什么。

工农联盟是左派社会革命党人和布尔什维克达成协议的

基础。

这是一种真诚的联合，真诚的联盟，如果左派社会革命党人能更明确地说他们深信我们所经历的革命是社会主义革命，那么，这一联盟也会成为上层的，即左派社会革命党人和布尔什维克之间的真诚的联合。这次革命是社会主义革命。消灭土地私有制、实行工人监督和银行国有化，这一切都是导向社会主义的措施。这还不是社会主义，但这是引导我们大踏步地走向社会主义的措施。我们没有向农民和工人许愿，说一下子就能过人间天堂的生活，但是我们说：工人和被剥削农民的紧密联盟、为苏维埃政权而进行的坚定不移的斗争，会引导我们走向社会主义。任何一个政党真正想要成为人民的政党，就必须明确地、斩钉截铁地说：我国革命是社会主义革命。

只有左派社会革命党人明确地而不是含糊其词地声明这一点，我们同他们的联盟才会巩固和发展。

有人对我们说，我们反对土地社会化，因此我们不能同左派社会革命党人达成协议。

我们的回答是：是的，我们反对社会革命党的土地社会化，但这一点并不妨碍我们同左派社会革命党人结成真诚的联盟。

左派社会革命党人日内就会提出自己的农业部长，如果他要实行社会化的法律，我们不投反对票。我们将弃权。

列宁同志在发言快要结束时着重指出，只有实行工农联盟才能获得土地与和平。

有人还向列宁同志提出一个问题：如果左派社会革命党人在立宪会议中只占少数，并且提出土地社会化的法律，那时布尔什维克将怎么办，是不是弃权？当然不弃权。布尔什维克将投票赞成这个法律，但是要预先声明，我们投票赞成这个法律是为了支持农民反对他们的敌人。

载于 1917 年 11 月 19 日《中央执行委员会消息报》第 230 号和 1917 年 11 月 21 日（12 月 4 日）《真理报》第 195 号

译自《列宁全集》俄文第 5 版第 35 卷第 100—101 页

同美联社记者格·雅罗斯的谈话

(1917 年 11 月 15 日〔28 日〕)

鉴于彼得格勒选举揭晓，布尔什维克获得 6 席[49]，美联社记者特走访了为自己的党取得巨大胜利而兴致勃勃的人民委员会主席。

——您对立宪会议选举结果有何看法？——记者问。

——我认为，这次选举是布尔什维克党取得巨大胜利的证明。5 月、8 月和 9 月选举中投布尔什维克党的票数不断增长。[50]在这个资产阶级（立宪民主党）势力很强的城市里布尔什维克在 12 个席位中获得了 6 席，这就意味着在俄国获胜。

——立宪会议的组成假如像彼得格勒选举结果预示的那样，您是否认为立宪会议会批准人民委员政府的全部措施？

——是的，会批准的。到那时，情况即使像您假设的那样，也决不会有多数人反对我们，因为我们和左派社会革命党人一起在彼得格勒将形成多数（12 票中占 7 票）。

——哪些党将参加新的人民委员会？

——我不太清楚。但是我认为，除了布尔什维克以外，只有左派社会革命党人。

载于 1962 年《苏联历史》杂志第 2 期（部分）和 1963 年 4 月 20 日《在国外》杂志第 16 期（非全文）

译自《列宁全集》俄文第 5 版第 54 卷第 381—382 页

工人同被剥削劳动农民的联盟

给《真理报》编辑部的信

(1917年11月18日〔12月1日〕)

今天,11月18日星期六,我在农民代表大会上发言时,有人当众向我提出一个问题,我立刻作了答复。这个问题以及我的答复必须立即让所有读者都知道,因为,从形式上说,我只是以个人名义讲话,而实质上我是代表整个布尔什维克党讲话的。

事情是这样的。

我在讲话中提到工人布尔什维克同目前许多农民所信任的左派社会革命党人的联盟问题时作过论证,这个联盟**可以**成为"真诚的联合",真诚的联盟,因为雇佣工人和被剥削劳动农民的利益**没有**根本相悖的地方。社会主义**完全**能够满足两者的利益。而且**只有**社会主义才能满足他们的利益。因此,无产者同被剥削劳动农民之间的"真诚的联合"是可能的,也是必要的。相反地,以被剥削劳动阶级为一方同资产阶级为另一方的"联合"(联盟),由于两者的利益是根本相悖的,**不**可能是"真诚的联合"。

我说过:假定政府中布尔什维克占多数,左派社会革命党人占少数,甚至只有一个农业人民委员是左派社会革命党人,在这种情况下,布尔什维克是不是能够实现真诚的联合呢?

能够,因为布尔什维克在反对反革命分子(其中包括右派社会革命党人和护国派)的斗争中固然决不调和,但在就有关全俄苏维埃第二次代表大会所批准的土地纲领中纯社会革命党的条文的问题进行表决时则应当**弃权**。例如,土地平均使用和在小业主中间重分土地就属于这样的条文。

布尔什维克在表决这样的条文时弃权,丝毫没有违背自己的纲领。因为在社会主义胜利的条件下(对工厂实行工人监督,接着是剥夺这些工厂,实现银行国有化,建立调节国内整个国民经济的最高经济委员会),工人们**必须同意**被剥削劳动农民小农提出的过渡办法,只要这些办法**不危害**社会主义事业。我说过:当考茨基还是马克思主义者的时候(1899—1909年),他多次肯定,大农业的国家和小农业的国家向社会主义过渡的办法,是不可能一模一样的。

在人民委员会或中央执行委员会表决这类条文时,我们布尔什维克必须弃权,因为在左派社会革命党人(以及站在他们那一边的农民)同意实行工人监督和银行国有化等等条件下,土地平均使用不过是达到完全的社会主义的一种**过渡**办法。无产阶级**硬性规定**这样的过渡办法是荒谬的;为了社会主义的胜利,它在选择这些过渡办法的时候,必须向被剥削劳动农民小农**让步**,因为这些办法不会**危害**社会主义事业。

当时有一个左派社会革命党人(如果我没有记错的话,这是费奥菲拉克托夫同志)向我提出了这样一个问题:

"如果在立宪会议中,农民希望通过关于土地平均使用的法律,而资产阶级反对农民,如何解决取决于布尔什维克,这时布尔什维克将采取什么态度?"

我回答说:在实行了工人监督和银行国有化等等措施、社会主义事业有了保障的情况下,无产阶级政党为了工人同被剥削劳动农民的联盟,必须投票赞成农民,反对资产阶级。我认为,布尔什维克在投票的时候,可以提出自己的特别声明,保留自己的不同意见等等,但如果在这种情况下弃权,那就是由于局部的意见分歧而出卖自己**在争取社会主义的斗争中**的同盟者。布尔什维克在这种情况下决不会出卖农民。只要政权掌握在工农政府手里,只要实行了工人监督,实行了银行国有化,建立了指导(调节)**整个**国民经济的工农最高经济机构等等,土地平均使用等办法是**决不会**危害社会主义的。

这就是我的答复。

尼·列宁

载于 1917 年 11 月 19 日(12 月
2 日)《真理报》第 194 号

译自《列宁全集》俄文第 5 版
第 35 卷第 102—104 页

人民委员会关于高级职员和官员的薪金额的决定草案[51]

(1917 年 11 月 18 日〔12 月 1 日〕)

人民委员会认为必须采取最坚决的措施,毫无例外地降低一切国家机关、社会团体、私人机构和企业中的高级职员和官员的薪金,特决定:

(1)规定人民委员每月最高薪金无未成年子女者为 500 卢布,有未成年子女者每个子女另增 100 卢布;家庭成员的住房每人不得超过一间;(2)请各地方工兵农代表苏维埃制定并实行革命措施对高级职员征收特别税;(3)委托财政部拟定降薪的总法案;(4)委托财政部和各人民委员立即研究各部预算并削减一切过高的薪金及退休金。

载于 1933 年《列宁文集》俄文版第 21 卷

译自《列宁全集》俄文第 5 版第 35 卷第 105 页

罢免权法令草案[52]

(1917 年 11 月 19 日〔12 月 2 日〕)

任何由选举产生的机关或代表会议，只有承认和实行选举人对代表的罢免权，才能被认为是真正民主的和确实代表人民意志的机关。真正民主制的这一基本原则，毫无例外地适用于一切代表会议，同样也适用于立宪会议。

比多数选举制更民主的比例选举制，要求采取比较复杂的措施来实现罢免权，也就是说，使人民的代表真正服从人民。但是，任何以此为理由而拒绝实行罢免权、阻挠行使罢免权以及限制罢免权的行为都是违反民主制的，是完全背离俄国已经开始的社会主义革命的基本原则和任务的。比例选举制所要求的只是改变罢免权的形式，决不是缩小罢免权。

比例选举制的基础是承认党派和通过有组织的政党来进行选举，所以，当阶级力量的对比和阶级对政党的态度发生任何巨大变化时，特别是当大党内部发生分裂时，在各党当选代表比例显然不符合各阶级的意志和力量的选区，必然会产生改选的要求。同时，按真正的民主制的要求，绝对不能只由被改选的机关来决定改选，这就是说，不能让当选人因为要保持自己的代表资格而阻挠人民实现罢免自己代表的意志。

因此，全俄工兵农代表苏维埃中央执行委员会决定：

　　每一个选区的工兵代表苏维埃以及农民代表苏维埃，都有权决定改选参加市的、地方自治的以及包括立宪会议在内的一切代表机关的代表。苏维埃也有权决定改选日期。改选本身则要根据严格的比例选举制原则按照通常程序进行。

载于1918年全俄中央执行委员会出版社出版的《第二届工人、士兵、农民和哥萨克代表苏维埃全俄中央执行委员会会议记录》一书

译自《列宁全集》俄文第5版第35卷第106—107页

人民委员会关于
陆军部问题的决定草案[53]

(1917 年 11 月 19 日〔12 月 2 日〕)

鉴于马尼科夫斯基将军向莫斯科军区发出了不准选举产生的指挥员接替原委任的指挥员的反革命命令,——

鉴于马鲁舍夫斯基将军同杜鹤宁进行了旨在反对苏维埃的谈判,在组织停战谈判代表团时罪恶地进行暗中破坏,[①]——

(1)立即逮捕马尼科夫斯基和马鲁舍夫斯基,未经人民委员会批准,不得释放[54];

(2)立即开始对陆军部进行最坚决的清洗,清除高级指挥员中的不可靠分子;

(3)立即从各拉脱维亚步兵团的指挥人员中调可靠人员到彼得格勒;

(4)立即调一个拉脱维亚步兵团到彼得格勒[55];

(5)逐日向人民委员会报告上述措施的实际执行情况。

本决定不予公布。

译自《列宁全集》俄文第 5 版
第 54 卷第 382 页

---

① 第一、二两段是列·达·托洛茨基写的。——俄文版编者注

没收出租住房法令的提纲[56]

（1917 年 11 月 20 日〔12 月 3 日〕）

（1）**全部**（城市的）土地转为人民财产（人民所有）。

（2）**长期**出租的房屋予以没收，归人民所有。

（3）**非出租**房屋的房主在立宪会议作出决定以前仍为房主，其所有权不作任何改变。

（4）对被没收房屋的房主，付给几个月（2—3月）的赎金，如果这些房主证明自己不……①

（5）房租（由谁?）由**苏维埃**收（记入苏维埃的往来账户）。

（6）建筑委员会（工会＋建筑业联合会）兼管住房服务（燃料及其他）。

（7）立即开始收房租。

（8）由工会和苏维埃设立的建筑–住房服务委员会，视其筹建情况，逐步开展工作。

（9）房屋的供暖和维修是住宅委员会和其他机关（工会、苏维埃、城市杜马燃料部门等）的职责。

载于 1933 年《列宁文集》俄文版
第 21 卷

译自《列宁全集》俄文第 5 版
第 35 卷第 108 页

---

① 原句未完。——俄文版编者注

在全俄中央执行委员会会议上
关于罢免权的报告

（1917 年 11 月 21 日〔12 月 4 日〕）

改选问题,这是一个真正实现民主原则的问题。一切先进国家的惯例,只有当选者可以就国家立法问题说说话。资产阶级虽然给了选举代表来开动国家机器的权利,但是故意不给罢免权,即真正的监督权。

然而,在历史上所有的革命时期,对宪法的一切修改都贯穿着这样一个基本精神:要求得到罢免权。

凡是实行议会制的地方,都实行并且承认民主的代表权。但是,这种代表权只限于人民两年有一次投票权,而且往往有这样的情形:靠人民的选票当选的人,却去帮助镇压人民,而人民则没有撤换和采取有效制裁措施的民主权利。

在保留着旧的民主传统的国家,例如,在瑞士和美国的某些州,还保留了民主的罢免权。①

任何重大变革提到人民面前的任务显然不仅是利用现有法规,而且要制定新的相应的法规。因此,在召开立宪会议的前夕,

---

① 在发表于 1917 年 11 月 22 日(12 月 5 日)《真理报》第 196 号上的报道中,这一段的措辞如下:"在保留着革命时期(建国时期)的旧传统的国家,例如,在瑞士和美国的某些州,还保留了民主的罢免权。"——俄文版编者注

必须重新审定新的选举条例。

苏维埃是劳动者自己建立的，是他们用革命毅力和创造精神建立的，这就是苏维埃能完全为实现群众的利益而工作的保证。每个农民既能选派代表参加苏维埃，又可罢免他们，苏维埃的真正人民性就在这里。

在我国，不同的政党相继掌过权；当政权最后一次由一个政党转到另一个政党的手里时，发生了一次变革，一次相当猛烈的变革，然而，如果有罢免权的话，只要进行一次投票就可以了。

我们常说自由这个词。从前所谓的自由，不过是资产阶级靠他们的几百万钱财来进行欺骗的自由，是他们靠这种欺骗手段来运用他们力量的自由。我们已经彻底抛弃了资产阶级和这种自由。国家是一种实行强制的机关。从前这是一小撮富豪对全体人民使用的暴力。我们则要把国家变成强制执行人民意志的机关。为了劳动群众的利益，我们要把暴力组织起来。

不赋予罢免立宪会议代表的权利，就是不让表达人民的革命意志，也就是篡夺了人民的权利。我们实行的是比例制选举，这的确是最民主的选举。在这种情况下实行罢免权是有一些困难，但是，这方面的困难纯粹是技术性的，而且很容易克服。比例制选举和罢免权之间无论如何是没有矛盾的。

人民不是投个人的票，而是投政党的票。在俄国，党派分野非常明显，在人民面前每个政党都有一定的政治面貌。因此，如果不规定有罢免权，一个党内部的任何分裂都必然会带来混乱。社会革命党曾经有过很大的影响。但是在提出名单以后发生了分裂。名单不能更改，立宪会议也不能延期。因此，人民实际上把票投给了一个已不存在的政党。这一点已经为左派的农民第二次代表大会[57]所证实。农民不是上了个人的当，而是上了党的分裂的当。这种情况需要纠正。必须实行直接、彻底和立即见效的民主原则：实现罢免权。

可怕的是我们对不正确的选举不闻不问。拿1905年和1917年的革命过程相比，现在群众已经有了高度的觉悟，在这种情况下实现改选的权利倒并不可怕。

我们曾经告诉人民，苏维埃是权力机关，人民相信并且实现了这一点。必须继续执行民主化的路线，实现罢免权。

苏维埃作为国家观念即强制观念最完全的体现者，应当享有罢免权。那时政权从一个政党转到另一个政党手里，只要通过和平的方法，简单改选的办法就行了。

载于1917年11月22日（12月5日）　　　译自《列宁全集》俄文第5版
《真理报》第196号　　　　　　　　　　第35卷第109—111页

在全俄海军第一次代表大会上的讲话⁵⁸

(1917 年 11 月 22 日〔12 月 5 日〕)

记　　录

列宁同志代表人民委员会通过代表大会向劳动阶级解放事业的先进战士——海军致敬。

接着，列宁同志开始谈目前形势的特点。他指出，克伦斯基妥协政府的政策不是以解决广大人民群众的需要为目的，而是以资产阶级利益、压迫阶级利益完全不受侵犯的原则为基础的，这种政策不可避免地导致了这个政府的垮台。讲话人继续说：

但是，与临时政府同时并存的有工兵代表苏维埃，它是起义人民革命创造的产物，它越来越广泛地把各个阶层的劳动群众团结在自己的周围。只是由于有了苏维埃，俄国才做到了欧洲任何一次革命也没有做到的事情：人民推选出真正的人民政府，并且支持这个政府。摆在被压迫群众面前的极其艰巨的任务，就是自己动手来建设国家。你们看到，资产阶级曾怎样激烈地反抗我们，现在又怎样竭力暗中破坏我们的活动，怎样大肆诽谤和诬蔑我们，不放过任何一个借口，甚至无中生有。

他们纷纷责难我们，说我们实行恐怖和采取暴力。但是，我们对这些攻击坦然处之。我们说，我们不是无政府主义者，我们是国家的拥护者。但是，资本主义国家必须摧毁，资本主义政权必须消灭。我们的任务是建设新的国家，社会主义国家。我们要朝这个方向不断地努力，任何障碍都吓不倒我们，也挡不住我们。新政府采取的初步措施已经证明了这一点。但是，向新制度过渡是一个非常复杂的过程，为了便于实现这个过渡，必须有坚强的国家政权。在此以前，政权一直掌握在君主和资产阶级走狗手里。他们的一切努力和全部政策都是用来强制人民群众的。而我们说，坚强的政权是需要的，暴力和强制是需要的，但是，我们是用来对付一小撮资本家，对付资产阶级的。我们将永远用强制手段来对付那些反抗苏维埃政权的疯狂的和绝望的活动。如果发生这类事情，概由反抗者负责。

列宁同志接着讲到建立国家机关的问题，他认为为了人民的利益，国家机关必须清除一切官僚主义，必须为发挥我国的一切创造力量开辟最广阔的天地。他说：

资产阶级和资产阶级知识界正千方百计地暗中破坏人民政权。劳动群众除了对自己，不应对任何人抱希望。毫无疑问，摆在人民面前的任务是无比艰巨的。但是，我们应该相信自己的力量，应该使人民中一切觉醒了的和能够创造的力量，参加到我们现有的和今后由劳动人民群众建立的组织中来。如果群众是分散的，他们就会软弱无力；如果他们是团结的，他们就会强大无比。群众已经相信自己有力量，他们不怕资产阶级攻击，开始独立进行管理国家的工作。他们起初可能遇到种种困难，可能显得准备不足。但是，必须在实践中学习管理国家，学习从前由资产阶级垄断的东西。在这方面我们认为海军是劳动群众创造能力的光辉榜样，在这方面海军已经表明它是一支先进部队。

接着列宁同志谈到当前最重要的问题：土地问题、工人政策问题、民族问题、和平问题,并且对每个问题都作了详细的说明。

全俄工兵代表苏维埃第二次代表大会通过了土地法令。在这个法令里,布尔什维克完全重申了农民委托书中提出的原则。这表明从社会民主党人的纲领后退了一步,因为委托书同社会革命党人的纲领的精神是一致的,然而,这恰恰证明人民政权不愿意把自己的意志强加于人民,而是竭力照顾到人民的意志。

不管怎样解决土地问题,不管是在什么纲领的基础上把土地转交给农民,都不妨碍农民和工人结成巩固的联盟。既然农民世世代代都坚决要求废除土地私有制,那就应该加以废除,这才是重要的事情。

讲话人接着指出工业问题是同土地问题紧密交织在一起的,除了实行土地革命,还应当彻底摧毁资本主义关系,他着重指出,巩固的工农联盟具有非常重要的意义。

俄国革命的发展表明,对地主和资本家卑躬屈节的妥协政策已经像肥皂泡那样地破灭了。居于统治地位的应当是多数人的意志:这种多数人的意志要靠劳动者联盟,要靠工人和农民在共同利益基础上的真诚的联合来贯彻。政党会更换和灭亡,而劳动者却始终存在,因此讲话人号召大家要特别关心巩固这个联盟。

他说,希望海军献出自己的一切力量,使这个联盟始终是国家生活的基础;只要这个联盟是巩固的,任何东西也破坏不了向社会主义过渡的事业。

讲到民族问题,列宁同志说,必须指出俄国民族的成分是特别复杂的,在俄国,大俄罗斯人仅占40%左右,而占多数的其余人口则属于其他民族。在沙皇制度下,对其他民族的民族压迫空前残酷和野蛮,它使没有充分权利的民族对君主积下了深仇大恨。对

于那些甚至禁止使用本族语言、使人民群众目不识丁的人怀有的
这种仇恨,扩大到全体大俄罗斯人身上是不足为奇的。人们认为,
享有特权的大俄罗斯人是想给自己保持住尼古拉二世和克伦斯基
一心为他们维护的那种优越地位。

有人对我们说,俄国一定会四分五裂,分裂成一些单独的共
和国,不过我们用不着害怕这一点。不论有多少独立共和国,我
们都不怕。在我们看来,重要的不在于国界划在哪里,而在于保持
各民族劳动者的联盟,以便同任何民族的资产阶级作斗争。(热烈
鼓掌)

如果芬兰资产阶级购买德国人的武器,来反对本国的工人,我
们就建议芬兰工人同俄国的劳动人民联合起来。让资产阶级为了
国界进行卑鄙无耻的争吵和讨价还价吧,反正各国和各民族的工
人是不会因为这类丑事而分手的。(热烈鼓掌)

用一个不好听的词来说,我们现在正在"征服"芬兰,但是不像
国际资本家强盗所干的那样。我们的征服办法是允许芬兰有同我
们或同其他国家结成联盟的完全自由,保证完全支持一切民族的
劳动人民反对各国的资产阶级。这种联盟不是以条约,而是以被
剥削者在反对剥削者的斗争中的团结为基础的。

我们现在都注视着乌克兰的民族运动,我们说,我们绝对赞成
乌克兰民族有完全的和无限制的自由。我们应当摧毁旧的、血腥
的、肮脏的过去,那时资本家压迫者的俄国充当了屠杀其他民族的
刽子手。我们一定要清除这种过去,我们一定要彻底消灭这种过
去。(热烈鼓掌)

我们要对乌克兰人说,你们乌克兰人可以按照你们的愿望来
安排自己的生活。但我们要向乌克兰工人伸出兄弟之手,并且对

他们说,我们将同你们一起为反对你们的和我们的资产阶级而斗争。只有各国劳动者的社会主义联盟才能消灭民族迫害和民族纠纷的一切根源。(热烈鼓掌)

现在谈谈战争问题。对于由掠夺者分赃的冲突而引起的这场战争,我们已经展开坚决的斗争。在此以前,一切政党都谈过这种斗争,但是,它们不过是谈谈或者是装装样子而已。现在争取和平的斗争已经开始了。这个斗争是困难的。谁以为和平可以轻易获得,以为只要一提和平,资产阶级就会用盘子托着和平奉献给我们,谁就是一个过于天真的人。谁把这种观点说成是布尔什维克的观点,谁就是在骗人。资本家拼命厮杀,是为了分赃。很明显,粉碎战争就是战胜资本,而苏维埃政权就是从这个意义上开始进行斗争的。我们公布了秘密条约,而且今后还要公布。任何恼怒和诽谤都不能阻止我们这样做。资产者老爷们所以恼怒,是因为人民已经看清这些老爷们为什么把他们赶入屠场。资产者老爷们恫吓全国人民,说可能发生新的战争,在这场战争中俄国将孤立无援。但是,我们不会由于资产阶级对我们、对我们走向和平的行动怀有疯狂的仇恨就停步不前。让资产阶级试一试把各国人民带进战争的第四个年头继续互相残杀吧!这他们办不到。不仅在我国,而且在一切交战国都酝酿着反对本国帝国主义政府的斗争。甚至在德国也弄到海军公开举行起义的地步。几十年来帝国主义者一直竭力把德国变成一个兵营,那里整个政府机构的宗旨是:人民有一点表示愤慨的苗头就加以镇压。只有知道德国警察怎样横行无忌的人,才会懂得这种起义具有多么大的意义。但是,革命是不能定制的;革命是人民群众的不满爆发的结果。对付罗曼诺夫和拉斯普廷这群可怜的发狂的奸党是轻而易举的,而同德国戴王冠的和不戴王冠的帝国主义者有组织的强大集团进行斗争就无比困难了。但是可以而且应当同各国革命的劳动者阶级携起手来，共同奋斗。苏维埃政府公布了秘密条约，并且指出各国统治者都是强盗，这表明它已经走上了这条道路。这不是用语言而是用行动进行的宣传。（热烈鼓掌）

讲话人最后谈到关于和平谈判的问题，他说：

德国人答复我们提出的不把军队调到西方战线和意大利战线的要求时含糊其词，于是我们中断了谈判，不过，过些时候还要恢复谈判。如果我们把这一点公开告诉全世界，那么每个德国工人都会知道，中断和平谈判并不是我们的过错。假如出现这样一种情况，即德国的工人阶级竟同本国的帝国主义强盗政府共同行动，致使我们不得不把战争继续打下去，那么，毫无疑问，曾经毫无怨言地流过血的俄国人民，曾经执行过残杀人民的政府的意志而不知道为了什么和要达到什么目的的俄国人民，那时一定会以十倍的毅力、十倍的英勇精神去进行斗争，因为这是一场争取社会主义、争取自由、使之不受国际资产阶级刺刀侵犯的斗争。但是，我们相信劳动群众的国际团结，相信他们一定能够扫除争取社会主义斗争道路上的一切障碍。（热烈鼓掌）

载于1917年11月25日《中央执行委员会消息报》第235号

译自《列宁全集》俄文第5版第35卷第112—118页

《土地问题资料》一书序言

(1917 年 11 月 27 日〔12 月 10 日〕)

推荐给读者的这本书收入了(不是根据作者的意见,而是根据一个布尔什维克的建议收入的)我关于土地问题的适于广为发行的最主要的论文和讲话。收入这里面的是 1917 年 4 月底到 10 月底这一时期的论文和讲话。除了论文以外,还加上俄国社会民主工党(布尔什维克)四月代表会议的决议①和 1917 年 10 月 26 日全俄工兵代表苏维埃第二次代表大会通过的土地法令②。这两个文件的初稿(即**草案**)都是由我起草的。

这些文件和论文汇集在一起,准确地反映了布尔什维克观点在近半年革命中的发展及其实际运用的情况。

这里还可以举出一篇我登在《工人日报》(彼得堡,1917 年 9 月 11 日(8 月 29 日)第 6 号)的文章,即《政论家札记(农民和工人)》③。在这篇文章里,详细地分析了 8 月 19 日《全俄农民代表苏维埃消息报》第 88 号上发表的那份综合的农民委托书。这份委托书以后收在 1917 年 10 月 26 日土地法令里。在 10 月

---

① 见本版全集第 29 卷第 418—420 页。——编者注
② 见本卷第 18—20 页。——编者注
③ 见本版全集第 32 卷第 104—112 页。——编者注

25 日革命前两个月，这篇文章就说明必须"改变工人对农民讲话的基本方针"。

尼·列宁

1917 年 11 月 27 日于彼得堡

载于 1917 年彼得堡波涛出版社出版的尼·列宁《土地问题资料》一书

译自《列宁全集》俄文第 5 版第 35 卷第 119—120 页

和平谈判纲要⁵⁹

(1917 年 11 月 27 日〔12 月 10 日〕)

(1)政治谈判和经济谈判。

(2)政治谈判的主要问题和基本原则是:

"没有兼并和赔款。"

(3)兼并的概念:

(a)规定兼并的领土即目前这场战争宣战后归并的土地,是**不合适的**。^①

(b)任何领土上的居民,只要最近数十年来(从 19 世纪后半叶起)对于把他们的领土归并入其他国家或者对于他们在该国的地位表示了不满,这些领土都应宣布为兼并领土,——不管这种不满是表现在书籍报刊上,表现在议会、地方自治机关、会议和类似机关的决议中,或是表现在由被归并领土上的民族运动而引起的国家活动和外交活动中,还是表现在民族的纠纷、冲突和骚动中等等。^②

(1)正式承认有关参战国的每个(非统治的)民族都享有自由自决直至分离和成立独立国家的权利;(2)自决权由自决地区全体

---

① 拒绝承认把宣战后归并的土地视为兼并领土的定义。

② 以下是约·维·斯大林写的。——俄文版编者注

居民进行全民投票实现；(3)自决地区的地理界线由本区和邻区以民主方式选出的代表确定；(4)保证实现民族自由自决权的先决条件是：

(a)从自决地区撤出军队；

(b)在上述地区安置难民以及战争开始以后由当局迁出的当地居民；

(c)在该区建立由自决民族以民主方式选举的代表组成的临时管理机构，它有实现 b 款的权利(除其他权利外)

(d)在临时管理机构下，成立有权互相监督的谈判双方的委员会；

(e)实现 b、c 二款所需费用，在占领当局提供的特别基金中开支。

载于 1929 年《列宁文集》俄文版第 11 卷

译自《列宁全集》俄文第 5 版第 35 卷第 121—122 页

人民委员会关于贯彻
社会主义经济政策问题的决定草案⁶⁰

(1917 年 11 月 27 日〔12 月 10 日〕)

(1)派 2—3 名工程师参加国防特别会议⁶¹，以便监督和制定总的工业复员⁶²计划（委托科兹明组织这个小组）；

(2)由 3—5 名人民委员会委员（和非委员）组成委员会，以便讨论政府经济政策的基本问题（委托皮达可夫和布哈林组织这个委员会）；

(3)组织粮食工作者会议，以便讨论打击投机倒把和改善赤贫阶层状况的实际措施（委托施略普尼柯夫＋曼努伊尔斯基组织这个会议）。

载于 1933 年《列宁文集》俄文版第 21 卷

译自《列宁全集》俄文第 5 版第 54 卷第 383 页

经济政策的若干问题[63]

(1917 年 11 月 27 日〔12 月 10 日〕)

指　示？

(1)银行国有化。

(2)强迫辛迪加化。

(3)国家垄断对外贸易。

(4)采取革命措施同奸商行为作斗争。

(5)揭露金融和银行的掠夺。

(6)给工业拨款。

(7)失业。

(8)复员——军队？工业？

(9)粮食。

载于 1933 年《列宁文集》俄文版
第 21 卷

译自《列宁全集》俄文第 5 版
第 35 卷第 123 页

经济措施纲要草稿

(不早于 1917 年 11 月 27 日〔12 月 10 日〕)

银行国有化

货币回笼

大额票面的新币

采取革命措施使工厂转向有益的生产

用强迫参加消费合作社的办法使消费集中

国家垄断对外贸易

工业国有化

公债。

载于 1933 年《列宁文集》俄文版
第 21 卷

译自《列宁全集》俄文第 5 版
第 35 卷第 124 页

对游行示威口号的补充[64]

(1917 年 11 月 28 日〔12 月 11 日〕)

对 11 月 28 日公布的游行示威口号,建议补充:

退出农民代表大会的"右派"社会革命党人和"切尔诺夫分子"可耻!

拥护苏维埃政权的全俄农民第二次代表大会万岁!

劳动人民要求立宪会议承认苏维埃政权和苏维埃政府!

银行国有化万岁!

打倒怠工分子和罢工官吏!抵制他们,对他们实行革命恐怖!

列 宁

载于 1957 年《苏共历史问题》杂志第 3 期　　　　译自《列宁全集》俄文第 5 版第 35 卷第 125 页

关于逮捕反革命内战祸首的法令[65]

（1917 年 11 月 28 日〔12 月 11 日〕）

　　作为人民公敌的政党的立宪民主党的领导机关成员必须逮捕，并送交革命法庭审判。

　　鉴于立宪民主党同科尔尼洛夫—卡列金进行的反革命内战有联系，责成地方苏维埃对该党加以特别管制。

　　本法令自签署之时起生效。

人民委员会主席

弗·乌里扬诺夫（列宁）

1917 年 11 月 28 日晚 10 时

30 分于彼得格勒

载于 1917 年 11 月 29 日（12 月 12 日）《真理报》第 23 号（晚上版）和《中央执行委员会消息报》第 239 号

译自《列宁全集》俄文第 5 版第 35 卷第 126 页

俄国社会民主工党(布)中央委员会
关于追究诬告责任的决定草案[66]

(1917年11月29日〔12月12日〕)

中央委员会规定如下原则：

在一切纠纷案件和个人控告中，凡提出控告而不向法院提出确凿证据的人，应视为诬告者；

——凡认为自己受到此类诬告的人，可向法院申诉。

载于1945年《列宁文集》俄文版
第35卷

译自《列宁全集》俄文第5版
第35卷第127页

在俄国社会民主工党(布)
中央委员会会议上的发言

(1917 年 11 月 29 日〔12 月 12 日〕)

记　　录

1

会议讨论《真理报》编委会成员问题。尼·伊·布哈林要求解除他在经济会议中担任的职务,以便能专做《真理报》的工作。[67]

列宁同志指出,经济会议[68]至今还没有得到足够的重视,然而它是当前国家建设中的一个极其重大的因素,因此需要像布哈林同志这样的行家,所以他坚持不把布哈林同志列入《真理报》编委会。

2

叶·德·斯塔索娃建议《真理报》编委会由约·维·斯大林、格·雅·索柯里尼柯夫、尼·伊·布哈林三人组成。

列宁同志则建议另由索柯里尼柯夫、斯大林、托洛茨基三人组成。

3

讨论阿·伊·李可夫、列·波·加米涅夫、弗·巴·米柳亭、维·巴·诺根关于重新接受他们回到党中央的申请。

列宁同志宣读了他对这一请求答复的要点[69]，指出这四个人的申请清楚地说明他们同我们完全背道而驰，因为他们认为是中央同意作让步。他具体建议，要求这四个人提出书面声明，说明他们想把自己的信递到哪里去，即是否想发表在报刊上。我们不主动在报刊上发表他们的信，而是书面回答他们：我们不接受他们回中央。

载于 1929 年《俄国社会民主工党中央委员会会议记录。1917 年 8 月—1918 年 2 月》一书

译自《列宁全集》俄文第 5 版第 35 卷第 128—129 页

人民委员会关于军工厂
转向有益于经济的生产的决定

(1917 年 11 月 29 日〔12 月 12 日〕)

委派拉斯科尔尼科夫同志火速前往工商业人民委员部及粮食人民委员部(机器供应处),立即组织可以交给制造海军装备和从事维修的工厂的订货。尤其紧迫的是农具、农机的生产和机车的生产及修理。首先要注意彼得堡五金工厂,因为供应该厂的燃料和金属已够用较长时间。

委托海洋经济管理总局立即重新审查海军部 1917 年预算,以便暂时停止建造军舰计划的一切开支及其他一切非生产性开支,并把这些拨款转用于有益的国民经济生产。派伊·埃·古科夫斯基同志作为重新审查各主管部门预算的特派员参加这一工作。

责成拉斯科尔尼科夫同志和海洋经济管理总局的全权代表(或古科夫斯基同志)以及工商业人民委员部的全权代表,每天向人民委员会报告本命令的执行情况。

人民委员会主席
弗·乌里扬诺夫(列宁)

载于 1933 年《列宁文集》俄文版
第 21 卷

译自《列宁全集》俄文第 5 版
第 35 卷第 130—131 页

关于党的任务的提纲＋目前形势

（1917 年 11 月）

（α）承认 10 月 25 日革命是社会主义革命。

（β）拒绝用退回到资产阶级民主革命的精神对上述论点作任何限制（过渡的渐进性；与小资产阶级联盟的"阶段"，等等）。

（γ）无产阶级专政，它区别于"一般的"、形式上的（资产阶级的）民主制的特点，它的策略。

（δ）苏维埃政权和布尔什维克政权。

（ε）同小资产阶级妥协不是要联合起来进行资产阶级民主革命，也不是要限制社会主义革命的任务，而仅仅是一种使小资产阶级**某些**阶层转到社会主义方面来的**形式**。

（ι）资产阶级自由与镇压剥削者。

（κ）怠工者和资本家；资本家和资产阶级"舆论"。

（ζ）立宪会议和使它服从苏维埃政权、国内战争的利益和条件。

（η）上层组织（全俄铁路工会执行委员会、农民中央执行委员会等）和同它们的斗争。

（ϑ）同下列**当前**形式的改良主义作斗争：

（1）让小资产阶级同路人束缚无产阶级的手脚

（2）限制"下层"革命斗争的规模

（3）拒绝实行恐怖。

载于 1957 年《苏共历史问题》杂志第 1 期

译自《列宁全集》俄文第 5 版第 35 卷第 424—425 页

对彼得格勒公共图书馆工作的意见

（1917 年 11 月）

要理智地、自觉地、有效地投身于革命，就必须学习。

由于多年来沙皇制度对国民教育的摧残，彼得格勒的图书馆工作做得非常糟糕。

必须根据西方自由国家，特别是瑞士和北美合众国早已实行的原则，立即无条件地进行如下的根本改革：

（1）公共图书馆（前帝国图书馆）应当立即同彼得格勒和外省的**所有**公共图书馆和国立图书馆**交换**书籍，同时也**同国外的**（芬兰、瑞典**等国**）图书馆**交换**书籍。

（2）**图书馆与图书馆之间**互寄书籍，应当由法律规定予以**免费**。

（3）图书馆阅览室的开放时间应当像文明国家为**有钱**人服务的**私立**图书馆和阅览室那样，

每天从上午 8 时到晚 11 时，节日和星期日也**不例外**。

（4）所需数量的职员应当立即从国民教育部的各个司局抽调到公共图书馆去（由于军事上需要男子，应多利用妇女的劳动），因为在这些司局里，十分之九的人所干的工作不仅无益，而且有害。

载于 1933 年《列宁文集》俄文版
第 21 卷

译自《列宁全集》俄文第 5 版
第 35 卷第 132—133 页

全俄中央执行委员会会议文献

(1917 年 12 月 1 日〔14 日〕)

1

关于成立最高国民经济委员会问题的发言[70]

报　道

列宁发言捍卫委员会的草案,指出不能把最高国民经济委员会变成议会,它应当是在经济上同资本家和地主作斗争的战斗机关,就像人民委员会是在政治上同他们作斗争的那种机关。

载于 1917 年 12 月 3 日（16 日）
《新生活报》第 192 号

译自《列宁全集》俄文第 5 版
第 35 卷第 134 页

2

关于立宪会议问题的讲话[71]

如果撇开已经发展成内战的阶级斗争的局势来看立宪会议，我们目前还不知道有什么机关能比这更完善地表达人民的意志。但是，我们不能沉溺于空想。立宪会议必须在内战的环境中活动。而内战是资产阶级-卡列金分子发动的。

在拖延莫斯科起义的尝试、克伦斯基向彼得格勒派兵的尝试遭到失败以后，在组织军队中反革命的高级指挥人员的尝试没有成功以后，现在他们又妄想在顿河流域组织暴动。这种企图是没有希望的，因为哥萨克劳动者反对卡列金分子。

有人责备我们迫害立宪民主党，列宁同志反驳说，不能把阶级斗争同政敌分开。如果说立宪民主党不是一个强大的集团，那是假话。立宪民主党中央委员会就是资产阶级的政治参谋部。立宪民主党人把一切有产阶级都吸收到他们的党内；比立宪民主党人更右的分子已经跟他们勾结在一起。他们全都支持立宪民主党。

有人建议我们按照原来的设想召开立宪会议。对不起，这不行！原来有人设想用它来反对人民。而我们进行革命，就是要保证立宪会议不致被用来反对人民，就是要使政府能够获得这种保证。什么时候召开立宪会议，在我们的法令[72]中已经明确地、毫不含糊地说过了。在这个法令中我们明确地答复了这个问题。不要在心里瞎猜吧，我们毫无隐瞒。我们已经说过，有 400 个代表，我们就召开立宪会议。选举比预定的时间晚，这不是我们的过错。某些地方的苏维埃自己规定的选举日期就晚。由于选举时间不一致，就必须确定立宪会议要有多少代表才能召开。有人企图利用法律上没有规定人数这一情况，要求不管有多少代表都可以召开立宪会议。政府要是允许这样做，它的处境会是怎样呢？苏维埃政权做得对，它规定必须有多少代表召开立宪会议才算有效。苏维埃政权已经这样做了。谁不同意，应当对这个法令提出批评。如果我们听到的不是批评，而是暗示或者一般的猜测，那我们将置之不理。

革命阶级在同进行反抗的有产阶级作斗争时，对于他们的反抗应该加以镇压；我们也要用有产者镇压无产阶级的全套办法来镇压有产者的反抗，因为其他办法还没有发明出来。

你们说应该孤立资产阶级。但是，立宪民主党人以形式上的民主制的口号即立宪会议的口号为掩护，实际上却在发动内战。他们说："我们要在立宪会议里有席位，同时又要组织内战"，而你们却拿孤立他们的空话来作回答。

我们不能只追究违背程序的人，我们公开地在政治上对政党提出指控。法国革命者就是这样做的。这就是我们对那些参加了选举而不知道选了谁的农民的回答。要让人民知道，立宪会议不会按照克伦斯基的愿望召开。我们实行了罢免权，立宪会议决不会成为资产阶级原先所设想的样子。在离立宪会议的召开只有几天的时候，资产阶级却在组织内战，加紧暗中破坏，破坏停战。我们不会受形式上的口号的骗。他们希望在立宪会议里占有席位，同时又要组织内战。但愿人们从本质上来分析一下我们对立宪民主党提出的指控,证明立宪民主党不是这场显然无望的、使全国淹没在血泊中的内战的司令部吧。施泰因贝格同志并没有花力气来证明这一点。他把说明立宪民主党同科尔尼洛夫有联系的一切事情都忘记了;揭露这种联系的并不是我们,而是我们的政敌切尔诺夫。有人建议我们追究那些代人受过的人。但是,我们不会因为对个别人的追究而不对整个阶级的司令部提出政治指控。

接着,列宁同志又对布尔什维克也曾被宣布为人民公敌一事加以驳斥。有人曾威胁我们,说要宣布我们是人民公敌,但是他们没有干成。他们不敢这样干。当时我们就对他们说:"要是你们能办到,就不妨试一试。你们试试对人民说,布尔什维克这个党,这个派别是人民公敌。"他们不敢这样做,他们只是抓住个别人来进行诽谤。我们对他们说:你们无法宣布我们是人民公敌,你们提不出任何原则性的意见来反对布尔什维克,你们只能散布诽谤言论。我们对立宪民主党提出的指控结束了零敲碎打的政治斗争方式。我们要对人民讲真话。我们要告诉人民,他们的利益高于民主机关的利益。不要倒退到那种使人民利益服从形式上的民主制的旧偏见上去。立宪民主党人高喊"全部政权归立宪会议",实际上这就是说:"全部政权归卡列金"。必须把这一点告诉人民,人民是会赞成我们的。

载于 1917 年 12 月 6 日（19 日）　　　译自《列宁全集》俄文第 5 版
《真理报》第 207 号　　　　　　　　第 35 卷第 135—137 页

3
关于处置立宪民主党的法令的决议

中央执行委员会听取了人民委员会代表就宣布立宪民主党为人民公敌的政党并下令逮捕该党领导机关成员以及由苏维埃对整个立宪民主党实行管制的法令所作的说明,认为必须同以立宪民主党为首的、挑起激烈内战来反对工农革命基础的资产阶级反革命分子进行最坚决的斗争。

中央执行委员会将继续在这方面支持人民委员会,并且拒绝接受那些由于本身动摇而破坏无产阶级和贫苦农民专政的政治集团的抗议。

载于 1917 年 12 月 3 日《中央执行委员会消息报》第 243 号

译自《列宁全集》俄文第 5 版第 35 卷第 138 页

在全俄农民代表苏维埃
第二次代表大会上的讲话[73]

(1917 年 12 月 2 日〔15 日〕)

同志们,在上次农民非常代表大会上,我是代表布尔什维克党团,而不是代表人民委员会出席会议的。现在我还是以同样的身份来发言,因为我认为重要的是让你们农民代表大会知道布尔什维克党的意见。

我进来以后,听到刚才那位发言人的一部分讲话,他看着我对你们说,我想用刺刀把你们赶走。同志们,俄国已经长大成人了,再不会听人摆布了。你们知道,从军队能用武器来争取自由那时起,从穿军大衣的农民能够同不穿军大衣的农民在一起开会商量问题那时起,已经没有任何力量能够蹂躏人民的意志,蹂躏农民和工人的意志了。

同志们,我要告诉你们,我们对 10 月 25 日的革命是怎样理解的。同志们,这里有人说,新的革命浪潮也许会把苏维埃冲掉。我说不会有这种事。我坚信苏维埃永远不会灭亡;10 月 25 日革命就向我们证明了这一点。苏维埃永远不会灭亡,因为它早在 1905 年第一次革命的时候就建立过;在二月革命以后又建立起来,并且都不是由某个人发起的,而是根据人民群众的意志从下面建立起来的。这里不可能有任何限制,不拘泥任何形式,因为它们是根据人民的意志建立起来的，人民可以随时罢免他们的代表。苏维埃高于任何议会、任何立宪会议。（喧哗声，高喊："撒谎！"）布尔什维克党一向说，最高的机关就是苏维埃。决不能说这是撒谎，因为欧洲推翻君主制的历次革命，通过立宪会议成立了资产阶级共和国。像我国这样的革命，在任何地方和任何时候都还没有过。有人说，10月25日的革命只是成立了"布尔什维克政府"。但我可以说，在人民委员会里并不完全是布尔什维克。你们中间谁还记得工兵代表苏维埃第一次代表大会，谁就该知道，那时布尔什维克只占少数；但是现在，人民凭经验认识到妥协政策会造成怎样的后果，于是在工兵代表苏维埃第二次代表大会上，让布尔什维克党获得了多数。现在有人对我说，并且敌对的报刊也在大肆叫嚣，说刺刀可能指向苏维埃，我听了好笑。刺刀在工人、士兵和农民的手里，他们手里的刺刀决不会指向苏维埃。让反革命用刺刀来反对苏维埃吧，苏维埃是不怕刺刀的。

谈到立宪会议问题，我必须指出，只有到人民自己可以自由发展，可以建立新生活的时候，立宪会议才有用处。试问，情形是不是这样的呢？

用一句你们大家都知道的话来说，就是"并非人为安息日而生，而是安息日为人而设"。同志们，你们知道立宪会议代表的选举是怎样进行的。这是一种最先进的选举方法，因为这里选举的不是个人，而是政党的代表。这是一个进步，因为革命不是由个人而是由政党来进行的。在选举立宪会议代表的时候，只有一个社会革命党，它在立宪会议中占多数。可是现在不是这样了。你们是不是会说，这也是布尔什维克搞的？不，同志们，这是一条世界性的规律。在任何时候和任何地方，人民总是缓慢而艰难地分成两个营垒:一个是贫困的受侮辱的营垒,即为全体劳动者美好的将来而奋斗的营垒;一个是以各种方式拥护地主资本家的营垒。在选举的时候,人民选举的不是表达他们的意志和愿望的人。你们说,我们把整个立宪民主党宣布为人民公敌。是的,我们这样做了,从而表达了工兵代表苏维埃第二次代表大会的意志。目前,在我们正面临着和平,三年可怕的大屠杀就要终止的时候,我们深信,这是各国全体劳动者的一致要求。在欧洲,推翻帝国主义的斗争正在缓慢而艰难地进行着,现在各国的帝国主义者都会看到,人民是强大的,人民有力量打倒一切阻挡他们前进的人。有人用一只手组织暴动来反对工人农民,反对苏维埃,而用另一只手出示立宪会议代表的崇高证书,这不能阻挡我们前进。7月间有人对我们说:"我们要把你们宣布为人民公敌。"我们回答说:"你们不妨试一试。"资产者老爷们及其喽啰要是果真试着公开对人民这么说,那倒好了;但是,他们没有这样做,却进行了种种诽谤、造谣和中伤。当资产阶级发动内战(我们就是这次内战的见证人)时,他们煽动了士官生进行暴动。但是,作为胜利者,我们对他们这些战败者是宽大的。不仅宽大,甚至还给他们保留了军人的荣誉。而在目前要召开立宪会议的时候,我们说:只要有立宪会议的400名代表到会,我们就召开。① 我们看出,立宪民主党在继续进行阴谋活

---

① 1917年12月4日(17日)《工人和士兵报》第42号所发表的讲话,结尾部分如下:"人民政权决不同资本结成任何同盟。我们不缔结秘密条约。人民政权把自己采取的每个步骤都通知苏维埃。我们以苏维埃的名义提出了停战建议,如果条件不合适,人民就不采纳。对革命人民没有使用过任何暴力。(有人喊道:"那么杜鹤宁呢?")是的,曾经命令杜鹤宁开始停战谈判。他拒绝了。杜鹤宁同科尔尼洛夫、卡列金等人民公敌结成了联盟。人民出于对敌人的极大义愤,杀死了他。但你们忘记了另一个事实。在什帕列拉街,工人沃伊诺夫散

动,我们看出,他们正为了钱袋、私利和财富而组织反对苏维埃的暴动,所以我们公开地宣布他们为人民公敌。最近,媾和条件即将公布,我们就要停战,土地委员会的委员再不会被逮捕,地主土地即将没收,工厂就要实行工人监督。就在这个时候,他们制造阴谋来反对我们,反对苏维埃。所以我们说,他们立宪民主党是资产阶级的政党,是人民的公敌;我们要同他们进行斗争。

载于1917年12月4日(17日)　　　译自《列宁全集》俄文第5版
《工人和士兵报》第42号　　　　　第35卷第139—142页

发布尔什维克传单,被哥萨克杀害了。这两件事实是有区别的。在工人沃伊诺夫被杀后,只有《工人报》提到这件事,它只是说沃伊诺夫死去,而不说被杀。被杀的一个是普通工人,一个是阻挠和平、违反百分之九十九的俄国士兵愿望的人。而且,在杜鹤宁将军被杀后,我们的报纸最先谴责私自处刑。相同之处和不同之处就在于此。凡是赞成对生产实行工人监督、赞成民主的和约、反对血腥屠杀继续下去的人,都不会拥护立宪民主党人。"——俄文版编者注

告乌克兰人民书

(1917 年 12 月 3 日〔16 日〕)

　　根据工人和被剥削劳动群众在争取社会主义的斗争中团结一致、结成兄弟同盟的需要,根据革命民主机关苏维埃、特别是全俄苏维埃第二次代表大会的许多决议对这种原则的承认,俄国社会主义政府即人民委员会再次确认,凡是过去受沙皇政府和大俄罗斯资产阶级压迫的民族都享有自决权,直至这些民族同俄国分离的权利。

　　因此,我们人民委员会承认乌克兰人民共和国,承认它有权同俄国完全分离或同俄罗斯共和国缔结建立联邦关系或其他类似的相互关系的条约。

　　我们人民委员会现在就无保留无条件地承认有关乌克兰人民的民族权利和民族独立的一切事项。

　　我们没有对目前仍为资产阶级所掌握的芬兰资产阶级共和国采取任何步骤来限制芬兰人民的民族权利和民族独立,我们也不会采取任何步骤来限制已经参加或者愿意参加俄罗斯共和国的任何民族的民族独立。

　　我们谴责拉达[74],因为它在民族主义词句的掩盖下,奉行一种资产阶级的两面派政策,这种政策早已在拉达不承认乌克兰的苏维埃和苏维埃政权这一点上表现出来了(还表现在拉达拒绝乌克兰苏维埃的要求,不肯立即召开乌克兰苏维埃边疆区代表大会)。这种两面派政策使我们不能承认拉达是乌克兰共和国被剥削劳动群众的全权代表,这种政策使拉达最近竟采取了一些意味着排除达成协议的任何可能性的步骤。

这样的步骤是:第一,瓦解前线。

拉达单方面发出命令,从前线调动和召回乌克兰部队,从而**在划界以前**破坏了统一的共同战线,而划界只有通过两国政府有步骤地达成协议才能实现。

第二,拉达开始解除驻在乌克兰的苏维埃部队的武装。

第三,拉达支持立宪民主党人和卡列金分子反对苏维埃政权的阴谋和叛乱。拉达显然虚伪地借口"顿河和库班"有什么自治权利,以此来掩护卡列金的违反绝大多数哥萨克劳动者利益和要求的反革命叛乱。拉达允许投奔卡列金的部队过境,**却拒绝允许反对卡列金的部队过境**。

拉达走上了这条骇人听闻的叛变革命的道路,走上了支持既是俄国各族人民民族独立的死敌又是苏维埃政权死敌的道路,即走上了支持被剥削劳动群众的敌人立宪民主党人和卡列金分子的道路,这样就会迫使我们毫不犹豫地向它宣战,即使拉达是一个已经被完全正式承认和一致公认的最高国家政权机关,即独立的乌克兰资产阶级共和国的最高国家政权机关。

现在鉴于上述一切情况,人民委员会①在乌克兰共和国和俄罗斯共和国的人民的面前,向拉达提出下列问题:

1.拉达是不是保证放弃瓦解共同战线的活动?

---

① 下面是列·达·托洛茨基写的,弗·伊·列宁和约·维·斯大林作了修改。——俄文版编者注

2.拉达是不是保证今后未经最高总司令同意,不让开往顿河、乌拉尔或其他地方的任何部队过境?

3.拉达是不是保证协助革命军队同立宪民主党人和卡列金分子的反革命叛乱作斗争?

4.拉达是不是保证中止一切解除驻在乌克兰的苏维埃军队和工人赤卫队的武装的活动,并立刻把夺去的武器交还给原部队?

如果在48小时内不能得到对这些问题的满意答复,人民委员会就认为拉达处于公开反对俄罗斯和乌克兰苏维埃政权的战争状态。

载于1917年12月5日(18日)《真理报》第206号和1917年12月6日(19日)《中央执行委员会消息报》第244号

译自《列宁全集》俄文第5版第35卷第143—145页

在彼得格勒工兵代表苏维埃工人部的会议上关于彼得格勒工人经济状况和工人阶级任务的报告

(1917 年 12 月 4 日〔17 日〕)

报　道

10 月 25 日的革命表明,显示出有能力坚决对抗资产阶级的无产阶级,在政治上已经非常成熟。但是,要使社会主义取得完全胜利,还必须有高度的组织能力,而且要始终意识到无产阶级应当成为统治阶级。

无产阶级现在正面临着对国家制度进行社会主义改造的任务,任何折中的解决办法,不管替它找些理由是多么容易,都是不足取的,因为国家的经济状况已经到了不允许采取折中解决办法的地步。在我们同帝国主义和资本主义的大规模的斗争中,根本没有采取治标办法的余地。

不胜则败,问题就这样摆着。

工人必须懂得而且的确懂得这个道理;从他们拒绝采取折中的妥协的解决办法就可以清楚地看出来。变革愈深刻,完成用社会主义机构代替资本主义机构的工作所需要的积极的工作人员也就愈多。因此,即使没有怠工现象,小资产阶级的力量也是不够的。要完成这个任务，只有依靠广大的人民群众，发挥他们的主动性。因此现在不应当考虑在这个时候改善自己的状况，而应当考虑怎样才能成为统治阶级。不能指望农村无产阶级会明确无误地意识到自己的利益。这只有工人阶级才能做到，而每个无产者如果意识到伟大的前途，就应当感觉到自己是领导者，并带领群众前进。

无产阶级应当成为统治阶级即领导全体劳动人民的阶级，而且是政治上的统治阶级。

必须同那种认为只有资产阶级才能管理国家的偏见作斗争。无产阶级应当把国家的管理工作担当起来。

资本家正在用尽一切办法阻挠工人阶级完成这些任务。因此，摆在每个工人组织——工会、工厂委员会等等——面前的任务，就是从经济上给以坚决的回击。资产阶级正在破坏一切，实行全面怠工，企图搞垮工人革命。因此，组织生产的任务就完全落到了工人阶级的身上。我们要彻底抛弃这样一种偏见，即认为国家事务、银行和工厂的管理是工人无法胜任的。但是，要解决这些任务，只有通过日常的巨大的组织工作。

必须组织产品交换，使计算和监督形成制度，这是工人阶级的任务，他们的工厂生活已经给他们提供了完成这些任务的知识。

让每个工厂委员会都感觉到自己不仅是从事本厂的工作，而且是建设整个国家生活的组织细胞。

颁布废除私有制的法令是容易的，但是要实行这个法令就必须由而且只能由工人自己动手，即使会犯错误，那也是新阶级在创造新生活过程中的错误。

没有而且也不可能有组织经济生活的具体计划。

　　谁也不能提供这种计划。然而群众通过试验能够从下面做到这一点。当然要发布指示,指出道路,但是必须上下一起同时开始行动。

　　苏维埃应当成为调节俄国全部生产的机关,但是为了苏维埃不致成为没有军队的司令部,必须在基层进行工作……①

　　工人群众应当在全国范围内把组织监督和生产的工作担当起来。胜利的保证不在于组织单个的人,而在于组织全体劳动群众,如果我们能够做到这一点,能够安排好经济生活,那么,一切对抗我们的东西就会自然而然地消除。

载于1917年12月7日(20日)
《真理报》第208号和1917年12月
14日《士兵真理报》第104号

译自《列宁全集》俄文第5版
第35卷第146—148页

---

①　此处记录有几个字字迹不清,从略。——俄文版编者注

答赫尔曼·费尔瑙⁷⁵

（1917 年 12 月 5 日和 23 日
〔1917 年 12 月 18 日和 1918 年 1 月 5 日〕之间）

您在 12 月 18 日《**日内瓦日报**》上发表的公开信中，试图在俄国人民委员会告各交战国劳动群众书和俄国人民委员会与德国、奥匈帝国的政府和军阀进行的谈判之间找出矛盾。

您援引了我们的话："取得革命胜利的政府不需要资本主义职业外交家的承认。但是我们要问一问各国人民：反动外交是否表达了他们的想法和意愿？人民是否同意让本国政府的外交错过俄国革命所造成的大好和平时机？"然后您对这一段话作了如下解释：

"我们要问一问各国人民"，这就是说：不是人民选举的、不是人民授予全权的一切君主、部长、外交官给我们的答复，我们都应加以拒绝。接着您好意地告诉我，决定战争与和平问题的不是德国人民，而是他们的皇帝；在这些问题上德国人民的意志是从来不受重视的，如此等等。请允许我告诉您，这些我已经知道了。我还知道，一切交战国的情形都是如此。在这些国家里，有没有选举制、议院监督或诸如此类的东西，都无所谓。这一点我们非常清楚。因此在我们未来的宪法的一项最重要条文中，我们规定选民可以罢免任何一个行为同委托书相悖的代表。布赖斯勋爵对这个问题当然是很了解的,他写道:在英国,"所有议院之本"即最重要的国家事务,实际上都是由一打不承担责任的人物主宰的。可以给纯粹的君主制度记上一功,因为它起码是毫不掩饰的。

是的,我们问过各国人民:他们是否想使"这场没有意义没有目的的大屠杀继续延宕下去,盲目走向整个欧洲文化的毁灭"。费尔瑙先生,这里说的不是**文化**,而是**文明**,——请允许我用法文给您指出这一点,作为对您给我上了一堂国家法课的回报。不错,我们想要拯救文明,于是我们向所有人民呼吁。但是各国人民没有回答我们,因为他们的政府,君主制的也罢,伪民主制的也罢,都不让他们发言;我们想要拯救本国人民,他们正在死于战争,他们绝对需要和平。假如其他国家的人民仍然在任人蹂躏,您是不是要求我国人民也本着一致的精神去任人蹂躏呢。您对荣誉的理解是不是像封建时代日本人理解的那样,即:受凌辱者用军刀剖腹,凌辱人者如果不愿被人当做胆小鬼蔑视的话,也应当这样做?

您对我个人说话,仿佛我是一个君主,您说:"列宁先生!您向各国人民提出问题,回答您的却是赫特林伯爵、屈尔曼外交大臣、采尔宁伯爵、冯·赛德勒尔首相[76]。把这些先生当成各国人民真正的负责的代表,那就等于公然违背你们的全部民主原则。为什么您不要求事先进行德国人的民意测验,您本来可以向他们提出问题:媾和和宣战的最高权力该不该仍然属于德国皇帝?"

然而,费尔瑙先生,请您也注意一下现实关系。我们最需要和平。我们建议大家缔结和约。有两个政府正在同我们缔结和约,难道您认为这样做违背它们的人民的心愿吗?假如其他政府连听都不想听,那我们又有什么办法呢?是建议它们去征询本国人民的意见,还是号召这些国家的人民自己把事情管起来?我们已经这样做了。提出要求吗？但我们用什么办法来提出任何一种要求呢？

您同我一样清楚,戒严以及它使政府得以采取的严厉镇压手段,对于您和我一样盼望的民主革命来说,几乎是不可逾越的障碍。俄国人只是到战争处于某种——用你们的话该怎么说呢？大概是——低潮的时候,才能够推翻沙皇专制制度。而克列孟梭先生为了自己的政权,最害怕他称之为**失败主义**的东西。您说的完全正确,德国人的失败对你们的人民有好处。但是,在这种情况下它对胜利者是致命的！承您的情,跟着我承认"无情的逻辑"。我不禁要说,为了德国人民的利益,您希望德国人失败,因为您是德国人,您的一本书的标题不就叫做《正因为我是德国人》吗？可是您却希望俄国人胜利,因为您很少关心俄国人民的祸福。这不怎么人道吧,费尔瑙先生。

你们伟大的海涅说过,我们本都是神的创造物。我们的看法同您一样,我们为了所有的人,希望军国主义失败,也就是希望和平、快乐。你们伟大的席勒说过,只要在你温柔的羽翼之下,一切的人们都成为兄弟。至于谈到战争、外交骗局、伪民主的寡头统治等等,你们伟大的歌德说过：

……真正是令人厌烦；

一次刚好完,一次又重新开端；

……

名目上是为的争取自由人权,

细审,其实是奴隶与奴隶之战。

对我们来说这就够了,于是我们停止打仗。别人也正在或将要按照我们这样做。渐渐地,一批接一批：罗马尼亚,葡萄牙,下一个是谁呢？我不知道,您也不知道。我感到很遗憾,一年前,各国的军队多少都吃了败仗,各国人民同时能够利用我和您都承认的那种失败带来的好处,可是,那时人们没有想到要签订普遍和约。您也许知道我国有一句谚语:**病来如山倒,病去如抽丝**。和平也是这样:要使同盟破裂,在1914年顶多需要几天工夫,现在摆脱困境要多少时间? 谁能说得准呢? 无论如何总得有人开个头;榜样是有感染力的。

军国主义之所以至今犹存,是因为各国都宣称只要邻国裁军,自己就准备裁军;其实只要某一个大国率先裁军而别国(或早或迟)相继仿效,军国主义就会销声匿迹。费尔瑙先生,请读一读我们斯堪的纳维亚邻邦不久前建立的和平主义同盟的章程吧,这个同盟要求不等别国裁军而首先在斯堪的纳维亚本土裁军。还请读一读或者再读一遍托尔斯泰的《呆子伊凡的故事》中关于沙皇的故事吧,沙皇的士兵没有遇到被占领国人民的任何反抗,对这场纯属单方面的战争产生厌战情绪,回乡种地去了。这就是明天的现实。费尔瑙先生,同我们一起为明天的胜利而工作吧! 不要让血雨腥风的往日的幻想充斥你富有生机的理智,只要一切正直的人们为此而作出自己的努力,往日的遗痕很快就会消失。

忠实于您的　**列宁**

载于 1917 年 12 月 30 日——
1918 年 1 月 5 日《国民报》
(日内瓦)第 31 号

译自《列宁文集》俄文版第 39 卷
第 182——185 页

关于召开立宪会议的声明

(1917 年 12 月 6 日〔19 日〕)

　　主要由于前全俄选举委员会的过错,立宪会议的选举拖延了下来,加之反革命集团组织了立宪会议特别委员会同苏维埃政权建立的人民委员部对抗,因此到处都在传说,立宪会议决不会按照目前的组成情况召开。人民委员会认为必须声明,农工兵代表苏维埃的敌人恶意散播的这些传闻纯属谣言。根据苏维埃中央执行委员会批准的人民委员会的法令,立宪会议的代表只要有半数即400 名按照规定到塔夫利达宫办公室报到,立宪会议即可召开。

人民委员会主席

弗·乌里扬诺夫(列宁)

载于 1917 年 12 月 6 日(19 日)　　　　译自《列宁全集》俄文第 5 版
《真理报》第 207 号　　　　　　　　　　第 35 卷第 149 页

全俄农民代表苏维埃
第二次代表大会告农民书草稿⁷⁷

(1917 年 12 月 6 日或 7 日〔19 日或 20 日〕)

全俄农民第二次代表大会热烈号召俄国各族农民在伟大的俄国革命目前所处的也许是最紧要的关头,发挥全部智慧和意志的力量,发挥自己人数和力量的全部威力把沉睡的人们唤醒,振奋不坚定者的精神,并从全国各地、从每个村庄、大城市的每个街区,大声疾呼,说出自己有分量的、决定性的意见。

农民同志们!我们占我国人口的绝大多数。我们是被剥削劳动者的基本群众。我们是为满足劳动者正当的、合法的要求,首先是对土地的要求,为反对地主和资本家的一切压迫和剥削而斗争的基本群众。

农民同志们!我们是我国军队的基本群众。我们军队首先受到了沙皇和资本家发动的三年多战争的非人的折磨,这支军队还担负起了艰难而令人感激的光荣使命,担负起了——和工人们一起——为自由、土地、和平,为使劳动者摆脱一切压迫和剥削、获得彻底解放而斗争的先进战士的使命。

农民同志们!请你们好好考虑一下农民代表们向俄国各族农民发出的呼吁和号召;请你们在每个村庄、每个农舍读一读我们的呼吁书;请你们无一例外地在所有的农民集会上,在所有的农民机关中展开讨论,请你们自己在当地作出坚定不移的决定。因为我们祖国的命运主要取决于你们的决定,大多数人民的决定,农民自己的决定。

存亡的关头即将到来。最后的斗争日益临近。整个国家,我们共和国的各个民族都已经分成两大营垒。

一个营垒是地主和资本家,富人和他们的仆从,达官显贵和他们的朋友,骑在人民头上的人和战争的拥护者。

另一个营垒是工人和被剥削劳动农民,贫苦人民和他们的朋友,普通的士兵和和平的拥护者,主张展开果敢忘我的、对压迫人民的人毫不留情的、争取和平的革命斗争的人。

这两个营垒之间的斗争在国内某些地区已经极其尖锐,发展成了直接的公开的内战,发展成了苏维埃军队反对一小撮人的战争,这些人依仗财势,希望推翻苏维埃政权,推翻工兵农代表苏维埃的政权和政府。

农民同志们!现在有许多事情都要靠你们一句有分量的坚决果断的话来决定,能不能停止这场内战,俄国能不能和平地实现全部土地无偿地交给劳动者,能不能和平地实现社会主义的胜利,都要靠你们一句话来决定。农民同志们!你们要万众一心地奋起,大声疾呼,申述你们的要求,从每个村庄提出**你们的委托书**!你们能够使人倾听你们的意见,你们现在就要使所有的人都倾听你们的意见!

农民同志们!你们应当首先坚决谴责那些**脱离**全俄农民第二次代表大会的代表。谴责分裂分子。谴责破坏农民团结、破坏劳动人民团结、破坏工农团结的人。这些分裂分子,这些破坏农民团结的人,这些投靠富人营垒,投靠地主资本家营垒的倒戈分子犯了滔天大罪。这些人称自己是"社会革命党人"的右翼和中派，是阿夫克森齐耶夫和切尔诺夫的拥护者。他们背叛了社会革命党人的全部学说和整个纲领，跑到社会主义的敌人、要扼杀革命的人那边去了。他们同忠实维护社会革命党人的学说、纲领和要求的人决裂了，同始终忠于劳动农民利益的"左派社会革命党人－国际主义者"的党决裂了。他们这些阿夫克森齐耶夫和切尔诺夫的拥护者退出了全俄农民第二次代表大会，拒绝服从大多数农民的决定，为的是执行富人和资本家反对农民的意旨，阻挠和平事业，阻止立即把全部土地无偿地交到劳动人民手里，挽救阿夫克森齐耶夫、切尔诺夫和马斯洛夫之流损害农民的政策。

谴责这些农民事业的叛徒吧！这样你们就可以挽救许多动摇分子和意志薄弱的人，你们就可以使俄国免遭内战这种疯狂举动的劫难。说这种举动是疯狂的，是因为它除了白白地使血流成河以外，什么也改变不了；世界上没有任何东西能够破坏工兵农的一致决定和全俄工兵代表苏维埃第二次代表大会和全俄农民代表第二次代表大会的决定。

谴责这些农民事业的叛徒吧！让每个村庄都对这两次代表大会即工兵苏维埃代表大会和农民苏维埃代表大会的决定表示信任吧。让每个村庄都从立宪会议中**召回**那些没有公开声明和没有用行动证明自己完全承认这些决定的社会革命党代表或农民苏维埃和农民机关的代表吧。

农民同志们！你们大家都知道，反对全俄工兵代表苏维埃第二次代表大会和全俄农民代表第二次代表大会的决定的人，只有**靠欺骗**才能当选为立宪会议的农民代表，并且已经当选了。这些常常自称"社会革命党人"的人，事实上欺骗了农民，因为农民当时还没有看透阿夫克森齐耶夫、切尔诺夫和马斯洛夫的政策的真相，即向地主让步、同资本家妥协、逮捕各地农民土地委员会委员的政策的真相。这些阿夫克森齐耶夫分子、马斯洛夫分子和切尔诺夫分子能够欺骗农民，是因为社会革命党总的候选人名单在10月17日以前已经拟好，而这个真相在全国暴露出来却是在10月17日以后。

1917年10月25—26日举行的全俄工兵代表苏维埃第二次代表大会向全国揭露了这个真相。后来苏维埃政权、苏维埃政府第一次公布了可耻的秘密条约，第一次展开了争取和平的真正的革命斗争，第一次用行动表明了应当怎样进行这一斗争，并且获得了在一条战线上停战的初步成就，从而揭露了这个真相。

苏维埃政府颁布了土地法令，这样一来便毫无保留地站到农民一边，消除了一切可能妨碍农民在各地拥有充分权力的外来因素，从而揭露了这个真相。

全俄农民第二次代表大会第一次在一个详细的特别决议中向农民揭露了阿夫克森齐耶夫和切尔诺夫的执行委员会所扮演的可耻角色，从而揭露了这个真相。这次代表大会将在12月8日结束，它是在1917年11月30日（？）[78]开幕的。

农民同志们！你们可以看出，农民在拟定10月17日的候选人名单和参加11月12日的立宪会议选举时，还不可能知道土地问题和和平问题的真相，不可能分清谁是朋友，谁是敌人，谁是披着羊皮的狼。你们可以看出，那些反对全俄工兵代表第二次代表大会和全俄农民代表第二次代表大会的决定的社会革命党人，只有靠欺骗才能代表农民发言。

农民同志们！决不能让这种欺骗造成流血的后果！你们要对

那些退出全俄农民代表第二次代表大会的人提出坚决的抗议。在每个省、每个县、每个乡、每个村都要接受**委托书**，对退出代表大会的人表示抗议，**公布**各地**不**接受这两次代表大会决定的立宪会议农民代表的**姓名**，**要求**这些代表**退出**立宪会议，因为他们只有欺骗人民才能冒充人民代表。

农民同志们！立宪会议应该表达人民的意志。谁退出全俄农民代表第二次代表大会，谁违反代表大会的意志，谁分裂农民，谁背弃农民而投靠富人，谁就不是人民代表，谁就是叛徒，在立宪会议中就不能有他的席位。他不会带来和平，不会给劳动者带来土地，他只能给人民带来富人反对苏维埃政权的荒诞而罪恶的骚乱。人民不能容忍欺骗。人民不能容忍违反他们意志的行为。人民不会拿苏维埃政权来讨好富人。人民不会让富人毁掉掌握在人民手中的**和平**事业和立即将**土地**毫无例外地无偿地交给劳动者的事业。

摆在整个国家面前的只有两条出路：

或者是一场由卡列金分子、立宪民主党人、科尔尼洛夫分子（及其暗藏的同谋者阿夫克森齐耶夫分子、切尔诺夫分子和马斯洛夫分子）发动的反对苏维埃政权的内战，一场流血的战争，一场战争祸首绝无获胜希望的战争；这场战争决不能剥夺苏维埃的权力，而只能激起更大的民愤，引起更多的牺牲，造成更多的流血，使伟大的社会主义改造更加推迟，使缺粮省份的饥荒更加严重。

或者是大家都老老实实地承认一个有目共睹的事实，就是那些反对全俄工兵代表苏维埃第二次代表大会和全俄农民代表第二次代表大会的决议的人，只是靠欺骗才被农民选入立宪会议；因此这种代表必须**改选**。

第三条道路是没有的。或者是在一场流血的战争中消灭富人、阿夫克森齐耶夫分子、切尔诺夫分子、马斯洛夫分子等等。或者是他们同意：只要反对全俄工兵代表苏维埃第二次代表大会和全俄农民代表苏维埃第二次代表大会这两次苏维埃代表大会的决定的人以农民的名义在立宪会议上出现，就要改选出席立宪会议的农民代表。

农民同志们！是你们说话的时候了！

是你们说出决定性意见的时候了！

只要**全体**农民说话坚决，只要**全体**农民**从各地**发出**委托书**，你们就**能**在全国、在俄国各民族中建立和平，就能停止内战，就能保证召开一个不是欺骗的而是名副其实的、真正的立宪会议，就能通过签订公正的和约促使战争早日结束，就能使全部土地更快地交给劳动者，巩固工农联盟，加速社会主义的胜利。

农民同志们，是你们说出决定性意见的时候了！土地归还劳动者万岁！和平万岁！社会主义万岁！

全俄农民第二次代表大会

载于1925年《列宁文集》俄文版第4卷

译自《列宁全集》俄文第5版第35卷第150—155页

给费·埃·捷尔任斯基的便条
并附关于同反革命分子和
怠工分子作斗争的法令草案[79]

(1917 年 12 月 7 日〔20 日〕)

致捷尔任斯基同志

对您今天关于同怠工分子和反革命分子作斗争的措施的报告,我有一个想法。

能不能提出**类似这样的**一个法令:

关于同反革命分子和怠工分子作斗争

资产阶级、地主以及一切富有阶级,正在拼命破坏以保障工人和被剥削劳动群众利益为宗旨的革命。

资产阶级正在进行极其疯狂的罪恶活动,收买社会渣滓和堕落分子,纠集他们去制造大暴行。拥护资产阶级的人,特别是高级职员、银行官吏等等正在实行怠工,组织罢工,来破坏政府为实现社会主义改造而采取的各种措施。他们甚至对粮食工作也实行怠工,使千百万人面临饥饿的威胁。

必须采取紧急措施同反革命分子和怠工分子作斗争。人民委

员会有鉴于此,特规定:

1.凡属富有阶级者(即每月收入在 500 卢布以上者,拥有城市不动产、股票或 1 000 卢布以上现款者),以及银行、股份企业、国家机关和社会团体的职员,都要在三天以内①向住宅委员会递交报告一式三份,上面须有本人签名,并注明地址、收入、职务和职业等。

2.报告经住宅委员会调查属实签字以后,一份由住宅委员会保存,其余两份分送市政管理委员会和内务人民委员部(地址:……②)。

3.凡不执行本法律者(不交报告或提供假材料等等),以及住宅委员会人员不遵守关于保存、收集报告和将报告送交上述机关的规定者,得视其过失程度,每次罚 5 000 卢布以下现金,处一年以下徒刑或押送前线。

4.凡在银行、国家机关和社会团体、股份企业、铁路等部门怠工或逃避工作者,也应受到同样处罚。

5.实行普遍劳动义务制的第一个步骤就是作出规定:第一,凡合乎第 1 条规定者,务须经常随身携带上述报告副本,该副本必须有住宅委员会以及机关首长或由选举产生的机关(工厂委员会、粮食委员会、铁路员工委员会、职员联合会等等)的证明,在证明中须写明此人担任何种社会职务或做何种工作,是否因为没有工作能力而待在家里,等等。

---

① 在手稿中,弗·伊·列宁在"三天以内"上面写有"在 24 小时以内"。——俄文版编者注
② 弗·伊·列宁在手稿中此处留有填写地址的空白。——俄文版编者注

6.第二,这种人务须于本法律颁布之日起一周以内,领取劳动消费手册(附上样本),以便每周填写收支情况,并且由委员会和本人所服务的机关在手册上加以证明。

7.凡不合第1条规定者,也要向住宅委员会送交一份关于本人收入和工作地点的报告,并须随身携带有住宅委员会证明的报告副本。

载于1924年《红色文献》杂志
第5期

译自《列宁全集》俄文第5版
第35卷第156—158页

对亚历山德罗-格鲁舍夫斯克区工人代表团所提问题的答复[80]

(1917年12月11日〔24日〕)

(1)关于临时管制亚历山德罗-格鲁舍夫斯克区的矿山和工厂的问题。

只有当该区从卡列金军队手中及其势力下解放出来以后,才能没收矿山和工厂。

(2)现在是否要放弃矿山撤到俄国中部去。

只要能够坚持,就不要撤离而要继续工作。人民委员会关于这个问题的决议是:建议亚历山德罗-格鲁舍夫斯克区的工人同哈尔科夫进行联系,以便把赤卫队武装起来。请同志们竭尽全力坚持到最后,不要放弃工作。

(3)关于给矿山派警卫队的问题。

我军正以足够的兵力向卡列金军队方向推进。

(4)关于给予300万卢布的工作补助金的问题。

阿尔乔姆同志从哈尔科夫来后,燃料垄断委员会[81]的问题即可查明。

(5)是否认为卡列金政府的纸币有效。

认为该纸币无效。

人民委员会主席
弗·乌里扬诺夫(列宁)

载于1959年《列宁文集》俄文版第36卷

译自《列宁全集》俄文第5版第35卷第159页

在俄国社会民主工党(布) 中央委员会会议上的讲话[82]

(1917 年 12 月 11 日〔24 日〕)

记　录

列宁同志提议:(1)撤销立宪会议党团委员会;(2)以提纲形式向党团阐明我党对立宪会议的态度;(3)起草告党团书,提醒党团注意党章中关于一切代表机关都应服从中央的规定;(4)指定一名中央委员领导党团工作;(5)制定党团章程。

载于 1929 年《俄国社会民主工党中央委员会会议记录。1917 年 8 月—1918 年 2 月》一书

译自《列宁全集》俄文第 5 版第 35 卷第 160 页

关于布尔什维克立宪会议党团
临时委员会的决议草案

(1917 年 12 月 11 日或 12 日〔24 日或 25 日〕)

　　鉴于社会民主党布尔什维克立宪会议党团临时委员会对于自己的主要任务,即制定关于我党对立宪会议态度的原则性决议很不得力;

　　许多单独的声明、提案和表决表明临时委员会大多数(或者是全体?)成员所持的完全不是社会民主党的观点,暴露出他们无视阶级斗争和内战的现实条件,对立宪会议抱着资产阶级民主观点。

　　——党团决定撤销临时委员会并选举新的委员会。

载于 1949 年《列宁全集》俄文
第 4 版第 26 卷

译自《列宁全集》俄文第 5 版
第 35 卷第 161 页

关于立宪会议的提纲

（1917 年 12 月 11 日或 12 日〔24 日或 25 日〕）

1. 过去把召集立宪会议的要求列入革命社会民主党的纲领是完全合理的，因为在资产阶级共和国中立宪会议是民主制的最高形式，因为以克伦斯基为首的帝国主义共和国在建立预备议会时，曾用许多违反民主制的办法搞了假选举。

2. 革命社会民主党在提出召集立宪会议的要求的同时，从1917 年革命一开始，就多次着重指出，苏维埃共和国是比通常那种有立宪会议的资产阶级共和国更高的民主制形式。

3. 对于从资产阶级制度过渡到社会主义制度，对于无产阶级专政，苏维埃（工兵农代表苏维埃）共和国不仅是更高类型的民主机构的形式（与通常那种戴有立宪会议花冠的资产阶级共和国相比），而且是能够保证痛苦最少地过渡到社会主义的唯一形式。

4. 按照 1917 年 10 月中旬提出的名单召集我国革命中的立宪会议，就是在立宪会议的选举不可能正确表达人民的意志、特别是劳动群众的意志的情况下召集立宪会议。

5. 第一，只有在各党派名单符合人民真正分属于这些名单所反映的各党派的实际情况时，比例选举制才能真正表达人民的意志。在我国，正如大家所知道的，从 5 月到 10 月在人民中特别是在农民中最受拥护的党是社会革命党，它在 1917 年 10 月中旬提出了统一的立宪会议代表候选人名单,但是在1917年11月,即在立宪会议选举以后,会议召开之前,这个党发生了分裂。

因此,立宪会议的当选代表的比例,即使在形式上也不符合而且也不可能符合大多数选民的意志。

6.第二,立宪会议当选代表的比例之所以不符合人民意志,特别是不符合劳动阶级的意志,还有一个更加重要的根源,不是形式上、法律上的根源,而是社会经济的根源,即阶级的根源,这就是在进行立宪会议选举时,绝大多数人民还无法知道在1917年10月25日,即在立宪会议代表候选人名单提出以后开始的无产阶级和农民的十月苏维埃革命的全部规模和意义。

7.十月革命为苏维埃夺取了政权,从资产阶级手里夺取了政治统治权,并把它交给了无产阶级和贫苦农民,我们看到这次革命正经历着自身循序发展的各个阶段。

8.革命是从10月24—25日在首都取得胜利开始的,当时全俄工兵代表苏维埃——无产者和政治上最积极的那部分农民的先锋队——第二次代表大会,使布尔什维克党获得了优势,掌握了政权。

9.然后,在11月和12月间,革命席卷了军队和农民的全体群众,这首先表现为撤销和改选旧的上层组织(集团军委员会、省农民委员会、全俄农民代表苏维埃中央执行委员会等),这些组织所代表的是革命已经走过的、妥协的阶段,即资产阶级的阶段,而不是无产阶级的阶段,因此这些组织必然要在更深更广的人民群众的压力下退出舞台。

10.直到现在,即1917年12月中旬,被剥削群众的这种改造自己组织的领导机关的强大运动还没有结束,而还没有闭幕的铁路工人代表大会就是其中的一个阶段。

11. 因此,在阶级斗争中形成的俄国各种阶级力量的划分情况,在1917年11月和12月间,实际上根本不同于1917年10月中旬各党派立宪会议代表候选人名单所反映的情况。

12. 最近乌克兰的事件同样也说明(芬兰、白俄罗斯和高加索的事件也部分地说明),在乌克兰拉达、芬兰议会等等的资产阶级民族主义同各该民族共和国的苏维埃政权、无产阶级和农民的革命进行斗争的过程中,阶级力量正在重新划分。

13. 最后,立宪民主党人和卡列金分子反对苏维埃政权、反对工农政府的反革命叛乱所挑起的内战,使阶级斗争达到最尖锐的程度,使历史向俄国各族人民、首先是向工人阶级和农民提出的最尖锐的问题,完全没有可能用形式上民主的方式来解决。

14. 只有工农完全战胜资产阶级和地主的叛乱(其表现是立宪民主党人和卡列金分子的运动),只有用武力无情地镇压这种奴隶主的叛乱,才能真正保障无产阶级和农民的革命。在革命中,事变的进程和阶级斗争的发展已经使“全部政权归立宪会议”的口号**实际上成了**立宪民主党人和卡列金分子及其帮凶的口号。这个口号不考虑工农革命的成果,不考虑苏维埃政权,不考虑全俄工兵代表苏维埃第二次代表大会和全俄农民第二次代表大会的决议等。全体人民已经完全明白,立宪会议如果同苏维埃政权背道而驰,那就必然注定要在政治上死亡。

15. 和平问题是人民生活中特别尖锐的问题之一。争取和平的真正革命斗争,在俄国只是在10月25日革命胜利以后才开始的,这个胜利产生的初步成果就是公布秘密条约,缔结停战协议,开始就没有兼并并没有赔款的普遍和约进行公开谈判。

广大人民群众只有现在才真正地、充分地、公开地得到机会，看到争取和平的革命斗争的政策，并研究它的结果。

在立宪会议选举时，人民群众是没有这种机会的。

显然，就从这一方面来看，立宪会议当选代表的比例不符合人民在结束战争这个问题上的真正意志也是必然的。

16.上述所有情况造成了这样的结果：按照无产阶级和农民革命以前、在资产阶级统治下存在的那些党派所提的候选人名单召集的立宪会议，必然同10月25日开始进行推翻资产阶级的社会主义革命的被剥削劳动阶级的意志和利益相冲突。这个革命的利益自然高于立宪会议形式上的权利，何况这些形式上的权利由于立宪会议法没有规定人民有权随时改选自己的代表而已经遭到破坏。

17.凡是直接或间接想从形式上即法律上，想在通常的资产阶级民主的框框内来考察立宪会议问题，而不考虑到阶级斗争和内战，那都是背叛无产阶级的事业和转到资产阶级的立场上去。布尔什维克党的少数领导人因为不能正确评价十月起义和无产阶级专政的任务，而犯了这种错误。革命社会民主党应尽的责任就是警告所有的人不要犯这种错误。

18.由于立宪会议的选举不符合人民的意志和被剥削劳动阶级的利益，因而产生了危机。唯一可能无痛苦地解决这一危机的办法是：让人民尽量广泛地、迅速地实际行使改选立宪会议代表的权利；立宪会议自己同意中央执行委员会关于这种改选的法令；立宪会议无条件地宣布承认苏维埃政权、苏维埃革命以及它在和平问题、土地问题和工人监督问题上的政策；立宪会议坚决站到反对立宪民主党人和卡列金分子反革命势力的营垒中来。

19.如果没有这些条件,因立宪会议而产生的危机便只有用革命手段才能解决,这就是说,苏维埃政权要采取最有力、最迅速、最坚决的革命手段来反对立宪民主党人和卡列金分子的反革命势力,而不管他们用什么口号和机构(即使是用立宪会议代表的资格)作掩护。凡试图在这场斗争中束缚苏维埃政权手脚的行动都是帮助反革命的行为。

载于1917年12月13日(26日)
《真理报》第213号

译自《列宁全集》俄文第5版
第35卷第162—166页

在全俄铁路工人
非常代表大会上的讲话[83]

(1917 年 12 月 13 日〔26 日〕)

——请允许我代表人民委员会向代表大会表示祝贺,并且希望铁路组织同俄国绝大多数工农携手合作。工人、农民和士兵所完成的十月革命,毫无疑问,是社会主义革命。资产阶级和高级职员的一切力量都起来反对这个革命,他们习惯于旧秩序,不能了解这个革命将会改造整个旧制度。请看一看,他们叫嚣得多么厉害,他们高喊苏维埃政权没有得到俄国大多数人的承认。你们当然知道这种叫嚣能值几个钱。电报雪片似地向我们飞来,说什么军队正向彼得格勒推进,要来摧毁十月革命成果。我们把这些电报扔到字纸篓里去了,因为我们知道,他们要不了多久就会被驳倒的。以阿夫克森齐耶夫之流的老爷们为代表的农民第一次代表大会[84]的上层组织,曾用农民群众的名义声明,他们反对掠夺者和强暴者的政权。而我们说:"让他们骂好了,到我们开始没收地主土地并把它们交给农民的时候,看农民会说些什么。"果然,农民第二次代表大会使苏维埃政权取得了胜利。我们同第二届农民代表苏维埃建立了密切的联系。我们同农民代表一起组织了工兵农苏维埃政权。在铁路群众中,我们也一定会得到这种合作。你们知道,由于上层官吏的怠工而日益加剧的铁路瘫痪使国家遭到多么大的困难。你们知道,铁路瘫痪使城乡之间不能进行正常的交换,而进行这种交换是调节粮食所必需的。同志们,为了整顿铁路交通,我们需要你们的帮助。只有和你们通力合作,我们才能消除混乱状态和巩固工兵农政权。苏维埃政权也只有在广大劳动群众的支持下,才能保持得住。我们相信,这次铁路工人代表大会一定能建立一个帮助我们为和平和土地而斗争的组织,来巩固人民委员的政权。因此,同志们,最后让我再一次向你们表示祝贺,并希望你们的工作取得卓越的成绩。(全场几乎一齐鼓掌,欢送列宁同志离开会场。代表大会一致鼓掌选举列宁同志为大会名誉主席。)

载于1917年12月14日(27日)
《真理报》第214号和《中央执行
委员会消息报》第251号

译自《列宁全集》俄文第5版
第35卷第167—168页

人民委员会关于国家机关职员
工资问题的决定草案[85]

(1917 年 12 月 13 日〔26 日〕)

人民委员会认为,政府机关职员编制委员会所认可的、经全俄政府机关低级职员代表大会通过的工资定额应作为标准,予以遵照执行。

译自《列宁全集》俄文第 5 版
第 54 卷第 383 页

为了面包与和平[86]

(1917 年 12 月 14 日〔27 日〕)

当前有两个问题比其他一切政治问题更为重要,这就是面包问题与和平问题。这场帝国主义战争,是"英国"同"德国"这两家最大最富的银号为了称霸世界,为了进行分赃,为了掠夺弱小民族而进行的战争,这场恐怖的、罪恶的战争使所有国家破产、使各族人民受尽折磨,它迫使人类作出抉择:或者是毁灭全部文化从而毁灭人类自己;或者是用革命的办法摆脱资本的桎梏,推翻资产阶级统治,赢得社会主义和持久和平。

如果社会主义不能取胜,那么资本主义国家之间的和平不过是暂时的停战,暂时的间歇,驱赶各国人民进行新的大厮杀的准备。和平与面包,这就是工人和被剥削者的基本要求。战争已经使这些要求变得十分迫切。战争使最文明的、文化最发达的国家陷于饥饿的境地。不过从另一方面来看,战争这一巨大的历史过程又空前地加速了社会的发展。发展成帝国主义即垄断资本主义的资本主义,在战争的影响下变成了国家垄断资本主义。我们现在达到了世界经济发展的这样一个阶段,这个阶段已是贴近社会主义的前阶。

因此,在俄国爆发的社会主义革命,仅仅是世界社会主义革命的开始。和平与面包,推翻资产阶级,用革命手段医治战争创伤,社会主义的完全胜利，这就是斗争的目的。

1917 年 12 月 14 日于彼得格勒

载于 1918 年 5 月《青年国际》杂志　　　　　译自《列宁全集》俄文第 5 版
第 11 期　　　　　　　　　　　　　　　　第 35 卷第 169—170 页

在全俄中央执行委员会会议上
关于银行国有化问题的讲话⁸⁷

（1917 年 12 月 14 日〔27 日〕）

记　　录

上一个发言人试图恐吓我们，说我们一定会走向灭亡，一定会堕入深渊。⁸⁸这种恐吓对我们并不新鲜。代表他那一派意见的报纸《新生活报》在十月革命前就曾写道：我国的革命除了造成暴行和无政府主义骚动以外，是不会有任何结果的。可见，关于我们走上错误道路的说法，不过是资产阶级心理的反映，甚至同资产阶级没有利害关系的人也摆脱不了这种心理。（国际主义者喊道："巧言惑众！"）不，这不是巧言惑众，你们常用的那种一斧头的说法，才真正是巧言惑众呢。

在法令中规定的一切办法，无非是切实保证监督的实施。

你们说机构太复杂、很脆弱，会把问题搞乱。这是老生常谈，尽人皆知。如果这种老生常谈只是用来阻挠一切社会主义的创举，那我们说，采取这种手法的人才是巧言惑众之徒呢，而且是有害的巧言惑众之徒。

我们想开始检查保险箱，但是有人却以有学识的专家的名义向我们说，那里除了文据和有价证券以外，什么也没有。既然如此，那么人民代表把这些东西监督起来，有什么坏处呢？

　　既然如此,这些提出批评的有学识的专家们自己又为什么要躲藏起来呢? 对于苏维埃的一切决定,他们都声明同意,但只是原则上的同意。这是资产阶级知识分子,一切妥协派的惯技,他们总是用原则上同意而实际上不同意的手段来葬送一切。

　　如果你们对一切事情都有办法、有经验,那你们为什么不来帮助我们,为什么我们在困难的道路上,只见到你们在怠工呢?

　　你们从正确的科学理论出发,但在我们看来,理论就是论证所采取的行动,使人们对行动具有信心,而不是叫人望而生畏。当然,创新是困难的,我们常常遇到一些脆弱的事物,然而无论过去、现在或将来,我们都应付得了。

　　假如一本书除了妨碍采取新的办法,使人永远害怕新的办法,就毫无用处,那么这本书是分文不值的。

　　除了空想社会主义者,没有人会武断地说:不遭到反抗,不经过无产阶级专政,不用铁腕来对付旧世界,就可以获得胜利。

　　你们在原则上也接受了这个专政,但是一旦把这个字眼译成俄文,叫做"铁腕"并应用于实际时,你们就警告说,这太不可靠了,会把事情搞乱。

　　你们就是不愿意看到这只铁腕在破坏的同时也在建设。如果我们从原则转向实际行动,这无疑正是我们的长处。

　　为了实行监督,我们曾经把银行家找来,同他们一起制定了他们也同意的办法,以便在实行充分的监督和报表制度的条件下领取贷款。而在银行职员当中就有关切人民利益的人,这些人说:"他们在欺骗你们,你们要赶紧制止他们直接危害你们的罪恶活动。"于是我们赶紧采取了措施。

　　我们知道这是一个复杂的办法。在我们中间,甚至包括有经济学识的人，没有一个人能够负责实行这种办法。我们要把从事这种工作的专家召来，但是这只有当钥匙掌握在我们手里的时候才行。那时我们甚至能够聘请以前的百万富翁来当顾问。谁愿意工作，就敬请光临，只是不要把任何革命的创举变成一纸空文，我们是不会上这个当的。我们说出无产阶级专政这几个字是很严肃的，我们一定要实现它。

我们本来想走同银行妥协的道路，我们给它们贷款以便向企业提供资金，可是它们却暗中策划了规模空前的破坏，实际情况使我们不得不采取另一种办法来进行监督。

一位左派社会革命党人同志说，他们在原则上将投票赞成立即把银行收归国有，以便稍后在极短期内制定出实际办法。这是错误的，因为我们的草案所包含的无非是几项原则。最高国民经济委员会正等着讨论这些原则，如果现在不批准这个法令，那只会使银行采取种种措施，来加倍地破坏经济。

立即实行这个法令，不然反抗和暗中破坏就会毁灭我们。（鼓掌，转为欢呼）

载于1917年12月16日（29日）
《真理报》第216号和《中央执行
委员会消息报》第253号

译自《列宁全集》俄文第5版
第35卷第171—173页

关于实行银行国有化及
有关必要措施的法令草案⁸⁹

(不早于 1917 年 12 月 14 日〔27 日〕)

　　粮食的紧张情况,投机倒把、资本家和官吏的怠工以及整个经济破坏所造成的饥荒威胁,使我们必须采取非常的革命措施来同这种祸害作斗争。

　　为了使全国公民,首先是一切劳动阶级,能够在自己的工兵农代表苏维埃领导下,立即从各方面,不惜采取最革命的手段来展开这种斗争并着手安排全国正常的经济生活,特制定下列条例:

关于实行银行国有化及
有关必要措施的法令草案

————

1.宣布一切股份企业为国家财产。

2.各股份公司的董事和经理以及一切属于富有阶级(即全部

财产在 5 000 卢布以上或每月收入在 500 卢布以上者)的股东,都必须继续有条不紊地经营企业的业务,执行工人监督的法令,向国家银行交出一切股票,并且每周向当地工兵农代表苏维埃报告本人的活动情况。

3.国家的内债外债一律废除(勾销)。

4.债券和各种股票的小额持有者,即属于各劳动阶级的小额持有者的利益,完全予以保护。

5.实行普遍劳动义务制。凡 16 岁至 55 岁的男女公民,都必须执行当地工兵农代表苏维埃或其他苏维埃政权机关所指定的工作。

6.规定下列办法作为实行普遍劳动义务制的第一个步骤:凡属于富有阶级的人(见第 2 条)都必须备有劳动消费手册或劳动收支手册并如实登记,必须把上述手册送交相应的工人组织,或当地苏维埃及其机关,以便每周登记各人完成工作的情况。

7.为了正确地计算和分配粮食和其他必需品,全国公民都必须加入某个消费合作社。粮食局、供给委员会和其他类似机关,以及铁路工会和运输工会,都必须在工兵农代表苏维埃领导下监督本法令的执行。特别是属于富有阶级的人,在组织和管理消费合作社的业务方面,必须执行苏维埃所指定的工作。

8.各铁路职工工会必须火速制定并立刻实行各种非常措施,以便更合理地安排运输工作,特别是粮食、燃料以及其他最必需的生活用品的输送工作,首先要听从工兵农代表苏维埃的嘱咐和指令,其次要听从苏维埃授予全权的机关以及最高国民经济委员会的嘱咐和指令。

责成各地铁路工会协同当地苏维埃采取最积极的办法直至革

命手段来坚决制止私贩粮食,并无情打击一切投机倒把分子。

9.各工人组织、职员联合会和地方苏维埃,必须立即促使即将关闭和即将复员的企业以及停产的企业转到进行有益的工作和生产必需品方面来,必须立即寻找订货、原材料和燃料。在没有接到上级特别指令以前,各地工会和苏维埃无论如何不得拖延这项工作以及开展城乡产品交换的工作,必须严格遵守最高国民经济委员会的指示和命令。

10.凡属于富有阶级的人必须将其全部现金存入国家银行及其分行或储蓄所,每周取做消费用的数目不得超过 100—125 卢布(按照当地苏维埃的规定),而取做生产和商业用的数目,必须具有工人监督机关发给的书面证明。

为了监督本法令的切实执行,将颁布用现行纸币兑换其他纸币的条例,犯有欺骗国家和人民的罪行者,没收其全部财产。

11.凡不服从本法令者、怠工者、罢工的官吏以及投机倒把分子都应给予上述处分,并加以监禁或押送前线、强迫劳动。各地苏维埃及其所属机关,必须火速制定最革命的办法来对付这些真正的人民公敌。

12.工会及其他劳动者组织应协同地方苏维埃,组织若干流动检查小组,其中须有党和其他组织所推荐的最可靠的人参加,监督本法令的执行,检查工作的数量和质量,并把违反或规避本法令的犯罪分子交付革命法庭审判。

收归国有的企业中的职工应当竭尽全力,采取非常措施来组织好工作,巩固纪律,提高劳动生产率。工人监督机关必须每周向最高国民经济委员会报告在这方面所取得的成绩。凡贻误工作和玩忽职守的犯罪分子,交由革命法庭制裁。

载于 1918 年 11 月《国民经济》杂志
第 11 期(非全文)

全文载于 1949 年《列宁全集》俄文
第 4 版第 26 卷

译自《列宁全集》俄文第 5 版
第 35 卷第 174—177 页

人民委员会关于
组织专家委员会的决定草案[90]

(1917 年 12 月 15 日〔28 日〕)

人民委员会建议最高国民经济委员会立即组织专家委员会，委托该委员会向所有部门、机关和组织承揽有用产品的订货，把订货交给业已停产和即将关闭的工厂，并检查提出订货和完成订货的情况。该委员会应按照最高国民经济委员会总的经济计划，向人民委员会提出火速完成自己的任务的革命措施，并每周两次汇报自己的工作情况。

载于 1933 年《列宁文集》俄文版第 21 卷

译自《列宁全集》俄文第 5 版第 35 卷第 178 页

关于将问题列入人民委员会会议议事日程的程序的指令[91]

(1917 年 12 月 16 日〔29 日〕)

　　每个委员,不管他要求把什么问题列入人民委员会议事日程,都要事前提出**书面**申请,说明:

　　(1)是什么问题(简要地)⊏这个说明不能只是点一下题("某某问题"),而应当**说明**问题的**内容**⊐

　　(2)究竟要人民委员会做什么?(批钱;通过**这样那样的**决议等等——明确说明提出问题的人希望**什么**)

　　(3)所提问题是否涉及其他委员主管的部门? 是哪些委员? 是否有他们的书面结论?

列　宁

载于 1933 年《列宁文集》俄文版第 21 卷

译自《列宁全集》俄文第 5 版第 54 卷第 384 页

向为复员军队而召开的
全军代表大会的代表提出的问题[92]

(1917 年 12 月 17 日〔30 日〕)

(1)德国人在最近的将来发动攻势的可能性是大还是小:

(a)从发动冬季攻势的体力上和技术上的可能性来看;

(b)从德国广大士兵的士气来看;这种士气能不能阻止或者至少延缓德军的攻势?

(2)如果我们马上终止和谈,德军立刻发动攻势,可否预料德国人能使我们遭到决定性的失败? 他们能否占领彼得格勒?

(3)是否要担心和谈破裂的消息会在军队中引起普遍的无政府主义情绪以及前线逃亡的现象? 或者可以深信,军队听到这种消息以后还会坚守防线?

(4)如果德军在 1 月 1 日发动攻势,我军在战斗力方面能够抵抗得住吗? 如果不能,那要过多少时间我军才能抵挡德军攻势?

(5)在德军快速进攻的情况下,我军能否有秩序地退却,并保留住火炮,如果能够,那么在这种情况下,能否长期地阻止德军向俄国腹地推进?

(6)总的结论是:从军队状况来看,是否应当竭力延长和谈? 还是由于德国人的兼并政策,宁肯采取革命手段立刻断然终止和谈,作为一个坚决而强硬的步骤,为可能进行的革命战争打下基础?

(7)是否应当立刻加紧进行反对德国兼并政策的鼓动工作和主张革命战争的鼓动工作?

(8)为了得到对上述问题比较合乎格式和比较完整的答复,能否在极短的时间内(例如 5—10 天)向相当广泛的作战部队征求意见?

(9)能否指望在听到德国兼并政策的消息以后,大俄罗斯人同乌克兰人的纷争便会和缓下来,甚至转变为这两种力量的友好团结? 还是要估计到乌克兰人会利用大俄罗斯人更加困难的处境来加紧进行他们反对大俄罗斯人的斗争?

(10)如军队能够举行表决,那它会赞成接受兼并的(丧失所有被占领地区)条件和对俄国极其苛刻的经济条件而立刻媾和,还是会赞成尽最大的努力来进行革命战争,即赞成抵抗德国人?

载于1927年《列宁研究院集刊》
第2集

译自《列宁全集》俄文第5版
第35卷第179—180页

人民委员会关于
同德国和谈等问题的决议草案[93]

(1917 年 12 月 18 日〔31 日〕)

1. 加紧进行反对德国兼并政策的鼓动工作。

2. 追加这项鼓动的拨款。

3. 和谈改在斯德哥尔摩举行。[94]

4. 继续和谈,反对德国人加快和谈的速度。

5. 在缩减军队编制和加强防御能力的条件下,加紧采取措施改组军队。

6. 采取紧急保卫措施,以防敌人楔入彼得格勒。

7. 宣传和鼓动革命战争的必要性。

载于 1929 年《列宁文集》俄文版
第 11 卷

译自《列宁全集》俄文第 5 版
第 35 卷第 181 页

人民委员会关于司法人民委员 伊·扎·施泰因贝格和 司法人民委员部部务委员 弗·亚·卡列林错误行动的决定草案[95]

(1917 年 12 月 19 日〔1918 年 1 月 1 日〕)

人民委员会认为,对捷尔任斯基委员会的决议,和对苏维埃任命的其他委员会[96]的决议一样,要作任何修改,都必须就这些决议投诉人民委员会,绝对不能由司法人民委员擅自处理。

其次,人民委员会认为,施泰因贝格同志和卡列林同志 12 月 18 日夜间释放被捕人员一事,无论从手续还是从事情的实质看都是非法的,因为这不仅侵犯了捷尔任斯基委员会的职权,而且也违背了人民委员会 12 月 18 日晚通过的关于拘留上述人员以便查明其身份的明确决定。

列　宁[①]

载于 1933 年《列宁文集》俄文版
第 21 卷

译自《列宁全集》俄文第 5 版
第 54 卷第 384—385 页

---

①　在文件上签字的还有约·维·斯大林。——俄文版编者注

人民委员会关于
同拉达举行谈判的决议

(1917 年 12 月 19 日〔1918 年 1 月 1 日〕)

人民委员会听取了普罗相同志以农民代表大会代表的身份同拉达官方代表温尼琴科、格鲁舍夫斯基、波尔什等人举行会谈后所作的报告,

——注意到拉达的这些官方代表表示原则上同意和人民委员会就达成一项以如下原则为基础的协议举行谈判,即:人民委员会承认乌克兰人民共和国的独立,拉达承认卡列金及其帮凶是反革命;

——其次注意到:人民委员会一向无条件地承认,包括乌克兰在内的任何民族都有作为独立国家生存的权利;

——如果拉达承认卡列金是反革命,不阻挠对卡列金的战争,那么,任何消除同拉达的战争的尝试,无疑都是好的;①

人民委员会坚信,只有乌克兰贫苦农民、工人和士兵的苏维埃,才能在乌克兰建立一个使各兄弟民族之间不再发生冲突的政权,

同时也认为,为了消除拉达对共同战线、对卡列金反革命叛乱

---

① 下面直到"特决定:"是列·达·托洛茨基写的。——俄文版编者注

的政策所引起的冲突,同拉达举行切实的谈判是适宜的,特决定:

　　建议拉达就达成一项以上述原则为基础的协议举行谈判,提出斯摩棱斯克市或维捷布斯克市作为最适于进行谈判的地点之一。

载于1917年12月21日(1918年1月3日)《真理报》第220号和《中央执行委员会消息报》第257号

译自《列宁全集》俄文第5版第35卷第182—183页

普列汉诺夫论恐怖

（1917 年 12 月 22 日〔1918 年 1 月 4 日〕）

曾经有个时期，普列汉诺夫是社会主义者——革命社会主义的最著名的代表之一。

在那个时期（唉，那个时期已经永不复返地消逝了），普列汉诺夫就一个恰恰对我们今天的时代具有根本意义的问题发表了意见。

这发生在 1903 年，正当俄国社会民主党在第二次党代表大会上制定自己纲领的时候。

这次代表大会的记录里，保存着如下大有教益的一页，就像专门为今天而写的：

"**波萨多夫斯基**：这里发表的赞成和反对修正案的那些声明，据我看来，不是枝节问题的争论，而是严重的意见分歧。毫无疑问，在下面这个基本问题上我们的意见是不一致的：**是应该认为这些或那些基本民主原则具有绝对价值，从而使我们将来的政策服从它们呢，还是所有的民主原则应该完全服从我们党的利益呢？** 我坚决赞成后一种意见。在民主原则中，没有一条不应该使之服从**我们党的利益**。（喊声："人身不可侵犯也在内吗？"）对！人身不可侵犯也在内！作为一个致力于实现自己最终目的——社会革命——的革命政党，我们应当完全从尽快实现这个目的的角度，从我们党的利益的角度来对待民主原则。如果某一要求对我们不利，我们就不予采用。

因此，我反对提出的修正案，因为这些修正案将来可能限制我们的行动自由。

普列汉诺夫：完全同意波萨多夫斯基同志的发言。对每一个民主原则都不应该孤立地、抽象地去看待，而应该把它同可以称为基本民主原则的那个原则联系起来看，这个原则就是人民的利益是最高的法律。用革命者的话来说，就是革命的胜利是最高的法律。因此，如果为了革命的胜利需要暂时限制某一个民主原则的作用，那么，不作这种限制就是犯罪。作为个人意见，我要说，甚至对于普选权原则也应当用我上面指出的那个基本民主原则的观点去看待。可以设想，有那么一天，我们社会民主党人会反对普选权。意大利各共和国中，资产阶级曾经剥夺过属于贵族阶层的人的政治权利。革命的无产阶级可以限制上层阶级的政治权利，就像上层阶级曾经限制过革命的无产阶级的政治权利一样。这种措施是否适宜，只有根据革命的利益是最高的法律这个原则才能判断。就是在议会任期的问题上，我们也必须持有这样的观点。如果在革命热情迸发的情况下，人民选出了一个很好的议会——一种 chambre introuvable（无双的议会），那么，我们应该力求使它成为长期的议会；如果选举结果不能令人满意，那我们就应当力求解散它，不是过两年，要是可能的话，过两周就解散它。"《党的第二次代表大会记录》第168—169页）

对社会主义的敌人，在一段时间内不仅可以剥夺他们的人身不可侵犯的权利，不仅可以剥夺他们的出版自由，而且可以剥夺他们的普选权。不好的议会应力求在两周内将它"解散"。革命的利益，工人阶级的利益——这就是最高的法律。当普列汉诺夫是社会主义者的时候，他是这样论述的。现在叫嚷"布尔什维克恐怖"的绝大多数孟什维克，当时同普列汉诺夫一起就是这样论述的。

现在，"革命的利益"要求同怠工者、士官生暴动的组织者、靠银行家出钱维持的报纸进行严酷的斗争。当苏维埃政权开始进行这场斗争的时候，孟什维克和社会革命党人阵营里的"社会主义者"先生们却到处大喊大叫不能容忍内战和恐怖。

先生们，你们的克伦斯基在前线恢复了死刑，这不是恐怖吗？

先生们，你们的联合内阁因作战中士气不振而用科尔尼洛夫之流的手，枪杀了整团整团的士兵，这不是内战吗？

先生们,你们的克伦斯基和阿夫克森齐耶夫之流以进行"有害的鼓动"为罪名,仅在明斯克的一所监狱里就监禁了3 000名士兵,这不是恐怖吗?

先生们,你们扼杀了**工人的**报纸,这不是恐怖吗?

区别仅仅在于:克伦斯基、阿夫克森齐耶夫、李伯尔唐恩之流同科尔尼洛夫、萨文柯夫之流勾结起来**对工人、士兵和农民**实行恐怖,是为了一小撮地主和银行家的利益;而苏维埃政权对地主、奸商及其奴仆采取坚决的手段,是**为了工人、士兵和农民的利益**。

载于1917年12月22日(1918年1月4日)《真理报》第221号和1917年12月23日《中央执行委员会消息报》第259号

译自《列宁全集》俄文第5版第35卷第184—186页

政论家札记

（待研究的问题）[97]

（1917 年 12 月 24—27 日〔1918 年 1 月 6—9 日〕）

1."现在不用怕带枪的人了。"

补 1：贫民的住宅问题及其粮食供应。

再补 1. 没有成长起来的苏维埃政权的弱点。

2."用行动进行的宣传。"

3.靠鼓动员还是检查员？

4.求实精神和"有益的工作"。

5.组织工作和人民中的组织家。

补5：参看 4 月 4 日以前《真理报》上关于组织的奇迹的文章①。

6.我们对无政府主义者的态度。

补 6：出于误解的无政府主义者，出于急躁的无政府主义者，出于情绪波动的无政府主义者，出于本能的无政府主义者。

7.工人中的不满分子。

8.知识分子的拖拉作风和马虎态度。

---

① 见本版全集第 29 卷第 20 页。——编者注

9. 资本家的反抗已经被粉碎了吗?(好心肠的彼舍霍诺夫的有历史意义的一句话[98]。)

补9:内战,它的意义,它的重负(倒戈分子)和它在 1917 —— 1918 年的必然性。

10. 压迫民族中的和被压迫民族中的民族沙文主义。

补10:小资产阶级的寄生性及芬兰社会民主党的叛变。

11. 如何"征服"其他民族,特别是至今还受大俄罗斯人压迫的民族,把它们争取到俄罗斯社会主义苏维埃共和国方面来?

12. 镇压剥削者。

13. 怎样组织竞赛?

14. 计算和监督是社会主义的实质。

补14:流动检查小组。

再补14:革命中的骗子。

15. 是管理企业还是争论社会主义?

16. 工人的纪律性和游民习气。

16a. 赤卫队要对盗贼判处死刑和执行枪决。

17. 游民和知识分子有哪些近似之处?

补17."右派布尔什维主义";能让它存在于我们党内吗?

18. 立宪会议和社会主义苏维埃共和国。
　　革命是一浪接一浪,不平稳,不均衡,不总是一个样子。

补18:资产阶级的形式上的民主制与无产阶级借以吸引人民投入反资产阶级战争的机关(对比)。

再补18:民主制与无产阶级专政(对比)。

19. 引普列汉诺夫 1903 年发言中的话[99]。"他们"思想上的彻

参看↗
再补 18

底破产表现在哪里？（小资产者，机会主义的社会党人，孟什维克，切尔诺夫右派社会革命党人，新生活派及其同伙）

20．"单独媾和"及其危险性和可能起的作用。单独媾和是否就是同帝国主义者"妥协"（"妥协行为"）？

补 20．单独媾和及我们对国际无产阶级的责任。"德国人需要失败。"[100]

21．革命的步骤或阶段。对阶级力量及同盟者的估计。和平和土地——在俄国。

22．帝国主义者的挑衅：苏维埃共和国，给我们一个便于尽快扼杀你的借口！

补22：12 月 24 日《真理报》：《他们的计划》。劳合-乔治的有历史意义的话。"牺牲俄国"[101]。

23．从革命国际主义者转变成"护国派"。

24．社会主义苏维埃共和国的国际政策。

25．革命战争问题上的革命空谈和革命责任。

26．应当如何"准备"革命战争？

27．执政的无产阶级的革命战争只应该是为捍卫已确立的社会主义而进行的战争。

28．首先战胜俄国的资产阶级，然后同外部的、国外的、别国的资产阶级作战。

29．西欧"寄生"国家革命的困难。

31[①]．革命是历史的火车头。

① 手稿中遗漏编号"30"。——俄文版编者注

把火车头开得飞快并使它沿着轨道前进。

32. 发动最下层群众进行历史创造:"历史活动是群众的活动,随着历史活动的深入,必将是群众队伍的扩大。"（Mit dem Umfang der geschichtlichen Aktion wird auch der Umfang der Masse zunehmen, deren Aktion sie ist.）①

33. 永远获得的东西 {

> 已经争得的有:
>
> α. 最大限度的民主制
>
> β. 走向社会主义的最初步骤已具体化
>
> γ. 和平和土地。

34. 财政和粮食。

中央和地方。

35. "追捕"投机倒把分子和怠工分子。

36. 货币。货币的作用。货币回笼。

37. 工业国有化及工人在工作中的"责任"。

38. 对外贸易的国家垄断。

39. 国库（"金库"）和这个概念在社会主义革命中的变化。

40. 银行——簿记机关的形式。

（《真理报》上皮达可夫的文章102。）

41. "赢得时间"＝单独媾和（全欧洲革命以前）。

42. 3个"日期"。4月20日和7月3日的"失败"与10月25日的胜利。

---

① 见《马克思恩格斯文集》第1卷第287页。——编者注

43. 把这个"失败"同单独媾和相比较。

44. 劳动的分配和产品的分配＝总结。

　　　　经济问题：

　　　　民族问题：

　　　　政治问题：

　　　　组织问题：

　　　　国际政策：

载于 1929 年《列宁文集》俄文版
第 11 卷

译自《列宁全集》俄文第 5 版
第 35 卷第 187—190 页

被旧事物的破灭吓坏了的人们和
为新事物而斗争的人们

(1917 年 12 月 24—27 日〔1918 年 1 月 6—9 日〕)

"布尔什维克执政已经两个月了,但我们所看到的却不是社会主义的天堂,而是由混乱、内战和更大的经济破坏所造成的地狱。"资本家同他们的自觉的和半自觉的拥护者就是这样写,这样说,这样想的。

我们回答说,布尔什维克执政虽然才两个月,可是已经向社会主义迈出了一大步。只有那些不愿意联系起来看历史事件或者不善于联系起来评价这些历史事件的人,才看不到这一点。他们不愿意看到,军队、农村和工厂里的各种不民主的制度,在几个星期内就几乎被彻底摧毁了。不经过这种破坏,便没有也不可能有其他通向社会主义的道路。他们不愿意看到,那种在拖延战争、用秘密条约掩饰掠夺和侵略的对外政策方面的帝国主义谎言,在几个星期内就被争取真正民主和平的真正革命民主的政策代替了。这一政策已经取得了重大的实际成果,即实现了停战和百倍地加强了我们革命的宣传力量。他们不愿意看到,工人监督和银行国有化已经开始实行,而这正是走向社会主义的最初步骤。

有些人看不清历史的前景,他们被资本主义的陈规所束缚,他们被旧事物的急剧破灭、被沙皇制度和资产阶级的历史建筑崩溃倒塌的折裂声、巨响和"混乱"（表面上的混乱）弄得目瞪口呆，他们被发展到极端尖锐程度的，即变成了内战的阶级斗争吓坏了，而这是唯一合理的、唯一正义的、唯一神圣的战争，这不是神父所说的神圣战争，而是凡人所说的神圣战争，即被压迫者要推翻压迫者，使劳动者从一切压迫下解放出来的神圣战争。实质上，所有这些受到束缚的、被弄得目瞪口呆的、被吓坏了的资产者、小资产者和"资产阶级手下的职员"，常常不自觉地以那种"道听途说"的、陈旧的、荒谬的、温情的、知识分子庸俗的关于"实施社会主义"的观念为指导，抓住社会主义学说的一鳞半爪，重复着被那些不学无术和一知半解的人所歪曲的社会主义学说，并且把这种"实施"社会主义的思想，甚至计划，硬加到我们马克思主义者的头上。

　　这种思想是同我们马克思主义者不相容的，更不用说这种计划了。我们一向就知道，并且反复地说过，社会主义是不能"实施"的；社会主义是在最激烈的、最尖锐的、你死我活的阶级斗争和内战的进程中成长起来的；在资本主义和社会主义之间有一段很长的"阵痛"时期；暴力永远是替旧社会接生的助产婆；同资产阶级社会到社会主义社会的过渡时期相适应的，是一种特殊的国家（这就是对某一阶级有组织地使用暴力的特殊制度），即无产阶级专政。而这种专政的前提和含意就是被抑制着的战争的状态，就是对无产阶级政权的敌人采取军事斗争措施的状态。公社就是无产阶级专政，马克思和恩格斯曾经责备过公社，认为公社失败的原因之一，就是它在运用自己的武力镇压剥削者的反抗时**不够**坚决。①

　　实质上，知识分子对于镇压资本家的反抗而发出的这种种号

———————

① 见《马克思恩格斯文集》第10卷第202、351、352—353页。——编者注

叫，说得"客气"一点，不过是旧的"妥协主义"的复活。如果使用无产阶级的直率的说法，那就得说：是继续向富人讨好的奴才行为，这就是反对现在工人对资产阶级、怠工分子和反革命分子使用暴力（可惜还太弱，还不够坚决）的号叫的实质。一个妥协派的部长，好心肠的彼舍霍诺夫在1917年6月曾经宣布过："资本家的反抗已经被粉碎了。"这个好心人甚至没有怀疑过，反抗确实应该**被粉碎**，它**一定会**被粉碎，用科学的语言来说，这种粉碎就叫做无产阶级专政，这一整个历史时期的特点就是镇压资本家的反抗，因而也就是系统地对整个阶级（资产阶级）及其帮凶使用**暴力**。

富人的贪婪，肮脏的、狠毒的、疯狂的贪婪，他们的食客的那种惊惶万状和奴颜婢膝，这就是现在从《言语报》到《新生活报》的知识分子大肆叫嚣，反对无产阶级和革命农民使用暴力的真正的社会基础。他们的叫嚣，他们的抱怨的话，他们关于"自由"（资本家压迫人民的自由）的虚伪叫喊等等的客观意义就是这样。假如人类能够来一次精彩的跳跃，一下子就跳到社会主义，没有摩擦，没有斗争，没有剥削者的切齿痛恨，没有剥削者用迂回办法维护或恢复旧制度的多种尝试，没有革命无产阶级用暴力对这种尝试作出的一次又一次的"回答"，那么，这些知识分子是"愿意"承认社会主义的。这些资产阶级的知识分子食客，正如德国一句有名的谚语所说的，只要毛皮一刻不湿，他们"愿意"进水洗一洗。

当资产阶级和惯于为资产阶级效劳的官吏、职员、医生、工程师等等采取最极端的反抗手段时，这些知识分子就吓坏了。他们怕得发抖，他们更加凄厉地哀号必须回到"妥协主义"上去。我们和所有被压迫阶级的真诚朋友对剥削者所采取的极端的反抗手段只能感到高兴，因为我们并不期待通过商议和规劝，通过甜蜜的宣传或夸夸其谈的说教,而是通过生活的锻炼、斗争的锻炼,使无产阶级成长壮大起来,掌握好政权。无产阶级要成为统治阶级并且彻底战胜资产阶级,就应该**学会**这一点,因为它不能立刻得到这种本领。必须在斗争中学到本领。只有严酷的、顽强的、你死我活的斗争才能把这种本领教给无产阶级。剥削者的反抗愈激烈,被剥削者对他们的镇压也就愈有力,愈坚决,愈无情,愈有效。剥削者愈是千方百计地拼命维护旧事物,无产阶级也就愈快地学会把自己的阶级敌人从他最后的藏身之所赶走,挖掉他们统治的老根,铲除能够滋生(而且必然滋生)雇佣奴隶制、群众贫困和富人大发横财、厚颜无耻的肥壤沃土。

随着资产阶级及其食客们的反抗的加强,无产阶级和同它联合在一起的农民的力量也在增长。随着被剥削者的敌人——剥削者反抗的加强,被剥削者也在成长壮大、学习本事,并且从自己身上抛掉雇佣奴隶制的"旧亚当"[103]。胜利是属于被剥削者的,因为生活是属于他们的,数量的优势、群众的力量是属于他们的,一切奋不顾身的、有思想的、真诚的、勇往直前的、正在觉醒过来建设新事物的、蕴藏着无穷的精力和才能的所谓"老百姓",即工人和农民的那种取之不尽的力量是属于他们的。胜利一定是他们的。

载于1929年1月22日《真理报》
第18号

译自《列宁全集》俄文第5版
第35卷第191—194页

怎样组织竞赛？

(1917 年 12 月 24—27 日〔1918 年 1 月 6—9 日〕)

资产阶级的著作家过去和现在耗费了无数的笔墨，来赞扬资本家和资本主义制度的竞争、私人进取心及其他绝妙的品质和魅力。他们责备社会主义者不愿意了解这些品质的意义和不顾"人的本性"。其实，资本主义早已把那种能使竞争在稍微**广阔的**范围内培植进取心、毅力和大胆首创精神的独立的小商品生产排挤掉了，而代之以大的和最大的工厂生产、股份企业、辛迪加和其他垄断组织。在**这样的**资本主义制度下，竞争意味着空前残暴地压制**广大的**、占绝大多数的居民，即百分之九十九的劳动者的进取心、毅力和大胆首创精神，而且还意味着排斥竞赛，而代之以社会阶梯上层的金融诈骗、任人唯亲和阿谀逢迎。

社会主义不仅不窒息竞赛，反而第一次造成真正**广泛地**、真正**大规模地**运用竞赛的可能，把真正大多数劳动者吸引到这样一个工作舞台上来，在这个舞台上，他们能够大显身手，施展自己的本领，发现有才能的人。有才能的人在人民中间是无穷无尽的，可是资本主义却把他们成千上万乃至成百万地摧残、压制和窒息了。

现在当社会主义政府执政时，我们的任务就是要组织竞赛。

资产阶级的走卒和食客们把社会主义描写成生活千篇一律的、死气沉沉的、单调无味的军营。富人的奴才，剥削者的仆从——

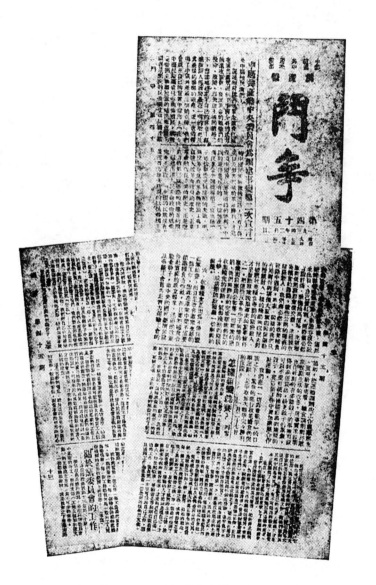

1934年2月2—23日中国共产党苏区中央局《斗争》报
第45—48期所载列宁《怎样组织竞赛?》一文的中译文

资产阶级知识分子老爷们，总是拿社会主义来"吓唬"人民，然而，正是在资本主义制度下，人民才注定了要过那种服苦役住军营的生活，从事永无休止、令人厌烦的劳动，过着半饥半饱、贫困不堪的日子。使劳动者摆脱这种苦役生活的第一步，就是没收地主土地，实行工人监督，把银行收归国有。下一步便是把工厂收归国有，强迫全体居民加入消费合作社（这种合作社同时又是产品销售合作社），以及由国家垄断粮食和其他必需品的贸易。

只有现在才广泛地、真正普遍地开辟了表现进取心、进行竞赛和发挥大胆首创精神的可能性。每个赶走了资本家或者至少是用真正的工人监督制服了资本家的工厂，每个赶跑了地主剥削者并且剥夺了他们土地的农村，现在而且只有现在才成了劳动者可以大显身手的场所，在这里劳动者可以稍微直一点腰，可以挺起胸来，可以感到自己是人了。他们千百年来都是为别人劳动，被迫为剥削者做工，现在第一次有可能**为自己工作**，而且可以利用技术和文化的一切最新成就来工作了。

用为自己劳动取代被迫劳动，是人类历史上最伟大的更替，当然不能不发生摩擦、困难和冲突，不能不对那些顽固的寄生虫及其走卒采用暴力。在这方面，任何一个工人都不抱什么幻想。工人和贫苦农民成年累月地替剥削者做苦工，受到了剥削者无数的欺侮和凌辱，过着极端贫困的生活，由于他们经受了这些磨炼，他们知道要**粉碎**剥削者的反抗是需要时间的。工人和农民丝毫没有染上多愁善感的知识分子老爷们、所有这些新生活派和其他废物的幻想，这些人力竭声嘶地"高喊"反对资本家，"指骂"资本家、"痛斥"资本家，可是一到**要真正行动**，要把威胁变成事实，要在实践中真正**去掉**资本家的时候，他们就痛哭流涕，活像一只挨了打的小狗。

用全国广大范围内(在某种程度上也是在国际的、世界的范围内)有计划地组织起来的为自己的劳动取代被迫劳动,——这种伟大的更替除需要采取"**军事**"措施镇压剥削者的反抗,还需要无产阶级和贫苦农民作出**组织方面的**即组织家的巨大努力。组织任务同采取军事措施无情地镇压昨天的奴隶主(资本家)及其奴才们(资产阶级知识分子老爷们)的任务,已经结成一个不可分割的整体。昨天的奴隶主和他们的知识分子奴仆们总是这样想,这样说:我们一向是组织者和长官,一向是发号施令的,我们仍旧要这样,我们不会听"老百姓"的话,不会听工人和农民的话,不会服从他们,我们要把知识变成保护富人特权和保护资本对人民的统治的工具。

资产者和资产阶级知识分子就是这样想,这样说,这样做的。从**一己私利的**角度来看,他们的行为是可以理解的,因为农奴主-地主所豢养的食客和寄生虫,神父、录事、果戈理笔下的那类官吏、那些痛恨别林斯基的"知识分子",对农奴制也是"恋恋"不舍的。可是剥削者及其知识分子奴仆的事业是毫无希望的事业。工人和农民正在粉碎他们的反抗(可惜还不够坚决、果断和无情),**而且一定会粉碎**他们的反抗。

"他们"以为,社会主义革命赋予劳动者的那种伟大的、在世界历史上是真正豪迈的组织任务,"老百姓"即"普通"工人和贫苦农民是负担不了的。那些惯于替资本家和资本主义国家效劳的知识分子自我安慰说:"没有我们不行。"他们厚颜无耻的盘算是不会实现的,因为有学问的人现在正在分化,正在转到人民方面,转到劳动者方面来,并且帮助他们粉碎资本奴仆们的反抗。而有组织才能的人在农民和工人阶级中间是很多的,他们现在才刚刚开始认识自己，觉醒过来，投入生气勃勃的、创造性的、伟大的工作，独立地着手建设社会主义社会。

现在最主要的任务之一，也许就是最主要的任务，是尽量广泛地发扬工人以及一切被剥削劳动者在创造性的**组织**工作中所表现的这种独创精神。无论如何要打破这样一种**荒谬的**、怪诞的、卑劣的陈腐偏见，似乎只有所谓"上层阶级"，只有富人或者受过富有阶级教育的人，才能管理国家，才能领导社会主义社会的组织建设。

这是一种偏见。这种偏见受到了陈规陋习、守旧心理、奴才习气，尤其是资本家的卑鄙私利的支持。资本家所关心的是怎样借掠夺来管理，借管理来掠夺。不，工人们一分钟也不会忘记自己需要知识的力量。工人们在追求知识方面表现出非常大的热情，而且正是在现在表现出来，这证明无产阶级在这方面没有而且也不可能有迷误。凡是识字的、有识别人的本领的、有实际经验的**普通**工人和农民都能够胜任**组织家的**工作。资产阶级知识分子用傲慢蔑视态度谈论的"老百姓"中，有**很多**这样的人。这样的有才能的人在工人阶级和农民中间是无穷无尽、源源不绝的。

工人和农民还有些"胆怯"，对于**自己**现在是**统治**阶级这一点还不习惯，他们还不够坚决。革命不可能**立刻**在一生困于饥饿贫穷而不得不在棍棒下工作的千百万人身上培养出这些品质。但是，1917年十月革命的力量，它的生命力，它的不可战胜性，正是在于它**激发**这些品质，破除一切旧的障碍，摧毁腐朽的桎梏，把劳动者引上**独立**创造新生活的道路。

计算和监督，这就是每个工兵农代表苏维埃、每个消费合作社、每个工会或供给委员会、每个工厂委员会或一般工人监督机关的**主要**经济任务。

用被迫劳动者的眼光来看待劳动量,看待生产资料,即尽量躲避加重的担子,只求**从资产阶级那里捞一把**,——这种旧习惯必须破除。先进的有觉悟的工人已经开始了这场斗争,坚决反击有些新进厂的人(这样的人在战争时期特别多),因为他们现在对待**人民的**工厂,对待已经变成人民财产的工厂,还像从前那样,一心想"多捞一把,然后溜之大吉"。一切有觉悟的、诚实的、有头脑的农民和劳动群众,在这场斗争中一定会站到先进工人这方面来。

既然无产阶级的政治统治已经建立,已经有了保障,那么,实行计算和监督,实行全面的、普遍的、包括一切的计算和监督,即对劳动数量和产品分配实行计算和监督,——**只要**它们由作为最高国家政权机关的工兵农代表苏维埃来实行,或者依照**这个**政权机关的指示和委托来实行,——这就是社会主义改造的**实质**。

过渡到社会主义所必需的计算和监督,只能由群众来实行。只有工农**群众**怀着满腔的革命热情自愿地和诚挚地进行合作,共同**对富人、骗子、懒汉**和**流氓**实行计算和监督,才能清除万恶的资本主义社会的这些残余,清除人类的这些渣滓,清除这些无可救药的、腐烂的、坏死的部分,清除这些由资本主义遗留给社会主义的传染病、瘟疫和溃疡。

工人和农民们,被剥削劳动者们! 土地、银行、工厂已经变成全体人民的财产了! 大家**亲自**来计算和监督产品的生产和分配吧,这是**唯一**走向社会主义胜利的道路,社会主义胜利的保障,战胜一切剥削和一切贫困的保障! 因为俄国有足够的粮食、铁、木料、羊毛、棉花和亚麻,可以满足全体人民的需要,只是必须正确地分配劳动和产品,对这种分配建立**切实可行的**全民监督,**不仅**在政治上而且在**日常经济**生活中战胜那些人民的敌人——首先是富人和他们的食客,其次是骗子、懒汉和流氓。

　　对这些人民的敌人,社会主义的敌人,劳动者的敌人要毫不宽容。必须同富人和他们的食客即资产阶级知识分子作殊死的斗争,向骗子、懒汉、流氓开战。这前后两种人,都是同胞兄弟,都是资本主义的儿女,都是贵族和资产阶级社会的产儿。在这种社会中,一小撮人掠夺人民,侮辱人民。在这种社会中,贫困驱使成千上万的人走上流氓无赖、卖身投靠、尔虞我诈、丧失人格的道路。在这种社会中,必然使劳动者养成这样一种心理:为了逃避剥削,就是欺骗也行;为了躲避和摆脱令人厌恶的工作,就是少干一分钟也行;为了不挨饿,为了使自己和亲人吃饱肚子,就是不择手段,不惜任何代价,哪怕捞到一块面包也行。

　　富人和骗子是一枚奖章的两面,这是资本主义豢养的两种主要**寄生虫**,这是社会主义的主要敌人,这些敌人应当由全体人民专门管制起来,只要他们稍一违背社会主义社会的规章和法律,就要无情地予以惩治。在这方面任何软弱、任何动摇、任何怜悯,都是对社会主义的极大犯罪。

　　要使社会主义社会不受这些寄生虫的危害,就必须对劳动数量,对产品的生产和分配组织全民的、千百万工人和农民自愿地积极地用满腔革命热情来支持的计算和监督。而要组织这种计算和监督,即每个诚实、精明、能干的工人和农民**完全能够做到**和完全能够胜任的计算和监督,就必须唤起工农自己的、也就是从他们中间产生的有组织才能的人,必须鼓励他们在组织工作方面实行**竞赛**,并在全国范围内把这种竞赛组织起来,必须使工人和农民清楚地懂得,应当向有学问的人请教是一回事,而应当由"普通的"工农来监督那些"有学问的"人所常有的**懈怠**是另一回事。

这种懈怠、大意、马虎、草率、急躁,喜欢用讨论代替行动,用空谈代替工作,干什么事都是开一个头但又半途而废,——这是"有学问的人"的特点之一,这根本不是由他们天性低劣,更不是由他们存心不良造成的,而是由他们的全套生活习惯、他们的劳动环境、疲劳过度、脑力劳动和体力劳动的反常分离等等造成的。

由于我们的知识分子的这种可悲的、但在目前不可避免的特点,由于**工人**对知识分子的**组织**工作**缺乏**应有的监督,因而产生了一些错误、缺点和失策,这些东西在我国革命的错误、缺点和失策中占了不小的地位。

工人和农民还有些"胆怯",他们应当克服这种毛病,他们**一定**会克服这种毛病。没有知识分子、专家这些有学问的人的建议和指导性的意见是不行的。任何一个有点头脑的工人和农民,对于这一点是知道得很清楚的,我们的知识分子不能抱怨工农对他们不够重视,对他们缺少同志式的尊敬。但是,建议和意见是一回事,组织**实际的**计算和监督又是一回事。知识分子往往能够提出极好的建议和意见,可是他们"笨手笨脚"到了可笑、**荒谬**和丢脸的地步,没有本事去**实行**这些建议和意见,**切实监督**怎样把言论变成行动。

由此可见,如果没有来自"老百姓"即工人和劳动农民的实际组织工作者的帮助,**没有**这些人的**领导作用**,是绝对不行的。"事在人为",工人和农民应当把这个真理牢牢记住。他们应当懂得,现在一切都**在于实践**,现在已经到了这样一个历史关头:理论在变为实践,理论由实践赋予活力,由实践来修正,由实践来检验;马克思说的"一步实际运动比一打纲领更重要"①这句话,显得尤其正

---

① 见《马克思恩格斯文集》第 3 卷第 426 页。——编者注

确了,——在对富人和骗子切实进行惩治、限制,对他们充分实行计算和监督的每一步,都比一打冠冕堂皇的关于社会主义的议论更重要。要知道,"我的朋友,理论是灰色的,而生活之树是常青的"。

必须组织来自工农的实际组织工作者互相展开竞赛。必须反对知识分子所爱好的一切死套公式和由上面规定划一办法的企图。无论是死套公式或者由上面规定划一办法,都与民主的、社会主义的集中制毫无共同之点。在细节方面,在地方特征方面,在**处理**问题的方法、实现监督的**方法**以及消灭和制裁寄生虫(富人和骗子,知识分子中间的懒汉和歇斯底里人物等等)的**手段**方面,**多样性**不但不会破坏在主要的、根本的、本质的问题上的统一,反而会保证这种统一。

巴黎公社作出了把来自下面的首创精神、独立性、放手的行动、雄伟的魄力和自愿实行的、与死套公式不相容的集中制互相结合起来的伟大榜样。我们的苏维埃走的也是这条道路。但是苏维埃还有些"胆怯",还没有放开手脚,还没有"渗透"到建立社会主义秩序这一新的、伟大的、创造性的工作中去。必须使苏维埃更大胆、更主动地去从事工作。必须使每个"公社"——每个工厂,每个乡村,每个消费合作社,每个供给委员会——都能作为对劳动和产品分配实行计算和监督的实际组织工作者,互相展开**竞赛**。这种计算和监督的纲领是简单明了的,谁都懂得的:它就是要使每个人都有面包吃,都能穿上结实的鞋子和整洁的衣服,都有温暖的住宅,都能勤勤恳恳地工作;不让一个骗子(其中也包括不愿做工的懒汉)逍遥自在,而是把他们关进监牢,或者给予最繁重的强迫劳动的处分;不让一个违反社会主义规章和法律的富人逃脱理所当然与骗子同样的命运。"不劳动者不得食",——这就是社会主义**实践的**训条。这就是必须**实际**安排好的事情。我们的"公社"、我们的来自工农的组织工作者,尤其是知识分子出身的组织工作者,应当为这些**实际**成就而自豪(这里加上**尤其**二字,是因为知识分子**太**习惯于而且**过分**习惯于以自己的空泛的意见和决议而自豪)。

对富人、骗子和懒汉切实进行计算和监督的成千上万种方式和方法,应当由公社本身、由城乡基层组织在实践中来创造和检验。方式方法的多样性,可以保证具有活力,保证成功地达到共同的一致的目标,即**肃清**俄国土地上的一切害虫,**肃清**骗子这种跳蚤和富人这种臭虫,等等。有的地方会监禁十来个富人、一打骗子、半打逃避工作的工人(在彼得格勒,特别是党的各个印刷所,有许多排字工人逃避工作,这同样也是流氓行为)。有的地方会叫他们去打扫厕所。有的地方在他们监禁期满后发给黄色身份证,使全体人民在他们改过自新以前把他们当做**危害**分子加以监视。有的地方会从十个寄生虫中挑出一个来就地枪决。还有的地方会想到把不同办法配合起来运用,例如,把富人、资产阶级知识分子、骗子和流氓中的那些可以改正的人有条件地释放,使他迅速改过自新。方式愈多愈好,方式愈多,共同的经验就愈加丰富,社会主义的胜利就愈加可靠、愈加迅速,而实践也就愈容易创造出——因为只有实践才能创造出——**最好的**斗争方式和手段。

看哪一个公社,大城市的哪一个街区,哪一个工厂,哪一个村子,**没有**挨饿的人,**没有**失业的人,**没有**有钱的懒汉,**没有**资产阶级奴才中的恶棍和自称为知识分子的怠工分子;看哪里为提高劳动生产率做的事情最多;看哪里为穷人建造新的好的住宅、安置穷人住进富人的住宅、按时供给穷人家小孩每人一瓶牛奶等方面做的事情最多;——正是在这些问题上,各个公社、村社、消费生产合作社和协作社以及各工兵农代表苏维埃应当展开**竞赛**。正是应当通过这些工作让**有组织才能的人在实践中**脱颖而出,并且把他们提拔上来,参加全国的管理工作。这样的人在人民中间是很多的。不过他们都被埋没了。必须帮助他们发挥才能。他们,**而且只有他们**才能在群众的支持下拯救俄国,拯救社会主义事业。

载于1929年1月20日《真理报》第17号

译自《列宁全集》俄文第5版第35卷第195—205页

关于消费公社的法令草案[104]

(1917 年 12 月 24—27 日〔1918 年 1 月 6—9 日〕)

由资本家争夺赃物而引起的战争，造成了空前的经济破坏。而罪恶的投机倒把活动和唯利是图的行为——特别是富有阶级的这种行为——使经济破坏更加严重，使几十万几百万人遭到饥饿失业的痛苦。现在必须采取非常措施来救济饥民并且同投机倒把分子进行无情的斗争，因此工农政府制定下列条例，作为俄罗斯共和国的一项法律：

全国公民都必须参加当地的（村的、乡的、镇的，或包括城市某一部分、街道某一部分等等的）消费合作社。

各户可以自由联合组成消费合作社，但是每个社至少应有三分之二以上的户数属于非富有阶级（即工人、完全不用雇佣工人的农民等等）。

每个消费合作社除采购和分配产品以外，还要主持当地产品的销售。由消费合作社理事会设立若干**供给委员会**，如无有关的供给委员会的书面证明，不许运输任何产品。

现有的消费合作社一律国有化，并且必须无一例外地接受当地的全体居民入社。

私人可以不在当地货栈而到中心货栈购买产品，但是必须记入所属的地方消费合作社的账簿。

如无供给委员会的证明而私自运输、买卖产品者,应当没收其全部财产,判处半年以上的监禁,并强迫劳动。

运输、买卖产品的证明书,应当一式两份,要有有关的供给委员会理事会理事至少三人签名;一份须交理事会存档。

每份证明书上都应写明:产品是由哪个消费合作社发出的,应当送交哪个消费合作社。

电报局对于供给委员会的电报优先拍发。

各供给委员会都应该在当地工兵农代表苏维埃的监督下遵照它的指示办事。

除了对国外进口的商品可能作某些限制性规定以外,每人都可以通过他所属的消费合作社自由购得任何产品,不受任何限制。

为销售而生产的产品,必须售给当地供给委员会,不按限价,但法律规定了固定价格的除外。应付的产品价款,记入所有者在当地(村、乡、城市、工厂等等)人民银行分行的往来账户上。

每个工兵农代表苏维埃,都必须组织若干监督、检查和指导小组来协助居民组成消费合作社(供给委员会),并检查它们的报表以及它们管理的全部事项。

给供给委员会的关于管理报表和文牍的指示另行发布。

载于1929年1月22日《消息报》
第18号

译自《列宁全集》俄文第5版
第35卷第208—210页

人民委员会关于拨款给全俄中央执行委员会以筹备和召开例行苏维埃代表大会的决定草案[105]

(1917 年 12 月 29 日〔1918 年 1 月 11 日〕)

　　人民委员会认为,中央执行委员会的开支应从全国经费中支付,建议中央执行委员会主席于最短期内提出此项开支的概算,概算要由有关部门负责人签字,并尽可能单独开列免费分发材料所需的款额。

列　宁

　　附言:所申请的经费,待上述概算提出后拨发。

载于 1933 年《列宁文集》俄文版第 21 卷

译自《列宁全集》俄文第 5 版第 54 卷第 385 页

人民委员会关于
拉达给人民委员会的答复的决定

(1917 年 12 月 30 日〔1918 年 1 月 12 日〕)

人民委员会认为拉达的答复极其含糊、模棱两可,简直近乎嘲弄。人民委员会在建议拉达举行和谈的第一个文件①中明确指出的事实,是我们同拉达发生意见分歧的基本原因。也就是说,这个文件说明,拉达对卡列金分子直接或间接的支持,是我们对拉达采取军事行动的绝对正当的理由。在卡列金的周围,麇集了来自俄国各地的地主资产阶级反革命分子。然而,甚至顿河流域的大多数农民和哥萨克劳动者,也显然是反对卡列金的。俄国大多数人,首先是各民族的劳动群众,都承认苏维埃政权,这是有目共睹的事实。就在乌克兰,各劳动阶级争取政权全部归苏维埃的革命运动的规模也愈来愈大,战胜乌克兰资产阶级看来已经为期不远了。

拉达对于是否不再直接和间接地支持卡列金分子的问题避而不答,从而破坏了我们发起的和谈,因此拉达必须对继续进行内战负完全责任。这场内战是由各民族的资产阶级挑起的,但它们毫无希望获胜,因为绝大多数工人、农民和军队都坚决拥护社会主义的苏维埃共和国。

---

① 见本卷第 144—146 页。——编者注

至于乌克兰人的民族要求,即他们的人民共和国的独立,共和国要求结成联邦关系的权利,得到了人民委员会的全部承认,不会引起任何争执。

载于1917年12月31日(1918年1月13日)《真理报》第227号和《中央执行委员会消息报》第264号

译自《列宁全集》俄文第5版第35卷第211—212页

俄国社会民主工党(布)中央委员会 关于开除索·阿·洛佐夫斯基的 党籍的决议草案

(1917 年 12 月 30 日〔1918 年 1 月 12 日〕)

俄国社会民主工党(布尔什维克)中央委员会决议

鉴于:

(1)洛佐夫斯基同志从十月革命一开始就表现出,他所持的观点同党和整个革命无产阶级的观点存在着根本分歧,而同小资产阶级否认无产阶级专政是向社会主义过渡的必要阶段的看法基本一致;

(2)洛佐夫斯基同志 11 月……①在业已倒向资产阶级的《新生活报》上所发表的声明[106],不仅在全体党员中,而且在一般的有觉悟的工人中引起了公愤。而俄国社会民主工党中央委员会在这个声明发表之后立即通过了关于开除洛佐夫斯基同志党籍的决定,当时之所以没有宣布和执行,仅仅因为有些同志希望洛佐夫斯基同志的动摇只是由于他未能立即理解这场迅猛异常的历史变革的意义而产生的暂时现象;

---

① 弗·伊·列宁在手稿中留有填写日期的空白。——俄文版编者注

　　(3)同志们愿意让洛佐夫斯基同志有时间去充分理解已经发生的革命的意义,但这个希望落空了,洛佐夫斯基同志的整个政治表现,特别是他发表在《工会通报》第7期和第8期上的文章[107],证明这个同志在对待无产阶级在社会主义革命中的作用问题上完全背离了社会主义的根本原则;

　　(4)一个人在工会运动中担任重要职务,却把骇人听闻的资产阶级腐化作风带进这个运动中来,让这样的人留在党内,不仅损害党的声誉,败坏在无产阶级群众中进行的各种组织工作,而且给工会组织社会主义生产的迫切任务带来巨大的实际损失;

　　(5)一个人不懂得我们党纲所确认的无产阶级专政的必要性,不懂得如果没有这样的专政,也就是说,如果不对剥削者的反抗实行连续不断的、无情的、不受任何资产阶级民主公式束缚的镇压,那么,不仅社会主义变革,而且彻底的民主改革都是不可想象的,采取同战争造成的危机和经济破坏作斗争的任何重大措施也是不可想象的,跟这样的人不可能在一个党的队伍内共事;

　　(6)一个人否认掌握政权的无产阶级的社会主义使命,一个人否认工会有责任承担国家的职能,有责任以最大的毅力、忘我的决心在全国范围内对产品的生产和分配实行社会主义的改造,跟这样的人不可能在一个党的队伍内共事;

　　鉴于上述情况,俄国社会民主工党中央委员会决定:将洛佐夫斯基同志开除出俄国社会民主工党(布尔什维克),并立即公布此项决议。

载于1959年《列宁文集》俄文版
第36卷

译自《列宁全集》俄文第5版
第35卷第213—214页

人民委员会关于
同卡列金作斗争的决定

（1917 年底—1918 年初）

1
决　　定

（1917 年 12 月 30 日〔1918 年 1 月 12 日〕）

人民委员会赞同安东诺夫同志在同卡列金分子及其帮凶的斗争中采取的果断措施，同时决定：军队司令员有权惩办那些造成失业和饥荒危险的怠工的资本家，直至把罪犯押送到矿山强迫劳动。

2
对决定的补充

（1918 年 1 月 1 日〔14 日〕）

革命法庭一旦得以建立，应立即审查定为强迫劳动的每一案例，或者确定劳动的期限，或者释放被捕者。

决定载于 1942 年《列宁文集》
俄文版第 34 卷

对决定的补充载于 1959 年
《列宁文集》俄文版第 36 卷

译自《列宁全集》俄文第 5 版
第 35 卷第 215 页

在欢送第一批社会主义军队大会上的讲话[108]

(1918年1月1日〔14日〕)

简 要 报 道

同志们,我向你们致敬,因为你们体现了俄国无产阶级争取俄国革命胜利的决心,体现了要使俄国革命的伟大口号不仅在我国土地上,而且在全世界各族人民当中获得胜利的决心。我向你们第一批社会主义军队英雄的志愿人员致敬,相信你们一定会建立起强大的革命军。目前正在召集这种军队来保卫革命的成果,保卫我们的人民政权,保卫兵工农代表苏维埃,保卫整个真正民主的新制度,抗击一切为了消灭革命而不择手段的人民的敌人。这些敌人就是全世界的资本家,他们目前正在组织进攻,反对为一切劳动者带来解放的俄国革命。我们必须表明,我们是能克服世界革命道路上一切障碍的力量。请开往前线的同志们帮助怯弱者,坚定动摇者,用自己的榜样来鼓舞一切疲惫的人们!各国人民已经在觉醒,已经听到我国革命的热情号召,我们很快就不会孤军作战了,其他国家的无产阶级力量一定会加强我们这支军队。(列宁同志的讲话不断地为欢呼声和经久不息的掌声所淹没……　社会主义军队的志愿人员高唱《国际歌》送列宁同志上汽车。）

载于 1918 年 1 月 4 日（17 日）
《真理报》第 3 号（晚上版）

译自《列宁全集》俄文第 5 版
第 35 卷第 216—217 页

人民委员会关于高级公职人员的薪金标准的决定草案[109]

(1918 年 1 月 2 日〔15 日〕)

鉴于施略普尼柯夫同志对高级公职人员薪金标准的询问,人民委员会决定:

(1)确认人民委员会成员月薪为 500 卢布的法令是指最高薪金的**大致**标准,至于付给专家更高的报酬则不在此限;

(2)提请注意,人民委员会的法令[110]中有要求采取革命措施降低过高薪金的内容;

(3)建议全体人民委员立即提出报告,说明为执行该法令究竟做了什么工作;

(4)建议财政人民委员提出报告,说明是否已采取坚决措施征收所得税和杜绝逃避交纳所得税的现象;

(5)建议各地方工兵农代表苏维埃采取更为有效的措施,对过高的收入征收特别税。

载于 1933 年《列宁文集》俄文版第 21 卷

译自《列宁全集》俄文第 5 版第 35 卷第 218 页

被剥削劳动人民权利宣言[111]

（不晚于 1918 年 1 月 3 日〔16 日〕）

立宪会议决定：

一

1.宣布俄国为工兵农代表苏维埃共和国。中央和地方全部政权属于苏维埃。

2.俄罗斯苏维埃共和国是建立在自由民族的自由联盟基础上的各苏维埃民族共和国联邦。

二

立宪会议的基本任务是消灭人对人的任何剥削，完全消除社会的阶级划分，无情地镇压剥削者的反抗，建立社会主义的社会组织，使社会主义在一切国家获得胜利，因此决定：

1.废除土地私有制。宣布全部土地连同一切建筑物、农具和其他农业生产用具均为全体劳动人民的财产。

1918 年 1 月初列宁《被剥削劳动人民权利宣言》手稿第 1 页

（按原稿缩小）

2.批准苏维埃关于工人监督和关于最高国民经济委员会的法令,以保证劳动人民对剥削者的统治,并作为使工厂、矿山、铁路及其他生产资料和运输工具完全为工农国家所有的第一个步骤。

3.批准将一切银行收归工农国家所有,这是使劳动群众摆脱资本压迫的条件之一。

4.为了消灭社会上的寄生阶层起见,实行普遍劳动义务制。

5.为了保证劳动群众掌握全部政权和根除剥削者的政权复辟的一切可能,特命令武装劳动者,建立社会主义工农红军,彻底解除有产阶级的武装。

三

1.金融资本和帝国主义使全世界都淹没在这次空前的罪大恶极的战争的血泊之中,立宪会议表示坚定不移的决心,要把人类从它们的魔掌中拯救出来,因此完全赞同苏维埃政权所执行的下述政策:废除秘密条约,组织目前交战国双方军队中的工农进行最广泛的联欢,无论如何都要用革命手段争取在各国人民之间缔结以自由的民族自决为基础的、没有兼并没有赔款的民主的和约。

2.为了同一目的,立宪会议坚持必须同资产阶级文明世界的野蛮政策彻底决裂,这种政策把不多几个特殊民族的剥削者的幸福建筑在对亚洲和一切殖民地以及小国亿万劳动人民的奴役之上。

立宪会议欢迎人民委员会宣布芬兰完全独立、开始从波斯撤出军队、宣布亚美尼亚有自决自由的政策[112]。

3.立宪会议认为苏维埃关于废除（取消）沙皇、地主和资产阶级政府所订立的债约的法令，是对国际银行资本即金融资本的第一个打击，并深信苏维埃政权将坚定地沿着这条道路前进，直到国际工人奋起反对资本压迫的斗争获得完全胜利。

四

立宪会议是根据十月革命前各党所提的名单选出的，当时人民还不可能全体都起来反对剥削者，还不知道剥削者为保护他们的阶级特权而进行的反抗会多么激烈，还没有实际着手建立社会主义社会，因此，立宪会议认为，如果它同苏维埃政权对立起来，即使从形式的观点来看，也是根本不正确的。

而就问题实质来说，立宪会议认为，现在正是人民同剥削者进行最后斗争的时刻，任何政权机关都不能有剥削者立足之地。政权应当完全地、绝对地属于劳动群众和他们的全权代表机关——工兵农代表苏维埃。

立宪会议拥护苏维埃政权和人民委员会的法令，并且认为它本身的全部任务就是规定对社会进行社会主义改造的根本原则。

同时，立宪会议力求建立俄国各民族劳动阶级的真正自由和自愿的、因而也是更加紧密和巩固的联盟，不过它的任务只限于规定俄罗斯苏维埃共和国联邦的根本原则，而让每个民族的工人和农民在自己的全权苏维埃代表大会上独立决定，他们是否愿意参加和在什么基础上参加联邦政府及其他联邦苏维埃机关。

载于 1918 年 1 月 4 日(17 日)
《真理报》第 2 号和《中央执行
委员会消息报》第 2 号

译自《列宁全集》俄文第 5 版
第 35 卷第 221—223 页

致为复员军队而召开的
全军代表大会

（1918 年 1 月 3 日〔16 日〕）

亲爱的同志们：

波德沃伊斯基同志向我转达了你们的建议，而我只能限于给你们写一封信，请原谅，不要误会。你们深信，尽管目前有种种困难，但是不顾这一切，**你们一定会胜利地解决建立社会主义军队的伟大任务**，我对此表示热烈祝贺。也许我们正经历着革命的危急时期之一，苏维埃政权目前既受到外部敌人——德国和其他国家的帝国主义者的威胁，也受到内部敌人——隐藏在"全部政权归立宪会议"的口号后面的反革命的威胁。

我们也一定能战胜这个危机。这是毫无疑问的！苏维埃所夺得的政权，一定会保持在苏维埃的手里。社会主义革命已经开始了，它一定会在俄国和全世界继续走向胜利。

向你们致以最好的祝愿，希望你们在工作中鼓足勇气和取得成就。

你们的　**列宁**

（这封信引起了热烈的、经久不息的掌声）

载于 1918 年 1 月 6 日（19 日）　　译自《列宁全集》俄文第 5 版
《工农俄国陆海军报》第 4 号　　　　第 35 卷第 224 页

同在布列斯特-里托夫斯克的
苏维埃和谈代表团团长
列·达·托洛茨基在直达电报中的谈话

（1918 年 1 月 3 日〔16 日〕）

1

——我是列宁。我刚刚收到你们的专信。斯大林不在,信还没有给他看。你们的计划我认为可以讨论。不过最后执行是否缓一步,等这里的中央执行委员会召开专门会议后再作出最后决定?斯大林一回来,我就把信给他看。

列　宁

2

——在答复你们的问题之前,我想先同斯大林商量一下。哈尔科夫乌克兰中央执行委员会的代表团今天出发去你们那里,他们使我深信,基辅拉达已经奄奄一息。

列　宁

3

现在斯大林来了，我和他商量一下，马上把我们的答复告诉你们。

列　宁

4

请转告托洛茨基。请他把和谈中断一下，到彼得格勒来。

列　宁　斯大林

载于1929年《无产阶级革命》杂志
第5期

译自《列宁全集》俄文第5版
第35卷第225页

全俄中央执行委员会决定

(1918 年 1 月 3 日〔16 日〕)

　　根据十月革命取得的全部成果,按照今年 1 月 3 日中央执行委员会会议上通过的被剥削劳动人民宣言,俄罗斯共和国的全部政权属于苏维埃和苏维埃机关。因此,任何人和任何机关攫取国家政权某种职能的任何尝试,都应视为反革命行动。任何这类尝试,苏维埃政权都将使用所拥有的一切手段予以镇压,直至使用武力。

载于 1918 年 1 月 4 日(17 日)　　　　译自《列宁全集》俄文第 5 版
《真理报》第 2 号和《中央执行　　　　第 35 卷第 226 页
委员会消息报》第 2 号

俄国社会民主工党(布尔什维克) 立宪会议党团声明[113]

(1918 年 1 月 5 日〔18 日〕)

俄国绝大多数的劳动人民——工人、农民和士兵,要求立宪会议承认伟大的十月革命的成果,承认苏维埃的土地法令、和平法令、工人监督法令,并且首先要承认工兵农代表苏维埃政权。全俄中央执行委员会为了实现俄国劳动阶级这个绝大多数人民的意志,提议立宪会议必须服从这一意志。然而,立宪会议的多数竟按照资产阶级的要求,否决了这个提议,这就向俄国全体劳动人民提出了挑战。

右派社会革命党,克伦斯基、阿夫克森齐耶夫、切尔诺夫的党,在立宪会议中获得了多数。这个党自命为社会主义的和革命的政党,但是却领导资产阶级分子反对工农革命,它实际上是一个资产阶级的和反革命的政党。

目前这种成分的立宪会议,是在伟大的十月革命以前形成的力量对比的结果。现在立宪会议中的反革命多数是按照过了时的政党候选人名单选出的,它代表革命的昨天,它企图阻挡工农运动的道路。

整整一天的辩论清楚地表明,右派社会革命党仍和克伦斯基执政时一样,向人民许下了许多诺言,口头上对人民什么都答应,事实上却决意反对工农兵苏维埃政权,反对社会主义措施,反对把土地和一切农具无偿地交给农民,反对银行国有化,反对废除公债。

我们一分钟也不愿意掩饰人民公敌的罪行,我们声明退出立宪会议,以便把怎样对待反革命的那部分立宪会议代表问题提交苏维埃政权作最后决定。

载于1918年1月6日(19日)　　　　译自《列宁全集》俄文第5版
《真理报》第5号(晚上版)　　　　　第35卷第227—228页

来自另一世界的人们

（1918 年 1 月 6 日〔19 日〕）

"我的朋友们，我白花了一天的时间。"这是一句古老的拉丁名言。一想到白花了 1 月 5 日这一天的时间，就不禁想起这句话来。

我在那些埋头**工作**，忙着砍伐和挖掉地主和资本家的剥削这棵大树及其老根的工人和农民中间做了富有朝气的、真正的、苏维埃的工作以后，忽然不得不置身于一个"陌生的世界"，同那些来自另一世界的人们打交道。他们来自资产阶级和它的有意或无意、自觉或不自觉的捍卫者、食客、奴仆和辩护士的阵营。我从劳动群众和他们的苏维埃组织为反对剥削者进行斗争的世界，来到了一个仍然主张同资本家妥协的甜言蜜语、废话连篇、空口许愿的世界。

好像历史无意地或由于错误而把自己的时钟倒拨了回去，这一天我们好像不是生活在 1918 年的 1 月，而是生活在 1917 年的 5 月或者 6 月！

这太可怕了！从活人的世界来到了死尸的社会，闻着尸臭，听着切尔诺夫和策列铁里这班僵尸发表的关于"社会的"空话，路易·勃朗式的空话[114]，这实在使人受不了。

斯克沃尔佐夫同志说得对，他三言两语、简单明了、心平气和但又十分尖锐地对右派社会革命党人说："我们之间一切都结束了。我们要把反对资产阶级的十月革命进行到底。我们和你们是站在街垒的两个方面。"

接着切尔诺夫和策列铁里作了答复。他们说了一大串娓娓动听的空话,只是(只是!)小心翼翼地回避了一个问题,这就是关于苏维埃政权和十月革命的问题。切尔诺夫代表右派社会革命党人为革命祷告说:"但愿不会打内战,不会发生怠工。"于是右派社会革命党人就像棺材里的死人一样,从1917年6月到1918年1月睡了半年的大觉以后,忽然从座位上站起来一个劲儿地拼命给他鼓掌喝彩。用祈祷来解决革命问题,那真是太轻松愉快了。"但愿不会打内战,不会发生怠工,大家都承认立宪会议。"这和为工人同资本家妥协而祈祷有什么本质上的区别呢?一点也没有。无论是嗓音甜蜜的歌手切尔诺夫的祈祷,或者是策列铁里那些枯燥无味的、并未理解和深入思考过而是按照本本以讹传讹的、歪曲事实的说教,都不会使卡列金和里亚布申斯基之流以及他们的所有帝国主义伙伴自行消失和改变他们的政策。

或者是打败卡列金和里亚布申斯基之流,或者是放弃革命。或者是在内战中战胜剥削者,或者是让革命遭到失败。在**一切**革命中,不管是17世纪的英国革命,还是18世纪的法国革命,或者是19世纪的德国革命,问题都是这样摆着的。怎么能设想在20世纪的俄国革命中问题就不是这样了呢?豺狼怎么会变成羔羊呢?

策列铁里和切尔诺夫丝毫没有想到,也根本不愿想到要承认阶级斗争的事实。现在阶级斗争已经变成内战,这不是偶然的,也不是一下子由于什么人的心血来潮或居心险恶造成的,而是必然的,是在革命发展的长期过程中形成的。

在华丽的塔夫利达宫里,度过了沉闷、无聊而又令人厌倦的一天。塔夫利达宫在外表上和斯莫尔尼不同，就跟资产阶级议会制和无产阶级苏维埃机关不同差不多：资产阶级议会制虽然华丽，但它是死气沉沉的；苏维埃机关虽然平常，在许多方面还没有就绪，尚待努力改善，但它是朝气勃勃和富有生气的。在那里，在资产阶级议会制的旧世界里，敌对阶级的和资产阶级敌对集团的领袖们**进行着舌战**。在这里，在无产阶级和农民的社会主义国家的新世界里，被压迫阶级正在笨手笨脚地、不熟练地做着……①

载于 1926 年 1 月 21 日《真理报》第 17 号

译自《列宁全集》俄文第 5 版
第 35 卷第 229—231 页

---

① 手稿到此中断。——俄文版编者注

解散立宪会议的法令草案[115]

(1918 年 1 月 6 日〔19 日〕)

俄国革命一开始就提供了工兵农代表苏维埃这个一切被剥削劳动阶级的群众组织,只有它才能领导这些阶级为争取它们政治上经济上的彻底解放而斗争。

在俄国革命第一个时期,苏维埃一直在增加、发展和巩固,它根据本身的经验打消了同资产阶级妥协的幻想,认清了资产阶级民主议会制形式的欺骗性,从实践中得出了结论:不同这些议会制形式以及一切妥协行为决裂,被压迫阶级就不可能得到解放。而这种决裂的表现,便是举行十月革命,把全部政权交给苏维埃。

根据十月革命前拟出的候选人名单选举的立宪会议,反映了过去在妥协派和立宪民主党人执政时的政治力量的对比。当时,人民在投社会革命党候选人的票时,还不可能在拥护资产阶级的右派社会革命党人和拥护社会主义的左派社会革命党人之间进行选择。因此,这个应该是资产阶级议会制共和国花冠的立宪会议,就不能不成为横在十月革命和苏维埃政权道路上的障碍。

十月革命把政权交给了苏维埃,并通过苏维埃把政权交给了被剥削劳动阶级,因此引起了剥削者的拼命反抗,它对这种反抗的镇压充分显示出它是社会主义革命的开始。劳动阶级根据经验确信:旧的资产阶级议会制已经过时,它同实现社会主义的任务完全不相容,只有阶级的机关(如苏维埃)才能战胜有产阶级的反抗和奠定社会主义社会的基础,而全民的机关是办不到的。现在,反对苏维埃掌握全部政权,反对人民所争得的苏维埃共和国,支持资产阶级议会制和立宪会议,那就是向后倒退,就是要使整个工农十月革命失败。

在1月5日召开的立宪会议上,由于前面提到的情况,右派社会革命党,克伦斯基、阿夫克森齐耶夫、切尔诺夫的党占了多数。当然,这个党拒绝讨论苏维埃政权的最高机关苏维埃中央执行委员会所提出的非常明确的、毫不含糊的建议,即承认苏维埃政权的纲领,承认《被剥削劳动人民权利宣言》,承认十月革命和苏维埃政权。这样,立宪会议就割断了它同俄罗斯苏维埃共和国的一切联系。因此,目前在苏维埃中显然占有绝大多数、并得到工人和大多数农民信任的布尔什维克党团和左派社会革命党党团退出这样的立宪会议,自然是不可避免的。

实际上,在立宪会议外面,右派社会革命党和孟什维克党正在进行反对苏维埃政权的最激烈的斗争,它们在自己的机关刊物上公开号召推翻苏维埃政权,说劳动阶级为了摆脱剥削而对剥削者的反抗进行必要的武力镇压是非法的暴行,它们替那些为资本服务的怠工分子辩护,甚至还赤裸裸地号召采取恐怖手段,而"一些不知名的团体"已经开始使用这种手段了。因此,留在立宪会议的那部分人所起的作用,显然只能是给反革命分子推翻苏维埃政权的斗争打掩护。

　　因此,中央执行委员会决定:

　　解散立宪会议。

载于 1918 年 1 月 7 日(20 日)
《真理报》第 5 号和《中央执行
委员会消息报》第 5 号

译自《列宁全集》俄文第 5 版
第 35 卷第 235—237 页

在全俄中央执行委员会会议上
关于解散立宪会议的讲话

(1918 年 1 月 6 日〔19 日〕)

同志们！苏维埃政权和立宪会议的冲突是由俄国革命的全部历史造成的，而这个革命面临的空前未有的任务就是对社会实行社会主义改造。在 1905 年的事变之后，毫无疑问，沙皇制度已经末日临头，只是因为农村的落后和愚昧，它才爬出了深渊。1917 年的革命产生了这样一种现象：一方面资产阶级帝国主义政党因大势所趋而变成了共和党，另一方面出现了苏维埃这种民主组织。苏维埃在 1905 年就建立了，那时社会党人就已经懂得，随着这些苏维埃的建立，一种伟大的、世界革命史上从未有过的新事物正在形成。由人民完全独立地创造出来的苏维埃，是一种任何一个国家的民主制都无法与之相比的民主制形式。

革命产生了两种力量：群众为推翻沙皇制度而实现的联合和劳动人民的组织。当我听到十月革命的敌人叫嚣社会主义思想是一种不能实现的空想时，在这种场合我总是向他们提出一个简单明了的问题：苏维埃是一种什么现象？为什么会产生这种世界革命发展史上从未有过的人民组织？对于这个问题我没有得到而且也不可能得到明确的回答。他们抱残守缺，维护资产阶级制度，所以反对这种世界上任何革命中都不曾有过的强大组织。而反对地主的人都参加农民代表苏维埃。苏维埃容纳了所有致力于创造性工作而不愿无所事事的人。人民苏维埃已经遍布全国，它分布得愈密，劳动人民受剥削的可能就愈小，因为苏维埃的存在和资产阶级制度的繁荣是不相容的；这就是资产阶级分子的所有这些矛盾的根源，他们反对我们的苏维埃，完全是为了自己的利益。

从资本主义过渡到社会主义制度需要经过长期的、顽强的斗争。在推翻沙皇制度以后，俄罗斯的革命应当继续始终不渝地前进，决不能局限于资产阶级革命的胜利，因为战争以及战争给疲惫不堪的人民所造成的空前灾难已经为社会革命的爆发打下了基础。因此，说革命的进一步发展和群众愤怒的加剧是某一个党、某一个人引起的，或者像有些人叫喊的那样，是"独裁者"的意志引起的，这再可笑不过了。革命的烈火完全是由俄国所遭受的难以想象的痛苦和战争所造成的种种条件点燃起来的，战争尖锐而严峻地向劳动人民提出了一个问题：或者是奋不顾身地勇敢前进，或者是毁灭——饿死。

革命之火的光辉就表现在建立了劳动者革命的支柱苏维埃。俄国人民实现了巨大的飞跃，从沙皇制度跃进到了苏维埃。这是一个确凿的、任何地方还不曾有过的事实。各国资产阶级的议会，由于被资本主义和私有制的锁链束缚，从来没有对革命运动给予过任何支持，而苏维埃却燃起革命的烈火，它坚决地命令人民：斗争！把一切都掌握在自己手里！组织起来！毫无疑问，在苏维埃的力量所唤起的革命的发展过程中，一定会出现各种错误和失策，但是谁都知道，任何革命运动都免不了会产生暂时的混乱、破坏和无秩序的现象。资产阶级社会本身就等于战争，等于屠杀，这种现象引起并且加剧了立宪会议和苏维埃之间的冲突。谁要是说我们以前拥护过立宪会议而现在却把它"驱散"，那他就是没有一点头脑，只会说一些漂亮的空话。因为过去，同沙皇制度和克伦斯基的共和国相比较，立宪会议在我们看来，要比那些臭名昭彰的政权机关好，但是，随着苏维埃的出现，这种全民的革命组织当然无可比拟地高出世界上的任何议会，这种现象我还在4月间就已着重指出。苏维埃彻底摧毁资产阶级和地主的所有制，促进彻底的革命，即扫除一切资产阶级制度残余的革命，推动我们去引导人民建设自己的生活。我们已经着手从事这个伟大的建设，我们这样做好极了。毫无疑问，社会主义革命不可能一呈现在人民面前就那样纯洁、平稳和完美无缺，不可能不引起内战、怠工和反抗。谁要是向你们证明事情不是这样，那他不是骗子就是套中人[116]。（热烈鼓掌）4月20日的事变是人民自己独立地起来反对妥协的政府，并没有"独裁者"或政党的任何指示，这种现象说明资产阶级的基础在当时就是薄弱的、不稳固的。群众已经感到自己的力量，因此有人为了讨好群众，开始玩起有名的更换阁员的把戏，以达到欺骗人民的目的。但是，人民很快就看穿了，特别是在克伦斯基的两个口袋装满了同帝国主义者签订的掠夺性秘密条约和他调兵进攻以后。被欺骗的人民逐渐明白了妥协派的全部行径，他们不能再忍耐了，结果便爆发了十月革命。人民尝够了拷打、死刑和大屠杀的滋味，从经验中吸取了教训，刽子手们要他们相信，劳动者起义要怪布尔什维克或什么"独裁者"，那是枉费心机。人民群众内部的分裂和各种会议上的分裂也证明了这一点。人民一直在领会十月革命，至今还没有结束。这次革命实际表明，人民应当怎样把土地、自然富源、交通工具和生产资料夺到自己手中，工农国家手中。我们说：全部政权归苏维埃，我们为了这个目的而斗争。人民要求召集立宪会议，于是我们召集了立宪会议。但是，人民立刻就感觉到这个名声显赫的立宪会议究竟是怎么回事了。现在我们执行了人民的意志，——人民要求全部政权归苏维埃。我们要打倒怠工者。当我从沸腾着的、充满生机的斯莫尔尼来到塔夫利达宫时，我觉得好像是置身在死尸和木乃伊的中间。他们使用了所有的办法，采取了武力和怠工来反对社会主义，甚至把人类最大的骄傲——知识也变成了剥削劳动人民的工具，他们这样做虽然稍微打乱了向社会主义革命前进的步伐，但是他们不能并且永远不能阻止社会主义革命。因为苏维埃的力量非常强大，它不是用老爷方式，而是用无产阶级和农民的方式去摧毁旧的、腐朽的资产阶级制度的基础。

　　把全部政权交给立宪会议就等于和凶恶的资产阶级妥协。俄国苏维埃把劳动群众的利益置于改换新装的叛卖性妥协的利益之上。从切尔诺夫和策列铁里这些过时人物的演说中，发出了一股陈腐发霉的臭味，他们仍旧在哼着令人厌倦的停止内战的老调。但是，只要卡列金仍旧存在，只要在"全部政权归立宪会议"的口号下仍旧藏着一个"打倒苏维埃政权"的口号，我们就无法避免内战，因为我们决不会为换取世上任何东西而让出苏维埃政权！（热烈鼓掌）立宪会议再次表示要拖延苏维埃向它提出的一切迫切的、亟待解决的问题和任务，我们已经给了回答：一分钟都不能拖延。根据苏维埃政权的意志，现在解散不承认人民政权的立宪会议。里亚布申斯基之流的大本营被粉碎了，他们的反抗只能加速和引起内战的重新爆发。

　　立宪会议立即解散，苏维埃革命共和国一定胜利。（热烈鼓

掌,转为经久不息的欢呼)

载于 1918 年 1 月 9 日(22 日)　　　　译自《列宁全集》俄文第 5 版
《真理报》第 6 号　　　　　　　　　　　第 35 卷第 238—242 页

谈谈不幸的和约问题的历史

（1918 年 1 月 7 日〔20 日〕—2 月 11 日〔24 日〕以前）

也许有人会说，现在顾不得谈历史。是的，如果在某一个问题上过去和现在没有不可分割的直接的实际联系，那是可以这样说的。但是关于不幸的和约，即极其苛刻的和约的问题，却是一个十分迫切的问题，非加以说明不可。因此，我把 1918 年 1 月 8 日我就这个问题在我党近 60 名最著名的彼得格勒工作人员的会议上宣读过的提纲刊登出来。

下面就是这个提纲：

1918 年 1 月 7 日

关于立刻缔结单独的
兼并性和约问题的提纲[117]

1. 目前俄国革命的形势是这样的：几乎全体工人和绝大多数农民无疑都拥护苏维埃政权和它开始进行的社会主义革命。所以俄国社会主义革命的成功是有保证的。

2. 同时，有产阶级的疯狂反抗引起的内战还没有达到顶点，他们清楚地意识到他们正面临着维护土地和生产资料私有制的最后的斗争。在这场战争中,苏维埃政权的胜利是有把握的,但是必须经过一段时间,必须付出巨大努力,必须经过一段任何战争尤其是国内战争必然带来的严重破坏和混乱的时期,才能把资产阶级的反抗镇压下去。

3. 此外,这种反抗还采取了比较缓和的和非军事的形式,如怠工,收买游民,收买钻进社会党人队伍的资产阶级代理人来破坏他们的事业,如此等等。这种反抗是这样的顽强,而且能采取如此多样的形式,以致同这种反抗进行的斗争必然还要持续一段时间,拿几种主要形式的斗争来说,几个月内也未必能结束。不坚决战胜资产阶级及其拥护者的这种消极的和隐蔽的反抗,社会主义革命就不可能成功。

4. 最后,俄国社会主义改造的组织任务十分艰巨,因而解决这些任务——由于社会主义无产阶级的小资产阶级同路人人数众多而自己的文化水平又不高——也需要相当长的时间。

5. 总括所有这些情况,可以十分肯定地得出结论说,为了社会主义在俄国的胜利,必须有一段时间,至少是几个月,使社会主义政府得以放手首先战胜本国的资产阶级,并且安排好广泛而深入的群众性的组织工作。

6. 俄国社会主义革命的形势,应当是我们苏维埃政权确定国际任务的基础,因为战争第四年的国际局势使人根本无法估计,大概在什么时候爆发革命从而把某一个欧洲的帝国主义政府(也包括德国在内)推翻。毫无疑问,欧洲的社会主义革命应该到来,而且一定会到来。我们对社会主义取得**最终**胜利的一切希望,都是以这种信心和科学预见为基础的。应当加强和展开我们的宣传工作,特别是组织联欢的工作。但是,如果把俄国社会主义政府的策略建立在预测欧洲的尤其是德国的社会主义革命会不会在最近半年内(或大致这样短的时间内)爆发这种基础上,如果这样做,那就错了。因为这是根本无法预测的,所以一切类似的做法在客观上都是盲目的赌博。

7. 到现在,即到1918年1月7日,布列斯特-里托夫斯克的和平谈判已经充分说明,实质上已经向俄国提出最后通牒(随时都应该预料到而且必须预料到这种最后通牒会正式提出)的主战派,在德国政府(它完全控制了四国同盟中其他几国的政府)内无疑占了上风。这个最后通牒就是或者继续进行战争,或者签订兼并性和约,也就是说和约的条件是我们放弃我们所占领的一切土地,德国人则继续保持他们占领的**一切**土地,并且要求我们赔款(名义上是支付俘虏的给养费),其数目大约为30亿卢布,分数年付清。

8. 现在俄国社会主义政府面临着一个必须立即解决的问题:是立刻接受这个兼并性和约呢,还是马上进行革命战争。在这个问题上,实际上不可能有任何折中的解决办法。再也无法继续拖延了,因为我们为了故意拖延谈判,**已经**用尽了一切可能的和不可能的办法。

9. 在考察主张立刻进行革命战争的各种理由时,我们首先遇到的一个理由是,单独媾和目前在客观上就是同德国帝国主义者妥协,是"帝国主义的交易"等等,因此这种和约是完全违背无产阶级国际主义的基本原则的。

但是,这个理由显然是不正确的。工人在罢工失败以后,同意不利于他们而有利于资本家的复工条件,这并不是背叛社会主义。只有那些为了追求部分工人的利益而使资本家得到利益的人,才是背叛社会主义,只有这种妥协在原则上才是不能允许的。

　　谁把同德国帝国主义进行的战争称做防御的正义的战争,而实际上却得到英法帝国主义者的支持,并且对人民隐瞒同这些帝国主义者签订的秘密条约,谁才是背叛社会主义。谁一点也不向人民隐瞒,不同帝国主义签订任何秘密条约,只是由于当时没有力量继续作战,才同意签订不利于一个弱国而有利于某个集团的帝国主义者的和约,谁就丝毫没有背叛社会主义。

　　10.主张立刻进行战争的另一个理由是,我们签订和约在客观上就成了德国帝国主义的代理人,因为这样不但使德国帝国主义能从我国战线上腾出军队,并且还能获得数百万名俘虏等等。但是,这个理由显然也是不正确的,因为现在进行革命战争,会帮助英法帝国主义达到自己的目的,使我们在客观上变成英法帝国主义的代理人。英国人曾经直接向我军最高总司令克雷连柯建议,只要我们继续作战,他们每月可以发给我们每个士兵100卢布。即使我们不拿英法一文钱,但是,由于我们牵制了一部分德国军队,在客观上我们还是帮助了他们。

　　从这方面说,在这两种情况下,我们都不能完全摆脱同帝国主义的某种联系,并且很明显,不推翻全世界的帝国主义,就不能完全摆脱这种联系。因此,正确的结论应当是:从社会主义政府在一个国家里获得胜利的时候起,解决各种问题时就不能从这个或那个帝国主义较好这点出发,而只能从发展和巩固已经开始的社会主义革命的最有利的条件出发。

　　换句话说,现在我们策略的基础,不应当是这样的原则,即现在帮助两个帝国主义中的哪一个较为有利,而应当是这样的原则,即如何才能更加稳妥可靠地保证社会主义革命在一个国家能够巩固起来,或者至少可以支持到其他国家也起来响应。

11.有人说,德国社会民主党中反对战争的人现在已经变成了"失败主义者",并且请求我们不要向德国帝国主义让步。但是,我们只承认针对**本国**帝国主义资产阶级的失败主义,我们始终反对同"友好的"帝国主义结成正式的或事实上的联盟去战胜其他帝国主义,这种办法是根本不能容许的,也是完全无用的。

可见,这个理由不过是上述理由的改头换面。如果德国的左派社会民主党人建议我们把缔结单独和约拖延**一定的**时候,并且保证在这期间在德国发动革命,那么,我们对这个问题的看法**也许**就不同了。但是,德国的左派不仅不这样说,反而正式声明:"你们能坚持就尽量坚持吧,但是,解决问题要根据**俄国**社会主义革命的情况,因为关于德国的革命,我们无法作出任何肯定的承诺。"

12.有人说:我们在党的许多声明中曾经公开"答应"要进行革命战争,因而签订单独和约就是违背我们的诺言。

这样说是不正确的。我们说的是,社会主义政府在帝国主义时代**必须**"准备和进行"革命战争①;我们这样说是为了反对抽象的和平主义,反对在帝国主义时代完全否定"保卫祖国"的理论,最后,是为了反对一部分士兵的纯粹自私的本能,但是,我们并没有承担不顾时机是否成熟就发动革命战争的义务。

我们就是在今天也绝对必须**准备**革命战争。我们现在正像过去履行自己的一切诺言那样履行着自己的这项诺言,我们的诺言只要是能够立刻履行的,都已经履行了,例如,我们废除了各种秘密条约,向各国人民建议缔结公正的和约,屡次设法拖延和平谈

———————
① 见本版全集第27卷第55页。——编者注

判，以便使其他国家的人民有时间来响应。

　　但是，要解决**现在**能不能**立刻**进行革命战争的问题，就只能根据实现这一点的物质条件和已经开始的社会主义革命的利益来考虑。

　　13.如果对主张立刻进行革命战争的各种理由作一总的评价，就应当得出以下的结论：这种政策也许适合人们追求漂亮、动人、鲜明那种欲望，可是完全不顾已经开始的社会主义革命的现阶段的阶级力量和物质因素的客观对比。

　　14.毫无疑问，我军在目前和在最近几个星期内（也许在最近几个月内）绝对不能击退德国的进攻，因为第一，大多数士兵疲惫不堪和精疲力竭，加之粮食方面遭到空前的破坏，过度疲劳的士兵无人替换，等等；第二，马匹完全无法使用，因而我们的炮兵必定会被歼灭；第三，我们根本不可能保卫从里加到雷瓦尔的海岸线，因此敌人完全可能占领里夫兰的其余部分，然后占领爱斯兰，并从后方包围我们很大一部分军队，最后占领彼得格勒。

　　15.其次，同样也毫无疑问，在我们军队中占大多数的农民，现在一定会赞成签订兼并性和约，不赞成立刻进行革命战争，因为依照社会主义原则整编军队、把赤卫队充实到军队中去等工作都还刚刚开始。

　　在军队完全实现民主化的情况下，违背大多数士兵意志去进行战争将是一种冒险行为，而要建立一支真正可靠和思想上巩固的社会主义工农军队，至少需要好几个月。

　　16.俄国的贫苦农民有能力支持工人阶级领导的社会主义革命，但是他们没有能力立刻在现在这个时候去进行严重的革命战争。在这个问题上，忽略阶级力量的这种客观对比将是致命的错误。

17. 因此，对于现在进行革命战争的问题应当这样来认识：

如果德国革命在最近三四个月内爆发并且获得胜利，那么，立刻进行革命战争的策略，也许不致于断送我国的社会主义革命。

如果德国的革命在最近几个月内不会到来，那么，在继续进行战争的情况下，事件的发展必然是：最严重的失败将迫使俄国缔结更加不利的单独和约，并且缔结这个和约的将不是社会主义政府，而是某个其他的政府（诸如资产阶级拉达和切尔诺夫派的联合政府，或者其他类似的政府）。因为被战争弄得疲惫不堪的农民军队受到最初的几次挫折以后，甚至过不了几个月，只要过几个星期，大概就会把社会主义的工人政府推翻。

18. 在这种情况下，如果仅仅因为德国革命可能在近期内，即可以用星期来计算的短时间内开始，就拿俄国已经开始的社会主义革命的命运孤注一掷，这是完全不能容许的策略。这种策略将是一种冒险。我们没有权利这样去冒险。

19. 德国的革命有其客观的根据，即使我们签订单独和约，也决不会增加它的困难。沙文主义的狂热也许会暂时削弱德国的革命，但是德国的处境仍将极端困难，德国同英美的战争将继续拖延下去，双方面侵略成性的帝国主义面貌已经被彻底揭穿了。社会主义的俄罗斯苏维埃共和国的例子将成为各国人民的活榜样，而这个榜样所起的使人革命化的宣传作用将是巨大的。一边是资产阶级制度和两个强盗集团之间赤裸裸的侵略战争。另一边是和平和社会主义的苏维埃共和国。

20. 我们缔结单独和约，就能在**目前可能的**最大程度上摆脱两个彼此敌对的帝国主义集团，利用它们相互之间的敌视和战争（这将阻碍它们勾结起来反对我们），在一定时期内可以腾出手来继续推进和巩固社会主义革命。依靠无产阶级专政，在银行和大工业国有化的基础上，在城市同农村小农的消费合作社实行实物**产品交换**的情况下，只要保证有几个月的和平工作，那么，俄国的改造在经济上是完全可能的。而这种改造将使社会主义既在俄国又在全世界都立于不败之地，同时也将为强大的工农红军建立巩固的经济基础。

21.现在，只有明确提出推翻其他国家的资产阶级这一目标并得到社会主义军队完全赞同的那种社会主义共和国同资产阶级国家的战争，才是真正的革命战争。但是，在**目前**这种时候我们**显然**还不能给自己提出这个目标。如果我们现在进行战争，客观上就是为解放波兰、立陶宛和库尔兰而战。但是，任何一个马克思主义者，如果不愿违背马克思主义和整个社会主义的原则，那就不能否认，社会主义的利益高于民族自决权的利益。为了实现芬兰、乌克兰及其他民族的自决权，我们的社会主义共和国已经做了它所能够做的一切，并且还在继续做下去。但是，既然具体情况是，为了几个民族（波兰、立陶宛、库尔兰等）的自决权遭到侵犯这件事，社会主义共和国的生存目前受到了威胁，那就很清楚，保存社会主义共和国是更高的利益。

因此，谁要是说："我们不能签订耻辱的难堪的和约，我们不能出卖波兰等等"，那他就是没有看到，要是签订以解放波兰为条件的和约，那只会**更加**增强德国帝国主义的力量，去对付英国、比利时、塞尔维亚以及其他国家。**从俄国方面来看**，以解放波兰、立陶宛和库尔兰为条件的和约，也许是"爱国主义的"和约，但是它仍然是**同兼并者**，同德国帝国主义者签订的和约，这不会有丝毫改变。

1918 年 1 月 21 日。对本提纲作如下补充：

22. 奥地利和德国发生了群众性的罢工，接着柏林和维也纳成立了工人代表苏维埃，最后 1 月 18—20 日柏林开始发生武装冲突和巷战，所有这一切使人们不得不承认德国革命已经开始这一事实。

根据这一事实，我们还可以在一定的时期内推迟和拖延和平谈判。

载于 1918 年 2 月 11 日（24 日）
《真理报》第 34 号（无第 22 条）

全文载于 1949 年《列宁全集》
俄文第 4 版第 26 卷

译自《列宁全集》俄文第 5 版
第 35 卷第 243—252 页

《关于立刻缔结单独的兼并性和约问题的提纲》的补充说明

(1918年1月8日和11日〔21日和24日〕之间)

上述提纲是我在1918年1月8日党的工作人员的一个规模不大的非正式的会议上宣读的。讨论提纲的情况表明,党内对这个问题有三种意见:参加会议的人约有半数主张进行革命战争(这种观点有时也叫"莫斯科的"观点,因为我党莫斯科区域局[118]采取这种观点比其他组织为早);其次,约有四分之一同意托洛茨基同志的意见,即"宣布结束战争状态,复员军队,将士兵遣散回家,但不签订和约",最后,约有四分之一同意我的意见。

现在党内的情况特别使我想起1907年夏天的情况,那时绝大多数布尔什维克都主张抵制第三届杜马,而我和唐恩则主张参加杜马,因此我遭到了十分猛烈的攻击,被指责为搞机会主义。现在的问题客观上也完全相同:和当时一样,大多数党的工作人员从他们最美好的革命动机和党的优良传统出发,让自己被"鲜明的"口号吸引住了,**不了解新的**社会经济形势和政治形势,没有考虑到**条件已经发生变化**,而这种变化要求我们迅速地急剧地改变策略。因此,我的全部争辩也和当时一样,都是为了集中说明:马克思主义要求考虑客观条件及其变化;应当根据这些条件具体地提出问题;现在根本的变化就在于俄罗斯苏维埃共和国已经建立;不管是对于我们**或者是从国际社会主义的观点来看**，保存这个已经开始了社会主义革命的共和国是高于一切的；目前俄国提出革命战争的口号，不是意味着空谈和单纯的示威，就是等于客观上落入帝国主义者给我们布置的圈套，因为帝国主义者很想把我们这个力量暂时还很薄弱的国家**拖去**继续进行**帝国主义**战争，用尽可能便宜的方法来**摧毁**年青的苏维埃共和国。

"我赞成列宁过去的立场"，——一个年轻的莫斯科人喊道（这些发言者最大的优点之一就是年轻）。这位发言者还指责我，说我是在重复护国派不相信德国革命会发生的陈词滥调。

不幸也就在于：莫斯科派要坚持过去的**策略**立场，顽固地不愿看到客观的立场**已经改变**，**新的客观的**立场已经形成。

莫斯科派在热衷于重复旧口号时，甚至没有注意到，我们布尔什维克现在已经都成了护国派了。因为在推翻了资产阶级、废除和揭露了秘密条约之后，在向各国人民真正提议媾和之后……①

载于1929年《列宁文集》俄文版　　　　译自《列宁全集》俄文第5版
第11卷　　　　　　　　　　　　　　第35卷第253—254页

---

① 手稿到此中断。——俄文版编者注

在俄国社会民主工党（布）中央委员会会议上关于战争与和平的讲话[119]

（1918 年 1 月 11 日〔24 日〕）

记　　录

1

　　第一个发言的是列宁同志,他指出,在 1 月 8 日(21 日)的会议上对这个问题有三种看法,因此,他提出一个问题:究竟是按照他阐述的提纲逐条讨论问题呢,还是展开一般性的辩论。结果采用了后一种办法,并由列宁同志发言。

　　他首先叙述了上次会议上出现的三种看法:(1)签订单独的兼并性和约,(2)进行革命战争,以及(3)宣布停止战争,复员军队,但不签订和约。在上次会议上,赞同第一种看法的有 15 票,赞同第二种的有 32 票,赞同第三种的有 16 票。

　　列宁同志指出,布尔什维克从来不拒绝防卫,只是防卫和保卫祖国必须考虑到目前存在的特定的具体情况,这就是:保卫社会主义共和国不受异常强大的国际帝国主义侵犯。问题仅仅在于我们应该怎样保卫祖国——社会主义共和国。战争使得军队疲惫不堪;马匹已无力在敌人进攻时拉走我们的大炮;德国人在波罗的海各岛屿所处的地位非常有利,在进攻时他们即使赤手空拳也能占领雷瓦尔和彼得格勒。我们在这种条件下继续进行战争,会大大加强德帝国主义;和约终究是要签订的,不过那个时候签订的和约将会更糟,因为签订和约的将不是我们。我们现在不得不签订的和约无疑是一个耻辱的和约,但是如果进行战争,我们的政府就会被推翻,而和约将由另一个政府来签订。现在我们不仅依靠无产阶级,而且还依靠贫苦农民,如果继续进行战争,贫苦农民就会离开我们。拖延战争对法、英、美帝国主义有利,美国人向克雷连柯大本营提出,愿为每个俄国士兵支付100卢布,这个例子就是证明。主张进行革命战争的人说,我们打下去就是同德帝国主义进行国内战争,这样就会唤起德国的革命。但是要知道,德国还只是在孕育革命,而在我国,十分健康的婴儿——社会主义共和国已经诞生了,如果进行战争,我们就会使这个婴儿送命。我们手头有德国社会民主党人的通告信,有中派中两派对待我们的态度的情报。一派认为,我们被收买了,现在在布列斯特正上演一出事先配好了角色的滑稽剧。这部分人因我们主张停战而攻击我们。考茨基派的另外一部分人宣称,布尔什维克领袖们个人的诚实是丝毫不容怀疑的,但是布尔什维克的行为是一个猜不透的谜[120]。左派社会民主党人的意见我们还不知道。英国工人支持我们追求和平的愿望。当然,我们将签订的和约是一个耻辱的和约,然而我们必须争取间隙时机来实行社会改革(哪怕只是在运输部门实行也好);我们必须巩固起来,这是需要时间的。我们必须扼死资产阶级,但为此我们必须先腾出双手。做到这一点以后,我们就能再度腾出双手,那时我们就能同国际帝国主义进行革命战争了。目前建立的革命志愿军部队就是我国未来的军队的军官。

　　托洛茨基同志提出的做法——停止战争,不签订和约和复员军队——不过是国际性的政治示威。我们撤走军队,就会把爱斯兰社会主义共和国奉送给德国人。有人说,我们签订和约会使日本人和美国人不受拘束,他们就会立刻占领符拉迪沃斯托克。但是,在他们只到达伊尔库茨克的时候,我们就已经能够使我们的社会主义共和国得到巩固了。当然,我们签订和约会背叛获得了自决权的波兰,但是我们能保存社会主义的爱斯兰共和国,并且能够巩固我们的成果。当然,我们是在右转弯,转这个弯需要走过非常肮脏的牲畜栏,但是我们必须这样做。假如德国人开始进攻,那我们就不得不签订任何一种和约,那个时候签订的和约当然会更糟糕。为了拯救社会主义共和国,30亿赔款不算是过高的代价。我们现在签订和约,就会使广大群众清楚地看到,帝国主义者(德、英、法帝国主义者)占领了里加和巴格达之后,还在继续搏斗,而我们却在发展壮大,社会主义共和国却在发展壮大。

2

　　列宁同志指出,他在某些方面不同意与他观点相同的斯大林和季诺维也夫的意见[121]。当然,一方面在西欧有群众运动,但是那里的革命还没有爆发。然而,假如由于这一点我们就改变我们的策略,我们就会成为国际社会主义的叛徒。他不同意季诺维也夫的这一说法:签订和约暂时会削弱西欧的运动。如果我们相信,在和谈中断的情况下,德国的运动马上会发展起来,那么我们就应当牺牲自己,因为德国革命在力量上将会大大超过我们。但是,问题的实质在于:那里的运动还没有开始,而在我们这里,运动已经有了一个新生的呱呱坠地的婴儿。我们现在必须清楚地说明我们同意签订和约,否则,我们就会完蛋。对我们来说,重要的是要坚持到总的社会主义革命出现,而要做到这一点,只有签订和约。

3

列宁同志建议,把我们目前竭力拖延签订和约的意见交付表决。

载于1922年《列宁全集》俄文
第1版第15卷;第三次发言载
于1929年《俄国社会民主工党
中央委员会会议记录。1917年
8月—1918年2月》一书

译自《列宁全集》俄文第5版
第35卷第255—258页

全俄工兵农代表苏维埃
第三次代表大会文献[122]

（1918年1月中旬）

1
人民委员会工作报告

（1月11日〔24日〕）

　　同志们！俄国苏维埃政权和苏维埃政府成立已经2个月零15天了。我应该代表人民委员会向你们报告它在这段时期的工作。

　　2个月零15天，这比以前那个统治过全国，或者说统治过剥削者和资本家的工人政权——1871年巴黎公社时期的巴黎工人政权存在的时间只多5天。

　　我们应当首先回顾一下那个工人政权，追溯一下过去的历史，把它同10月25日成立的苏维埃政权作一比较。把以前的无产阶级专政同现在的比较一下，我们立刻就可以看到：尽管在战争和经济破坏的环境中情况空前复杂，国际工人运动还是有了巨大的进步，俄国苏维埃政权所处的环境也有利得多了。

　　第一次创立了公社这种苏维埃政权萌芽的巴黎工人，仅仅支持了2个月零10天，就被法国的立宪民主党人、孟什维克和右派社会革命党人卡列金分子枪杀了。法国工人不得不为成立工人政府的第一次尝试付出空前未有的重大牺牲,而对成立这个政府的意义和目的,当时法国绝大部分农民是不了解的。

我们的情况有利得多,因为俄国的士兵、工人和农民创立了已向全世界宣告他们的斗争形式的机构——苏维埃政府。正是这一点,首先是这一点使俄国工人和农民的处境不同于巴黎的无产阶级政权。巴黎的无产阶级没有这样的机构,没有为全国所了解,而我们却立即能依靠苏维埃政权,因而我们从来没有怀疑过:苏维埃政权能得到绝大多数群众的同情,受到他们最热烈、最衷心的拥护,因而苏维埃政权是不可战胜的。

有人对苏维埃政权抱着怀疑的态度,为了同资本家和帝国主义者妥协,往往有意无意地出卖和背叛苏维埃政权,他们喋喋不休地说,单是无产阶级一个阶级的政权是不能在俄国支持下去的。仿佛有哪个布尔什维克及其拥护者忘记了(哪怕只是一分钟):在俄国,一个政权要能长期存在下去,就要有能力把工人阶级、大多数农民、一切被剥削劳动阶级团结成一支彼此密切联系的反对地主和资产阶级的力量。

我们从来也不怀疑,只有像我们党纲中所说的工人同贫苦农民这些半无产者的联盟,才能包括俄国人口的大多数,才能保证政权有可靠的支持。10月25日以后,我们一下子——在几个星期之内就克服了种种困难,把政权建立在这种稳固的联盟的基础之上了。

是的,同志们,旧的社会革命党在农民还没有弄清他们当中谁是社会主义的真正拥护者的时候,提出过土地平均使用的口号,但它不想知道,这个任务究竟由谁来完成,是否要联合资产阶级来完成。当时我们就说过，这是一种欺骗。这部分人现在发觉自己没有群众，是一个空架子，在当时他们却以为可以联合资产阶级来实现土地平均使用；最大的欺骗就在这里。当俄国革命在人民生活最重大的关头表明了劳动群众同资产阶级合作的经验的时候，当战争一直摧残着人民，使千百万群众遭到活活饿死的命运，而战争的恶果已实际表明了妥协的经验的时候，当苏维埃本身经受了妥协的教训，经历和饱尝了妥协的痛苦的时候，就看得很清楚：那些想把劳动者农民联合到全世界伟大的社会主义工人运动方面来的人们的学说中，有着健康的、富有生命力的、伟大的社会主义种子。

　　这个问题在实践中明确地一提到农民面前，就发生了一个情况：到了要实际实现社会主义的时候，农民已有可能看清两条基本政治路线——同资产阶级结成联盟还是同劳动群众结成联盟，正如农民苏维埃和农民代表大会现在所表明的那样，没有人对这一情况表示怀疑；这时农民明白了，代表农民的真正愿望和真正利益的政党，是左派社会革命党。当我们同这个政党订立我们的政府联盟的时候，一开始就使这个联盟建筑在最明显而清楚的原则上。如果俄国农民愿意同将要实行银行国有化和建立工人监督制的工人结成联盟来实现土地社会化，那他们是我们忠实的合作者，是我们最忠实和最宝贵的同盟者。同志们，没有一个社会主义者会不承认这样一个明显的真理：在社会主义和资本主义之间，有一个无产阶级专政的漫长的、比较困难的过渡时期；这个时期的形式，在很多方面将取决于占优势的是小私有制还是大私有制，是小农业还是大农业。不言而喻，爱斯兰这样一个人人识字和全国都是大农业的小国家向社会主义过渡，和俄国这样一个小资产阶级占优势的国家向社会主义过渡，情况不可能是相同的。我们应该估计到这一点。

每一个觉悟的社会主义者都说,不能强迫农民接受社会主义,而只能靠榜样的力量,靠农民群众对日常实际生活的认识。农民群众认为怎样向社会主义过渡才合适呢？这就是现在实际生活摆在俄国农民面前的问题。农民群众自身能怎样来支持社会主义的无产阶级并开始向社会主义过渡呢？其实,农民已经开始向社会主义过渡了,我们对他们是完全信任的。

我们同左派社会革命党人结成的联盟,是建筑在坚固的基础上的,这个联盟不是一天一天地在巩固,而是每时每刻地在巩固。最初我们在人民委员会内还担心派别斗争会妨碍工作,但根据两个月共事的经验,我应该肯定地说,我们在大多数问题上都能作出意见一致的决定。

我们知道,只要实际经验向农民表明例如城乡间应该如何进行交换,农民自己就会根据切身的经验,从下面来建立自己的联系。另一方面,国内战争的经验向农民代表清楚地指出,除了无产阶级专政和对剥削者统治的无情镇压,再没有别的道路可以通向社会主义。（鼓掌）

同志们！在这次大会或中央执行委员会会议上,每当我们谈到这个问题的时候,我总会听到会上右派的喊声："独裁者！"。的确,"当我们是社会主义者的时候",大家都承认过无产阶级专政。他们甚至在自己的党纲上也写上了无产阶级专政,他们也曾憎恨过下面这种流行的偏见：似乎可以说服居民,向他们证明,不应该剥削劳动群众,这是有罪的和可耻的,似乎一旦把居民说服了,世界上就会出现天堂。当然这是不可能的,这种空想的偏见在理论上早已被粉碎了,我们的任务,就是要在实践中把它粉碎。

　　不能这样设想社会主义，不能认为社会主义者先生们会将现成的社会主义用盘子托着奉献给我们，这是不会有的事。在历史上，还没有一个阶级斗争的问题，不是用暴力来解决的。如果暴力是被剥削劳动群众用来对付剥削者的，那么我们拥护这种暴力！（掌声雷动）有些人有意无意地站在资产阶级方面，或者被资产阶级吓坏了，被资产阶级的统治压垮了，以至于他们现在一看见这种空前尖锐的阶级斗争，就张皇失措，痛哭流涕，忘记了自己的一切前提，向我们提出了无法做到的要求，要我们社会主义者取得完全的胜利，但不许同剥削者进行斗争，不许镇压剥削者的反抗，这些人的哀号丝毫不会使我们感到不安。

　　早在1917年夏天，剥削者老爷们就已经知道：这是"最后的斗争"问题；如果苏维埃取得政权，他们就会失去资产阶级的最后支柱，失去资产阶级镇压劳动群众的主要基础。

　　因此，十月革命展开了这场有系统的坚持不懈的斗争，要使剥削者停止自己的反抗，使他们不得不承认（即使对他们中间最开明的人来说也很难）：剥削阶级的统治是再也不会有了，今后发号施令的是大老粗，他们必须听他的，不管感到多么不愉快，也只好如此。

　　这里会遇到许多困难，遭到许多牺牲，犯许多错误，这是一项历史上没有见过、书本上也读不到的新事业。事情很明显，这是历史上最伟大最困难的过渡，采用别的方法根本不能完成这个伟大的过渡。俄国成立了苏维埃政权的这个事实表明，最富有革命经验的就是革命群众自身，当千百万人都来援助数十个党员时，他们自己实际上就在掐住他们的剥削者的咽喉。

　　因此，国内战争目前在俄国占了主要地位。有人提出"打倒国内战争"的口号来反对我们。我从所谓的立宪会议的右派代表们那里听到过这个口号。打倒国内战争……　这是什么意思呢？是指同谁进行的国内战争呢？是指同耗资数百万来收买游民和官吏的科尔尼洛夫、克伦斯基、里亚布申斯基之流进行的国内战争吗？是指同那些接受这种收买的——不管他们是自觉的还是不自觉的——怠工者进行的国内战争吗？毫无疑问，在后一种人中间，有些人思想不开展，不自觉地接受了这种收买，因为他们根本不能设想，可以而且应该彻底摧毁过去的资产阶级制度，并且在它的废墟上开始建立崭新的社会主义社会。毫无疑义，这种人是有的。但是，这难道能改变情况吗？

　　因此，有产阶级的代表们孤注一掷，在他们看来这是最后的斗争，只要能摧毁苏维埃政权，他们便会不惜采取任何罪恶手段。全部社会主义史，尤其是非常富有革命斗争精神的法国的全部社会主义史，难道没有告诉我们：在劳动群众自己夺取政权的时候，在问题涉及保护统治阶级自己钱袋的时候，统治阶级便会进行空前的罪恶活动和屠杀。当这些人向我们谈国内战争的时候，我们置之一笑，当这些人在青年学生中间散布他们的口号的时候，我们向他们说：你们在欺骗他们！

　　阶级斗争采取它的最后的形式不是偶然的，因为被剥削阶级夺取政权的一切手段，目的就是要彻底消灭自己的阶级敌人——资产阶级，要在俄国这块土地上不仅消灭官吏，而且消灭地主，正像俄国农民在某些省份做过的那样。

　　有人对我们说，人民委员会遇到官吏和地主的怠工，证明人们不愿意走向社会主义。他们似乎不明白，这帮资本家和骗子，游民和怠工者，是一批被资产阶级收买来反抗劳动人民政权的匪徒。

当然,谁认为可以一下子从资本主义跳到社会主义,谁认为可以使大多数居民相信,经过立宪会议可以达到社会主义,谁如果相信这种资产阶级民主的神话,那就让他安然自得地去继续相信吧,可是,当实际生活粉碎这种神话的时候,希望他不要责怪实际生活。

谁懂得了什么是阶级斗争,懂得了官吏们所组织的怠工意味着什么,谁就会知道,我们不能一下子跳到社会主义。现在还遗留着资产者、资本家,他们希望恢复自己的统治,并且在保护自己的钱袋;现在还遗留着游民,他们是一批被收买的人,完全被资本主义所压倒,不能提高到无产阶级斗争的思想水平;现在还遗留着这样一些职员和官吏,他们以为保护旧制度符合社会的利益。除了这些阶层的彻底崩溃,除了俄国和欧洲资产阶级的完全覆灭以外,怎么能设想社会主义的胜利呢?我们难道认为里亚布申斯基之流的老爷们不懂得自己的阶级利益吗?正是他们收买怠工者,叫他们不做工。难道他们是单独行动的吗?他们购买有价证券,难道不是同法、英、美资本家们一起行动的吗?不过,现在我们倒要看看,买这些有价证券还能不能给他们很大帮助。难道他们现在所得到的堆积如山的有价证券不会变成一文不值的毫无用处的废纸吗?

因此,同志们,当人们咒骂和责怪我们实行恐怖、专政和进行国内战争的时候,——虽然我们还远没有实行真正的恐怖,因为我们的力量比他们强大,我们有苏维埃,我们只要将银行收为国有,没收产业,就足以使他们就范,——对有关国内战争的一切指责我们回答说:是的,我们公开宣布了任何政府所不能宣布的事情。世界上第一个能够公开谈论国内战争的政府,就是工农兵群众的政府。是的,我们已经开始并且正在进行反对剥削者的战争。我们愈是直截了当地说出这一点，这个战争就结束得愈快，一切被剥削劳动群众就会愈迅速地了解我们，了解苏维埃政权正在完成一项真正与全体劳动者有切身关系的事业。

同志们，我并不认为我们在这个斗争中很快就能得到胜利，可是我们已经有非常丰富的经验：在两个月中，我们获得了很多东西。我们经历了克伦斯基进攻苏维埃政权的尝试，并看到了这次尝试的彻底破产。我们经历了乌克兰克伦斯基分子组织政权的活动，那里的斗争现在还没有结束，但是每一个留心这个斗争的人，每一个只要听过几次苏维埃政权代表实事求是的报告的人，都清楚地知道乌克兰拉达中的资产阶级分子的末日快要到了。（鼓掌）乌克兰人民共和国苏维埃政权将战胜乌克兰资产阶级拉达，这是丝毫不容怀疑的。

现在谈谈同卡列金的斗争。如果要说卡列金有什么反对苏维埃政权的社会基础，那么，那里的一切实际上都是以剥削劳动者、以资产阶级专政为基础的。农民代表大会清楚地表明，卡列金的事业是毫无希望的，它遭到劳动群众的反对。苏维埃政权的经验，以行动进行的宣传，以苏维埃组织为实例进行的宣传，正在发挥作用；现在卡列金在顿河区的内部支柱的崩溃，与其说是起因于外部，还不如说是起因于内部。

因此，考察了俄国国内战争前线的状况以后，我们可以满怀信心地说：苏维埃政权的彻底胜利是完全有保障的。同志们，这个苏维埃政权所以能够取得胜利，是因为苏维埃政权一开始就贯彻社会主义历来的训条，彻底地坚决地依靠群众，认为自己的任务是唤醒社会上最受压迫最受摧残的阶层，让他们投入生气勃勃的生活，起来创立社会主义。因此，旧军队，即对士兵实行严酷教练和严刑拷打的军队已经成为过去。这种军队已经被废除,已经彻底摧毁了。(鼓掌)军队的完全民主化已经实现了。

现在让我向大家谈一件我遇到的事情。有一次,我在芬兰铁路的火车上听到几个芬兰人和一位老太太谈话。我不能参加这次谈话,因为我不懂芬兰话。但是有一位芬兰人向我说:"您知道这位老太太讲出一件多么新奇的事情吗?她说,现在不用怕带枪的人了。有一次我在森林中碰到一个带枪的人,他没有夺去我的干柴,还帮我找了一些。"

我听了这番话,就想:让数百份报纸,——不管它们叫做社会党的报纸、准社会党的报纸,还是什么别的报纸,——让数百个喧嚣的喉咙骂我们是"独裁者"、"暴力者"等等吧。我们知道,在人民群众中,现在响起了另一种声音。他们心中说:现在不用怕带枪的人了,因为他们保护劳动者,并且会无情地镇压剥削者的统治。(鼓掌)这就是人民的感受。那些没受过教育的普通人讲述赤卫队正竭尽全力反对剥削者,这就是在宣传,而这种宣传所以不可战胜,原因也就在这里。这种宣传会传遍千百万群众,会扎实地建立一支19世纪法国公社就开始创建的(不过创建时间很短,因为公社被资产阶级消灭了)、一切社会主义者所向往的社会主义的红军——全民的武装。这种宣传造就许多新的赤卫队干部,以便能训练劳动群众去进行武装斗争。

有人议论俄国,说它不能作战,因为它不会有军官,但是我们不应忘记,正是那些资产阶级军官在观察了同克伦斯基和卡列金作战的工人以后讲过一番话。他们说:"是的,这些赤卫队在技术上差劲透了,但是这些人如果能够稍微学一学,那么,他们就会有一支不可战胜的军队。"因为参加军队的人虽然没有受过刻板的正规训练，但他们有争取被剥削者解放的思想作为指南，这在世界斗争史上是第一次。一旦我们所开始的工作最后完成，俄罗斯苏维埃共和国将是不可战胜的。（鼓掌）

同志们！苏维埃政权在社会主义军队方面所采用的办法，在对待统治阶级的另一种更精巧更复杂的工具——资产阶级法庭方面也采用了。自称维持秩序的资产阶级法庭，实际上是一种盲目的、被用来无情镇压被剥削者以保护富人利益的精巧工具。苏维埃政权遵照历次无产阶级革命的遗训，立即废除了旧法庭。让别人去叫喊，说我们不进行改良而一下子就废除了旧法庭吧。我们这样做，为创造真正的人民法庭扫清了道路，并且主要不是用高压的力量，而是用群众的实例，用劳动者的威信，不拘形式地把法庭这一剥削的工具改造成了按照社会主义社会坚定的原则施行教育的工具。毫无疑问，我们是不能一下子就得到这样的社会的。

这就是苏维埃政权在世界历次极伟大的人民革命的全部经验所指明的道路上向前迈进时采取的一些主要步骤。在以往的革命中，劳动群众没有一次不在这条道路上采取步骤，以求创立新的国家政权。可惜，他们总是开了个头，而没有能将事业进行到底，没有能创立新型的国家政权。我们创立了新型的国家政权，我们已经有了社会主义的苏维埃共和国。

我并不抱幻想，我知道我们才开始进入向社会主义**过渡的**时期，我们还没有达到社会主义。但如果你们说我们的国家是社会主义的苏维埃共和国，那你们是正确的，正如人们把西欧许多资产阶级共和国称为民主共和国是正确的一样，尽管谁都知道，没有一个最民主的共和国是完全民主的。它们只提供一点点民主制，在小事情上削减剥削者一些权利，可是那里的劳动群众仍然和各处一样受到压迫。虽然如此,但我们还是说,资产阶级的制度既有旧的君主制,也有立宪共和制。

我们现在的情况也是这样。我们甚至远没有结束从资本主义到社会主义的过渡时期。我们从来没有幻想过,不靠国际无产阶级的帮助就能结束这个过渡时期。我们从来没有在这方面产生过错觉,我们知道,从资本主义到社会主义的这条道路,是多么艰难,但是我们必须说,我们的苏维埃共和国是社会主义的共和国,因为我们已经走上了这条道路,而这些话决不是空话。

我们开始实行了许多摧毁资本家统治的措施。我们知道,我们的政权应该用一个原则把一切机关的活动联合起来,这个原则我们可以用一句话来表达,这就是:"俄国宣布为社会主义苏维埃共和国。"(鼓掌)这是一个以我们应该做的和已经开始做的一切为依据的真理;这是我们一切活动的最好的统一,是这种活动纲领的宣布,是对各国被剥削劳动者的号召。这些被剥削劳动者或者根本不懂得什么叫社会主义,或者,更糟的是,把社会主义理解为切尔诺夫—策列铁里式的资产阶级改良的混合物,而这种混合物,我们在十个月的革命时期内已经尝试过和体验过,并且证实,这是伪造品,而不是社会主义。

因此,"自由的"英国和法国采取了一切手段,在我国革命的十个月内,布尔什维克和左派社会革命党人的报纸一张也不许入境。他们不能不这样做,因为他们看到,各国都有大量的工人和农民本能地理解了俄国工人所做的一切。因为在每一个会议上,人们都以雷鸣般的掌声来欢迎俄国革命的消息和苏维埃政权的口号。各地的被剥削劳动群众已经同自己政党的上层分子发生矛盾了。这种上层分子的旧式的社会主义,还没有像我们俄国的齐赫泽和策列铁里那样被埋葬,但是它在世界各国已经被击毙,它已经死了。

现在同这种资产阶级旧制度相对立的,已经有新的国家——苏维埃共和国,正在摧毁资产阶级旧壁障的被剥削劳动阶级的共和国。新的国家形式已经建立起来了,在这个国家里,人们已经有可能去镇压剥削者,有可能去镇压这些因旧日的钱袋和旧有的知识而显得强有力的极少数人的反抗。他们——教授、教师、工程师将自己的知识变为剥削劳动者的工具,他们说,我要以自己的知识为资产阶级效劳,不然我就不工作。但他们的政权已经为工农革命所摧毁,一个同他们相对立的国家产生了,在这个国家内,群众自己可以自由选择自己的代表。

只有现在我们才可以说,我们真正有了这样的政权组织,这种组织清楚地表明,我们正在向完全取消任何政权、任何国家过渡。这一点,只有到没有任何剥削痕迹的时候,即只有到社会主义社会才有可能。

现在我简单地讲一讲俄国社会主义苏维埃政府开始在实行的那些措施。为了在俄国土地上不仅消灭地主,而且要根本铲除资产阶级的统治,铲除资本压迫千百万劳动群众的可能性,苏维埃政府采取的第一批措施之一,便是过渡到银行国有化。银行,这是现代资本主义经济的大中心。它们汇集空前的财富,又在幅员辽阔的整个国家内进行分配,它们是全部资本主义生活的神经。这是一些精巧而复杂的机构,是经过几个世纪才形成的。苏维埃政权的第一批打击,就是针对这些机构的,它起初在国家银行中遇到了拼命的反抗。但是这种反抗没有能阻止苏维埃政权的活动。在组织国家银行方面,我们已经完成了主要的事情;这方面的基本成果已经掌握在工农手里。我们在实行这些基本措施以后(这些措施还需要长期加以完善），就腾出手去搞私人银行了。

我们当时并没有按照妥协派可能提出的建议去做：首先等待立宪会议，也许接着制定一个法案，并把它提交给立宪会议，这样就把我们的意图告诉资产者老爷们，使他们能够找到一条退路，逃避这件不愉快的事情；也许吸引他们参加合作，那时你们就能制定国法，——这就会是"国家的法令"了。

这是取消社会主义。我们当时做得很简单：我们不怕引起"有学问的"人的非难，更正确地说，是贩卖一星半点知识的没有学问的资产阶级拥护者的非难；我们说，我们有武装起来的工人和农民。他们应当在今天早上占领一切私人银行。（鼓掌）在他们这样做了以后，在权力已经握在我们手里以后，只有在这以后，我们才讨论应该采取什么措施。早上占领了银行，晚上中央执行委员会就通过决议："宣布银行为国有财产。"银行业就这样实现了国家化、社会化，转交到了苏维埃政权手中。

在我们的队伍中，没有一个人认为：银行这种在资本主义经营制度内经过几个世纪发展起来的如此奇妙和精巧的机构，可以在几天内被打破或改造好。我们从来没有这样断言过。当学者们或冒牌的学者们摇头晃脑地预言未来的时候，我们说：随便你们怎样去预言未来吧！我们只知道一条无产阶级革命的道路：占领敌人的阵地，从经验中，从自己的错误中学会执掌政权。我们决不低估我们道路上的困难，可是基本的事情，我们已经完成了。资本主义财富的来源在财富分配方面已被摧毁。在这以后，取消公债，推翻金融压迫，都变得轻而易举。在实行工人监督以后，没收工厂也变得十分容易。有人责备我们，说由于实行工人监督，我们将生产分割成许多单个的车间，我们批驳了这种胡说。我们在实行工人监督的时候就知道，要工人监督普及到整个俄国，须经过不少的时间，但我们想表明，我们只承认一条道路——从下面来进行改造的道路，以便工人自己从下面来创立经济条件的新基础。创立这样的新基础，需要不少的时间。

我们已经从实行工人监督进而建立了最高国民经济委员会。只有这个措施以及近几天就要实行的银行和铁路的国有化，才使我们有可能着手建设新的社会主义经济。我们深知我们事业的艰巨，但是我们断定，只有信赖劳动群众的经验和本能，切实担负起这个任务的人，才是真正的社会主义者。劳动群众会犯很多错误，但是基本的事情已经完成了。他们知道，他们向苏维埃政权求助时，苏维埃政权只会支持他们反对剥削者。任何一种减轻他们劳动的措施，都会得到苏维埃政权的全力支持。苏维埃政权并不是什么事情都知道，并不是什么事情都能及时完成，它经常会遇到困难的任务。工农群众常常派代表团到政府里来询问，比如说，对于某块土地，他们应该怎样处置。当我看到他们还拿不定主意的时候，我自己也常常感到困难。我就对他们说：你们就是政权，你们愿意干什么就干什么，你们需要什么就拿什么，我们支持你们，然而你们要关心生产，要使生产成为有益的生产。当你们着手去做有益的工作的时候，你们会犯错误，不过，你们一定能学会工作。工人已经开始学习，他们已经开始同怠工者进行斗争。有学问的人筑起了一道围墙，阻止劳动者前进。这道围墙一定会被清除。

毫无疑问，战争腐蚀着前线和后方的人们，付给为战争而工作的人以高过任何标准的薪金，诱惑着一切逃避战争的人，诱惑着只想"捞一把"就溜走的游民或二流子。这些分子，这些从资本主义旧制度遗留下来的最坏的分子，带来了旧制度的一切恶习。我们应当将他们抛开赶走,而将一切优秀的无产阶级分子吸收到工厂企业中来,使他们成为未来社会主义俄国的核心。实行这个措施是不容易的,它总会引起许多纠纷、摩擦和冲突。我们人民委员会和我个人,都曾遭到他们的抱怨和威胁,但我们处之泰然,因为我们知道,我们现在已经有了可以求助的裁判人。这个裁判人就是工兵代表苏维埃。(鼓掌)这个裁判人的话是无可抗辩的,我们永远信赖他。

资本主义有意要分化工人,以便使工人阶级中一小撮上层分子同资产阶级结合起来。同这些上层分子发生冲突,是必不可免的。不经过斗争,我们不能达到社会主义。我们已作好了斗争的准备,我们开始了斗争,并且我们要在叫做苏维埃的这个机构的帮助下把斗争进行到底。如果我们将发生的各种纠纷交给工兵代表苏维埃这个法庭去仲裁,那么,任何问题都很容易解决。因为不论特权工人集团多么有力,但把他们放到全体工人的代表机关面前的时候,那么这种法庭的裁决,我再重复一遍,对于他们将是无可抗辩的。这种整治方法,现在还刚刚开始实行,工人和农民,还没有充分地相信自己的力量;由于历代的传统影响,他们非常习惯于等待上面的命令。他们还没有完全领会到:无产阶级现在已经是一个统治阶级;在他们的队伍中,还有一些被吓倒了和压垮了的人,竟认为自己应该进资产阶级的卑劣的学校。这种非常卑劣的资产阶级偏见保留得最为长久,但是现在它正在破除,而且一定会彻底破除。我们相信,随着苏维埃政权一步步前进,会有越来越多的人完全摆脱所谓普通工人和农民不能管理国家的这种资产阶级的旧偏见。只要动手管理,就能够管理并学会管理!(鼓掌)

我们在组织方面的任务,就是要从人民群众中选拔出领导者和组织者。这一项巨大的工作，现在已经提到日程上来了。如果没有苏维埃政权，没有这种能够选拔人才的过滤器，那么，要想完成这个任务是不可能的。

我们不仅有关于监督的国家法令，甚至还有更宝贵的东西，这就是无产阶级试图同工厂主同盟订立合同，以保证工人能够管理整个工业部门。制革工人同全俄皮革业工厂主协会已经开始拟订这种合同，并且差不多就要签订了[123]；我认为，这种合同有特别重大的意义。这种合同表明，工人已逐渐在认识到自己的力量。

同志们！我的报告，并没有谈到特别迫切和特别困难的问题——和平问题和粮食问题，因为这些问题已列为议程上的特别项目，将要进行专门的讨论。

我作这个简短的报告，目的是要说明我个人和整个人民委员会对于我们所经历了的这两个半月历史的总看法，说明在俄国革命的这个新时期，阶级力量的对比关系是怎样形成的，新的国家政权是怎样形成的，这个政权面临着哪些社会任务。

俄国走上了实现社会主义的正确道路——实行银行国有化，把全部土地交给劳动群众。我们知道得很清楚，我们面临着多么大的困难，但是，同过去的革命比较，我们深信一定会取得巨大的成就，我们所走的道路一定能保证完全的胜利。

将同我们一起前进的，还有被掠夺战争分开的那些较先进国家的群众。这些国家的工人，受过较长时期的民主化的教育。有人向我们描绘我们事业的困难；有人对我们说，社会主义只有在世界范围内才能取得胜利。我们认为，这些议论只是说明资产阶级及其有意无意的拥护者毫无希望地企图曲解一个无可辩驳的真理。当然，在一个国家内取得社会主义的最终胜利是不可能的。

支持苏维埃政权的我国工农队伍,是世界大军的一个支队,这支世界大军现在被世界大战分散了,但它正在力求联合起来。关于我国革命的每一条新闻,每一段报告,每一个人名,都赢得无产阶级雷鸣般的同情的掌声,因为他们知道,俄国正在实现他们的共同事业——无产阶级起义的事业,国际社会主义革命的事业。某个国家的某个地方实际行动起来的活榜样的作用,比任何宣言和任何会议都要大,正是这点使各国劳动群众感到振奋。

1905年的十月罢工——革命胜利的第一步,一下子就传播到了西欧,并在当时,1905年,就引起了奥地利的工人运动,我们当时已在实践中看到,革命的实例、一国工人的行动有多大的价值,而现在我们看到,世界各国的社会主义革命,不是一天一天地,而是每时每刻地在成熟起来。

如果我们犯些错误,有些失算,如果在我们的道路上发生些摩擦,那么,这对他们并不重要,对他们重要的是我们的实例,正是这个实例在把他们团结起来。他们说:我们会不顾一切,共同前进,取得胜利。(鼓掌)

社会主义的伟大奠基人马克思和恩格斯,在几十年中考察了工人运动的发展和世界社会主义革命的成长,清楚地看到:从资本主义过渡到社会主义,需要经过长久的阵痛,经过长时期的无产阶级专政,摧毁一切旧东西,无情地消灭资本主义的各种形式,需要有全世界工人的合作,全世界的工人则应当联合自己的一切力量来保证彻底的胜利。他们并且说过,在19世纪末,"将由法国人开始,而由德国人完成"[1],其所以由法国人开始,是因为法国人在几

---

[1]　参看《马克思恩格斯全集》第1版第32卷第427页。——编者注

十年的革命中养成了发起革命行动的奋不顾身的首创精神，从而使他们成了社会主义革命的先锋队。

现在我们看到的是国际社会主义力量的另一种结合。我们说，比较容易开始革命运动的，并不是那些能够比较容易地进行掠夺和有力量收买本国工人上层分子的剥削国家。西欧这些所谓社会主义的、几乎都加入了内阁的切尔诺夫—策列铁里式的政党，什么事情都没有做，也没有巩固的基础。我们看到了意大利的实例，我们在最近几天看到了奥地利工人反对帝国主义者强盗们的英勇斗争。[124]就假定强盗们能够暂时阻碍运动的开展吧，但是要想完全制止这个运动是不可能的，这个运动是不可战胜的。

苏维埃共和国这个榜样将长期地摆在他们面前。我们的社会主义苏维埃共和国将作为国际社会主义的火炬，作为各国劳动群众的范例而稳固地屹立着。在那边是冲突、战争、流血、千百万人的牺牲、资本的剥削，在这边是真正的和平政策和社会主义的苏维埃共和国。

现在的形势与马克思和恩格斯所预料的不同了，它把国际社会主义革命先锋队的光荣使命交给了我们——俄国的被剥削劳动阶级；我们现在清楚地看到革命的发展会多么远大；俄国人开始了，德国人、法国人、英国人将去完成，社会主义定将胜利。（鼓掌）

2

关于人民委员会工作报告的总结发言

（1 月 12 日〔25 日〕）

　　今天听了来自右面的反对我的报告的发言人的讲话之后，我感到惊奇的是，他们到现在非但什么也没有学到，反而把一切被他们徒然叫做"马克思主义"的东西都忘了。一个反对我的发言人说，我们拥护过民主专政，我们承认过民主政权。这种说法是如此的荒唐、毫无意义，简直是把几个词瞎凑在一起。这同铁制的雪之类的话并无二致。（笑声）民主是资产阶级国家的一种形式，这种形式受到一切背弃真正的社会主义的叛徒们的拥护，他们目前领导着正式的社会主义，并且断言，民主是同无产阶级专政相矛盾的。在革命还没有超出资产阶级制度的框框时，我们赞成民主，但是，我们在整个革命进程中刚一发现社会主义的闪光，就站到坚决捍卫无产阶级专政的立场上来了。

　　奇怪的是，那些理解不了或不愿理解规定"民主"和"无产阶级专政"这两个词的含义的简单真理的人，竟敢在人数众多的大会上大谈其过了时的废话，反对者先生们的全部发言充满了这种滥调。民主是一种形式上的议会制，而实际上则是资产阶级对劳动人民的连续不断的无情嘲弄和不堪忍受的残酷压迫。反对这种提法的人绝不是真正的工人阶级代表，而只能是些可怜的套中人。他们始终远远地站在生活之外，沉睡不醒，在枕头下面小心地摆着一本旧的、谁也不需要的翻烂了的小书，这本书是他们传播正式的社会主义的指南和教科书。然而，千百万创造者的智慧却会创造出一种比最伟大的天才预见还要高明得多的东西。真正的即革命的社会主义并不只是在今天，而是从战争初期就分裂出来了。没有一个地方，没有一个国家在社会主义学说上没有发生这种意义重大的分裂，没有产生这种裂痕。这太好了，真正的社会主义终于分裂出来了！

有人责备我们，说我们反对"社会主义者"，对此我们只能回答说，在议会制时代，议会制的这些拥护者同社会主义已经再也没有一点共同之处了，他们腐朽了，过时了，落后了，最后转到资产阶级方面去了。那些在由国际掠夺者的帝国主义野心引起的战争中高喊"保卫祖国"的"社会主义者"，不是社会主义者，而是资产阶级的仆从和食客。

那些大谈其民主专政的人，他们不过是在大发谬论，既没有经济知识，又不懂政治。

一个反对者在这里说，巴黎公社可以引以自豪的是，巴黎工人在起义期间没有采取暴力，没有干过专横的事情。但是毫无疑问，公社所以失败，正是由于它在必要时没有充分使用武力，虽然它因第一次真正实现了无产阶级专政的思想而在历史上永垂不朽。

在简略地谈到同资产阶级、地主和资本家的代表进行斗争时，演讲人在热烈的掌声中坚决地说：不论他们怎么说，革命人民的意志终究会迫使资产阶级不是投降，就是灭亡。

列宁同志在对比无政府主义和布尔什维克的观点时说，现在，在彻底摧毁资产阶级制度的时代，关于无政府主义的概念终于有了符合实际生活的全貌。但是,为了推翻资产阶级制度的压迫,需要有劳动阶级的坚实的革命政权即革命国家的政权。共产主义的实质就在这里。现在,当群众自己掌握了武器,并开始对剥削者进行无情的斗争的时候,当实行了与议会制政权根本不同的新的人民政权的时候,出现在我们面前的已经不是那种在传统上和形式上过了时的旧国家,而是一种以下层群众的创造力量为基础的新东西。有些无政府主义者怀着恐惧的心情谈论苏维埃,还摆脱不了陈腐观点的影响,与此同时,另一个新的无政府主义流派却明确地站在苏维埃方面,因为他们看到苏维埃富有生命力,能够获得群众的同情和发挥群众的创造力。

　　演讲人对"反对者"说,你们的过错和无知就在于你们不会向革命学习。早在 4 月 4 日,我就在这个大厅里断定说,苏维埃是民主制的最高形式[①]。要么苏维埃灭亡,那么革命也必定灭亡,要么苏维埃生存下去,那么在社会主义制度走向全面繁荣而资本主义走向崩溃的时候,再谈论什么资产阶级民主革命就只能令人发笑。布尔什维克在 1905 年曾谈论过资产阶级民主革命,但是现在,苏维埃已经掌握了政权,工人、士兵和农民正处在空前的艰难困苦和灾难丛生的战争环境中,处在崩溃的气氛中和受到饿死的威胁,他们说:我们要夺取全部政权,要亲自动手建设新的生活,——在这个时候就根本不能再谈资产阶级民主革命。关于这个道理,早在去年 4 月,布尔什维克就已经在各种代表大会、会议和代表会议上的决议中谈过了。

　　有人说我们什么事都没有干成,说我们始终无所作为,说苏维

　　[①]　见本版全集第 29 卷第 113—118 页。——编者注

埃政权的统治没有带来任何成果,对这些人我们只能说:请你们深入到劳动人民中去,深入到群众中去看一看吧,那里正如火如荼地开展着创造性的组织工作,那里正沸腾着不断更新的、由于革命而焕然一新的生活。农民在农村获得土地,工人夺取工厂,到处涌现出各种各样的组织。

苏维埃政权正在争取结束战争,我们相信,苏维埃政权一定能够早于克伦斯基政府的代表们所许诺的日期结束战争。因为废除条约和取消债务已成为结束战争的革命因素。战争会由于国际革命运动而结束。

最后,演讲人扼要地谈到了反革命怠工者,说这是一支被资产阶级收买的队伍,资产阶级为了使反动势力获胜而向那些进行怠工、宣布反对苏维埃政权的官吏大加犒赏。在怠工者看来,人民挥动工农的巨斧猛砍资产阶级这种现象,仿佛是真正的世界末日,万物的彻底毁灭。如果说我们有什么过错的话,那就是我们过去对那些做出骇人听闻的出卖行为的资产阶级帝国主义制度的代表们过于人道,过于善良。

前几天,《新生活报》的一些撰稿人来见我,说他们是代表银行职员来的,这些银行职员愿意到职工作,不再怠工并完全服从苏维埃政权。我回答他们说:早就该这样①。不过,在这里不妨说一下,如果他们以为我们在这些谈判中会放弃一点我们的革命立场,那么他们就大错而特错了。

世界上从来没有过像今天在我们俄国这样一个分成许多单独的国家而又由许多大大小小的民族组成的大国里所发生的事情:

---

①　见本卷第311页。——编者注

所有的县和区域都展开了巨大的组织工作,组织基层群众,开展直接的群众工作,进行创造性的建设活动,这一切都受到帝国主义形形色色的资产阶级代表的阻挠。他们,这些工人和农民,开始了按其巨大的任务来说是史无前例的工作,并且同苏维埃一起将彻底摧毁资本主义的剥削制度,资产阶级的压迫最后一定会永远被推翻。

3

关于取消苏维埃法律中所有涉及
立宪会议的内容的法令草案[125]

（1月18日〔31日〕）

法　　令

在苏维埃政权的许多法律、法令和决定中，都有涉及立宪会议及其立法性质的内容。

所有这些内容，在中央执行委员会解散立宪会议和全俄苏维埃第三次代表大会批准这一步骤以后，就自行失效和废除。

因此，全俄苏维埃第三次代表大会决定：在苏维埃政权的法令和法律的所有新版本中，涉及原定召开的立宪会议的任何内容一概取消。

4

代表大会闭幕词

（1月18日〔31日〕）

同志们，在苏维埃第三次代表大会闭幕之前，必须完全公正地肯定这次代表大会在国际革命史上、在人类历史上所起的历史作用。我们有无可辩驳的理由说，苏维埃第三次代表大会开辟了世界历史的新时代，现在，在世界革命的条件下，这次代表大会的整个意义开始越来越为人们所领会。这次代表大会巩固了十月革命建立起来的新的国家政权组织，为全世界、为各国劳动人民画出了未来的社会主义建设的路标。

在我们俄国，在内政方面，社会主义苏维埃共和国即俄国境内各民族的自由共和国联邦的新的国家制度，现在已得到最终的确认。现在所有的人，我相信甚至连我们的敌人也都看出来了，苏维埃政权这一新制度并不是虚构的东西，也不是党派的手段，而是生活本身发展的结果，是自发形成的世界革命的结果。请大家回忆一下，一切伟大的革命总是力求彻底摧毁旧的资本主义制度，不仅力求获得政治权利，而且力求从统治阶级、劳动人民的一切剥削者和压迫者手中夺得国家管理权本身，以求永远消灭一切剥削和压迫。历次伟大的革命就是力图摧毁这种旧的剥削者的国家机构，但是直到现在还没有能够彻底做到。俄国由于自己的经济政治状况的特点,现在第一个做到了国家管理权转归劳动人民自己。现在我们将在已经清除了历史垃圾的道路上建设光辉灿烂的社会主义社会大厦。一种史无前例的新型的国家政权正在形成,革命的意志要求这种政权把一切剥削、暴力和奴役从地球上彻底清除。

现在我们来考察一下,管理国家的新的社会主义原则在我们的对内政策方面取得了什么成果。同志们,你们都记得,就在不久以前资产阶级报刊还不停地大喊大叫,说我们正在毁灭俄罗斯国家,说我们不会管理,因此所有民族如芬兰、乌克兰等都在脱离我们。资产阶级报刊幸灾乐祸得忘乎所以,几乎每天都报道关于这种"脱离"的消息。同志们,我们比他们了解这种现象的根本原因,其根源就在于劳动群众不信任克伦斯基之流老爷们的妥协的帝国主义政府。我们没有说什么,因为我们坚信,我们的正义原则、我们自己的管理将能比语言更好地向全体劳动人民证明我们的真正目的和愿望。

我们是正确的。我们现在看到,我们的思想在芬兰、乌克兰已经取得胜利,在顿河区也正在取得胜利,它正在激发劳动人民的阶级意识,把他们组织成一个坚强的联盟。我们没有用外交家,也没有采取帝国主义者所采用的老一套方法来进行活动,却取得了极其伟大的成绩:革命胜利了,取得了胜利的人民同我们结成了一个强大的革命联邦。我们掌握着政权,我们不是根据残酷的古罗马法来分离一切劳动人民,而是根据他们的切身利益和阶级意识紧密地把他们联合起来。我们的联盟、我们的新国家要比暴力政权巩固,因为暴力政权用欺骗和武力把全体劳动人民结合进帝国主义者所需要的人为形成的国家里。例如,芬兰的工人和农民刚一把政权夺到手中，就向我们表示他们对世界无产阶级革命的忠诚，并向我们祝贺，从他们的贺词中可以看出他们沿着"国际"指出的道路同我们一道前进的不可动摇的决心。[126]这就是我们联邦的基础，所以我深信，由自由民族组成的各种单独的联邦将会愈来愈紧密地聚集在革命的俄罗斯的周围。这种联邦既不靠欺骗又不靠武力，而将完全自愿地发展起来，因此它是不可摧毁的。这种联邦之所以不可摧毁，其最好的保证就是我们在这里创造的那些法律和国家制度。你们刚刚听取了土地社会化法令[127]。难道这个法令不是一种保证吗？它保证工农现在团结得亲密无间，保证我们能依靠这种团结克服通往社会主义的道路上的一切障碍。

不容讳言，这些障碍是很大的。资产阶级会使出一切手段，不惜孤注一掷来破坏我们的团结。会有骗子、挑拨者、叛徒，也可能会有不觉悟的人，但是今后我们什么也不用怕了，因为我们建立了自己的新的国家政权，因为我们掌握了自己管理国家的大权。我们将用我们的全部力量来打击各种反革命活动。然而巩固新制度的主要基础则是我们为了社会主义将要实行的那些组织措施。在这方面我们还有大量工作要做。同志们，请回忆一下，把各民族拖入战争的世界帝国主义者强盗彻底破坏了世界的整个经济生活。他们留给我们的沉重负担就是恢复被他们破坏了的一切。

当然，劳动人民没有管理的经验，但是这一点吓不倒我们。现在展现在胜利了的无产阶级面前的，是已经变成全民财产的土地，无产阶级一定能够根据社会主义原则组织新的生产和消费。过去，人类的全部智慧、人类的全部天才所进行的创造，只是为了让一部分人独享技术和文化的一切成果，而使另一部分人连最必需的东西——教育和发展也被剥夺了。然而现在一切技术奇迹、一切文化成果都将成为全民的财产,从今以后,人类的智慧和天才永远不会变成暴力手段和剥削手段。这些我们是知道的,因此,为了实现这一最伟大的历史任务,难道还不值得去工作,还不值得献出全部力量吗?劳动者一定能完成这一宏伟的历史任务,因为在他们身上蕴藏着革命、复兴和革新的尚未苏醒的伟大力量。

我们现在已经不再是孤立无援的了。近几天来,不仅在乌克兰和顿河区,不仅在我们的卡列金分子和克伦斯基分子统治的地方,而且在西欧也都发生了意义重大的事件。关于德国革命形势的电讯,你们都已经看到了。革命势力的烈焰在整个腐朽的世界旧制度上越烧越旺。由于我们建立了苏维埃政权,其他国家也在实行这种尝试,这已经不是脱离实际的理论,也不是书呆子的幻想。因为,我再重复一遍,劳动人民要摆脱这次血腥的大厮杀,没有别的出路。现在这种尝试已在变成国际革命的巩固的成果。[①]我们这次具有历史意义的苏维埃代表大会是在世界革命日益壮大的标志下闭幕的,各国劳动人民汇合成一个全人类的大国家,共同努力建设新的社会主义的大厦已经为期不远了。这种建设的道路是通过苏维埃的,苏维埃是正在开始的世界革命的一种形式。(热烈鼓掌)

我向你们致敬,我号召你们建设这幢新的大厦。你们回到地

---

① 1918年1月20日(2月2日)《真理报》第15号所发表的闭幕词,还有以下一段:"你们都记得,帝国主义者和资产阶级的仆从们曾对我们大喊大叫说:'你们由于自己的政策而失去了英美法这些同盟国',他们叫嚷什么'我们使俄国孤立无援……' 是的,同志们,我们失去了英美法的资本家,但是我们却得到了英法德的工人、士兵和农民。就让他们去说我们现在没有同盟国吧。"——俄文版编者注

方上以后,要竭尽全力做好组织工作和巩固我们最伟大的胜利。

(代表们起立,热烈鼓掌向列宁同志致敬)

载于 1918 年 1 月 12、13、14、20 日
《中央执行委员会消息报》第 8、9、
10、15 号和 1918 年 1 月 13 日(26 日)、
14 日(27 日)、1 月 20 日(2 月 2 日)
《真理报》第 9、10、15 号

关于取消苏维埃法律中所有涉及立
宪会议的内容的法令草案载于
1931 年《列宁文集》俄文版第 18 卷

译自《列宁全集》俄文第 5 版
第 35 卷第 259—290 页

给赤卫队司令部的命令

1918 年 1 月 12 日

鉴于彼得格勒饥荒的危险极其严重,并根据人民委员会关于在彼得格勒及其近郊铁路线上检查有无装有粮食的车皮的决定,兹命令赤卫队司令部协助此项检查并逮捕投机倒把分子和怠工分子。

为此目的,命令立即组成适当数量的检查队,于明日(1 月 13 日)早晨前往铁道人民委员部涅夫斯基同志或其副手处,配合行动:

(1)巡视各车站,并由站长和其他管理人员签字,证明车站和铁路线上没有一辆装有粮食或其他食品的车皮;

(2)检查是否真正没有装有粮食等物资的车皮,检查应同铁路员工一起进行;

(3)如果发现有提供伪证或报告不真实的情况,应将管理人员逮捕(在取得铁路工人委员会同意后)并送交革命法庭。

人民委员会主席

弗·乌里扬诺夫(列宁)

载于 1931 年《列宁文集》俄文版第 18 卷

译自《列宁全集》俄文第 5 版第 35 卷第 291 页

在全俄铁路员工非常代表大会上
关于人民委员会工作的报告[128]

(1918 年 1 月 13 日〔26 日〕)

1

报　　告

同志们,很遗憾,我没有可能给你们作一个完整的报告,我相信你们当中那些比较细心注意时局的人,一方面根据报上的消息,一方面根据个人在苏维埃代表大会上所取得的印象,对于苏维埃政权目前的处境,它同其他机关的关系以及它所面临的任务,已经能有一个完整而明确的概念。因此,请允许我只简略地补充说明几点。为了说明苏维埃政权的任务和处境,我必须谈一谈,它同铁路无产阶级即铁路劳动者的组织有着一种什么关系。

同志们,你们都知道,苏维埃政权同立宪会议发生了冲突,由于苏维埃政权解散了立宪会议,一切有产阶级,即地主、资产阶级、卡列金分子以及拥护他们的人,现在都在大肆责难我们。但是,少数资产阶级报纸的这种责备越厉害,工人、士兵、被剥削劳动者的呼声也就越高。农民宣称:他们从来也不怀疑苏维埃政权高于其他任何政权,无论工人、士兵或农民,都决不会把他们所选举、他们所创造以及受他们监督和检查的苏维埃送给任何人或任何机关。苏维埃政权之所以同立宪会议发生冲突，正如你们大家都知道的，首先是因为立宪会议是根据十月革命前就拟好的候选人名单选举出来的。立宪会议是通过普遍、直接、平等和无记名投票，按比例代表制来选举的。这种选举制是最完善的选举制，但是，只有在一种情况下，也就是说，只有在那些根据这个制度有权利并有可能拟定候选人名单的党派真正代表了选举他们的选民集团的情绪、愿望、利益和要求的时候，这种选举制才能正确地表达人民的意志，因为在另一种选举制度下，即在各地区选举各自的候选人或代表的情况下，选民容易根据自己的情绪或已发生的政治变化，立即纠正自己的错误。而在比例选举制下，在选举前好久，每一个党就应当作为一个整体，拟出本党的候选人名单，于是就发生了这样的情况：立宪会议要在 11 月 12 日才召开，而各党派在 9 月或 10 月初就要拟好候选人名单。你们都记得，曾经依法规定了一个期限，在这个期限之内，各党派都必须提出自己的候选人名单，而且过期就不能改变名单了。因此，俄国最大的政党，即在去年夏天和秋天无疑是最大政党的社会革命党，就必须在 1917 年 10 月初以前以整个社会革命党的名义提出自己的候选人名单；实际上也是这样做的。10 月初候选人名单提出来了，上面列出社会革命党的候选人；这样的政党当时似乎是一个统一的整体。然而，在候选人名单拟好以后，在革命一开始就创立自己的苏维埃的俄国工人和农民走完了漫长而艰苦的道路以后，同克伦斯基的妥协结束了。要知道，这个人也被认为是社会革命党人，——他既像是一个社会主义者，又像是一个革命者，而实际上他是一个帝国主义者，他口袋里藏着秘密条约，同法英帝国主义者签订的秘密条约，也正是 2 月间被推翻的沙皇所签订的那些条约,正是这些条约注定要俄国人民去大厮杀,以便决定俄国资本家是否能侵占君士坦丁堡、达达尼尔、亚美尼亚或加利西亚的一部分,而那些特别疯狂的分子,像显赫一时的米留可夫之流,事先就画好了地图,标明东普鲁士的一部分也应划归俄国人民,作为千百万工人和士兵流血的奖赏。这就是占统治地位的克伦斯基俄国资产阶级帝国主义共和国的真实面目,而克伦斯基却继续被认为是,而且确实仍然是一个社会革命党党员。

10月底召开了全俄工兵代表苏维埃第二次代表大会;当时,人民对于同帝国主义者的这种妥协已感到厌倦了,6月发起的进攻牺牲了我们几十万人,并清楚地表明:战争为什么会拖下来,这些秘密条约怎样注定了士兵去大厮杀,关于和平的"言论"怎样始终只是一种空话。因此,全俄苏维埃第二次代表大会推翻了这个资产阶级帝国主义政府的政权,建立了苏维埃政权。结果,在11月12日进行了立宪会议选举;工人、士兵,尤其是农民不得不按照旧的候选人名单选举,因为没有其他的名单,也不可能拟出其他名单。现在有人对我们说:"你们驱散了代表大多数人民意志的立宪会议",资产阶级的下流文人以及像克伦斯基之流的社会主义者的报纸都异口同声地重复着这一点,而我们回答他们说:"关于我方才向你们说明的以及在解散立宪会议的法令中所提出的那个理由,为什么你们对人民只字不提呢?"我们不能认为立宪会议是人民意志的表达者,因为它是按旧的候选人名单选举出来的。工人,特别是农民,投社会革命党的票,是把它看做一个整体的,而这个党在选举以后却分裂了,因而在选举以后,该党在人民面前就变成了两个党——同资产阶级走在一起的右派社会革命党,以及同工人阶级、同劳动人民一道前进,并拥护社会主义的左派社会革命党。当立宪会议还存在的时候,人民能够在右派社会革命党与左派社会革命党之间进行选择吗?——不能,因此,即使从拟定候选人名单和进行选举方面来看,即从形式上来看,我们也认为,谁也不能驳倒我们这样的看法:立宪会议不能正确地表达人民意志。革命发生在拟出候选人名单之后,而在立宪会议选举之前,这并不是革命的过错。社会革命党长期使人民,特别是农民不明真相,一直用空话欺骗他们;直到10月25日以后,在召开了农民第二次代表大会以后,我们才看到右派社会革命党人和左派社会革命党人之间已无调和的余地;并且在此以后,才召开了一系列的士兵代表大会和农民代表大会,直到这次铁路员工代表大会;所有这一切也都不是革命的过错。

我们到处都看到一幅同样的图画,到处都是这样:一方面,真正属于被剥削劳动者方面的绝大多数人都全心全意地、毫无保留地、坚定不移地站到苏维埃政权一边,另一方面,资产阶级上层分子、职员、管理人员、富裕农民都站到有产阶级一边,站到资产阶级一边,并提出"全部政权归立宪会议"的口号,这就是说,要求把政权交给那个在革命前选举出来的机关,交给那个在人民还不知道如何区别右派社会革命党和左派社会革命党的情况下选举出来的机关。这是不行的,劳动阶级的革命高于旧的候选人名单,革命前受压迫的被剥削劳动者的利益应当摆在首位,——如果立宪会议违背苏维埃政权的意志,违背绝大多数劳动者的意志,那么,我们就要高呼:打倒立宪会议,苏维埃政权万岁。(鼓掌)同志们,现在我们一天比一天更相信,苏维埃政权在国民经济各部门和全国各个角落正得到贫苦人民、被剥削劳动者的愈来愈大的支持,无论资产阶级的报纸以及像右派社会革命党即克伦斯基党的报纸这一类所谓社会主义政党的报纸怎样诽谤我们,说我们的政权反对人民,不依靠人民,但这毕竟是明显的谎言。今天我们恰好得到一个特别明显的证据,一条来自顿河区的消息(夜间电报)说,在沃罗涅日召开了哥萨克部队代表大会,在卡缅斯克村召开了20个哥萨克团和5个炮兵连的代表大会。前线的哥萨克之所以要召开代表大会,是因为他们看到:一些对俄国政权转归苏维埃心怀不满,希望顿河区自决的军官、士官生和地主子弟聚集在卡列金分子周围。那里正在组织一个卡列金的党,卡列金自封为最高阿塔曼[129]。这个前线哥萨克的代表大会被驱散了。[130]他们为了对这种行为给以反击,采取了下列措施:第一,同沃罗涅日代表大会合并举行;第二,对卡列金宣战;第三,逮捕阿塔曼;第四,占领各主要车站。

　　里亚布申斯基之流的老爷们往那里送去了几百万,在这里又花费了几百万作为发给怠工分子的薪金,鼓励他们同苏维埃政权捣乱,现在让他们同法英资本家老爷们以及罗马尼亚国王一起为自己的命运去悲伤哭泣吧,因为就连在顿河区这样的地方,他们的最后赌注也输掉了,顿河区的富裕农民最多,他们靠雇佣劳动为生,剥削他人的劳动,一贯反对为贫困所迫而自远方迁来的农民;就连在这个剥削者农民最多的地方,坚决与苏维埃政权为敌的士官生、军官和有产者的这个组织也激起了人们的愤怒,就连在这个地方我们也发现了那种谁都不愿看见的、有人因此而责备我们的分裂现象。"是布尔什维克宣布打内战的。"也许卡列金是我们臆造出来的吧?也许里亚布申斯基是布尔什维克臆造出来的吧?可是我们知道,在沙皇时代这些人就是沙皇政权的主要支柱,现在他们不过是隐藏了起来,想把俄罗斯共和国变成存在于大多数国家的那种资产阶级共和国。在这些国家里,虽然也存在各种自由和选举制度,但劳动人民所受的压迫仍和在任何一个君主国里一样,甚至还要厉害。当有人说布尔什维克煽起了兄弟自相残杀的内战的时候,当他们咒骂布尔什维克挑起罪恶的兄弟自相残杀的内战的时候,我们就回答他们说:"这算什么兄弟自相残杀的战争呢?难道里亚布申斯基和卡列金之流是劳动人民的兄弟吗?奇怪的是,水兵、士兵、工人和农民都不知道这一点。奇怪的是,他们都没有觉察到这一点。奇怪的是,他们都十分坚决地说,叫里亚布申斯基和卡列金之流服从苏维埃政权。"

士官生和军官曾在彼得格勒和莫斯科组织暴动,这种疯狂而愚蠢的举动以失败而告终,因为绝大多数的工人和士兵都无条件地站在苏维埃政权一边。士官生和军官知道,战争一开始,士兵就会武装起来,而且不会把武器交给任何人。人民联合起来、组织起来,为的是要独立自主地掌握自己的命运,——发动革命也就是为了这个目的。而士官生和军官也都清楚地看到和知道,在这里,在彼得格勒,人民完全站在苏维埃政权一边,因此,当他们在彼得格勒和莫斯科被击溃以后,就逃窜到顿河区去了,准备在那里制造阴谋,并期望在这个反对劳动群众的反革命阴谋中,得到资产阶级基辅拉达的支持。可是资产阶级基辅拉达的末日已到,因为它已经信誉扫地。他们到处向劳动人民宣布内战,却责难我们发动战争,他们嚷道:你们挑起了内战;打倒内战!我们回答说:打倒里亚布申斯基和卡列金之流及其一切帮凶!(鼓掌)

因此,同志们,当资产阶级对我们进行严厉指责,硬说我们正在破坏民主,说我们破坏了对民主形式,即民主机构的信仰,说这些机构是珍贵的,它们长期以来支援和滋养了俄国革命运动,说我们破坏了最高的民主形式——立宪会议的时候,我们回答说:不,不是这么回事；社会党人克伦斯基的共和国是口袋里装着秘密条约的帝国主义领袖即资产阶级领袖的共和国，也就是驱使士兵去进行战争（所谓正义战争）的共和国。当我国还是这样的共和国的时候，立宪会议当然比预备议会好，因为克伦斯基在预备议会[131]中同切尔诺夫和策列铁里达成协议，仍旧奉行同样的政策。革命一开始（即从1917年4月起），我们就直截了当地公开说过，苏维埃是一种比立宪会议高得多、完善得多、适宜得多的民主形式，即劳动者民主的形式①。立宪会议联合了所有的阶级，就是说，也联合了各个剥削阶级，联合了有产阶级、联合了资产阶级、联合了那些靠人民、靠被剥削者才受到教育，却离开他们去投靠资本家，把自己的知识，最高的知识成就用来反对劳动者，把自己的知识变成了压迫人民的工具的人。可是，我们说，一旦开始革命——这是被剥削劳动者的革命——全部国家政权就只能属于劳动者的组织，只能属于被剥削者的组织；这种民主制比旧民主制高得无法比拟。苏维埃不是某一个政党所臆造的。你们都十分清楚，能臆造出苏维埃的政党从来没有过。它是由1905年的革命产生的。不管当时苏维埃存在的时间多么短促，但已经很清楚，苏维埃是人民反专制制度斗争的唯一可靠的支柱。当苏维埃刚刚趋于没落，并被全民代表机关所取代的时候——我们就看到在这些机关里，即在所有杜马、代表大会、会议中——立宪民主党人、资本家、剥削者在大肆活动，同沙皇谋求妥协的活动也展开了；人民运动的机关趋于没落，革命也就失败了。因此，当1917年革命不仅恢复了苏维埃，而且使苏维埃遍布全国的时候，苏维埃教育了工人、士兵和农民，使

---

①　见本版全集第29卷第113—118页。——编者注

他们懂得,他们能够而且应当把全部国家政权掌握在自己手中,而不能像资产阶级议会那样,那里每一个公民都享有与其他公民平等的权利。要是工人宣布自己同里亚布申斯基平等,农民宣布自己同拥有 12 000 俄亩土地的地主平等,那么,穷人就过不上好日子。因此,最好的民主形式,最好的民主共和国就是排除地主和富人的政权。

由于我们面临战争,面临空前的破坏,面临饥荒,面临千百万人民被毁灭、即肉体被直接毁灭的危险,——由于这种种原因,俄国人民比较迅速地亲身体验了一切,并在几个月之内作出了决定。从 4 月 20 日负伤的林杰把士兵领到彼得格勒的街头,打算推翻米留可夫和古契柯夫的政府以来,人民领略了长时间玩弄更换阁员的把戏,——在此期间所有的政党都恭敬地去吻立宪民主党,并抛出一个比一个更漂亮、更诱人和更冠冕堂皇的纲领——他们终于确信,这不会有任何结果,答应给他们和平,而事实上却引他们去进攻:1917 年 6 月间数万士兵丧失了性命,就是由于克伦斯基确认了沙皇同欧洲帝国主义者签订的秘密条约。根据这种经验,根据这种亲身的经验,而不是根据宣传,人民把社会主义的苏维埃政权同资产阶级的共和国作了比较,获得一个信念:资产阶级帝国主义的旧的改革和旧的机关不符合被剥削劳动者的利益,只有苏维埃政权才符合他们的利益,因为无论是工人、无论是士兵、农民、铁路员工,一切劳动者都可以自由地把自己的代表选进苏维埃,自由地罢免那些不能满足人民的要求和愿望的代表。出席苏维埃并不是为了议论法令,卖弄议会式的演说,而是为了实现自由和摆脱剥削的枷锁。工人自己将根据新的原则来建立国家,建设剥削者无容身之地的新俄国的新生活。就是这些创立了苏维埃,正因为如此,我们才说,俄国革命的经验向人们表明和证实了我们早已指出的几点:苏维埃政权是一种比在西欧各国所形成的资产阶级共和国要高得多的民主形式;这是真正的民主,劳动者、工人可以而且应当统治非劳动者,统治社会上的剥削阶层,工人、士兵、农民和铁路员工没有地主、资本家,自己也能够当家做主,进行城乡产品的交换,规定合理的工资。

　　正因为这个缘故,俄罗斯苏维埃共和国现在已完全成为社会主义共和国了,它没收了地主的土地,在工厂里建立了工人监督,通过工人的社会主义组织掌握了银行,从而为人民开辟了亲自管理资本家所聚敛的前所未闻的大量财富的途径,以便利用这种财富来发展全体劳动者的福利和提高他们的文化,而不是利用它来压迫劳动者。这就是苏维埃共和国要实现的使命。这就是为什么国外的人民,各劳动阶级这样同情我们的缘故,尽管那里有帝王的战时书报检查制度,尽管外国的克伦斯基之流查禁社会主义报纸。那里的资产阶级报纸无耻地诽谤我国;查禁我们的报纸,不放进一份《真理报》。我有一个同志前两天刚从瑞士回来,他所待的地方就是不久以前我曾在那里度过不少艰苦日子的地方。他说,在自由的瑞士听不到一点真情实况,自由欧洲的一些自由共和国连一份我们的报纸都不许带入,在那里只能读到一味辱骂布尔什维克的谎话连篇的资产阶级报纸。尽管如此,但各国工人都懂得俄国的苏维埃政权确实是劳动者的政府。在现时的欧洲,无论在英国,在法国,在德国,或在其他的国家,没有一个工人不鼓掌欢迎俄国革命的消息,因为他们把俄国革命当做他们的希望,当做将会燃起全欧洲燎原之火的火炬。

　　俄国革命之所以如此容易发生,只是因为俄国受到沙皇政府极其野蛮的压榨，任何一个国家也没有像俄国那样饱受战争的磨难。

俄国人民首先举起了社会主义革命的火炬，可见他们知道，在这场斗争中他们并不是孤立无援的，他们将在最忠实的同志和朋友的援助下完成这项事业。到其他国家也爆发社会主义革命，也许还要经过不少的时间，究竟要经过多少时间，我们不知道。你们都知道，革命在其他国家一般是怎样发生的。你们每一个人都经历过 1917 年，你们都知道，在革命开始的三个月之前，谁都不知道会发生革命。我们知道，工人罢工运动正向奥地利蔓延。当欧洲各国的以本国的切尔诺夫和策列铁里之流为首的政党开始失掉对事变进程的任何影响的时候，当这些政党开始感到自己已完全孤立的时候，就在那里谈论起实行戒严的事来，而在德国则开始谈论实行军事独裁的事；现在维也纳的罢工已经暂时停止，报纸已开始出版。我接到我国驻斯德哥尔摩代表沃罗夫斯基的一封电报，他在电报中说，毫无疑问，运动已经暂时停止了，但是要把它完全镇压下去是不可能的，它必然还会高涨起来。这就是开始布列斯特和平谈判的效果之一，并且我们履行了自己许下的诺言。秘密条约已经废除和公布，这种可耻的东西已经在你们面前暴露无遗了。我们已经表示，过去资本家承担的这些义务，不管将来把它们叫做秘密条约还是债务，现在对我们来说都无非是一些废纸，已经被我们抛弃了，因为这些东西妨碍我们劳动群众建设社会主义社会。德国人在布列斯特提出了无耻的要求，他们口头上承认要缔结公正的和约，而实际上还是暴露了同样的强盗和掠夺者的野心，现在劳动群众已经开始意识到这一点。这是一种人为的拖延，这一点群众很清楚；他们说，既然俄国的工人和农民已经终止了战争，那就是说,可以终止战争,可以向各自的政府进攻。1905年10月17日伟大的第一次全国总罢工被专制政府镇压下去了,但是,它却在奥地利,在维也纳和布拉格引起了一连串的事变和工人的游行示威,而且奥地利人民还争得了普选权。1905年俄国革命被沙皇政府镇压下去了,但是它却使西欧的工人对未来的伟大改革,也就是现在所发生的事情有了信心。

在苏维埃第三次代表大会开幕时,你们都看见了许多外国党的代表,他们说,他们观察了英国、瑞士和美国的工人运动,他们一致认为欧洲的社会主义革命正在成为当前的任务。欧洲的资产阶级要比我国的克伦斯基之流强大和聪明,他们作好了一些安排,使群众比较难以起来斗争。那里的工人享有某些福利,因此,要在那里击破维持了数十年、参加了政权并在人民心目中享有威信的旧社会党,是比较困难的。但是这种威信已经在丧失,群众沸腾起来了,毫无疑问,在不久的将来,也许是遥远的将来,社会主义革命在所有的国家中都将提到日程上来,因为资本压迫的末日已经来到了。

如果有人对我们说,布尔什维克虚构了一个在俄国实施社会主义的想入非非的玩意,说这是不可能的事,那我们就回答说:空想家和幻想家怎么能赢得大多数工人、农民和士兵的同情呢?大多数工人、农民和士兵之所以站在我们一边,难道不是因为他们亲身体验到了战争的后果,看到在旧社会已经没有出路,看到资本家运用一切技术和文化的奇迹来进行毁灭性的战争,看到人们都变得残暴野蛮,陷于饥饿吗?这就是资本家干的事,因此在我们面前产生了这样一个问题:或者是死亡,或者是彻底摧毁这个资产阶级旧社会。这就是我国革命的深刻根源。因此我们看到,在人人都识字的小邻邦爱斯兰，前两天举行了雇农代表大会，选出全权代表接管了一切采用先进技术的农场。这是一个有世界意义的变革。在资本主义经济中，雇农处于社会阶梯的最下层，而现在他们管理农场了。其次，看看芬兰的情况，那里议会代表全民族讲话，那里的资产阶级要求我们承认他们独立。我们不会强行把任何过去在沙皇政府羁绊下的民族继续控制在俄罗斯的手中，或留在俄国一个国家里。我们曾希望把其他的民族，如乌克兰、芬兰吸引过来，但不是通过暴力和强制手段，而是通过这些民族建立自己的社会主义世界、自己的苏维埃共和国的办法。现在我们看到，在芬兰，工人革命随时都会发生；芬兰自1905年以来，已有12年享有内部的充分的自由和民主机关选举权。自1905年到1917年，仿佛是布尔什维克有意煽起的大火迸发出来的火星，落到了这个以高度文化水平、优良的经济制度和光辉历史著称的国家里，连这种地方，我们看到，社会主义革命也即将发生。这种现象证明：我们并不是迷恋于党派斗争，也没有进行有计划的活动，仅仅是由于战后整个人类陷入了绝望的境地，才造成了这一次革命，才使社会主义革命成为不可战胜的。

同志们，最后请允许我指出，在你们的铁路员工代表大会上也出现了同样的现象。我们知道，同你们铁路的上层领导组织作斗争是多么的困难。你们都是铁路员工，你们亲身体验到铁路无产阶级的劳动群众承担了组织铁路运输的全部重担。这一工作陷入了绝境，这不是臆造，也不是出于偶然：这或者是由于不惜花费数十万卢布，千方百计破坏苏维埃政权的百万富翁收买的资产阶级蓄意阻挠的结果；或者是由于资产阶级拒绝改变事物秩序的结果，因为在他们看来，世界上有长官和为他们做工的穷人，前者可以虐待后者,这是上帝的安排。的确,管理者认为,上帝真是这样安排的,别的秩序是不可能有的,如果触犯了这种秩序,就会发生混乱。其实不然。劳动群众的团结胜过一切,他们会建立自己的同志式的纪律,会利用一切技术和文化的成就来正确地安排铁路运输和城乡产品交换,帮助工人和农民组织全国范围的国民经济,使劳动群众能够在没有地主和资本家的情况下享用自己的劳动成果,使科学技术知识不是为一小撮人服务,不是为了造就脑满肠肥的富人,而是用来改善整个铁路部门的状况。这对我们特别重要。你们知道,在每一个枢纽车站周围有多少贿赂、欺骗和投机活动;你们知道,剥削者怎样花费了数百万卢布来破坏运输,把车厢藏起来,使我们找不着。这一切都是为了加剧饥荒,挑拨人民反对苏维埃政权。但是,你们大家都知道,只有大多数铁路员工的组织都团结起来,把支持苏维埃政权当做自己的任务,才能通过无情的斗争清除一切骗子、怠工者、资本家和剥削者,清除这一切资产阶级社会的渣滓,才能正确地组织好铁路部门的工作,使工人、士兵和农民完全从压迫者的政权下解放出来,我们才能得到社会主义。(全场热烈鼓掌)

2

回 答 问 题

同志们,摆在我面前的纸条可以分为两类,一类是关于立宪会议的问题,另一类是关于饥荒和经济破坏的问题。我把问题大体相同的纸条归纳起来,按这两类问题来回答。关于立宪会议的问题,我们这里有人问:解散立宪会议是否正当? 应不应该召集新的立宪会议? 或者在解散立宪会议以前,就这个问题进行全民投票是不是更正确一些? 不,同志们,无论全民投票也好,召集新的立宪会议也好,都无济于事了。俄国各党派已经形成目前这样的状态。资本家同情谁,工人和农民同情谁,我们都看到了。苏维埃政权既不是遵照谁的指令,也不是根据哪个政党的决议建立的,因为它高于各政党,它是根据革命的经验,根据千百万人的经验建立的;苏维埃在 1905 年诞生,而在 1917 年成长起来,建立了新型的共和国,这决不是偶然的。这种新型的共和国欧洲国家现在没有,而且只要那里还有资本的统治,将来也不会有。但是苏维埃共和国一定会在各个国家取得胜利,那时资本就会遭到决定性的打击。我必须指出,立宪会议和全民投票都是按照资产阶级议会制的旧模式搞起来的,而且由于资本占统治地位,人民投票就不得不考虑它,同它讨价还价。而苏维埃政权产生的不是那种为了建立资本和官僚机构的稳固统治而在议会里唇枪舌战,炫耀辞令的代表。苏维埃政权来自劳动群众本身,它不召开议会,而召开劳动者代表的会议,由这种会议颁布直接执行和贯彻的旨在反对剥削者的法律。旧式的立宪会议和旧式的全民投票的任务是统一整个民族的意志,创造狼同羊、剥削者同被剥削者和睦共处的条件。不,我们不愿意这样做。这一切我们都经历过了,我们都领教过了。这一切我们已经受够了。我们深信,大多数工人农民和士兵都受够了。当战争迫使我们进行一系列英勇斗争来挣脱资本的控制,否则就要灭亡的时候,竟有人要我们进行那种在欧洲国家已经进行过的试验,这种试验只会给我们带来旧的资产阶级的资本主义和全民的代表机构,而不会带来劳动群众的代表机构。我们需要的不是资产阶级的代表机构,而是能同剥削者进行无情斗争的被剥削者和被压迫者的代表机构。这就是苏维埃政权的主张;它既不要议会,也不要全民投票。它比这些都高,它使劳动者在不满意自己的政党的时候,可以改选自己的代表,把政权交给另一个政党,不必进行任何革命就可以改组政府。因为克伦斯基—卡列金和资产阶级拉达的经验已经表明,反苏维埃政权的斗争是不可能成功的。如果说现在在俄国还有几十个反对苏维埃政权的人,那么这样的怪人也是很少了,再过几个星期这种人便会绝迹,苏维埃政权这个被压迫阶级推翻压迫者和去除剥削者的组织便会取得胜利。

现在我来谈谈目前威胁我们的最可怕的灾难——饥荒。经济破坏的主要原因是什么呢?使城市和工业地区受到饥荒威胁的经济破坏的主要原因,就是怠工者十分猖狂,他们支持经济破坏,却又拿这一点来责难我们。我们非常清楚,俄国有足够的粮食,粮食都在卡列金的统治地区,在遥远的西伯利亚和各个产粮的省份。我必须指出,如果被剥削阶级不建立坚强的、无情的革命政权,他们就决不会得到解放。同志们,关于怠工者我还要指出,我们知道怠工的官吏经常出出进进的地方，这些人在那里已经预领了三个月的薪金，里亚布申斯基给了 500 万，英法帝国主义者也给了这么多，罗马尼亚帝国主义者也给了这么多。怠工就是这么一回事：这是些被收买的高级职员，他们追求的唯一目的是破坏苏维埃政权，虽然他们中间许多人并不了解这一点。怠工，这就是企图恢复剥削者的旧日天堂、劳动人民的旧日地狱。但是为了使他们不能达到这个目的，我们必须粉碎他们的反抗。

其次，有人向我们提出了有关铁路职员的劳动报酬的问题。这完全是一种误会。仅仅是一位人民委员可能这样解释过这件事，并颁布了这个指令，但在一接到人民委员会的指示之后，他就更改了这个指令[132]，因此，说这是苏维埃政权的意图，那是不了解情况。

为了消除饥荒和无政府状态，我们应该做些什么呢？首先，应该粉碎资本家的反抗和使怠工者不能进行反抗。既然《新生活报》的拥护者和其他所谓的社会主义报刊说，两个半月过去了，怠工并没有停止，那我不禁要问：为什么你们不帮助我们制止这种怠工呢？现在银行已归苏维埃管理。昨天就发生过这样一件事：有一位叫芬-叶诺塔耶夫斯基的著作家来见我，他代表 5 万人向我声明，银行准备在完全服从苏维埃政权的条件下工作。（热烈鼓掌）我对银行职员的代表回答说："早就该这样。"只要这种对苏维埃政权的承认真正为大多数劳动人民所认可，不是在口头上而是在实际上认可，我们就不拒绝同任何组织谈判，不管是银行职员的组织或其他什么组织。我们听了银行职员的这样一个声明。这些银行职员专门爱搞一些闻所未闻的投机倒把的勾当，只要一有机会就会把一个戈比变成一个卢布，所以他们的口袋里塞满了几百万利润。

现在，他们建议我们谈判，但是这不是克伦斯基所进行的那种谈判。我们将不谈银行改革问题。我们先用武力占领了银行，然后我们再谈判并发布决定和命令。对于我们来说，重要的是首先要粉碎怠工者的反抗，然后再来谈判。这就是克服饥荒和无政府状态的途径，只有依靠这一途径才能克服资本主义造成的和经济破坏造成的恐怖。你们知道，在全世界，尤其在俄国发生了多么巨大的经济破坏，在俄国还存在着沙皇政府遗留下来的贪污、横暴、对劳动人民的仇视和嘲弄。而现在人们又埋怨无政府状态；你们自己想一想，那些蹲了三年战壕、受尽战争苦难的人们能不能为了俄国资本家大发横财，为了他们需要君士坦丁堡而去战斗呢？他们到处都会看见，有人在利用千百万卢布去推翻苏维埃政权，以获得对国家的统治。

同志们，想在一天里完成这种变革是不可能的。社会主义革命开始了，现在一切都取决于确立同志式的而不是兵营般的纪律，取决于劳动群众自己的纪律，而不是资本家的纪律。一旦铁路劳动者把政权掌握到自己手中，他们就会在武装组织的帮助下，粉碎怠工和投机行为，惩办一切进行贿赂和破坏铁路正常运行的人。必须把这些反对人民政权的人按罪大恶极者论处。因此，只有依靠这样的组织即苏维埃组织，依靠它的团结和毅力才能同资本家、怠工者、骗子和里亚布申斯基之流作斗争。为了战胜饥荒必须选择这样的道路，因为俄国什么都有，有铁，有石油，有粮食，一句话，凡是人们生活上所需要的一切都有。如果战胜了剥削者，苏维埃政权和经济管理制度就必然在俄国确立，将来一定会这样。（热烈鼓掌）

载于1918年《1918年1月5—30日在彼得格勒举行的全俄铁路员工非常代表大会文件汇编》

译自《列宁全集》俄文第5版第35卷第292—310页

对《土地社会化基本法》草案的补充[133]

(1918年1月13日和27日〔1月26日和2月9日〕之间)

如果土地不是用于耕种(如用于建筑、文化教育、特殊行业等等),拨地面积由地方苏维埃斟酌申请人或申请机构的需要,根据申请土地的目的的社会必要性决定之。

载于1933年《列宁文集》俄文版
第21卷

译自《列宁全集》俄文第5版
第54卷第389页

彼得格勒苏维埃主席团和粮食机关代表联席会议文献[134]

（1918年1月14日〔27日〕）

1

关于同饥荒作斗争的措施的发言

（1）

从弗拉基米罗夫的材料可以看出，口粮必须维持原状。必须采取措施，把彼得格勒有的东西都找出来。

（2）

所有这些报告都说明，彼得格勒工人毫无作为的情况是令人吃惊的。彼得格勒的工人和士兵应当了解，除了他们自己，是没有人会帮助他们的。违法乱纪的事实有目共睹，投机倒把的活动骇人听闻，然而士兵和工人在反对投机倒把方面在群众中做了些什么呢？如果不发动群众自己动手，那就会一事无成。必须召开苏维埃全体会议并作出决定，在彼得格勒和各个货运车站进行群众性的搜查。为了进行搜查，每个工厂，每个连队都必须派出检查队，必须吸收那些不愿去搜查的人，每一个人都得去，否则就收回面包配给证。如果我们对投机倒把分子不采取就地枪决的恐怖手段，我们就会一事无成。只要检查队是由临时召集的、不曾串通好的人组成，那么就不可能发生盗窃事件。此外，对盗窃者也必须采取同样坚决的行动——就地枪决。

至于富裕的居民，应当3天不配给粮食，因为他们都有存粮和其他食品，并且可以用高价向投机商人购买。

2

关于同饥荒作斗争的措施的决议草案

召集彼得格勒苏维埃全体会议,采取同投机倒把分子作斗争和摆脱饥荒的革命措施:

(1)吸引全体士兵和工人组成几千个检查队(每队10—15人,或者更多些),责成他们每天抽出一定的时间(例如3—4小时)来做粮食工作。

(2)凡是不能认真提供必要数量的检查队的团和工厂,他们的面包配给证一律收回,而且对他们要采取有效的革命措施并给予惩罚。

(3)检查队必须立即搜查:一、车站,并检查和计算装有粮食的车皮;二、彼得格勒附近的铁路和枢纽站;三、所有的仓库和私人住宅。

关于检查、计算和征收的工作细则,由彼得格勒苏维埃主席团会同区苏维埃代表或由特设委员会制定。

(4)对于当场捕获的和罪证确凿的投机倒把分子,检查队可以就地枪决。凡查明有营私舞弊行为的检查队员,也将受到同样的制裁。

(5)为了采取非常措施以摆脱饥荒,应当从所有的革命检查队中选出最可靠、武装得最好的检查队,派往各个车站和主要产粮省份的各县。这些检查队有地方铁路委员会委派的铁路员工参加，其任务是：一、监督粮食的运输；二、监督粮食的征集和交送；三、采取最严厉的革命措施以反对投机倒把分子和征收存粮。

（6）革命检查队每次写征收、逮捕或枪决的报告时，必须有6个以上的证人参加，证人一律由邻近的贫苦居民推选。

载于1924年《红色史料》杂志
第1期

译自《列宁全集》俄文第5版
第35卷第311—313页

人民委员会关于
改善粮食状况的措施的决定草案[135]

(1918 年 1 月 14 日〔27 日〕)

人民委员会将关于粮食委员会的法令推迟到粮食代表大会召开时颁布,坚决要求全体粮食工作人员坚守岗位并避免局部冲突;

兹建议全俄粮食委员会和粮食人民委员部不仅增派委员,而且增派大量武装部队,以便采取最革命的措施运输货物、征集和交送粮食等,并同投机倒把分子进行无情斗争,直至建议地方苏维埃就地枪决罪证确凿的投机倒把分子和怠工分子。

人民委员会建议,不增加口粮,而且要加紧派出直达货运列车,密切注意运行情况。

采取紧急措施,清理彼得堡枢纽站,责成全俄粮食委员会负责此项工作。

责成全俄粮食委员会每天向人民委员会报告粮食工作的进展情况并提出粮食工作计划。

载于 1931 年《列宁文集》俄文版
第 18 卷

译自《列宁全集》俄文第 5 版
第 35 卷第 314 页

人民委员会对
左派社会革命党中央的质问[136]

(1918 年 1 月 15 日〔28 日〕)

根据人民委员会 1 月 14 日夜的决定——记录摘录附上——请左派社会革命党中央见告:

(1)左派社会革命党彼得格勒委员会是什么时候通过决议,说只要科兹洛夫斯基在侦查委员会内,就不愿向该委员会派遣工作人员?

(2)这个决议是怎样写的?

(3)左派社会革命党中央委员会是否知道这个决议,左派社会革命党中央对它是否表示过意见?

(4)什么时候,是谁(左派社会革命党中)在彼得格勒苏维埃或其执行委员会中说,只要科兹洛夫斯基在侦查委员会内,左派社会革命党人就不参加这个委员会?

(5)彼得格勒苏维埃要左派社会革命党人在一定期限内提出指控科兹洛夫斯基的材料,这个决定,左派社会革命党人执行了没有?

载于 1933 年《列宁文集》俄文版
第 21 卷

译自《列宁全集》俄文第 5 版
第 54 卷第 386 页

人民委员会关于波罗的海舰队和黑海舰队的上下隶属关系的决定草案[137]

(1918 年 1 月 15 日〔28 日〕)

人民委员会认为,第 51 条的附注[138]的提法是不准确的或者说是基于似是而非的理解,因为从字面上看,否定了全国苏维埃政权的最高权力,因此请海军立法机关重新修订这条注解。

鉴于海军代表声明这条注解根本不包含对苏维埃政府中央政权的否定,人民委员会责成普罗相同志和卢那察尔斯基同志为人民委员会起草一封说明理由的信件给海军立法机关,阐明人民委员会的观点。

载于 1959 年《列宁文集》俄文版第 36 卷

译自《列宁全集》俄文第 5 版第 54 卷第 386—387 页

人民委员会关于
工资的决定草案[139]

(1918 年 1 月 16 日〔29 日〕)

人民委员会暂时批准邮电人民委员部两个月的预算，以便立即着手对全国各地区、各行业的薪金和工资标准进行普遍的审查和平衡。

这次审查，委托劳动人民委员部同所有其他人民委员部和工人组织协商进行。

载于 1933 年《列宁文集》俄文版
第 21 卷

译自《列宁全集》俄文第 5 版
第 35 卷第 315 页

人民委员会关于
组织粮食工作问题的两个决定草案[140]

（1918 年 1 月 16 日〔29 日〕）

人民委员会要求粮食代表大会立即派出，明天早晨就派出若干名——哪怕是三名——最有经验的粮食工作人员，马上参加现有各最高粮食机关的工作，参加讨论同饥荒作斗争的最果断、最革命的措施。

人民委员会要求粮食代表大会选出一个委员会听取目前发生分歧的所有从事粮食工作的团体、机构和工作人员的申诉，并将该委员会的结论提交人民委员会。

载于 1931 年《列宁文集》俄文版第 18 卷

译自《列宁全集》俄文第 5 版第 54 卷第 387 页

人民委员会关于
海洋与内河商船国有化法令草案[141]

(1918 年 1 月 18 日〔31 日〕)

1

法 令 草 案

1. 人民委员会确认,中央委员会[142]和水运工会伏尔加航区委员会完全同意必须立即将一切海洋与内河商船无偿地收归国有。

2. 因此,人民委员会决定立即实行这项国有化,责成专门委员会(由海军人民委员部的若干名代表、中央委员会的两名代表、水运工会伏尔加航区委员会的两名代表、最高国民经济委员会任命的主席组成)制定下列国有化法令的原则,并于两天后提交人民委员会。

3. 现命令将一切船只收归国有。

4. 维持船上的秩序、保存船只等等,这直接由全体船员负责,而各航区或各海区的船员工会也要负责。

5. 在代表大会召开,中央委员会和水运工会伏尔加航区委员会合并以前,暂时决定这两个机构为一切国有化船只的总管理处。

如果不能自愿地实行合并,则由苏维埃政权强制合并。

6.总管理处的工作必须完全服从地方和中央苏维埃政权机关。

2

对草案的补充

对立即颁布的国有化法令补充如下：

(α)逮捕所有的董事(软禁)，

(β)对船只的损坏等等要负重大责任。

载于 1945 年《列宁文集》俄文版　　　　　译自《列宁全集》俄文第 5 版
第 35 卷　　　　　　　　　　　　　　　第 35 卷第 316—317 页

在俄国社会民主工党(布)中央委员会会议上的发言

(1918年1月19日〔2月1日〕)

记　　录

1

列宁同志提出一个问题:要召开什么代表会议[143]? 他认为,应当向主张革命战争的人说清楚,因为从他们的插话里可以听出一种责难,说党内有一派人怀疑另一派人在和平问题上耍外交手腕;其实什么外交手腕也没有,因为在关于停战的决定中已经完全公开地宣布,任何一方要结束停战,必须在开始军事行动的前7天发表声明。我们就是根据这一点来拖延和谈的。苏维埃第三次代表大会是怎样通过这个决定的呢? 是按中央执行委员会的提案通过的,中央执行委员会的决定是根据党团的决定作出的,而党团的决定又是根据中央委员会的决定作出的。列宁认为,要使这些主张革命战争的同志改变观点,最好让他们到前线亲眼去看一看,这样他们就会相信进行战争是完全不可能的了。列宁认为开代表会议之所以没有意义,还因为代表会议的决议对于中央委员会是没有约束力的;因此,为了取得党的确切指示,我们必须召开党的代表大会[144],这是可能的。拖延和谈,我们能够继续组织联欢,而缔结和约,我们就能立即交换战俘,从而把一大批实际看到过我国革命的人遭送到德国去;他们受到过革命的教育,在德国能够比较容易地进行诱发革命的工作。此外,列宁认为,要确凿地查明德国的情况,我们应派飞行员到柏林去,据飞行员说,这是完全能够做到的。

2

列宁同志建议在议程中增加如下一项:布哈林对彼得格勒委员会的情况作实际的说明。

3

列宁同志提出一项明确的建议。他向那些主张召开代表会议的人指出,代表会议并不能解决业已形成的裂痕。党代表大会是必要的,代表会议只能收集必须记录在案的党内意见。因此,列宁建议召开协商会议,把各种意见、各种观点都在会上提出来,同时每一个持有不同观点的派别可以有三人出席。这次协商会议应当制定出协议。

4

列宁同志赞成两三天后召开协商会议,但不要印提纲,因为我们不能让这些提纲变成德国可以利用的东西。在协商会议召开以前不要决定关于代表会议的问题，但在不发表提纲的情况下把和平问题留到代表大会去解决，这是荒谬的。

5

列宁同志建议为即将离开的苏维埃第三次代表大会的代表组织一次会议，但是不发任何书面文件。

6

列宁同志指出，在2月15日以前不能赶出党纲来，他建议：

在1月20日召开协商会议，其成员是：(1)中央委员会；(2)明确提出不同意见的代表，即：列宁、索柯里尼柯夫、布哈林、奥博连斯基、斯图科夫。如果斯米尔诺夫、奥博连斯基、斯图科夫和皮达可夫在论点上还有分歧，他们可以派两名代表，如果没有，就派一名代表；(3)彼得格勒委员会由费尼格施泰因代表；(4)一名拉脱维亚人。

委托布哈林和洛莫夫同莫斯科派和皮达可夫进行磋商。任何一派都要提出自己的提纲。[145]

第1次和第6次发言载于1922年《列宁全集》俄文第1版第15卷；第2—5次发言载于1929年《俄国社会民主工党中央委员会会议记录。1917年8月—1918年2月》一书

译自《列宁全集》俄文第5版第35卷第318—320页

致全国人民、特别是布列斯特-
里托夫斯克和谈代表团的通电

（1918 年 1 月 21 日〔2 月 3 日〕）

我们也因与你们失去了通讯联系[146]而万分焦急,看来这是德国人搞的。基辅拉达已经垮台。乌克兰的全部政权已由苏维埃掌握。哈尔科夫的中央执行委员会在乌克兰的权力已经毫无问题;布尔什维克科秋宾斯基被任命为乌克兰共和国军队的总司令。芬兰资产阶级反革命分子的活动已经无望,工人对他们愤恨已极。在顿河区,46 个哥萨克团在卡缅斯克村举行的代表大会上宣布自己为政府,现在他们正同卡列金作战。由于柏林成立了工人代表苏维埃,彼得格勒的工人欢欣鼓舞,热情高涨。传说卡尔·李卜克内西已经获释,并且即将主持德国政府。明天彼得格勒苏维埃会议将讨论向柏林和维也纳工人苏维埃致贺的问题。

列 宁

载于 1929 年《列宁文集》俄文版
第 11 卷

译自《列宁全集》俄文第 5 版
第 35 卷第 321 页

人民委员会关于彼得格勒苏维埃侦查委员会活动问题的决定草案

(1918 年 1 月 21 日〔2 月 3 日〕)

1918 年 1 月 21 日会议

人民委员会听取了对侦查委员会进行调查的委员会的报告，特决定：

给委员会补充两名委员，即阿尔加索夫同志和由斯维尔德洛夫指定的一名布尔什维克。

授予委员会进行搜查、查抄和逮捕的权力，无须事先与任何机关联系。

向委员会提供技术设备，并用司法人民委员部的经费给予贷款。

要求委员会加紧工作，以便把那些显系受到诬告而已经确认无罪的人早日解脱出来。[147]

载于 1933 年《列宁文集》俄文版第 21 卷

译自《列宁全集》俄文第 5 版第 54 卷第 388 页

致全国人民的通电

(1918年1月22日〔2月4日〕)

致全国人民

许多外国报纸编造了关于彼得格勒一片恐怖和混乱以及诸如此类的假报道。

所有这些报道纯属虚构。彼得格勒和莫斯科十分安宁。没有发生任何逮捕社会党人的事件。基辅已由乌克兰苏维埃政权掌握。基辅的资产阶级拉达已经土崩瓦解。哈尔科夫的乌克兰苏维埃政权的权力已完全得到承认。顿河区有46个哥萨克团起义反对卡列金。苏维埃政权已经占领了奥伦堡,哥萨克首领杜托夫被击败并正在逃窜。在芬兰,芬兰工人政府的胜利正在迅速巩固,反革命的白卫军已被驱逐到北部,工人完全有把握战胜他们。

彼得格勒的粮食状况有了好转;今天(旧历1918年1月22日)彼得格勒工人运出10车皮粮食支援芬兰人。

德国的消息很少。显然,德国人在隐瞒德国革命运动的真相。托洛茨基从布列斯特-里托夫斯克给彼得格勒的电报中说,德国人在拖延谈判。显然受人操纵的德国资产阶级报刊,正在散布有关俄国的谣言来恫吓公众。

昨天(1918年1月21日)公布了教会同国家完全分离和没收教会全部财产的法令。

载于1929年《列宁文集》俄文版 第11卷

译自《列宁全集》俄文第5版 第35卷第322页

对派往地方的鼓动员的讲话

(1918 年 1 月 23 日〔2 月 5 日〕)

报　道

同志们，你们都知道，无论是大俄罗斯，还是组成俄国的其他民族（过去被迫并入俄国，而现在已成为自由的俄罗斯共和国的成员）的大多数工人、士兵和农民都承认苏维埃政权。我们同反革命的卡列金残部不会有什么大的战斗了，因为看来卡列金在他自己的顿河区也不得不提防革命的哥萨克了。

反革命的最后一根支柱就要倒坍了，我们可以有把握地说：苏维埃政权正在巩固。苏维埃政权也一定会巩固。这是大家都很明白的，因为经验清楚地表明：只有这个政权，只有团结在苏维埃中的工人、士兵和农民自己才能把俄国引上全体劳动者自由地共同生活的道路。

我们面前有两个劲敌：第一个是国际资本。它站在我们面前，虎视眈眈地注视着它所痛恨的苏维埃政权的巩固。毫无疑问，这些亿万富翁们为了多拿到一点从别人手中夺来的东西不可能不进行战争。同时也毫无疑问，他们暂时还比苏维埃共和国强大。

资本家虽然比我们强大，但是已经私下派代表来见我们的人民委员了，他们大概还会承认苏维埃政权，甚至同意取消债务，——这对他们塞得满满的腰包是一个最可怕的、最厉害的打击。国际金融寡头的代表讲这些话,表明国际资本家已经走投无路。他们如果能摆脱战争,能用全部力量来进攻在整个欧美两洲燃起熊熊大火的可恶的苏维埃共和国,他们当然非常高兴,可是这却办不到。

我们的革命是由战争引起的;要是没有战争的话,我们就会看到全世界资本家的联合,因为他们都会在共同对付我们的基础上团结起来。他们只有一个想法,就是如何使我们这里的大火所迸出的火星不致掉到他们的房顶上。但是,万里长城也不能把俄国隔离起来。世界上没有一个工人组织不热烈欢迎我国的土地法令和银行国有化法令等。

也许我们以后还要经历一场激烈的斗争,但是,同志们,你们要牢牢地记住,在大多数国家里,受本国资本家压迫的工人已经在觉醒,不管各国的卡列金分子多么猖狂,即使能暂时使俄国遭受打击,但是他们的地位也并不会因此而得到巩固。而我们的地位则是十分巩固的,因为各国的工人都拥护我们。(鼓掌)

我们的另一个敌人就是经济破坏。当苏维埃的地位已经巩固的时候,更加需要同经济破坏作斗争。同志们,你们应该去开展这一斗争。你们是目前领导苏维埃政权的两个执政党的鼓动员,你们这次下去有很大的意义。我认为,你们到偏僻的地方去巩固苏维埃政权,在农村传播革命思想,消除经济破坏,把劳动农民从乡村富农的压迫下解放出来,这是一项艰巨但一定会取得成效的工作。

我们面前摆着一项艰巨的工作——医治战争带来的创伤。欧洲其他国家的资产阶级比我国更有准备。那里早有了正常的产品分配,因此他们现在的情况比较好,前线士兵一直能正常轮换。而沙皇政府和克伦斯基摇摆不定的资产阶级妥协政府，在这方面却什么也没有做。

因此，俄国目前的处境特别困难。俄国要在废墟上建立社会主义社会的基础，必须完成许多组织任务，必须同那些颓丧分子，同那些为了自己的利益而加剧经济破坏的流氓分子作斗争。

同志们，你们面前的任务是整顿农村的经济，巩固苏维埃政权，正像我方才所说的，这是一项困难但一定会取得成效的工作。不过，会有人帮助你们的，因为我们知道，每一个自食其力的工人和农民都了解，没有苏维埃政权，就无法摆脱饥饿和灭亡。我们能够拯救俄国。一切材料都说明，俄国有粮食，只要登记及时，分配公平，粮食是有的。你们看一看俄国辽阔的土地和铁路破坏的状况就会相信，我们必须加强对现有粮食的控制和分配，不然我们和你们都会饿死。做好这件工作只要具备一个条件，就是让每一个工人、每一个农民、每一个公民都了解，他自己，也只有他自己才能帮助自己。同志们，此外谁都不会帮助你们。所有的资产阶级、官吏和怠工分子都反对你们，因为他们知道，人民既然能分掉过去掌握在资本家和富农手中的这种全民财富，也就会铲除俄国的寄生虫和莠草。因此，他们聚集一切力量来反对劳动人民，从卡列金、杜托夫一直到实行消极怠工，收买游民以及那些疲惫不堪的和受了资产阶级剥削者那种旧习惯影响而没有抵制能力的分子。他们今天收买没有觉悟的愚昧的士兵去抢劫酿酒厂。明天会收买铁路的董事扣留运往首都的物资；以后还会收买船主扣留运粮的驳船，如此等等。但如果人民懂得了，只有组织起来才能使他们团结一致，建立起同志式的纪律，那么对他们来说，资产阶级的任何诡计就都不可怕了。

　　这就是你们的任务，这就是你们应当做好团结工作、组织工作和建立苏维埃政权的工作的地方。在农村里，你们会碰到农民"资产者"——富农，他们总想破坏苏维埃政权。你们同他们作斗争还是容易的，因为群众会拥护你们。群众看到，中央派到农村来的不是讨伐队，而是给农村带来光明的鼓动员，其目的是要把每一个农村中自食其力而不靠剥削为生的人团结起来。

　　就拿土地问题来说吧，土地已经被宣布为人民的财产，各种私有制正在消灭，这就向消灭剥削跨出了一大步。

　　在这里，有钱人同劳动农民的斗争一定会激烈起来，你们应当帮助贫苦农民，不是用书本，而是用经验、用亲身的斗争来帮助。我们剥夺地主的土地，不是为了给有钱人和富农，而是为了给贫苦农民。这样你们一定会得到贫苦农民的好感和同情。

　　必须防止农具和农业机器落入富农和有钱人的手中。这些东西都应当属于苏维埃政权，并通过乡委员会暂时交给劳动群众使用。劳动群众自己也应当注意，不要让这些机器变成富农发财的手段，而只能用来耕种自己的土地。

　　任何一个农民都会帮助你们进行这件困难的工作。应该向农民说明，富农和寄生虫必须加以限制。必须合理、平均地分配产品，使人民劳动的果实都用之于劳动人民。如果有一个富人把贪婪的爪子伸向人民的财富，就应当发动十个劳动者来对付他。

　　苏维埃的收入是80亿，而支出是280亿。在这种情况下，如果我们不能把这辆被沙皇政府赶进泥潭的国家马车拉出来，我们自然都要垮台。

　　对外的战争已经结束，或者说正在结束。这是已经解决了的问题。现在内战开始了。资产阶级把抢来的钱财装进箱子，镇定自若地想道："没什么，能躲过去。"人民应当把这种"吸血鬼"揪出来，强迫他交还抢去的东西。你们到了地方上就应该这样办。我们要不被彻底破产所毁灭，就不能让他们躲过去。而且，不是要警察去强迫他们（警察已经被消灭，被埋葬了），而是要人民自己动手干，此外没有别的办法同他们斗争。

有一个布尔什维克老头向一个哥萨克解释什么是布尔什维主义，解释得很正确。

哥萨克问：你们布尔什维克真的要抢东西吗？那个老头回答说：对，我们要抢那些抢来的东西。[148]

如果我们不把他们多年丧尽天良地罪恶地剥削来的钱财从他们隐藏起来的钱罐中全部掏出来，我们就会淹死在这一片汪洋大海中。

我们中央执行委员会很快就要通过一项关于向有产者征收一种新税的法令，但是这项法令你们应当自己在地方上贯彻执行，以便战时得来的每100个卢布，都由劳动人民来控制。但你们不应当拿着武器去贯彻，因为动用武器的战争已经结束，现在开始的是不用武器的战争了。

只要我们现在有组织地着手工作，剥削者的力量就打败不了我们的革命，因为全世界的无产阶级都拥护我们，都同我们站在一起。

载于1918年1月24日（2月6日）　　　　译自《列宁全集》俄文第5版
《真理报》第18号　　　　　　　　　　　第35卷第323—327页

人民委员会关于赋予副人民委员
在人民委员会会议上的
表决权问题的决定草案[149]

(1918 年 1 月 23 日〔2 月 5 日〕)

人民委员缺席时,副人民委员可以出席人民委员会的会议并享有表决权,但是,这些副人民委员必须是人民委员会作出决定,从相应的人民委员部部务委员中任命的。

载于 1945 年《列宁文集》俄文版   译自《列宁全集》俄文第 5 版
第 35 卷   第 54 卷第 389 页

人民委员会关于军工厂转向
有益于经济的生产的决定草案

(1918 年 1 月 23 日〔2 月 5 日〕)

有关各人民委员部极大地延误了五金工厂转向有益于生产的实施，人民委员会对此极为遗憾，请彼得格勒五金工会在劳动人民委员部、彼得格勒苏维埃和最高国民经济委员会的协助下，立即着手使五金工厂转向修理和加紧生产铁路器材，以及生产可用来交换粮食的产品等等。

停止一切军事订货。

载于 1933 年《列宁文集》俄文版
第 21 卷

译自《列宁全集》俄文第 5 版
第 35 卷第 328 页

人民委员会关于改善彼得格勒各监狱粮食状况的决定草案[150]

(1918 年 1 月 23 日〔2 月 5 日〕)

人民委员会决定：

(1)采取紧急措施,迅速改善彼得格勒各监狱的粮食状况。

委托司法人民委员和粮食人民委员处理。

无条件地按各监狱供应表配给粮食。

(2)把三分之一到二分之一的囚犯急速转移到设在粮食情况好的地区的地方监狱。

载于 1931 年《列宁文集》俄文版第 18 卷

译自《列宁全集》俄文第 5 版第 54 卷第 388 页

在俄国社会民主工党（布）
中央委员会会议上的发言[151]

（1918年1月24日〔2月6日〕）

记　录

1

列宁同志认为，应当把党纲、和约问题和策略问题列入代表大会议程。

2

尼·伊·布哈林、雅·米·斯维尔德洛夫和约·维·斯大林对党的第七次代表大会的议程提出了具体的建议。

列宁同志同意他们的全部意见，但是对党内有大量的十月布尔什维克这一情况表示不安，担心这会妨碍代表大会制定原则坚定的党纲。

3

　　列宁同志认为，在接收代表时必须写明何时入党：10 月 25 日以前还是以后。党认为有关十月革命的策略是正确的，新入党的人都得承认这一策略是必须执行的。

载于 1929 年《俄国社会民主工党
中央委员会会议记录。1917 年
8 月—1918 年 2 月》一书

译自《列宁全集》俄文第 5 版
第 35 卷第 329 页

在土地委员会代表大会代表和
苏维埃第三次代表大会
农民代表联席会议上的讲话[152]

（1918年1月28日〔2月10日〕）

报　道

我们现在正在进行巩固劳动群众的战果、团结工兵农的伟大事业。早在右派占多数的那次农民代表大会上，我就说过，如果农民承认我们的全部要求，我们也一定支持农民的全部要求，其中包括土地社会化这一基本要求①。现在这一点我们已经做到了。我们有了世界上第一个废除一切土地私有制的法律。我们现在有了政权——苏维埃政权。这个由人民自己创立的政权，给各国人民伟大的和平事业提供了有利的基础。战争已经停止，各条战线已经宣布复员。但是同动员一切力量来反对苏维埃政权的资产阶级仍然还有战争。我们正在打垮俄国的反革命。目前各条战线都在进行斗争，而我们几乎总是胜利者。还有一个敌人，这个敌人就是国际资本；我们还将同它作长期的斗争，我们依靠本身的组织，依靠国际无产阶级对我国革命的支援，一定能够取得胜利。在国内我们还得进行一场巨大的斗争——阶级斗争。这是一场同资产阶

---

① 见本版全集第30卷第138—156页。——编者注

级在经济上的斗争,资产阶级正在直接或间接地支持我们的敌人,拼命想取得对劳动群众的经济统治。

没有钱,这就是我们的弱点,这就是我们力量薄弱、我们国家受苦的原因。还有很多钱在城市和乡村的大盘剥者手里。这些钱证明他们剥削了人民的劳动,这些钱应当属于人民。我们深信,劳动农民一定会向自己的压迫者——盘剥者宣布无情的战争,一定会帮助我们为人民美好的将来、为社会主义而斗争。

载于1918年2月2日(15日)
《莫斯科市和莫斯科区域工兵
农代表苏维埃消息报》第25号

译自《列宁全集》俄文第5版
第35卷第330—331页

给布列斯特-里托夫斯克
俄国和谈代表团托洛茨基的电报[153]

复　　电[①]

1月28日晚6时30分

　　我们的观点您是知道的，在最近，特别是在越飞来信后，这一观点更加坚定了。再说一遍，基辅拉达已荡然无存，这一事实德国人尚未承认，然而他们将不得不承认。请向我们多提供消息。

列　宁

载于1929年《列宁文集》俄文版
第11卷

译自《列宁全集》俄文第5版
第35卷第332页

---

① "复电"、"1月28日晚6时30分"、"请向我们多提供消息"等字样是约·维·斯大林写的。——俄文版编者注

对关于建立全俄部际保卫铁路特设委员会的法令草案的补充[154]

（1918 年 1 月 30 日〔2 月 12 日〕）

保卫机构的职责首先是同投机倒把和非法运输粮食作无情的斗争。

载于 1931 年《列宁文集》俄文版
第 18 卷

译自《列宁全集》俄文第 5 版
第 54 卷第 390 页

关于改善彼得格勒
粮食状况的措施的建议

(1918 年 1 月 30 日〔2 月 12 日〕)

人民委员会责成交通人民委员部立即拟定一个法令草案报人民委员会,规定禁止任何人免费乘坐火车,但每个士兵从服役地点复员返乡的一次单程除外。

人民委员会主席
弗·乌里扬诺夫（列宁）

人民委员会责成国家银行行长,要想尽一切办法首先给南方雅库波夫工作队拨款 2 亿卢布,以便按照粮食人民委员部的指示,向缺粮地区供应粮食。

责成粮食人民委员部尽快同军事委员部协商,立即吸收前线现有的筑路队参加粮食工作。这些筑路队应尽可能多地调往产粮区,以便采取紧急措施铺设铁路,并用其他办法改进和加速粮食的调集、装载和运送。

载于 1931 年《列宁文集》俄文版第 18 卷

译自《列宁全集》俄文第 5 版第 54 卷第 390—391 页

对人民委员会关于区分
全俄肃反委员会和彼得格勒苏维埃
侦查委员会各种职能的
决定草案的几点补充[155]

(1918 年 1 月 31 日〔2 月 13 日〕)

　　建议这两个委员会把它们的工作分成反奸[156]、刑事、打击投机倒把和肃清反革命几个方面。

　　责成司法人民委员部把侦查委员会委员人选的名单上报工兵代表苏维埃。

　　责成该人民委员部采取措施，增设监禁点，改进监禁条件，并加强对刑事犯的镇压。

载于 1933 年《列宁文集》俄文版
第 21 卷

译自《列宁全集》俄文第 5 版
第 54 卷第 391 页

人民委员会关于接收怠工者 参加工作的手续的决定[157]

(1918年1月31日〔2月13日〕)

人民委员会决定：

不同怠工者进行任何谈判。

对那些已完全服从并拥护苏维埃政权而又为有关部门的工作所必需的怠工者，各人民委员可以个别地接收参加工作。

载于1918年2月1日(14日)
《真理报》第25号

译自《列宁全集》俄文第5版
第35卷第333页

在俄国社会民主工党(布) 中央委员会会议上的发言¹⁵⁸

(1918年2月18日)

记　　录

1

　　会议讨论关于德国进攻的问题,阿·洛莫夫(格·伊·奥波科夫)提议延期讨论。

　　列宁同志反对,但赞成对发言人加以限制(各派代表的发言以5分钟为限)。

2

　　决定讨论问题以后,尼·伊·布哈林提议让更多的人发言。

　　列宁同志对此表示反对,并提议把问题归结为要不要发出建议媾和的电报,让大家表示赞成或反对。

　　列宁的提议被通过。

3

列·达·托洛茨基发言反对发出建议媾和的电报。

列宁同志(赞成建议媾和):昨天的表决特别能说明问题,大家都承认,如果德国的运动不发生而德国人发动进攻,那就非缔结和约不可。[159]但是有一个疑问:难道德国人不想发动进攻来推翻苏维埃政府吗?我们面临着必须采取行动的局势。如果帝国主义的进攻已经十分明显,那我们大家都会赞成防御,而且对人民也能讲清楚这一点。但是,如果进攻现在就开始,而我们在进攻开始后才向群众作解释,那和立即进行延长停战期的谈判相比,会引起更大的思想混乱。现在一小时也不能耽误,因为那样提出问题群众不能理解。或者是我们为争取土地社会化而进行革命战争,那时群众会理解我们,或者是我们进行和平谈判。

第1次和第2次发言载于1928年《无产阶级革命》杂志第2期;第3次发言载于1922年《列宁全集》俄文第1版第15卷

译自《列宁全集》俄文第5版第35卷第334—335页

在俄国社会民主工党(布)中央委员会会议上的讲话[160]

(1918年2月18日)

记　　录

1

列宁同志：这是一个根本性的问题。乌里茨基的建议使人感到惊奇。中央委员会表决结果反对进行革命战争，而现在我们既没有进行战争也没有签订和约，却正在被卷入革命战争。战争是不能闹着玩的。我们的车厢不断损失，我们的交通运输每况愈下。现在不能观望，因为局势已经十分明显。人民不会理解这种做法，既然打仗，军队就不能复员；现在德国人会把一切都拿走。这种把戏已经走进了死胡同，如果继续采取折中的政策，革命非失败不可。越飞从布列斯特写信来说，在德国甚至还没有开始革命；如果是这样的话，德国人就会因继续推进而得到奖励。现在不能观望了。观望就等于听任俄国革命遭到破坏。如果德国人说，他们要推翻布尔什维克政权，那当然必须作战；现在再不能有任何拖延了。现在问题所关系到的，不是过去，而是现在。向德国人提出质问，只不过是一纸空文而已。这不是办法。唯一的出路是向德国人建议恢复谈判。现在不可能有折中的解决办法。如果是革命战争，就应该宣战和停止复员，但是不能这样做。我们在这里写公文，而德国人却在抢劫仓库和车厢，我们岂不是在等死。现在面临的危险是：我们如果把战争当儿戏，就会使革命断送在德国人手里。

历史将会告诉人们，是你们断送了革命。我们本来可以签订对革命毫无威胁的和约。现在我们什么都没有，我们撤退时，甚至连破坏也来不及。过去我们做了我们所能做的一切，帮助了芬兰的革命，而现在我们无能为力了。现在不是交换照会的时候，不应该再观望了。现在"试探"已经晚了，因为现在已经很明显，德国人能够进攻。不能说服主张进行革命战争的人，但是可以而且应当说服主张观望的人。必须向德国人提议媾和。

2

列宁同志：布哈林还没有发觉，他已经转到主张革命战争的立场上去了。农民不愿意打仗，也不会去打仗。现在能叫农民去进行革命战争吗？如果要这样做的话，当初就不该让军队复员。不断的农民战争是一种空想。革命战争不应当是一句空话。如果我们还没有准备好，我们就应该签订和约。既然已经让军队复员，谈论不断的战争就显得可笑。决不能把它同内战相比。庄稼人不会去进行革命战争，并且他们会抛弃一切公开散布这种论调的人。德国的革命尚未开始，而我们知道，我国的革命也不是一下子就取得胜利的。这里有人说，德国人要占领里夫兰和爱斯兰，但是为了革命的利益我们可以放弃这两个地方。如果他们要我们把军队撤出芬兰,好吧,就让他们去占领革命的芬兰。即使我们放弃了芬兰、里夫兰和爱斯兰,革命也不会毁掉。昨天越飞同志用来吓唬我们的那种前景,丝毫也不会危及革命。

我建议发表声明,表示我们愿意签订昨天德国人向我们提出的和约;即使他们把不干涉乌克兰、芬兰、里夫兰和爱斯兰的事务列入和约之内,我们也应当无条件地接受。我们的士兵根本不能作战了;德国人要的是粮食,他们要抢了粮食再退回去,使苏维埃政权不可能继续存在。宣布停止复员,就意味着垮台。

载于1922年《列宁全集》俄文
第1版第15卷

译自《列宁全集》俄文第5版
第35卷第336—338页

给德意志帝国政府的
无线电报的草稿[161]

(1918 年 2 月 18 日)

人民委员会抗议德国政府在俄罗斯苏维埃共和国宣布结束战争状态、开始复员各线军队以后向它发动进攻。俄国工农政府不可能预料到这种行动,尤其是因为停战双方的任何一方,无论在 2 月 10 日或在其他任何时候都没有按 1917 年 12 月 2 日(15 日)的条约的规定,直接或间接地宣布结束停战。

鉴于既成的局势,人民委员会认为必须声明,它愿意根据德国政府在布列斯特-里托夫斯克所要求的条件正式签订和约。

此外,如果德国政府能提出确切的和约条件,人民委员会愿意在 12 小时之内对我们能否接受的问题给予答复。

无线电报载于 1918 年 2 月 6 日
(19 日)《真理报》第 30 号(晚上版)

译自《列宁全集》俄文第 5 版
第 35 卷第 339 页

在全俄中央执行委员会
布尔什维克党团和
左派社会革命党党团
联席会议上的讲话

（1918 年 2 月 19 日）

简 要 报 道

列宁的长篇讲话持续两小时。在讲话中，他阐发了下列论点：俄国没有别的出路，必须立即单独媾和，因为德国人正在以大批兵力在全线展开进攻，而我们是无力抵抗百万大军的进攻的。缔结和约后，我们就能处理国内事务和深入进行社会主义革命，就能顺利地完成那些必将使我们在俄国尽快实行社会主义制度的根本改革。

载于 1918 年 2 月 7 日（20 日）
《社会民主党人报》第 28 号

译自《列宁全集》俄文第 5 版
第 35 卷第 340 页

同莫斯科苏维埃
在直达电报中的谈话

(1918年2月20日)

下午2时15分,执行委员会委员费尔德曼同志打直达电报给人民委员会主席列宁同志。这位布尔什维克党团的代表向列宁同志询问:

(1)关于柏林来电后的情况。

(2)关于目前人民委员会所采取的措施。

(3)除了霍夫曼的电报,柏林有没有其他的复电?

列宁同志对第一个问题的回答:

没有军队;德国人从里加开始全线进攻。德文斯克和列日察已经沦陷,卢茨克和明斯克正遭到进攻。凡是注重实际而不注重空话的人,都应当签订和约,应当使革命在国内继续巩固,继续深入。

对第二个问题的回答:

进攻目前还没有停止,现已命令能抵抗的地方必须抵抗,沿途必须把一切都毁掉,连一块面包都不留。

对第三个问题的回答:

没有。

载于1918年2月8日(21日)
《莫斯科市和莫斯科区域工兵农
代表苏维埃消息报》第29号

译自《列宁全集》俄文第5版
第35卷第341页

对拉脱维亚步兵的讲话

(1918 年 2 月 20 日)

简 要 报 道

列宁作了长篇讲话，号召拉脱维亚人在和平问题上支持苏维埃政权。我们无论如何要给疲惫不堪的俄国人民以和平，这样我们才能巩固革命并开始建设年轻的新俄国。反正割让的地区德国人是控制不了的，因为俄国革命最近不仅会蔓延到德国，而且会蔓延到其他交战国。在世界社会革命的影响下，德帝国主义将不得不放弃它的一切占领地。

载于 1918 年 2 月 8 日（21 日）　　　　译自《列宁全集》俄文第 5 版
《新生活报》第 30 号　　　　　　　　　第 35 卷第 342 页

论革命空谈¹⁶²

（1918 年 2 月 21 日）

我在一次党的会议上说过，鼓吹革命战争的革命空谈会断送我们的革命，当时有人责备我，说我的提法太尖锐了。但是，当党和革命有受到无法补救的损害的危险的时候，就必须直截了当地提出问题，说出事实的真相。

革命政党在它直接或间接实行无产阶级分子和小资产阶级分子联系、联合和结合的情况下，在革命事变进程发生巨大的、急剧的转折的情况下，最容易害革命空谈病。革命空谈就是在这种事变发生转折、既成局面已经造成的情况下，不顾客观形势而一味重复革命口号。口号很漂亮，很诱人，很醉人，但是毫无根据，——这就是革命空谈的本质。

我们来考察一下主张现在——1918 年 1—2 月——在俄国进行革命战争的各种论据，哪怕只是最重要的一些论据；只要把客观现实同这个口号对照一下，就可以对我的评论是否正确作出回答。

1

我国报刊过去经常说：在社会主义在一个国家取得了胜利，而邻国还保存着资本主义的情况下，必须做好进行革命战争的准备工作。这是毫无疑问的。

试问，这个准备工作在我国十月革命以后**实际上**是怎样进行的呢？

这个准备工作是这样进行的：我们不得不复员了军队，我们这样做是被迫的，是迫于非常明显、至关重要和无法抗拒的形势，因此党内不仅没有产生反对复员的"派别"或情绪，甚至连一个反对复员的意见都没有提出过。谁要愿意**想想**苏维埃社会主义共和国还没有结束同帝国主义邻国的战争就复员军队这种奇特现象的阶级原因，谁就不难发现原因就在于经过三年战争经济遭到极度破坏的落后的小农国家的社会结构。复员几百万军队，开始按照**志愿**原则建立红军[163]，——事实就是这样。

把主张1918年1—2月进行革命战争的空谈与这些事实对照一下，你们就会了解革命空谈的实质。

如果——譬如说——彼得格勒和莫斯科的组织"坚持"革命战争不是空谈，那么我们在10月到1月这段时间就会看到另外的**事实**：我们就会看到他们坚决反对复员。但是根本没有发生这样的事。

我们就会看到彼得格勒和莫斯科把**几万**名鼓动员和士兵派往前线，并且每天会从那里传来他们反对复员而且不断取得成效、复员已经停止的消息。

但是并没有发生这样的事。

我们就会看到几百条消息，报道许多团队正在编成红军，正在采取恐怖手段阻止复员，正在重新修复防御工事，来抵抗德帝国主义可能发动的进攻。

但是并没有发生这样的事。复员正在大力进行。旧的军队已经没有了。新的军队刚刚开始诞生。

谁不愿意用空话、高调和叫喊来安慰自己，谁就不会不看到，主张在1918年2月进行革命战争的"口号"是一句毫无内容的空话，没有一点现实的、客观的根据。感情用事，一厢情愿，怒气冲冲，愤愤不平，就是这个口号在目前的唯一**内容**。而仅有这种内容的口号就叫做革命空谈。

我们党本身和整个苏维埃政权的工作情况、彼得格勒和莫斯科的布尔什维克的工作情况表明：用志愿人员组成红军的工作只是开了个头，**目前**还没有进展。一面用唱高调来掩饰这个令人不愉快的然而是明摆着的事实，一面不但不阻挠复员，而且也**不反对**复员，——这就是用响亮的词句自我陶醉。

下面的事实突出地证明了上面所说的一切，例如我们党中央**大多数**最著名的反对单独媾和的人物都投票反对革命战争，不论是在1月或在2月，他们都是投票反对的[164]。这个事实说明了什么呢？它说明不能进行革命战争已为所有敢于正视真实情况的人所公认。

在这种情况下，却还有人托词回避或者试图托词回避真实情况。现在我们来看看这些托词吧。

2

第一个托词。1792年的法国遭受的经济破坏并不小些，但是革命战争治好了一切，鼓舞了所有的人，唤起了热情，战胜了一切。

只有不相信革命的人，只有机会主义者，才会在我国更加深刻的革命条件下，反对革命战争。

我们把这种托词或者论据跟事实对照一下吧。事实是这样的：在18世纪末的法国，新的、更高的生产方式的**经济**基础建立**在先**，而强大的革命军队则是结果，是上层建筑。法国先于其他国家推翻了封建制度，**经过几年**胜利的革命消灭了封建制度，于是带领没有被任何战争弄得疲惫不堪的、争得了自由和土地的、由于铲除封建制度而增强了力量的人民去同许多经济和政治落后的国家打仗。

请把现时的俄国情况跟上述事实对照一下吧。俄国被战争弄得疲惫不堪。新的经济制度，即比用精良技术装备起来的德国那种有组织的国家资本主义更高的经济制度**还不存在**。它刚刚开始建立。我们的农民还只有一个土地社会化法令，还没有干过一年自由的（摆脱了地主和战争苦难的）劳动。我国工人已经开始抛开资本家，但是还没有来得及组织生产、建立产品交换、整顿粮食供应、**提高**劳动生产率。

我们正朝着这个方向走，我们已经踏上了这条道路，但是很明显，新的经济上更高的制度**还不存在**。

封建制度被战胜，资产阶级自由得到巩固，由吃饱饭的农民来对付那些封建国家，——这就是1792—1793年军事"奇迹"的经济基础。

陷于饥饿、受尽战争折磨、刚刚开始医治自己创伤的小农国家要对付技术水平和组织水平更高的劳动生产率，——这就是1918年初的客观情况。

因此，关于1792年的任何回忆等等都只是革命空谈。人们一味重复口号、空话和战斗叫喊，却怕分析客观实际情况。

3

第二个托词。德国"无法进攻"，**国内**发展着的革命不会允许这么做。

德国人"无法进攻"这个论据，1918年1月和2月初，反对单独媾和的人们重复了千百万次。据其中最慎重的人估计（当然是大致估计）德国人无法进攻的可能性为25％—33％。

事实推翻了这种估计。反对单独媾和的人常常逃避事实，在这里也是这样，因为他们害怕事实的铁的逻辑。

真正的革命家（不是感情用事的革命家）应该善于承认和考虑的这个错误，其根源在哪里呢？

是不是就在于，总的来说，我们**在**和谈**问题**上施展了计谋和进行了鼓动呢？ 不，不在这里。施展计谋和进行鼓动是需要的。但是也需要确定"时机"，能够施展计谋和进行鼓动的时候就施展计谋和进行鼓动，问题已变得极其尖锐的时候就停止施展任何计谋。

错误的根源在于，我们同德国革命工人的革命合作关系变成了空谈。我们曾经而且还在继续采取一切可能采取的方式——联欢、鼓动、公布秘密条约等等帮助德国革命工人。这是用行动来帮助，是实际的帮助。

而我们有些同志所说的"德国人无法进攻"却是空谈。我们自己刚刚经历了一次革命。我们都很清楚，为什么革命在俄国比在欧洲容易**开始**。我们知道，我们没有阻止住俄国帝国主义在1917年

6月发动进攻,虽然那时我们的革命不仅已经开始了,不仅已经推翻了君主制,而且已经到处建立了苏维埃。当时我们看到了,知道了,向工人解释了:战争是各国政府进行的。要停止资产阶级的战争,就必须推翻资产阶级的政府。

因此,说"德国人无法进攻",就等于说,"我们知道,德国政府**最近几个星期**就会被推翻"。实际上,这一点我们并不知道,而且也不可能知道,因此这种说法就是空谈。

深信德国革命会成熟,认真帮助它成熟,通过**实际工作**,如鼓动、联欢等等——只要是**实际工作**就行,尽力帮助它成熟。——这是一回事。这是革命的无产阶级国际主义。

直接或间接地、公开或隐蔽地宣称,德国革命**已经成熟**(虽然明明不是这样),并且以此作为自己策略的基础,这是另一回事。这没有丝毫的革命性,这只是空谈。

"德国人无法进攻"这个"自负的、鲜明的、动人的、响亮的"论断的错误,其根源就在这里。

4

"我们反抗德帝国主义就是援助德国革命,以此加速李卜克内西对威廉的胜利。"这个论断不过是上述毫无意义的空谈的不同说法而已。

当然,李卜克内西的胜利(德国革命成熟和迫近的时候,他的胜利是可能的、必然的)会使我们摆脱一切国际困难,从而会使我们不再需要进行革命战争。李卜克内西的胜利会消除我们干任何蠢事的后果。难道这就是应当干蠢事的理由吗?

是不是任何一种对德帝国主义的"反抗"都有助于德国革命呢?谁只要稍微想一想或者即使回忆一下俄国革命运动的历史,谁就不难看出:只有对反动势力进行**恰当的**反抗才对革命有利。我们在半个世纪的俄国革命运动中间,知道和看见了许许多多对反动势力进行不恰当的反抗的例子。我们马克思主义者始终引以自豪的是,我们总是根据对群众力量和阶级对比关系的精确估计来决定这种或那种斗争形式是否恰当。我们说过:起义并不是任何时候都是恰当的,没有一定的群众前提,起义就是冒险;我们常常指责最英勇的个人反抗的形式,认为这种形式从革命的观点看来是不恰当的,有害的。1907年,我们根据沉痛的经验,摒弃了拒绝参加第三届杜马这种不恰当的反抗,如此等等。

为了援助德国革命,或者应当只限于宣传、鼓动和联欢,因为暂时没有力量在公开的军事冲突或起义冲突中给予敌人坚决有力的决定性打击;或者**知道**这种冲突不会帮助敌人,那就应当投入这种冲突。

谁都清楚(除了完全陶醉于空谈的人):**明明**没有力量,**明明**没有军队,偏要投入重大的起义冲突或军事冲突,这就是冒险,这不会帮助德国工人,而只会妨碍他们的斗争,有利于他们的敌人和我们的敌人的事业。

5

这里还有一个十分幼稚可笑的托词,如果不是亲耳听到,我无论如何也不会相信能有这样的论据。

"10月的时候,机会主义者不是也对我们说过:我们没有力量,没有军队,没有机关枪,没有技术装备;但是在斗争中,在一个阶级反对另一个阶级的斗争开始后,这一切都有了。所以,在俄国无产阶级反对德国资本家阶级的斗争中,这一切也会有的,德国无产者会来帮助我们的。"

10月的情况是这样的:我们恰好对**群众的**力量作出了准确的估计。我们不仅认为,而且根据**群众**选举苏维埃的经验切实地**知道**:9月和10月初绝大多数工人和士兵**已经**转到我们方面来了。我们单从民主会议的表决情况[165]也可以看出:即使在农民中,联合也破产了,就是说,我们的事业**已经**赢得了胜利。

十月起义斗争具有下面两个**客观**前提:

(1)士兵头上的棍子已经没有了:1917年的2月把它打掉了(德国"自己的"2月尚未成熟)。

(2)士兵和工人一样,已经经历了并且完成了他们经过深入思考和亲身体验自觉**抛弃**联合的过程。

由于而且仅仅由于上述前提,**10月**"举行起义"的**口号**才是**正确**的(7月提出这个口号就不正确,因此我们当时也**没有**提出)。

10月的机会主义者的错误[166]并不在于他们"关心了"客观前提(只有小孩子才会这样想),而在于他们**不正确地**估计了**事实**,抓住了枝节,忽视了**主要之点**:苏维埃从妥协派方面转到我们这边来了。

把同德国(它既没有经过自己的"2月",也没有经过自己的"7月",更不用说10月了),即同**君主制**资产阶级帝国主义政府的德国的军事冲突,跟10月反对苏维埃(苏维埃1917年2月起开始成熟,到了9—10月间已经完全成熟)的敌人的起义斗争相比,这简直幼稚得不值一提。空谈竟使人们荒唐到这种地步!

6

另一类托词是:"但是德国会用单独媾和的条约从经济上扼杀我们,夺去煤炭和粮食,奴役我们。"

好一个聪明透顶的论据:**没有军队**也应该投入军事冲突,哪怕这种冲突显然不仅会带来奴役,而且会扼杀我们,会无偿地夺走粮食,会使我们陷于塞尔维亚和比利时的境地;即使如此,也应该投入军事冲突,因为**不然**就要签订不利的条约,德国就会向我们分期索取60亿或120亿卢布的贡赋,用机器换去粮食,等等。

嘿,真是革命空谈的英雄! 他们反对帝国主义的"奴役",却又**腼腆地**不肯说出:要想彻底摆脱奴役,就要**打倒**帝国主义。

我们准备签订不利的条约和单独媾和,因为我们知道,我们**现在**还没有作好革命战争的准备,应当善于等待(正像我们从7月到10月那样,一面忍受克伦斯基的奴役,忍受我国资产阶级的奴役,一面等待),等待我们强大起来。因此,**如果能够**单独媾和,即使条件极端不利,为了社会主义革命的利益也**必须接受**。这个革命**还**很虚弱,因为德国正在酝酿的革命**还**没有前来援助我们俄国人。只有在**根本**不可能单独媾和的情况下,才不得不**立即进行战斗**,但**决不是因为这是一个正确的策略**,而是因为没有选择的余地。在这种情况下,也就不可能有两种策略的争论,必然只能进行最激烈的抵抗。但是只要还有选择的余地,那就应当选择单独媾和和极端不利的条约,因为这毕竟要比比利时的处境[167]好一百倍。

虽然我们现在还很虚弱,但是我们一月比一月强大。虽然欧洲国际社会主义革命现在还没有到来,但是它一月比一月成熟。因此……因此,——"革命家们"(别叫我难受了……)推论说——在德帝国主义**明明**比我们强大的情况下,虽然它一月比一月**削弱**(由于德国革命缓慢地但是不断地成熟),我们仍然应当进行战斗。

感情用事的"革命家们"的推论真是万分精彩,妙不可言!

7

最后的、也是最"机智"、最流行的一个托词是:"签订难堪的和约是一种耻辱,是对拉脱维亚、波兰、库尔兰和立陶宛的背叛。"

正是俄国**资产者**(及其走卒——新光线派[168]、人民事业派[169]和新生活派)最热心制造这种貌似国际主义的论据,这不是很奇怪吗?

不,并不奇怪,因为这种论据是资产阶级有意要把俄国布尔什维克拖进去的圈套,而一部分布尔什维克却由于喜欢空谈无意中陷入了这个圈套。

我们从理论上来看一下这个论据:究竟什么更重要,是民族自决权呢,还是社会主义?

社会主义更重要。

是不是可以为了怕违背民族自决权,而当着帝国主义明明强大、苏维埃共和国明明虚弱的时候,让苏维埃社会主义共和国去送死,去遭受帝国主义的打击呢?

不,不可以。这不是社会主义的政策,这是**资产阶级**的政策。

其次,以波兰、立陶宛、库尔兰归还"我们"为条件的和约是否就是耻辱**少些**、兼并少些的和约呢?

从俄国资产者的观点来看,**是这样**。

从国际主义者社会党人的观点来看,**不是这样**。

因为德帝国主义放弃波兰(有个时期德国某些**资产者**就愿意这样)之后,就会**更有力量**去扼杀塞尔维亚、比利时等国。

至于俄国资产阶级大叫大嚷反对"难堪的"和约,那是它的阶级利益的真实反映。

但是某些(害了空谈脓疮的)布尔什维克一味重复这种论据,那就只能使人伤心了。

请看看英法资产阶级进行活动的**事实**吧! 它们现在千方百计地要把我们拖入对德战争,答应给我们无数的货物,如皮靴、马铃薯、炮弹、机车(是贷给……这不是"奴役",不要害怕! 这"只是"贷给!)。它们希望我们**现在**同德国打起来。

为什么它们一定希望这样,这是很明显的:第一,因为这样,我们就会牵制住一部分德国兵力;第二,因为苏维埃政权同德帝国主义进行不合时宜的军事搏斗,就最容易遭到毁灭。

英法资产阶级给我们设了一个圈套:亲爱的,你们**现在**去打吧,我们会因此获得很大的好处。德国人会掠夺你们,在东方"赚足了",在西方就会廉价出让,顺便又可以使苏维埃政权垮台……打吧,亲爱的"同盟者"布尔什维克,我们会援助你们的!

于是,"左派"(别叫我难受了)布尔什维克就上了圈套,滔滔不绝地大谈最革命的空话……

是的,是的,容易接受革命空谈是小资产阶级性的一种残余表现。这是一个老真理,一个常被当做新鲜事的老故事⋯⋯

8

1907年夏天,我们党也曾害过某些方面类似的革命空谈病。

彼得堡和莫斯科,几乎所有的布尔什维克都主张抵制第三届杜马,他们以"感情用事"代替客观分析,上了圈套。

旧病复发了。

现在是更加困难的时候。问题还要重要千百万倍。在这样的时候害这种病,就有断送革命的危险。

为了将来任何时候人们谈到我们时都不会提起"鼓吹革命战争的革命空谈断送了革命"这个沉痛的事实,我们应当反对革命空谈,必须反对革命空谈,一定要反对革命空谈。

载于1918年2月8日(21日)　　　　　译自《列宁全集》俄文第5版
《真理报》第31号　　　　　　　　　　　第35卷第343—353页

给布尔什维克党彼得格勒委员会执行委员会及各区委员会的电话[170]

1918年2月21日(8日)下午12时20分

我们建议一小时也不要耽误,把全体工人发动起来,遵照彼得格勒苏维埃今晚将要通过的决议,组织几万工人,并把所有资产阶级分子一个不漏地赶到彼得格勒近郊,在这些工人监督下挖战壕。只有这样才能拯救革命。革命在危急中。战壕线路由军人指定。你们准备好工具,最要紧的是把人人都组织起来,动员起来。

列 宁

译自《列宁全集》俄文第5版
第35卷第354页

社会主义祖国在危急中！[171]

（1918 年 2 月 21 日）

为了使疲惫不堪、疮痍满目的国家免除新的战祸，我们愿忍受最大的牺牲，向德国人声明我们同意接受他们提出的媾和条件。我们的军事谈判代表已于 2 月 20 日（7 日）傍晚离开列日察到德文斯克去了，**可是到现在还没有回音。德国政府显然是在拖延答复。它显然是不愿意媾和。德国军国主义履行各国资本家的委托，要扼杀俄罗斯和乌克兰的工人和农民，要把土地归还地主，工厂归还银行家，政权恢复君主制。**德国将军们想在彼得格勒和基辅建立自己的"秩序"。**苏维埃社会主义共和国处在万分危急中。**在德国无产阶级尚未行动起来和取得胜利之前，俄国工农的神圣义务，就是要奋不顾身地保卫苏维埃共和国，抗击资产阶级帝国主义德国的庞大军队。人民委员会决定：**（1）全国所有一切人力物力全部用于革命的国防事业。（2）各级苏维埃和革命组织务必保卫每一个阵地，战斗到流尽最后一滴血。**（3）所有铁路组织及与之有关的苏维埃，必须全力阻挠敌人利用铁路设施；在退却时必须破坏轨道，炸毁和烧掉铁路建筑物；全部车辆——车厢和机车——立即开往我国东部内地去。（4）凡有落入敌人手中危险的全部谷物储备和存粮以及一切贵重财物，应当无条件地销毁；责成各地苏维埃监督执行，并由各苏维埃主席亲自负责。（5）彼得格勒、基辅以及新战

СОЦІАЛИСТИЧЕСКОЕ
ОТЕЧЕСТВО ВЪ ОПАСНОСТИ!

Чтобъ спасти изнуренную, истерзанную страну отъ новыхъ военныхъ испытаній, мы пошли на величайшую жертву и объявили нѣмцамъ о нашемъ согласіи подписать ихъ условія мира.

Наши парламентеры 20 (7) февраля, вечеромъ, выѣхали изъ Рѣжицы въ Двинскъ и до сихъ поръ нѣтъ отвѣта.

Нѣмецкое правительство, очевидно, медлитъ отвѣтомъ. Оно явно и не хочетъ мира. Выполняя порученіе капиталистовъ всѣхъ странъ германскій милитаризмъ хочетъ задушить русскихъ и украинскихъ рабочихъ и крестьянъ, вернуть земли помѣщикамъ, фабрики и заводы — банкирамъ, власть монархіи. Германскіе генералы хотятъ установить свой „порядокъ" въ Петроградѣ и въ Кіевѣ.

Соціалистическая Республика Совѣтовъ находится въ величайшей опасности.

До того момента, какъ поднимется и побѣдитъ пролетаріатъ Германіи, священнымъ долгомъ рабочихъ и крестьянъ Россіи является беззавѣтная защита Республики Совѣтовъ противъ полчищъ буржуазно-имперіалистской Германіи.

Совѣтъ Народныхъ Комиссаровъ постановляетъ:

1) Всѣ силы и средства страны цѣликомъ предоставляются на дѣло революціонной обороны.

2) Всѣмъ Совѣтамъ и Революціоннымъ организаціямъ вмѣняется въ обязанность защищать каждую позицію до послѣдней капли крови.

3) Желѣзнодорожныя организаціи и связанные съ ними Совѣты обязаны всѣми силами воспрепятствовать врагу воспользоваться аппаратомъ путей сообщенія; при отступленіи уничтожать пути, взрывать и сжигать желѣзнодорожныя зданія; весь подвижной составъ — вагоны и паровозы, — немедленно направлять на востокъ въ глубь страны.

4) Всѣ хлѣбные, и вообще продовольственные запасы, а равно всякое цѣнное имущество, которымъ грозитъ опасность попасть въ руки врага, должны подвергаться безусловному уничтоженію; наблюденіе за этимъ возлагается на мѣстные Совѣты подъ личной отвѣтственностью ихъ предсѣдателей.

5) Рабочіе и крестьяне Петрограда, Кіева, всѣхъ городовъ, мѣстечекъ, селъ и деревень по линіи новаго фронта, должны мобилизовать батальоны для рытья окоповъ подъ руководствомъ военныхъ спеціалистовъ.

6) Въ эти батальоны должны быть включены всѣ работоспособные члены буржуазнаго класса мужчины и женщины подъ надзоромъ красногвардейцевъ; сопротивляющихся разстрѣливать.

7) Всѣ изданія, противодѣйствующія дѣлу революціонной обороны и становящіяся на сторону нѣмецкой буржуазіи, а также стремящіяся использовать нашествіе имперіалистическихъ полчищъ въ цѣляхъ сверженія Совѣтской власти, закрываются; работоспособные редакторы и сотрудники этихъ изданій мобилизуются для рытья окоповъ и другихъ оборонительныхъ работъ.

8) Непріятельскіе агенты, спекулянты, громилы, хулиганы, контръ-революціонные агитаторы, германскіе шпіоны разстрѣливаются на мѣстѣ преступленія.

Соціалистическое отечество въ опасности. Да здравствуетъ соціалистическое отечество! Да здравствуетъ Международная Соціалистическая революція!

Совѣтъ Народныхъ Комиссаровъ.

21 го февраля. Петроградъ.

1918 年 2 月 21 日列宁所写人民委员会法令
《社会主义祖国在危急中!》(单页)
(按原版缩小)

线沿线所有城镇乡村的工人和农民，都应当动员起来组成挖壕营，在军事专家指导下挖掘战壕。**(6)资产阶级中凡有劳动能力的男女，均应编入挖壕营，受赤卫队员的监视；违者枪毙。**(7)一切反对革命的国防事业而站到德国资产阶级方面去的以及想利用帝国主义军队的侵略来推翻苏维埃政权的出版机关，一律封闭；这些出版机关中凡有劳动能力的编辑和工作人员都动员去挖掘战壕和修筑其他防御工事。**(8)所有敌方奸细、投机商人、暴徒、流氓、反革命煽动者、德国间谍，一律就地枪决。**

社会主义祖国在危急中！社会主义祖国万岁！国际社会主义革命万岁！

人民委员会

1918 年 2 月 21 日于彼得格勒

载于 1918 年 2 月 22 日（3 月 9 日）《真理报》第 32 号和《中央执行委员会消息报》第 31 号

译自《列宁全集》俄文第 5 版第 35 卷第 357—358 页

对人民委员会法令
《社会主义祖国在危急中!》的补充

(1918年2月21日或22日)

为了正确地和无条件地执行人民委员会2月21日的法令,兹决定:

(1)每个工人一昼夜完成8小时工作后,每天必须为军事部门或行政部门工作3小时(或者工作4个半小时,第3天休息)。

(2)每个属于富有阶级或有钱阶层的人(每月收入500卢布以上或有现金储备1 500卢布以上)必须立即领取一个**劳动手册**,以便每星期在手册上标明,他是否完成了自己担当的那份军事工作或行政工作。此事由所属工会、工人代表苏维埃或赤卫队地方部队司令部负责。

有钱人领取一本劳动手册须缴50卢布。

(3)不是工人但也不属于有钱阶级的人也必须领取劳动手册,但是他们领取一本只缴5卢布(或者只缴工本费1卢布)。

在有钱人的劳动手册上列有表格,以便每星期登记收支数目。

没有劳动手册的或者填写得不对的(尤其是弄虚作假的),依战时法律惩办。

凡持有武器者必须向(一)当地住宅委员会和(二)第2条指出的机关领取新的许可证。没有这两种许可证,禁止持有武器。违者枪决。

隐匿存粮者也枪决。

为了合理解决粮食问题，**全体**公民必须参加**消费合作社**、住宅……①

载于 1927 年 12 月 22 日　　　译自《列宁全集》俄文第 5 版

《真理报》第 293 号　　　　　　第 35 卷第 359—360 页

---

① 手稿到此中断。——俄文版编者注

论疥疮¹⁷²

（1918 年 2 月 22 日）

疥疮是一种折磨人的疾病。而当人们害了革命空谈这种疥疮时，观察它一下都会觉得很难受。

简单明了、显而易见的，任何一个劳动群众的代表都感到毋庸争论的真理，却被害了这种疥疮的人歪曲了。他们歪曲这些真理，常常出于最好、最纯洁、最高尚的动机，"只不过是"由于没有领会某种正确理论，或者说，由于像小孩子那样生硬地、像小学生那样盲从地乱套这些理论（他们正像俗话所说，不懂得"该说什么说什么"）。但是，疥疮并不因此就不再令人厌恶了。

譬如说，一个给受尽了三年掠夺战争折磨的人民带来了苏维埃政权、土地、工人监督和**和平**的政府，是不可战胜的，有什么东西能比这个真理更加不可争辩、更加清楚呢？和平是主要的。在争取普遍的、公正的和约方面**真心诚意**作了努力之后，实际证明，**现在**不可能获得这种和约，既然如此，任何一个庄稼汉都会懂得，现在必须争取的已不是全面的和约，而是单独的（个别的）和不公正的和约。任何一个庄稼汉，甚至最愚昧最没有文化的庄稼汉也会懂得这一点，并且会**赞扬**即使给他带来这种和平的政府。

有些布尔什维克一定是害了空谈疥疮，才会忘了这一点，从而引起农民对他们的极为合理的不满，因为这种疥疮已经导致掠夺成性的德国对疲惫不堪的俄国发动新的战争！至于这种疥疮是用哪些可笑而又可怜的"理论"废话和诡辩掩盖起来的,我在《论革命空谈》(2月21日(8日)《真理报》)①一文中已经指出,假如这种疥疮今天没有蔓延到(多么缠人的病呀!)新的地方,我是不会想起这一点来的。

为了说明这是怎么一回事情,我先举个小小的例子,说得简单明了一些,不谈"理论"(如果拿疥疮冒充"理论",那是不能容忍的),不用奥妙的词句,不用群众不懂的东西。

假定说,卡利亚耶夫为了刺杀暴君和恶棍,从一个大坏蛋或大骗子或大强盗那里搞到一支手枪,答应用面包、金钱和烧酒作报酬。

能不能因为卡利亚耶夫为了搞到杀人武器"同强盗做交易"而谴责他呢? 任何一个正常的人都会说:不能。如果卡利亚耶夫不能从别的地方用别的办法搞到手枪,如果他做的事情的确是正当的(是刺杀暴君,而不是为了杀人越货),那么,他用这种办法搞到手枪就不应该受到非难,而应该得到赞许。

可是,如果一个强盗为了杀人越货而以金钱、烧酒和面包为报酬从另一个强盗那里搞到手枪,那么能不能把**这种**"同强盗做交易"跟卡利亚耶夫的做交易相比(更不用说同等看待了)呢?

不能。任何一个人,只要不是疯子,只要没有染上疥疮,都会同意说不能。随便哪一个庄稼汉,如果看到一个"知识分子"用空话来规避这个如此明显的真理,都会说:老爷,你可管理不了国家,还是去当一个耍嘴皮子的小丑吧,或者干脆去洗个蒸汽浴,治好你

---

① 见本卷第357—368页。——编者注

的疥疮吧。

如果统治国家的资产阶级即剥削者阶级的代表克伦斯基同英法剥削者做成交易，从他们那里取得武器和马铃薯，同时向人民隐瞒了答应（在胜利时）把亚美尼亚、加利西亚和君士坦丁堡给一个强盗，把巴格达、叙利亚和其他地方给另一个强盗的条约，那么从克伦斯基及其朋友们来说，这种交易是掠夺性的、诈骗性的、肮脏的交易，这还难以理解吗？

不。这完全不难理解。任何一个庄稼汉，甚至最愚昧最没有文化的庄稼汉都会理解。

可是，如果被剥削被压迫者阶级的代表在这个阶级推翻了剥削者之后公布了和废除了一切秘密的和掠夺性的条约，遭到了德国帝国主义者强盗般的进攻，那么能不能因为他"同"英法"做交易"、因为他用金钱或木料等换取他们的武器和马铃薯而谴责他呢？能不能认为这种交易是不正当的、可耻的、肮脏的呢？

不，不能。任何一个正常的人都会懂得这一点，都会像嘲笑小丑似地嘲笑这样一些人，这些人想以"高贵的气度"和学者的姿态证明，"群众不会懂得"帝国主义者克伦斯基的强盗战争（和他同强盗所做的有关分赃的可耻交易）跟布尔什维克政府为了从英法强盗那里取得武器和马铃薯以抵抗德国强盗而同他们所做的**卡利亚耶夫式的**交易有什么区别。

任何一个正常的人都会说：为了抢劫而向强盗购买武器是卑鄙龌龊的行为；但是为了同暴徒进行正义的斗争而向强盗购买武器则是完全合理的事情。只有"读过一点书"、只学到装腔作势的那些矫揉造作的小姐和公子才会认为这种事情有什么"不干净的地方"。除了这样一些人而外，也许还有害了疥疮的人会犯类似的"错误"。

那么，德国工人是不是会懂得克伦斯基为了夺取土耳其的君士坦丁堡、奥地利的加利西亚、德国的东普鲁士……而向英法强盗购买武器跟布尔什维克为了抗击威廉（当他派兵进攻向所有国家提议缔结真诚的、公正的和约并且宣布战争已经结束的社会主义俄国的时候）而向同样一些强盗购买武器的区别呢？

应该认为德国工人是"会懂得"这一点的，第一，因为他们是聪明的、受过教育的工人；第二，因为他们已经习惯了文明的和整洁的生活，他们没有害俄国那种疥疮，特别是革命空谈的疥疮。

杀人越货和杀死暴徒是不是有区别呢？

两个掠夺者集团为了分赃而进行的战争跟已经推翻了掠夺者的人民为了摆脱掠夺者的侵犯而进行的正义战争，是不是有区别呢？

评论我从强盗那里搞到武器是做了好事还是坏事，难道不取决于搞这些武器的目的和用途吗？难道不取决于这些武器是用于罪恶的、龌龊的战争还是用于正义的、正当的战争吗？

咳！疥疮真是一种令人厌恶的疾病。而在澡堂里不得不给害疥疮的人洗蒸汽浴也是一种令人苦恼的行业……

附言：北美人在 18 世纪末的反英解放斗争中曾利用了竞争者——同英国一样的殖民强盗西班牙和法国两国的帮助。据说现在有些"左派布尔什维克"竟坐下来写论述这些美国人做了"肮脏交易"的"学术论文"……

载于 1918 年 2 月 9 日（22 日）
《真理报》第 33 号（晚上版）

译自《列宁全集》俄文第 5 版
第 35 卷第 361—364 页

给莫斯科瓦·尼·波德别尔斯基的直达电报[173]

（1918 年 2 月 22 日）

　　总的说来，德国人一直在向前推进，因为没有遇到抵抗。此外，我没有其他经过核实的新消息。我认为局势极其严重，不容许我方有丝毫延误。至于奥匈帝国不参战的消息，我个人跟托洛茨基不同，并不认为这个消息已经核实。据说，已截获无线电报，并有来自斯德哥尔摩的关于这个消息的电报，但我没有见到过这样的文件。

列　宁

载于 1918 年 2 月 10 日（23 日）
《莫斯科市和莫斯科区域工兵农
代表苏维埃消息报》第 31 号

译自《列宁全集》俄文第 5 版
第 35 卷第 365 页

和平还是战争？

（1918 年 2 月 23 日）

读者可以看见，德国人在答复中向我们提出的和约条件比在布列斯特－里托夫斯克提出的更苛刻了。虽然如此，我还是绝对相信，只有完全陶醉于革命空谈的人才会怂恿别人拒绝签署这些条件。正因为我一直认为革命空谈是对我们党的（因而也是对革命的）最大威胁，所以我在《真理报》上发表了论"革命空谈"和论"疥疮"这两篇文章（署名：卡尔波夫）①，开始了反对革命空谈的无情斗争。一些严格执行革命口号的革命政党害了革命空谈病而遭到毁灭，这在历史上是屡见不鲜的。

在此以前，我曾竭力提示党同革命空谈进行斗争。现在我必须公开做这件事情。因为——真糟糕！——我最坏的推测被证实了。

1918 年 1 月 8 日，我在大约有 60 位彼得格勒最著名的党的工作人员参加的会议上宣读了我的《关于立刻缔结单独的兼并性和约问题的提纲》（即明天就要发表的 17 条）。我在这个提纲中（第 13 条）已向革命空谈宣了战，但是采取了最婉转的、同志般的方式（现在我深深责备自己不该那样婉转）。我说过，拒绝签订德

---

① 见本卷第 357—368 页、376—379 页。——编者注

国人提出的和约的政策，"也许适合人们追求漂亮、动人、鲜明那种欲望，可是完全不顾已经开始的社会主义革命的现阶段的阶级力量和物质因素的客观对比"①。

我在提纲第 17 条中写道，如果我们拒绝签订向我们提出的和约，那么"最严重的失败将迫使俄国缔结更加不利的单独和约"。

事实证明情况更坏，因为我们正在退却的和复员的军队根本拒绝作战。

在目前这样一种情况下，只有漫无边际的空谈才会怂恿俄国进行战争。如果空谈的政策占了上风，那我个人当然连一秒钟也不会留在政府和我们党的中央委员会里。

现在痛苦的真相已经万分明显，要想不看见它是不可能的。俄国整个资产阶级都在欢呼和庆祝德国人的到来。只有瞎子和陶醉于空谈的人才会看不见，进行革命战争（**在没有军队的情况下……**）的政策就是给我国资产阶级帮忙。在德文斯克，俄国军官已经戴上了肩章。

在列日察，资产者欢天喜地地迎接德国人。在彼得格勒的涅瓦大街上，在资产阶级报纸（《言语报》、《人民事业报》、《新光线报》等）上，他们都在津津乐道苏维埃政权将被德国人推翻。

让所有的人都知道吧，谁要反对立刻签订即使是极端苛刻的和约，谁就是在断送苏维埃政权。

我们被迫签订一个苛刻的和约。它不会阻止德国和欧洲的革命。我们将要开始组织革命军队，但不是依靠空谈和叫喊（像有些人所做的那样，这些人从 1 月 7 日起甚至没有做一点工作来阻止

---

① 见本卷第 256 页。——编者注

我们的军队逃跑），**而是依靠组织工作**，依靠建立严整的、全民的和强大的军队的实际行动。

载于 1918 年 2 月 10 日(23 日)　　　译自《列宁全集》俄文第 5 版
《真理报》第 34 号(晚上版)　　　　　第 35 卷第 366—368 页

在俄国社会民主工党(布)中央委员会会议上的发言[174]

(1918年2月23日)

记　　录

1

列宁同志认为,革命空谈的政策必须结束。如果这种政策现在还继续下去,他就要退出政府和中央委员会。进行革命战争是需要军队的,但是我们没有军队。这就是说,只好接受条件。

2

列宁同志:有些人指责我提出了最后通牒。我提出最后通牒是万不得已的。我们的中央委员在谈论国际性的国内战争,那是一种嘲弄。国内战争在俄国有,但是在德国还没有。我们的鼓动工作还要继续进行。我们不是用空话,而是用革命在进行鼓动。这还要继续进行。斯大林说可以不签订和约,那是不对的。必须签字接受这些条件,如果你们不签字接受这些条件,那么三个星期之后你们就得在苏维埃政权的死刑判决书上签字。这些条件动摇不了苏维埃政权。我丝毫也不犹豫。我提出最后通牒不是为了撤回它。我不愿听革命空话。德国的革命还没有成熟。这需要几个月时间。应该接受条件。如果以后还有新的最后通牒,那将是在新形势下提出来的。

3

列宁同志:我也认为必须准备革命战争。可以解释条约,我们也将作解释。复员在这里是从纯粹军事意义上来说的。战前我们也有军队。对于革命战争,要认真作准备。我一秒钟也不怀疑,群众是主张和平的。

4

列宁提议表决:(1)是否立即接受德方的建议,(2)是否立即准备革命战争,(3)是否立即征询彼得格勒和莫斯科的苏维埃选民的意见。

5

阿·洛莫夫提出一个问题:弗拉基米尔·伊里奇准不准许暗地里或公开

地鼓动反对签订和约。

列宁同志作了肯定的回答。

6

由于某些中央委员声明要辞去苏维埃和党的一切重要职务,雅·米·斯维尔德洛夫建议,在代表大会召开之前,中央委员都留在原岗位上,可以在党内进行自己的鼓动。

列宁同志主张讨论斯维尔德洛夫提出的问题,因为,第一,离签订和约还有 3 天时间,第二,离批准和约还有 12 天时间,因此,还可以听取党的意见,如果党反对签订和约,那就用不着批准了。但是由于今天时间很紧,建议把问题搁到明天讨论。

7

约·维·斯大林提出一个问题:辞职是否意味着事实上退党。

列宁同志指出,退出中央委员会并不意味着退党。

8

列宁同志建议同志们可以在表决时离开会场和不在任何文件

上签字,以免承担责任,但是不要把苏维埃的工作抛开不管。

第1—3次发言载于1922年《列宁
全集》俄文第1版第15卷;第4—
8次发言载于1928年《无产阶级
革命》杂志第2期

译自《列宁全集》俄文第5版
第35卷第369—371页

给皇村无线电台的指令[175]

1918 年 2 月 23 日(10 日)

兹命令正式通知皇村无线电台,今夜(23 日夜)至明晨 7 时务必安排值班员发无线电报。

夜间应停止收报,以便(从该时起)充分保证我们的无线电报**能够**毫不延搁地**发出**。

正式而准确地回报收到此令的情况和为执行此令所采取的措施。

人民委员会主席　**列宁**

载于 1929 年《列宁文集》俄文版
第 11 卷

译自《列宁全集》俄文第 5 版
第 54 卷第 391—392 页

不幸的和约

（1918 年 2 月 23 日）

托洛茨基说得对,这个和约可能是一个十分不幸的和约,但是这个要结束一场难堪百倍的战争的和约则不可能是一个难堪的、耻辱的、肮脏的和约。

当强者踩着弱者胸口的时候,签订不幸的、无比苛刻的、无限屈辱的和约,是非常痛苦的,极端痛苦的。但是决不能悲观失望,不要忘记:历史上有过更加屈辱的先例,有过和约条件更加不幸、更加苛刻的先例。然而受尽野兽一样残酷的胜利者摧残的人民,终于恢复了元气,站了起来。

拿破仑第一当时对普鲁士的摧残和侮辱比威廉现在对俄国的摧残和侮辱要厉害得多。[176] 好多年里,拿破仑第一在大陆上一直是所向无敌的,他当时战胜普鲁士比现在威廉战胜俄国要彻底得多。但是几年之后,普鲁士恢复了元气,并且在解放战争中,利用了决不是同拿破仑进行解放战争而是同他进行帝国主义战争的强盗国家的援助,推翻了拿破仑的压迫。

拿破仑的帝国主义战争继续了许多年,占去了整整一个时代,表现了帝国主义①关系和民族解放运动交织在一起的异常复杂的

---

① 我这里讲的帝国主义是泛指对别的国家的掠夺,帝国主义战争是指掠夺者为了瓜分这些赃物而进行的战争。

情景。结果,历史经过了充满战争和悲剧(许多国家人民的悲剧)的这一整个时代,从封建主义向"自由的"资本主义前进。

现在,历史前进得更快,正在遭受帝国主义战争摧残和已经被它压垮的许多国家人民的悲剧更加令人惊心动魄。帝国主义的和民族解放的思潮、运动和意向也交织在一起,不过它们之间有一个巨大的差别:民族解放运动无比弱小,帝国主义运动无比强大。但历史还是不断前进,而在一切先进国家内部,社会主义革命,即远比以前的资产阶级革命更深刻、更具有人民性、更强大的革命,正在成熟起来,不可阻挡地成熟起来。

因此,我们再三说:悲观失望是绝不容许的。和约条件苛刻得难以忍受。但是历史终究会占上风,其他国家不断成熟的社会主义革命一定会来援助我们(即使不像我们大家所希望的那样快)。

强盗包围我们,摧残我们,侮辱我们,——所有这些痛苦,我们都能忍受。我们在世界上并不孤立。我们有朋友,有支持者,有最忠实的援助者。他们由于许多不以自己意志为转移的条件来不及赶来,但是他们一定会来的。

我们要组织、组织、再组织。不管经受什么样的考验,未来一定属于我们。

载于1918年2月24日《真理报》
第34号

译自《列宁全集》俄文第5版
第35卷第382—383页

在全俄中央执行委员会布尔什维克党团和左派社会革命党党团联席会议上的讲话[177]

(1918年2月23日)

报　道

列宁发言主张接受德国人提出的条件。他一开始就说,苏维埃政权应该正视真实情况,应该确认抵抗德国人是根本不可能的。他谈到前面几个发言人拒绝签订条约的理由时反驳说,认为我们最近就能把军队组织起来是毫无根据的;军队不愿打仗,而且谁也不能强迫它去打仗。如果我们现在着手组织军队,如果我们集合起很少几个勇敢的战士,把他们投入帝国主义的血口,那我们就会因此断送掉为我们争得了自由的坚强而又有思想的战士。

列宁接着说,德国革命迟延爆发决不能怪我们俄国无产阶级。德国革命一定会到来,但是现在还没有到来,因此我们最好的出路就是要赢得时间。如果我们现在签订了和平条约,那么我们今后就会通过积极的有组织的工作、通过修筑铁路、通过整顿粮食问题建立一支坚强可靠的军队,来保卫我们的革命,到那时,德国的社会主义革命无疑是会及时赶到的。

载于1918年2月11日(24日)
《莫斯科市和莫斯科区域工兵农代表苏维埃消息报》第32号

译自《列宁全集》俄文第5版第35卷第372页

错 在 哪 里?[178]

(1918 年 2 月 23 日或 24 日)

反对按照布列斯特的条件缔结单独和约的最著名和担任最重要职务的人把自己论据的要点叙述如下:

这里几乎用决议的形式提出了最集中、最重要的论据。为了便于分析这些论据,我们把每句话都编上号码。

一看这些论据就会马上发现作者们的基本的错误。他们只字不提目前进行革命战争的具体条件。主和派主要的、基本的理由,即我们**现在**不可能进行战争,这一点恰恰没有谈到。为了进行反驳(即使是反驳我的提纲①,而这个提纲是作者们从 1 月 8 日起就知道得很清楚的),他们提出的尽是**一般的**理由、抽象的概念,那就必然变成说空话。因为任何一般的历史的理由,如果用在个别场合而不对该场合的条件作专门的分析,都会变成空话。

就拿第一个论点来说吧。其全部"精华"就是:非难,叫喊,唱高调,竭力"羞辱"对方,感情用事。你看你们多么糟糕,帝国主义

---

① 见本卷第 251—259 页。——编者注

者进攻你们，并且"宣布"自己的目的就是要镇压无产阶级革命，而你们竟回答说同意缔结和约！但是要知道，连作者们也很清楚，我们的论据是：我们拒绝缔结苛刻的和约**恰好便于**敌人镇压无产阶级革命。而且我们还十分具体地举出了有关军队情况及其阶级成分等等许多事实来证实这一论据（譬如在我的提纲中就是这样）。作者们回避一切具体的东西，只谈空话。因为如果敌人"宣布"自己的目的就是要镇压革命，而一个革命者却选择显然不能采取的反抗形式，正好使敌人"宣布"的目的得以**实现**，那他就是一个蹩脚的革命者。

第二个论据："非难"更加厉害了。你看，敌人刚发起第一次攻击，你们就同意媾和……　难道作者们真的认为，这会把那些从1月起即在"攻击"之前很久就分析了力量对比和目前进行战争的具体条件的人们说服吗？如果把"非难"当做对分析的反驳，那么这种反驳不就是空谈吗??

他们对我们说，在目前条件下同意媾和，"就是国际无产阶级的先进部队向国际资产阶级投降"。

又是空谈。把一般真理鼓吹得过了头，就会变成谬误，变成唱高调。德国资产阶级不是"国际"资产阶级，因为英国和法国的资本家**欢迎**我们拒绝签订和约。"投降"一般说来是件坏事，但是这个值得重视的真理并不适用于每一个别情况，因为在显然不利的条件下放弃战斗也可以叫做投降，但是**这样的**投降却是严肃的革命者应该做的。同意参加第三届杜马，与斯托雷平媾和，一般讲来也是投降，正像当时我们唱高调的"左派"所说的那样。

从带头革命这个意义上来说，我们是先进部队，这是不容争辩的；但是在同先进的帝国主义的力量进行军事搏斗这一点上，要说

我们是先进部队,那就……①

载于1929年《列宁文集》俄文版
第11卷

译自《列宁全集》俄文第5版
第35卷第373—375页

---

① 手稿到此中断。——俄文版编者注

在全俄中央执行委员会
会议上的报告[179]

（1918年2月24日）

同志们，德帝国主义的代表向我们提出的条件空前苛刻，这是具有无比的压迫性和掠夺性的条件。德帝国主义者趁俄国虚弱，用膝盖压住了我们的胸口。在这种情况下，为了不向大家隐瞒我所深信的痛苦的真相，我不能不向大家说，我们除签字接受这些条件外没有别的出路。其他任何建议都是有意无意地招致更大的不幸，使苏维埃共和国更加（如果这里可以说程度的话）彻底屈服于德帝国主义，遭受它的奴役，或者就是可悲地企图用空话来回避严重的、无比痛苦的但是千真万确的现实。同志们，你们大家都很清楚，而且你们中的许多人还亲身体验到，过去压在俄国身上的帝国主义战争的负担，由于众所周知的无可辩驳的原因，比其他国家更沉重、更厉害；因此你们知道，我国军队受战争的摧残和折磨，是任何其他军队不能相比的；资产阶级报刊以及那些帮助他们的，或者说敌视苏维埃政权的政党对我们的一切诬蔑，说什么布尔什维克瓦解了军队，都是一派胡言。我再一次向大家提一下当时还是克伦斯基手下一名准尉的克雷连柯临去彼得格勒以前散发给军队的那张传单。这张传单后来转载在《真理报》上，他在传单中说：我们并不号召你们暴动，我们号召你们进行有组织的政治活动，力求尽可能有组织地活动。[180]这就是一个最热情、最接近军队的布尔什维克代表所作的宣传。为了保持这个疲惫不堪的军队，为了加强这个军队，能做的都做了。现在我们都知道，例如，最近一个月来，我绝口不提我的那个可能显得悲观的看法，我们都知道，最近一个月来，为了改进现状，对于军队我们讲了所能讲的一切，做了所能做的一切，而现实却向我们表明，经过了三年战争的我们的军队无论如何是不能也不愿打仗了。这才是根本的原因，这个原因是简单的、明显的、十分痛苦和沉重的，但也是非常清楚的，因为住在我们旁边的帝国主义强盗用膝盖压住了我们的胸口，我们不得不接受和约条件。因此我说，我完全意识到我现在担负着什么样的责任，并且再说一遍，任何一个苏维埃政权的代表都没有权利规避这个责任。当然，向工人、农民和士兵们讲述十月革命以后革命进展的情形是轻松愉快的，看着这种情形也是轻松愉快的，可是现在，当必须承认痛苦的、毋庸置疑的真相——不可能进行革命战争——的时候，要想规避这个责任是不允许的，应当毫不犹豫地把这个责任承担起来。我认为我应该而且必须履行自己的职责，直率地讲出实际情况，因此我确信，俄国劳动阶级知道（我一秒钟也不怀疑他们知道）战争是怎么一回事、战争需要劳动人民付出多大代价、战争已经使他们疲惫到了什么程度，尽管他们和我们一样会意识到这些和约条件是空前苛刻的、蛮横的、卑鄙的，但他们会为我们的做法辩护。他们会说：你们提出立刻缔结公正的和约的条件，这是应该的，你们利用一切可以利用的机会来拖延和约的签订也是应该的，以便看看其他国家是不是赞同，欧洲无产阶级是不是会来帮助我们，而没有欧洲无产阶级的帮助，我们要想获得巩固的社会主义的胜利是不可能的。我们为了拖延谈判已经做了所能做的一切,甚至比所能做的还多,我们在布列斯特谈判开始以后甚至宣布战争状态业已停止,当时我们和我们中间许多人一样,确信德国的情况使它不可能向俄国发动残酷的、野蛮的进攻。这一次我们却遭到了惨重的失败,但是必须善于正视失败。是的,在此以前,革命一直是上升的,从胜利走向胜利;现在却遭到了惨重的失败。开头来势迅猛的德国工人运动暂时中断了。我们知道,这个运动的基本原因并未消除,而且还在增长,势必还会扩大,因为折磨人的战争还在拖下去,因为帝国主义的兽行暴露得愈来愈彻底、愈来愈露骨,使那些看来最不关心政治或不能理解社会主义政策的群众睁开了眼睛。因此就形成了一个十分危急和悲惨的局面,迫使我们不得不马上接受和约,劳动群众一定会说:是的,他们做得对,他们为了提议签订公正的和约已经尽了一切努力,他们接受最具有压迫性和最不幸的和约是应该的,因为我国已没有别的出路。德国人的处境使他们不得不跟苏维埃共和国决一死战;他们现在之所以没有继续实行进攻彼得格勒和莫斯科的计划,那完全是因为同英国进行的流血的掠夺战争牵制了他们,而内部又发生了危机。当有人向我指出,德帝国主义者可能明天或后天提出还要坏的条件时,我就说应该对此有所准备;苏维埃共和国就在残暴的强盗身旁,自然应该预料到会遭受进犯。我们现在不能用战争回答敌人,那是因为没有力量,因为只有同人民一起才能进行战争。如果革命所获得的胜利使许多同志持相反的意见,那也决不是普遍的现象,也决不反映真正群众的意志和意见;如果你们到真正的劳动者阶级,到工人和农民中去,那你们只会听到一种答复,如一个士兵所说的,我们无论如何不能进行战争,我们已经没有力气,我们已淹没在血泊中了。当我们签订这个被迫的、无比苛刻的和约时,这些群众是会理解我们的,会替我们辩护的。也许群众要养息不少时间才能复原,但是那些在革命高涨时期和在革命低落时期,即向群众发出的革命号召得不到群众响应的时期,经历过长年累月的革命战斗的人都知道,革命终究是要重新高涨起来的;所以我们说,是的,现在群众没有能力进行战争,现在苏维埃政权的每个代表都应该公开向人民说明全部痛苦的真相,三年战争以及沙皇制度造成的经济极端严重破坏所带来的负担无比沉重的时期将会过去,人民会发现自己有力量和可能回击敌人。现在有个压迫者来压迫我们;对于压迫的最好的回答,当然是革命战争,是起义;可惜历史表明,对于压迫,并不是任何时候都可以用起义来回答的;放弃起义并不就是放弃革命。不要受资产阶级报纸、苏维埃政权的敌人挑拨吧;不错,他们对于这个和约除了叫喊"难堪的和约"和"可耻!"以外没有说过别的话,但实际上这个资产阶级却在欣喜若狂地欢迎德国侵略者。他们说:"德国人终于要来了,他们会替我们建立秩序。"这就是他们的希望,也是他们用"难堪的和约,耻辱的和约"这种叫喊来中伤我们的原因。他们希望苏维埃政权进行战斗,进行无比残酷的战斗,因为他们知道我们没有力量;他们拖我们去受德帝国主义者的彻底奴役,以便同德国警察进行勾结,但是他们代表的只是本阶级的利益,因为他们知道,苏维埃政权正在日益巩固。这些反对和约的言论和叫喊,我认为是一个绝好的证明:拒绝和约的人不仅以不可救药的幻想安慰自己而且已经中了敌人的挑拨。不,应该正视这个生死攸关的真相:在我们面前的是一个用膝盖压住了我们胸口的压迫者,我们将要采取一切革命斗争手段进行斗争。但是我们现在的处境极端困难,我们的同盟者不能赶来援助,国际无产阶级不能马上前来,但它一定会

来的。这个现在不能给敌人以军事回击的革命运动正在高涨,它的回击会迟一些,但它是一定要回击的。(鼓掌)

简要报道载于 1918 年 2 月 12 日
(25 日)《真理报》第 35 号(晚上版)

全文载于 1926 年《列宁全集》俄文
第 1 版第 20 卷第 2 册

译自《列宁全集》俄文第 5 版
第 35 卷第 376—380 页

人民委员会关于
接受德国和约条件的决定[181]

(1918 年 2 月 24 日)

　　根据工兵农代表苏维埃中央执行委员会 2 月 24 日凌晨 4 时半通过的决议,人民委员会决定接受德国政府提出的和约条件,并派代表团前往布列斯特–里托夫斯克。

人民委员会主席

弗·乌里扬诺夫（列宁）

载于 1918 年 2 月 12 日（25 日）《真理报》第 35 号（晚上版）和《中央执行委员会消息报》第 33 号（晚上版号外）

译自《列宁全集》俄文第 5 版第 35 卷第 381 页

关于必须签订和约的意见

(1918 年 2 月 24 日)

当前不签订和约就等于向德帝国主义宣布武装起义或革命战争。而这要么是空谈,要么是渴望德国人到来的俄国资产阶级的挑拨。实际上,我们目前不能作战,因为军队反对战争,军队不能打仗。从 1918 年 2 月 18 日至 24 日同德国人作战的一个星期中,我们的部队碰到德国人就干脆逃跑的情况完全证明了这一点。我们现在已经成了德帝国主义的俘虏。目前不要空谈举行反抗德国人的武装起义,而要进行系统的、认真的、不间断的准备革命战争的工作,建立纪律和军队,整顿好铁路和粮食工作。这就是中央执行委员会多数人的看法,其中包括列宁(和布尔什维克中央的多数人)和斯皮里多诺娃、马尔金(左派社会革命党中央的少数人)。

载于 1929 年《列宁文集》俄文版
第 11 卷

译自《列宁全集》俄文第 5 版
第 35 卷第 384 页

在俄国社会民主工党（布）
中央委员会会议上的发言

（1918年2月24日）

记　　录

1

讨论派遣代表团去布列斯特签订和平条约的问题。

列宁同志认为必须保持同原代表团的继承性，由于卡拉汉同志一人不够，最好越飞和季诺维也夫两位同志也去。

2

阿·阿·越飞坚决不肯去，他说，"签订和约是断送整个布列斯特政策"。

列宁同志说，他并不坚持要越飞去担任签订条约的全权代表，但是他认为越飞同志以顾问的身份去是必要的。当然，德国人唯恐我方反对，寄来了最后通牒式的答复，但是当看到我们同意签订和约时，他们也会同意谈判。因此就需要一个了解全部情况的顾问。如果到那里只是签一下字，那当然就什么也不用说，而顾问甚至可以不出席会议。

3

列宁同志说,拉狄克反对缔结和约,但是他同意去,可是波兰人不许他去。

4

在争论过程中,列·达·托洛茨基说,这次去布列斯特只是在和约上签一下字,那里并不需要阿·阿·越飞,因为最重要的问题,德国人的答复里已经谈到了。

列宁同志认为他的看法不对,因为签订条约无疑需要专家,但是我们没有这样的专家,即使是签订通商条约方面的专家也没有。本来克拉辛可以去,但是他到斯德哥尔摩去了,要过一个时候才能回来。正如代表团所说,我们要咬紧牙关签订和约,但是我们不知道事态将如何发展,不知道在代表团到达布列斯特之前会发生什么事情,因此越飞以顾问的身份去是必要的。总之应该注意到,我们给代表团的任务是:只要有可能,就进行谈判。

5

在讨论过程中,格·叶·季诺维也夫和格·雅·索柯里尼柯夫两人被提名为和谈代表团成员的候选人。

列宁同志认为，应该把他们两人都派去，如果问题只是在和约上签一下字，那么跟契切林商量一下下一步的做法以后，两人就可以马上动身。

6

格·雅·索柯里尼柯夫声明，他不去布列斯特，如果中央委员会硬要他去，他就退出中央委员会。

列宁同志请同志们不要激动，并且指出，彼得罗夫斯基同志可以以人民委员的身份参加代表团前往。

7

讨论列·达·托洛茨基关于辞去外交人民委员职务的申请书。

列宁同志指出，这是不能接受的，改变政策会引起危机。政策征询书已寄往各省[182]，进行一些争论决不会有害处。

他提出一项实际建议：中央委员会请托洛茨基同志把自己的申请书搁到中央委员会下次会议即星期二再提出。（修正：搁到代表团从布列斯特回来。）

8

列宁同志提议表决以下声明：中央委员会认为，现在不能接受托洛茨基同志的辞呈，请他把自己这个决定推迟到代表团从布列斯特回来或者实际情况改变以后再提出。

通过。3票弃权。

9

列·达·托洛茨基认为，既然他的申请书未被接受，他就不得不避免在官方机关露面。

列宁同志提议表决：中央委员会听取了托洛茨基同志的声明，完全同意托洛茨基同志在人民委员会解决外交问题时缺席，但是请托洛茨基同志在解决其他问题时不要缺席。

通过。

10

讨论阿·洛莫夫、莫·索·乌里茨基、弗·米·斯米尔诺夫、格·列·皮达可夫、德·彼·博哥列波夫、亚·彼·斯蓬德关于辞去在人民委员会所任职务的申请书。莫·索·乌里茨基希望能公布他们辞去党和苏维埃重要职务的申请书。

列宁同志提议通过:中央委员会请提出申请书的同志们把自己的决定推迟到代表团从布列斯特回来以后再提出,并请他们一起讨论一下中央委员会的这项决定。

11

列宁同志提出两项建议:

(1)中央委员会认为他们四个人的请求是合法的,但是鉴于代表大会即将召开,政治局势复杂,请他们讨论一下中央委员会的建议,把自己的申请书暂时搁一下。

(2)中央委员会保证把他们的申请书登在《真理报》上,但是请他们重新考虑一下自己的决定,并且讨论一下他们可不可以留在负责岗位上和中央委员会里。[183]

建议被通过。

第1—10次发言载于1928年《无产阶级革命》杂志第2期;第11次发言载于1922年《列宁全集》俄文第1版第15卷

译自《列宁全集》俄文第5版第35卷第385—388页

俄国社会民主工党（布尔什维克）中央委员会在单独的兼并性和约问题上的立场①

（1918 年 2 月 24 日）

亲爱的同志们：

中央委员会组织局认为必须向大家说明迫使中央委员会同意德国政府提出的和约条件的理由。同志们，组织局所以要向大家进行说明，目的是要把代表大会休会期间代表全党的中央委员会的观点向全体党员广泛进行传达。组织局认为必须指出，在签字接受和约条件的问题上，中央委员会内部的意见是不一致的。但是决定既然已经通过，全党就应该给予支持。最近就要召开党的代表大会，只有在代表大会上才能解决这样一个问题：中央委员会在多大程度上正确表达了全党的实际立场。代表大会召开以前，全体党员为了履行党员的义务，为了保持我们自己队伍的统一，应贯彻自己的中央领导机关——党中央委员会的决定。

当前（1918 年 2 月 24 日）绝对必须同德国签订掠夺性的、无比苛刻的和约，这首先是因为我们没有军队，我们不能自卫。

---

① 该文件的第一段和最后两段是雅·米·斯维尔德洛夫写的。——俄文版编者注

　　大家都知道,为什么1917年10月25日以后,无产阶级和贫苦农民专政胜利以后,我们大家都成了护国派,我们都主张保卫祖国。

　　从保卫祖国的观点看来,当自己没有军队而敌人却武装到牙齿、准备得十分充分的时候,是不允许卷入军事搏斗的。

　　选出苏维埃的工农兵群众的明显的多数反对进行战争,因此苏维埃社会主义共和国不能进行战争,否则就是冒险。如果这个战争即使是以签订极端苛刻的和约而结束,但德帝国主义以后又想发动进攻俄国的战争,那就是另一回事了。那时大部分苏维埃一定会主张战争。

　　现在进行战争,等于客观上受了俄国资产阶级的挑拨。他们很清楚,俄国现在是无法自卫的,德国人甚至只要用一点点力量就会把它打垮,他们只要切断主要铁路线,彼得格勒和莫斯科就会由于饥饿而陷落。资产阶级希望有战争,因为他们想推翻苏维埃政权,跟德国资产阶级妥协。德文斯克和列日察、文登和哈朴萨尔、明斯克和德里萨的资产者在德国人进入时欢呼胜利的情景,最清楚不过地证明了这一点。

　　要在当前进行革命战争的主张必然变成革命空谈。因为没有军队,没有极其认真的经济上的准备,要进行现代战争去反抗先进的帝国主义,对于破产的农民国家来说,是不可能的事情。对俘虏了我们之后要彻底击溃我们的德帝国主义进行反抗,是绝对必需的。但是,如果要求必须通过武装起义来进行反抗,而且必须现在就干,虽然**这种**反抗明明对我们毫无希望,明明既有利于德国资产阶级,又有利于俄国资产阶级,——那就是十足的空谈。

　　借口支援国际社会主义运动而主张目前进行革命战争,同样也是空谈。如果我们不合时宜地同德帝国主义打仗而有利于德帝国主义击溃苏维埃共和国，那我们就会损害而不是帮助德国的和国际的工人运动和社会主义事业。必须进行各方面的、顽强的、系统的工作，来专门帮助各国国内的革命的国际主义者，但在武装起义明明是冒险行动的时候还要去冒险举行武装起义，那就不配称为马克思主义者。

如果李卜克内西在两三个星期内就取得胜利（这是可能的），那他当然会使我们从一切困难中解脱出来。但是，如果我们心血来潮，向人民保证，说李卜克内西一定会在最近几个星期内取得胜利，那就太愚笨了，那就是对全世界劳动者团结起来这个伟大口号的嘲弄。这样推论，就是把"我们把一切希望寄托在世界革命上"这一伟大口号变成十足的空话。

实际情况客观上和1907年的夏天相似。当时压制我们、俘虏我们的是俄国君主派斯托雷平，而现在是德帝国主义者。当时立即举行起义的口号是句十足的空话，遗憾的是这种空话充斥于社会革命党全党。现在，在当前，进行革命战争的口号显然是句空话，它吸引了左派社会革命党人，他们在重复右派社会革命党人的理由。我们现在是德帝国主义的俘虏，为打垮这个世界帝国主义的急先锋，我们要进行艰巨的、长期的斗争；这次斗争毫无问题是为了社会主义而进行的最后的斗争，但是在当前以发动武装起义来开始这场反对帝国主义急先锋的斗争就是冒险，马克思主义者任何时候都不会进行这种冒险。

系统地、不断地、全面地增强国防力量，到处建立自觉纪律，利用惨重的失败来提高各个生活领域的纪律，以便发展国家的经济，巩固苏维埃政权，——这就是当前的任务，这就是实际上而不是口头上为革命战争作准备。

最后,组织局认为必须指出,由于德帝国主义的进攻至今尚未停止,全体党员必须同心协力地组织反击。如果不能签订和约,即使是极端苛刻的和约,借以争取时间来准备新的战斗,那么我党就应当指明,必须动员一切力量进行大张旗鼓的反抗。

如果能够赢得时间来进行组织工作,哪怕是短暂的喘息时机,我们也必须争取。如果我们得不到一点拖延的时间,我党就必须号召群众进行斗争,进行极其坚决的自卫。我们相信,全体党员一定能够履行自己对党、对我国工人阶级、对人民和无产阶级所负的义务。我们保卫苏维埃政权就是对各国无产阶级反对本国资产阶级的无比艰巨的斗争的最好的、最有力的支援。现在,对社会主义事业来说,再没有也不可能有比俄国苏维埃政权的崩溃更大的打击了。

致同志的敬礼

俄国社会民主工党(布尔什维克)中央委员会组织局

载于1918年2月13日(26日)
《真理报》第35号

译自《列宁全集》俄文第5版
第35卷第389—392页

沉痛的但是必要的教训

（1918年2月25日）

1918年2月18日至24日这一星期将作为最伟大的历史转折之一载入俄国革命和国际革命的史册。

1917年2月27日，俄国无产阶级和一部分在战争进程中觉醒过来的农民以及资产阶级，共同推翻了君主制。1917年4月21日，它推翻了帝国主义资产阶级独掌的政权，把政权转到同资产阶级妥协的小资产阶级妥协派的手里。7月3日，城市无产阶级自发地举行游行示威，震撼了妥协派的政府。10月25日，它推翻了这个政府，建立了工人阶级和贫苦农民的专政。

当时必须在国内战争中捍卫住这个胜利。这占了三个月左右的时间。首先在加契纳附近战胜了克伦斯基，接着在莫斯科、伊尔库茨克、奥伦堡、基辅战胜了资产阶级、士官生、一部分反革命哥萨克，最后在顿河畔罗斯托夫战胜了卡列金、科尔尼洛夫和阿列克谢耶夫。

芬兰燃起了无产阶级起义的烈火。火焰蔓延到罗马尼亚。

在国内战线上取得胜利是比较容易的，因为敌人不论在技术上或在组织上都不占任何优势，同时他们既没有任何经济基础，也没有任何群众基础。轻易得来的胜利不能不冲昏许多领导人的头脑。于是出现了"我们投鞭就能断流"的轻敌情绪。

　　他们假装没有看见军队离开前线迅速复员的普遍瓦解现象。他们陶醉于革命空谈，并把这种空谈搬到反对世界帝国主义的斗争上来。他们把俄国未受世界帝国主义侵犯的暂时的"自由"当做一种常态，而这种"自由"实际上不过是德国强盗同英法强盗之间的战争的间歇。他们把奥地利和德国群众罢工的开端当做革命，似乎这个革命已经使我们从德帝国主义的严重威胁中解脱了出来。他们不是严肃地、认真地、始终不渝地进行工作，去支援正经历特别艰苦的道路而成长的德国革命，反而不屑一顾地说："德帝国主义者算得了什么，我们和李卜克内西一起马上就会把他们赶走！"

　　1918年2月18—24日，即从德文斯克被占到普斯科夫被占（后来夺回来了）的一个星期，也就是帝国主义德国向苏维埃社会主义共和国实行军事进攻的一个星期，是一个痛苦的、难受的、沉重的，但却是必要的、有益的、很好的教训。如果把这一星期内在政府中心汇集的两类电报和电话比较一下，那该有多大的教育意义呵！一种是无休止的"决议式的"革命空谈，如果回想一下这种空谈的杰作——"左派"（噢……噢……）社会革命党人施泰因贝格在中央执行委员会星期六会议[184]上的发言，那么可以把这种空谈叫做施泰因贝格式的空谈。另一种是痛苦的、耻辱的报道——团队拒绝守住阵地，甚至拒绝保卫纳尔瓦防线，不执行撤退时毁掉一切的命令；我们更不必谈逃跑、混乱、张皇失措、束手无策、松懈怠惰的情形了。

　　这是一个痛苦的、难受的、沉重的，但又是必要的、有益的、很好的教训！

　　觉悟的、善于思索的工人会从这个历史教训中得出三点结论：

关于我们对待保卫祖国，对待我国国防力量和对待革命的、社会主义的战争的态度的结论；关于我们同世界帝国主义进行冲突的条件的结论；关于我们对待国际社会主义运动的态度这一问题的正确提法的结论。

从1917年10月25日起，现在我们是护国派了，从这一天起，我们主张保卫祖国。因为我们**用行动**证明我们已经同帝国主义决裂。我们废除并且公布了肮脏的、血腥的帝国主义阴谋条约。我们推翻了**本国**资产阶级。我们给了曾受**我们**压迫的各族人民以自由。我们把土地交给了人民，实行了工人监督。我们主张保卫俄罗斯苏维埃社会主义共和国。

但是，正因为我们主张保卫祖国，所以我们才要求对我国国防力量和作战准备采取**严肃**的态度。我们宣布向鼓吹革命战争的革命空谈进行无情的斗争。为了进行革命战争，必须进行长期的、认真的准备，首先必须发展国家的经济，整顿铁路（因为没有铁路，进行现代战争就是十足的空谈），处处恢复最严格的革命纪律和自觉纪律。

从保卫祖国的观点看来，在明明没有军队的时候，却要同无法与之较量和准备充分的敌人进行军事搏斗，这是犯罪。从保卫祖国的观点看来，我们必须签订最苛刻、最具有压迫性、最野蛮、最耻辱的和约，但这不是为了向帝国主义"投降"，而是为了学习和准备同它进行严肃认真的战斗。

过去的这一星期把俄国革命提到了世界历史发展的更高阶段。几天功夫，历史向前一下子登上了好几级。

在此以前，我们遇到的是渺小的、微不足道的（从世界帝国主义的角度来看）敌人：有点像白痴罗曼诺夫、吹牛大王克伦斯基、士官生和资产者匪帮。现在我们面对的是有文化的、用头等技术装备起来的、组织得非常严密的世界帝国主义巨人。**必须**同他斗争。必须**善于**同他斗争。经过三年战争受到空前破坏的、开始了社会主义革命的农民国家应当避免军事搏斗（趁着还能避免的时候，即使以最大的牺牲作代价），以便能够做些重大的工作，迎接"最后的斗争"。

最后的斗争只有当先进的帝国主义国家发生社会主义革命时才会爆发。毫无疑问，这个革命每月、每星期都在成熟壮大。**应当**帮助这个正在成熟的力量。应当**善于**帮助这个力量。如果让邻近的苏维埃社会主义共和国在明明没有军队的情况下去遭受毁灭性打击，那就不是帮助而是损害这个力量。

不应当把"我们把一切希望寄托在欧洲社会主义的胜利上"这个伟大口号变成空谈。这个口号是一条真理，如果考虑到社会主义的彻底胜利是要经过漫长的、艰苦的道路的话。这个口号是一条毋庸争辩的、哲学的历史的真理，如果把整个"社会主义革命时代"当做一个整体来看的话。但是任何一个抽象的真理，如果把它套用在**不管什么样的**具体场合，那就会变成空谈。"每次罢工中都潜伏着社会革命这条九头蛇"，这是毋庸争辩的。但是要说从每次罢工可以一步就跨到革命，那是胡说。如果我们说"把一切希望寄托在欧洲社会主义的胜利上"，意思是向人民保证，在最近几个星期以内，在德国人还没有打到彼得格勒、莫斯科、基辅，没有"消灭"我们的铁路运输时，欧洲革命一定会爆发并取得胜利，那我们就不是严肃的革命国际主义者，而是冒险家。

如果李卜克内西能在两三个星期以内战胜资产阶级（这不是不可能的），那他就会使我们从一切困难中解脱出来。这是毋庸争辩的。但是,如果我们决定自己今天的策略,即同当今的帝国主义进行斗争的策略,基于这样的希望,希望李卜克内西在最近几个星期以内一定取得胜利,那我们就只配遭到嘲笑。那我们就把当代最伟大的革命口号变成了革命空谈。

　　工人同志们!学习沉痛的但是有益的革命教训!认真地、紧张地、百折不挠地准备保卫祖国,保卫社会主义苏维埃的共和国!

载于1918年2月12日(25日)　　　　译自《列宁全集》俄文第5版
《真理报》第35号(晚上版)　　　　　第35卷第393—397页

关于同芬兰社会主义
工人共和国签订的条约[185]

（1918年2月下旬）

1

人民委员会决定草案[186]

（2月25日）

人民委员会决定：

承认芬兰同志关于把芬方对条约草案第6条所作补充中指出的那部分领土移交给芬兰社会主义工人共和国的愿望原则上是正当的。

委托协商委员会拟定实际进行移交的办法。

2

人民委员会给俄芬协商委员会的指示

（2月25日）

人民委员会给委员会以下指示：

为两个共和国的侨居对方国家的公民争取充分的政治权利是公正的和必须的。

3

人民委员会决定草案[187]

（2月27日）

鉴于:第一,紧靠芬兰有一个资产阶级居民占很高比例的大城市;

第二,从芬兰迁往彼得格勒的芬兰工人通常为3万左右;

第三,彼得格勒资产阶级中迁往芬兰的资产者通常为20万左右;

第四,因此,芬兰和俄国公民形式上的平等(在国外享受政治权利问题上)事实上使俄国资产阶级取得一种明显的特权;

人民委员会建议俄芬协商委员会对草案第13条作如下修改:

或者在第13条中不讲公民,而只讲工人和不剥削他人劳动的农民;

或者在原第13条里加上一笔:凡迁往芬兰而不能证明自己是属于上述两类劳动者的俄国公民在芬兰不得享有政治权利。

载于1933年《列宁文集》俄文版第21卷

译自《列宁全集》俄文第5版第54卷第392—393页

人民委员会关于
迁移政府的决定草案[188]

（1918 年 2 月 26 日）

（1）选定莫斯科为政府所在地。

（2）每个部门只准撤走中央行政机构的极少数的领导人员，至多不得超过 20—30 人（加上家属）。

（3）无论如何要立即搬走国家银行、黄金和国家有价证券印刷厂。

（4）开始疏散莫斯科的贵重物品。

载于 1929 年《列宁文集》俄文版
第 11 卷

译自《列宁全集》俄文第 5 版
第 35 卷第 398 页

对人民委员会关于彼得格勒苏维埃侦查委员会活动的决定草案的补充[189]

（1918年2月26日）

鉴于施雷德尔同志声明,他与委员会意见相反,坚信米茨根德列尔同志犯有贪污罪,人民委员会认为施雷德尔同志有责任:第一,书面重申自己的声明;第二,立即以其个人名义向法院控告米茨根德列尔。

载于1933年《列宁文集》俄文版第21卷

译自《列宁全集》俄文第5版第54卷第393—394页

奇谈与怪论

(1918 年 2 月 28 日和 3 月 1 日)

我党莫斯科区域局在 1918 年 2 月 24 日通过的决议中，表示不信任中央委员会，拒绝服从中央所作的"与履行对奥德和平条约的条件有关的"各项决定，并在该决议的"说明"中声称，"认为党在最近的将来恐难避免分裂"。①

这里既没有怪论，也没有奇谈。在单独媾和问题上同中央意见有严重分歧的同志，严厉责备中央，并认定分裂不可避免，这是十分自然的。这都是党员极正当的权利，是完全可以理解的。

但是奇谈与怪论是有的。决议后面附有一个"说明"。它的全文如下：

"莫斯科区域局认为党在最近的将来恐难避免分裂，并且给自己提出一个任务，团结一切既反对单独媾和派、也反对党内一切温和的机会主义分子的彻底革命的共产主义者。**为了国际革命的利益，我们认为，作好可能丧失目前完全流于形式的苏维埃政权的准备是合适的。**我们一如既往认为我们的基本任务是向其他所有国家传播社会主义革命的思想，坚决实行工人专政，无情地镇压俄国资产阶级的反革命势力。"

这里我们把那些……奇谈与怪论加上了着重标记。

---

① 决议全文如下："俄国社会民主工党莫斯科区域局讨论了中央的工作，鉴于中央的政治路线和成员状况，对中央表示不信任，主张一有机会就改选中央。此外，莫斯科区域局认为没有义务绝对服从中央所作的与履行对奥德和平条约的条件有关的各项决定。"决议是一致通过的。

关键就在这句话。

这句话把决议起草人的全部路线引导到荒谬绝伦的地步。这句话非常清楚地揭示了他们错误的根源。

"为了国际革命的利益,作好可能丧失……苏维埃政权的准备是合适的。"这是奇谈,因为在前提和结论之间连一点联系都没有。"为了国际革命的利益,招致苏维埃政权在**军事上的失败**是合适的",这样的命题不管对不对,却不能称之为奇谈。这是第一。

第二,苏维埃政权"目前完全流于形式"。这就不仅是奇谈,而简直是怪论了。显然,起草人陷入了思想极度混乱的困境。因此必须加以澄清。

关于第一个问题,起草人的意思显然是说,为了国际革命的利益,作好可能战败的准备是合适的,而这种失败会导致苏维埃政权的丧失,也就是说导致俄国资产阶级的胜利。起草人说出这层意思,就是间接承认我在提纲(1918年1月8日宣读的、1918年2月24日发表在《真理报》上的提纲)①中说得对:不接受德国向我们提出的和约条件,就会导致俄国的失败和苏维埃政权的垮台。

可见,la raison finit toujours par avoir raison——真理总是要占上风的!"极端"反对我的,拿分裂相威胁的莫斯科派,正因为已经公开说到分裂,所以不得不把自己的**具体**看法和盘托出,而这正是那些用革命战争这种笼统的空谈来支吾搪塞的人讳莫如深的。我的提纲和论据的全部实质(凡是愿意细心阅读我的1918年1月7日提纲的人都能看出),就是指明在认真**准备**革命战争的同时必须在**现在**、在目前这种时刻就接受极端苛刻的和约(这也正是**为了**

---

① 见本卷第251—259页。——编者注

认真作好这种准备）。可是那些专门笼统地空谈革命战争的人，却回避了，或者是没有看到，不愿意看到我的论据的全部实质。现在我应当衷心地感谢"极端"反对我的莫斯科派，感谢他们打破了对我的论据的**实质**保持"沉默的阴谋"。莫斯科派**首先**对我的论据作了答复。

他们的答复是什么呢？

他们的答复就是**承认**我的**具体**论据是**正确的**：莫斯科派承认，是呀，如果我们马上迎战德国人，失败的确就在眼前。[①] 是呀，这种失败的确会使苏维埃政权垮台。

我再次衷心感谢"极端"反对我的莫斯科派，感谢他们打破了对我的论据的实质，即对我指出的如果我们立刻应战将会遇到何种作战条件的**具体**说明保持"沉默的阴谋"，并感谢他们大胆地承认了我的具体说明是正确的。

其次，既然莫斯科派实质上已被迫承认我的论据是正确的，那反驳我的论据用意何在呢？

用意在于：为了国际革命的利益，**应该**作好丧失苏维埃政权的准备。

国际革命的利益为什么要求这样做呢？关键就在于此，那些想驳倒我的论据的人，其立论的真正实质就在于此。可是，无论在决议中还是在决议的说明中，对于这个最重要最主要最根本的一点，偏偏只字未提。关于一些众所周知的、无可争辩的问题，决议

---

① 有人反驳说，战争反正是躲避不了的。可是事实作了回答：我的提纲是在1月8日宣读的；1月15日以前我们本来有**可能**得到和平。如果……如果不是由于革命空谈，我们无疑会得到喘息的机会（对于我们来说，即使是最短暂的喘息，在物质和精神方面都有巨大的意义，因为**德国人势**必要宣布**新的**战争）。

起草人找到了时间和场合来谈论——既谈到"无情地镇压俄国资产阶级的反革命势力"(是用丧失苏维埃政权这种政策的手段和办法吗?),又谈到反对党内一切温和的机会主义分子,而关于恰恰是争论的问题,也就是有关反对媾和的人的立场的实质问题,却绝口不谈!

奇怪!非常奇怪!决议起草人对此避而不谈,难道是因为觉得自己在这方面特别心虚吗?如果明白地说出**为什么**(国际革命的利益要求这样做),也许就会揭露他们自己……

不管怎样,我们还得**找出**决议起草人**可能**依据的论据。

也许起草人以为,国际革命的利益不允许同帝国主义者缔结任何和约。在彼得格勒的一次会议上有些反对媾和的人提出过这种意见,可是支持这种意见的,即使在反对单独媾和的人中间,也是极少数。[190]显然,这种意见就是要否认布列斯特谈判是适当的,就是要否认"甚至"以归还波兰、拉脱维亚和库尔兰为条件的和约。这种观点的不正确是一目了然的(例如,它遭到了彼得格勒大多数反对媾和的人的反对)。按照这种观点,处在帝国主义列强中间的社会主义共和国,是不能缔结任何经济条约的,如果不飞到月球上去,那就无法生存。

也许起草人以为,国际革命的利益要求**强行推动**国际革命,而强行推动这种革命的只能是战争,决不是和平,和平只会给群众造成帝国主义"合法化"的印象。如果是这种"理论",那是完全违背马克思主义的,马克思主义从来都否认"强行推动"革命,因为革命是随着产生革命的阶级矛盾的日趋尖锐而发展起来的。这种理论同认为武装起义在任何时候、任何条件下都是必须采取的斗争形式这一观点是一样的。其实,国际革命的利益固然要求已经推翻国内资产阶级的苏维埃政权**援助**这一革命,不过援助的**方式**应该量力而定。即使可能使**本国的**社会主义革命失败,也要援助国际范围的社会主义革命,——这种观点,甚至从强行推动论中也是引申不出来的。

也许决议起草人以为,德国革命已经开始,已经酿成公开的全国范围的内战,所以我们应当拿出自己的力量,帮助德国工人,应当牺牲自己("丧失苏维埃政权"),**拯救**已经开始决战而受到严重打击的德国革命。按照这种观点,我们牺牲自己,就可以牵制住德国一部分反革命势力,从而就会拯救德国革命。

当然,在这种前提下,作好可能失败和可能丧失苏维埃政权的准备,不但是"合适的"(用决议起草人的话来说),而且是完全**必需的**。但是很明显,这种前提并不存在。德国革命正在成熟,但显然还没有到在德国爆发的程度,还没有到在德国发生内战的程度。我们"作好可能丧失苏维埃政权的准备",显然也不能帮助德国革命的成熟,反而会**妨碍**它。我们这样做只会帮助德国反动势力,为他们效劳,给德国社会主义运动造成困难,使那些还没有转到社会主义方面来的德国无产者和半无产者广大群众更加离开社会主义,因为他们会被苏维埃俄国的失败所吓倒,如同1871年巴黎公社的失败把英国工人吓倒一样。

不管怎样找,也找不出起草人推理的逻辑。"为了国际革命的利益,作好可能丧失苏维埃政权的准备是合适的",——这种说法是没有合理的论据的。

"苏维埃政权目前完全流于形式",——这真是怪论,正如我们所看到的,莫斯科决议的起草人竟然说出了这种话。

据说,既然德帝国主义者要向我们索取贡赋,既然他们要禁止我们进行反德的宣传鼓动，那么苏维埃政权便失去了意义，便"完全流于形式"，大概这就是决议起草人的"思"路。我说"大概"，是因为起草人没有提出任何明确的理由来证实上述命题。

说苏维埃政权只有形式上的意义，因而可以采取可能丧失苏维埃政权的策略，这种"理论"的内容无非是感到没有出路的极端悲观的情绪和完全绝望的心理。反正是没有救了，就让苏维埃政权灭亡吧，——这就是支配人们写出这种怪诞决议的心理。有时用来掩饰这种意思的所谓"经济上的"论据，归结起来也还是这种感到没有出路的悲观主义：既然人家可以向我们索取贡赋，可以要这个要那个，那还叫什么苏维埃共和国呢？

反正要灭亡！除了绝望，没有别的了。

在俄国目前极端困难的情况下，这种心理是可以理解的。然而觉悟的革命者有这种心理则是不能"理解"的。莫斯科派的观点到了荒谬绝伦的地步，就是这种心理的很好的说明。1793年的法国人决不会说他们的胜利果实——共和国和民主制度完全流于形式，应该作好可能丧失共和国的准备。他们不是充满绝望，而是充满胜利的信心。既然号召进行革命战争，可是又在正式的决议中写着"作好可能丧失苏维埃政权的准备"，这是在彻底揭露自己。

在19世纪初，在拿破仑战争的时候，普鲁士及其他许多国家因失败以及受征服者征服、凌辱和压迫而遭受的困苦，比1918年俄国所受的大得无可比拟、难以估量。普鲁士的优秀志士，在拿破仑的铁蹄之下比我们现在所受的蹂躏厉害百倍，但是他们没有绝望过，没有说过他们的国家政治机关"完全流于形式"。他们没有垂头丧气，没有被"反正要灭亡"的心理所支配。他们签订了比布列斯特和约更苛刻、更野蛮、更耻辱和更具有压迫性的和约，他们后来善于等待,坚定地忍受征服者的压迫,再次起来战斗,再次受征服者的压迫,再次签订难堪的、极其难堪的和约,然后再次奋起,**终于获得了解放**(当然也利用了那些互相竞争的较强大的征服者之间的纠纷)。

为什么类似的事情不能在我国的历史上重演呢?

为什么我们要悲观绝望,要写出比最耻辱的和约实在更耻辱的决议,说什么"苏维埃政权完全流于形式"呢?

为什么同现代帝国主义巨人作战遭到严重的军事失败,就不可能在俄国也锻炼人民的性格,加强自觉纪律,杜绝高傲空谈的风气,教给人们坚韧不拔的精神,引导群众采取普鲁士人被拿破仑打败后所采取过的正确策略:在没有军队时签订最耻辱的和约,以便养精蓄锐,以后一次再次地重新奋起呢?

为什么别国人民能坚定地经受更为惨痛的苦难,而我们却因第一个空前苛刻的和约就悲观绝望了呢?

试问,符合这种绝望策略的是无产者的刚毅精神,还是小资产者的毫无骨气?无产者懂得,既然没有力量,就得屈从,然而他善于后来在**任何**条件下都养精蓄锐,无论如何要一次再次地重新奋起;而小资产者,在我们这里以左派社会革命党人为代表,却在空谈革命战争方面打破了纪录。

亲爱的莫斯科"极端"派同志们,这决不是无产者的刚毅精神!每天的考验都会使最觉悟、最坚定的工人离开你们。他们会说,苏维埃政权没有**流于**形式,也决不会**流于**形式,不仅在征服者打到普斯科夫,要我们交纳粮食、矿产、现金等价值 100 亿的贡赋时是如此,就是在敌人将来占领下诺夫哥罗德和顿河畔罗斯托夫,要我们交纳价值 200 亿的贡赋时,也将是如此。

任何时候,任何外国的侵略,都不能使人民的政治机关(况且苏维埃政权**不仅仅**是一个政治机关,它比历史上有过的政治机关要高得多)"流于形式"。相反地,外国的侵略,只会加强人民对苏维埃政权的同情,只要……只要苏维埃政权不去冒险。

既然没有军队,拒绝签订最难堪的和约就是冒险,人民有权利指责政权拒绝签订和约的冒险行为。

签订比布列斯特和约苛刻得多、耻辱得多的和约,在历史上是有先例的(如上面所举的),这样做非但没有使政权丧失威信,没有使政权流于形式,没有使政权或人民遭到灭亡,反而锻炼了人民,**教会**了人民掌握一套困难的本领:即使在征服者的铁蹄践踏下,在极其艰苦的情况下,也能建立强大的军队。

俄国正在准备新的、真正的卫国战争,即保卫和巩固苏维埃政权的战争。很可能以后一个时代——像拿破仑战争时代那样——是征服者强迫苏维埃俄国进行**多次**解放**战争**(是多次,而不是一次)的时代。这是很可能的。

因此,这种可耻的绝望,比任何一个由于没有军队迫不得已缔结的苛刻的、极端苛刻的和约更加可耻,比任何一个耻辱的和约还要可耻。只要我们**认真**对待起义和战争,我们就是签订10个极端苛刻的和约,也决不会灭亡。只要我们不被绝望和空谈所断送,我们是不会亡在征服者手里的。

载于1918年2月15日(28日)和16日(3月1日)《真理报》第37号和第38号

译自《列宁全集》俄文第5版第35卷第399—407页

脚 踏 实 地

（1918 年 3 月 1 日）

德国白卫军背信弃义地袭击俄国革命，引起了革命的高潮。各地纷纷来电，表示决心为保卫苏维埃政权而战斗到最后一个人。这是意料之中的，对待自己的工农政权不可能有别的态度。

但是，同德帝国主义这样的敌人进行战争，单靠热情是不够的。如果以轻率的态度来对待目前这场**真正的**、**顽强的**、**浴血的**战争，那不仅是极端幼稚，甚至是犯罪行为。

战争必须认真地进行，否则，就根本不要进行。这里不可能有中间道路。既然德帝国主义者要把战争强加到我们头上，我们的神圣责任，就是要冷静地评价我们的处境，估计力量，检查经济机构，这一切都应当以战时的速度来进行，因为在我们目前的情况下，任何拖延确实"等于自取灭亡"。汉尼拔已经到了门前**191**，这一点我们连一分钟都不要忘记。

要**认真地**进行战争，就必须有巩固的有组织的后方。如果没有充分的装备、给养和训练，最好的军队，最忠于革命事业的人，也会很快被敌人消灭。这个道理十分明显，用不着加以解释。

目前我们革命军队的后方情形怎样呢？至少是非常令人失望的。以往几年的战争已经使我们的运输完全瘫痪、城乡的商品交换遭到破坏，它的直接后果就是造成大城市的饥荒。

我们的军队在敌人的打击下，正在进行根本的改组。熟悉在现代条件下作战情况的旧军队，已经不存在了。被以往几年的战争弄得疲惫不堪，由于三年半的战壕生活而精疲力尽的旧军队，战斗力等于零。红军无疑是极好的战斗材料，但却是没有经过加工的原材料。要使红军不至于成为德军炮火下的炮灰，就必须对它进行训练，使它纪律严明。

我们面临着巨大的困难。各个地方苏维埃在发出表示决心与外敌斗争的电报后，应当随即报告：有多少车皮粮食运往彼得格勒；能立即派遣多少军队到前线去；有多少红军战士在受训练。所有的武器和弹药都要进行登记，并应当立即恢复武器弹药的生产。必须肃清铁路上的粮贩和流氓。各地必须重新建立极严格的革命纪律。只有按**所有**这些条件办了，才能**认真地**来谈战争。否则，关于"最革命的战争"的一切议论，都是**空话**。空话在任何时候都是有害的，在目前的紧急关头，它会起致命的作用。

我深信，我们的革命一定能克服当前的巨大困难。它已经做了大量的工作，但是为了顺利地完成我们的事业，还必须百倍地努力。只有这样，我们才会取得胜利。

载于1918年2月16日（3月1日）　　译自《列宁全集》俄文第5版
《真理报》第38号　　　　　　　　　第35卷第408—409页

给各级工人、农民和红军代表
苏维埃的命令的草案

（1918 年 3 月 2 日）

我们估计明天（3 月 3 日）将签署和约，但是从我们的情报人员汇报的各种情况来看，必须预料到，最近几天内德国人中主张对俄作战的那一派将占上风。因此，我无条件地命令你们：延缓红军的复员；加紧做好破坏铁路、桥梁和公路的准备工作；集结和武装军队；继续加快疏散；把武器运往内地。

人民委员会主席
弗·乌里扬诺夫（列宁）

载于 1929 年《列宁文集》俄文版第 11 卷

译自《列宁全集》俄文第 5 版第 35 卷第 410 页

在人民委员会会议上的发言

（1918年3月4日）

1

我完全同意特鲁托夫斯基同志的意见，我们在这里听到的那些意图和打算，完全背离了工农政府的任务，同社会主义毫无共同之处。[192]社会主义的任务是把一切生产资料转归全体人民所有，而绝不是把船舶转归船舶工人，把银行转归银行职员。如果人们当真听信这样的胡言乱语，那就应当取消国有化[193]，因为这完全是胡闹。我们认为，社会主义的任务和目的是把土地、企业转归苏维埃共和国所有。农民必须认真耕作，才能得到土地。如果河运员工要得到船舶，就必须认真经营管理：他们应该提出预算，以便至少核准收支；他们应该爱护船舶。如果他们做不到，我们就撇开他们。如果他们争吵上三个星期，那么，我就要建议把他们全部撇开，不要他们管理，因为这说明他们毫无组织能力，完全不懂得苏维埃共和国的紧要任务。这叫混乱，涣散组织，说得更糟些——跟怠工差不多。他们纠集人们有组织地到工会去告状，而伏尔加河上的船舶却停在那里无人修理。这是怎么回事？难道是疯人院吗？我非常相信他们会意识到：如果我们继续处于这种混乱状态，那么,更严重的灾难将会降临到我们的头上。守纪律,把一切财产有组织地转归人民,把一切资源有组织地转到苏维埃共和国手中,并严格地有纪律地支配它们,这是我们的基本条件。因此,如果有人对我们说,河运员工将是从事管理的私人业主,我们显然是不会同意的。应当由苏维埃政权来管理。而你们在统一各个组织的过程中却搞什么辩论……① 他们如果不满意,可以请求撤销指令。但是,他们重新提出要首先研究船舶归谁所有的问题,以便船舶工人能要求增加百分之一百四十的工资。

2

很多意见我完全同意,但是对管理委员会的组成,我认为河运员工同志们的建议是根本不能采纳的。我们首先要研究的不是这个问题。基本问题是人们拿不到钱。这真是太不像话了。我们拨款是为了什么呢?是使它成为一纸空文吗?我们听到成千上万次抱怨,说如果还不把钱送来,我们的运输就要完蛋。如果2月21日拨款,而22日钱还没有收到,23日他们就应该来告状。我们在闹钱荒,纸币不够,印刷厂不能按需要量印制。我们拨款,由你们分发,而实际上什么也没有发下去。你们应在2月23日到这里来,而不是3月3日来。我们曾要求把这几千万拨下去。我不知道,主要应该怪谁。我认为,应该怪国民经济委员会的代表。我们不可能满足所有的人。我们供给彼得格勒,莫斯科就闹钱荒……①

---

　　① 部分速记记录无法辨认。——俄文版编者注

如果只开拨款单,却没有采取任何措施,那么,他们本应该到这里
来,打电话给我或其他人,提出申诉。我几乎每个星期都收到申
诉,说没有发钱给我们。可是从你们那里我却连一份申诉也没有
收到过。应当追究责任,至少要警告他们。2月21日的决定责成
河运员工代表大会提出预算。至于管理委员会的组成,我认为,本
来应该最好按施略普尼柯夫同志建议的精神修改我们的法令。第
3条规定成立七人管理委员会。这一点为什么没有实行,不可理
解。这里面可以吸收许多工会代表参加。我建议采取坚决措施,
立即用直达列车把这些钱送去,然后按通常的办法立即通知,钱已
送出。至于第2项,我认为,在当前情况下唯一可能的管理委员
会,即大家和人民委员会最能接受的唯一的管理委员会,我认为,
就是昨天人民委员会通过的管理委员会。没有任何理由改变这一
点。我认为我们应该将这一点付诸实行。如果事实真的是,把
200卢布的薪金看成不可变动的,并提出只有在这种条件下才实
行运输国有化,如果是这样,如果出现要与其他组织平衡的要求,
那么,我个人就建议提出取消国有化的问题。过些时候,可能发生
完全没有钱的情况。我们要实行国有化所依靠的唯一保证,我们
本来是具备的,可是有人却要把我们的这一保证夺走。要是这样
的话,那就应该取消这一措施。不然的话,就又将接受一个亏损极
大的企业。

3

我认为,任命委员在很多方面都是不妥当的。担任这个职务

的无可争议的人选是没有的。这样我们就满足不了所有的要求，因为双方都不会满意的。用我们任命委员的方式排除工会，这不是一种民主的办法。我们要通过一项决定，让他们明天早晨以前把建议提出来。如果管理委员会很庞大，那么它可以选出执行委员会。我们可以在明天或后天在组织上通过，以便在一定限期内迅速从组织上贯彻。在任命执行委员会成员时，也许应该指派一些人进去。这是正确的，因为我们并不排斥河运员工。他们不可能反对来自工会的合作。如果这样行不通，那么我们再提出任命委员的问题。人民委员同志们都知道，人选的问题当然是个困难的问题，现在决定任命委员，就意味着什么都决定不了，因为我们常常为此要浪费整整一周的时间。最好采取这样的办法。还有一个建议，取消第5、第6和第7项。通过了。根据第3条，管理委员会的6名委员由工会临时代表代替。

译自《列宁全集》俄文第5版
第35卷第411—414页

人民委员会关于
成立水运管理委员会的决定草案

(1918 年 3 月 4 日)

委托米柳亭、施略普尼柯夫和阿普雷列夫同志根据第 3 条明天马上组建管理委员会，以便就每一项专门职能都任命一名向整个管理委员会和人民委员会负责的专门的全权代表。

第 3 条规定的由最高国民经济委员会推选的 6 名委员以及各区域国民经济委员会的代表暂时由各全俄工会的代表代替。

应当立即指派两名同志，水运工会出一名，最高国民经济委员会出一名，明天就到斯蓬德处，以便争取立即把款子拨下去。

载于 1933 年《列宁文集》俄文版
第 21 卷

译自《列宁全集》俄文第 5 版
第 54 卷第 394 页

严重的教训与严重的责任

(1918 年 3 月 5 日)

我们可怜的"左派"昨天出版了自己的报纸《共产主义者报》[194](应当补充说：马克思以前那个时代的共产主义者)，他们想逃避历史教训，逃避多次的历史教训，逃避自己的责任。

逃避也是枉然，他们是逃避不了的。

他们拼命逃避，在报纸上堆砌无数文章，累得满头大汗，"甚至"不惜印刷油墨，把"喘息""论"说成是毫无根据的坏"理论"。

可惜！他们再卖劲也推翻不了事实。英国的谚语说得好：事实是顽强的东西。事实是：自 3 月 3 日下午 1 时德国人停止军事行动时起，至 3 月 5 日晚上 7 时我写这几行字的时候为止，我们获得了喘息时机，并且**已经**利用这两天工夫进行了**切实的**（不是空谈，而是实在的）保卫社会主义祖国的工作。这是事实，群众会一天比一天看得更清楚。这个事实就是：当前线军队无力再战、抛弃大炮、连桥梁也顾不上炸毁、慌忙溃逃的时候，保卫祖国和**提高**国防能力不是靠空谈进行革命战争（主张革命战争的人，在军队这样慌忙溃逃时，**连一支部队也没有阻止住**。空谈简直可耻）来实现，而是靠有秩序地退却以挽救残余的军队，靠利用喘息时机的每一天来实现。

事实是顽强的东西。

　　我们可怜的"左派",为了逃避事实,逃避事实的教训,逃避责任问题,极力对读者**掩盖**不久前发生的、还很新鲜的、具有重要历史意义的事,而用早已过去了的、无关紧要的事来**搪塞**。例如卡·拉狄克在自己的文章中,回忆他12月间(12月!)在"给人民委员会的报告书"中写过关于必须帮助军队支持下去的问题。我没有机会把这个报告书读一遍,我问自己:为什么卡尔·拉狄克不把这个报告书**全文**发表出来? 为什么他没有确切而直接地说明,他当时对"妥协和约"究竟是如何理解的? 为什么他不回想一下不久前他在《真理报》上写过自己幻想(最坏的幻想)有可能在归还波兰的条件下与德帝国主义者缔结和约的事实?

　　为什么?

　　就是因为可怜的"左派"不能不抹杀那些会暴露**他们**"左派"对散布幻想应负的责任的事实,因为这种幻想实际上**帮助了**德帝国主义者,**阻碍了**德国革命的壮大和发展。

　　尼·布哈林现在甚至企图否认他同他的朋友们曾断言德国人不可能进攻这一事实。可是,许许多多人都知道这是事实,都知道布哈林和他的朋友们这样断言过,都知道他们散布过这种幻想从而**帮助了**德帝国主义,**阻碍了**德国革命的壮大;德国革命现在被削弱了,这是因为大俄罗斯苏维埃共和国在农民组成的军队慌忙溃逃时被夺走了成千成万的大炮和价值若干亿的财富。这是我在1月7日提纲中[①]已明确地预言过的。如果尼·布哈林现在只好"抵赖",那对于他就更坏。凡是记得布哈林和他的朋友们说过德国人不可能进攻这句话的人,现在看到尼·布哈林不得不"抵赖"

———————

　　① 见本卷第251—259页。——编者注

他亲口说过的话,只会耸肩表示诧异。

而对于那些不记得这些话的人,没有听见过这些话的人,我们介绍他们看一个文件,这个文件在**目前**来说比卡·拉狄克在12月所写的东西价值、意义和教益要更大一些。这个文件(可惜,"左派"向他们的读者隐瞒了)就是:(1)1918年1月21日我党中央与现在的"左派"反对派一起参加的那次会议的表决结果;(2)1918年2月17日中央委员会的表决结果。

1918年1月21日,在表决是否立刻中断与德国人谈判这一问题时,**赞成的**(在可怜的"左派"《共产主义者报》的撰稿人中)只有斯图科夫一人。其余的人都反对。

在表决万一德国人中断谈判或提出最后通牒,是否**允许**准备签订兼并性和约这一问题时,**反对的**只有奥博连斯基(究竟什么时候才会把"他的"提纲登载出来?为什么《共产主义者报》对此默不作声?)和斯图科夫,其余的人都**赞成**。

在表决在这样的情形下是否**应当**签订已提出的和约问题时,**反对的**只有奥博连斯基和斯图科夫,其余的"左派"**统统弃权!!** 这是事实。

1918年2月17日,在表决谁赞成进行革命战争这一问题时,布哈林和洛莫夫"由于这种提法而拒绝参加表决"。**赞成的**一个都没有。这是事实!

在表决是否应当"在德国的进攻还不十分〈正是如此!〉明显以及这种进攻对德国工人运动的影响还没有表现出来的时候暂不恢复和平谈判"这一问题时,**赞成**的有现在的"左派"报纸撰稿人中的布哈林、洛莫夫和乌里茨基。

在表决"如果德国人进攻已成事实,而德国和奥地利的革命高

潮还没有到来的时候，我们是否要缔结和约"这一问题时，**弃权的**
有洛莫夫、布哈林和乌里茨基。

　　事实是顽强的东西。而这些事实都说明布哈林否认了德国有
进攻的可能，散布了幻想，他**实际上**——虽不是他所愿意的——用
这种幻想**帮助了**德帝国主义者，**阻碍了**德国革命的壮大。革命空
谈的实质也就在于此。本来要进这间屋子，结果却跑进了那间
屋子。**195**

　　尼·布哈林责难我不具体分析现在这个和约的条件。可是不
难了解，对于我的论据而言和从问题的实质来看，过去和现在都没
有任何必要来具体分析这些条件。只要证明如下这一点就足够
了，即我们的实际的而不是幻想中的抉择只有一个：或者是承认**这
样的**条件，从而获得哪怕是几天的喘息时间，或者是沦于比利时和
塞尔维亚的境地。至少就彼得格勒来说，布哈林是无法驳倒这一
点的。他的同事米·尼·波克罗夫斯基也承认这一点。

　　至于说新条件恶劣、苛刻、屈辱的程度比布列斯特条件更甚，
那么对大俄罗斯苏维埃共和国负有**这方面罪责的**是**我们可怜的
"左派"**布哈林、洛莫夫、乌里茨基之流。这是上面援引的表决情形
证实了的历史事实。这个事实是怎样逃避也逃避不了的。**给过你
们**布列斯特的条件，而你们却用装腔作势、吹牛唬人来回答，**以至
招来**更恶劣的条件。这是事实。你们对此应负的责任是推卸不
掉的。

　　我在1918年1月7日的提纲中，极其明确地预言过，由于我
们军队的状况（这是空谈"**反对**"疲惫的农民群众所不能改变的），
俄国如果不接受布列斯特和约，就**一定会缔结更坏的**单独和约。

　　"左派"落入了俄国资产阶级的圈套，因为俄国资产阶级本来

就是要把我们拉进对于我们最不利的战争中去。

至于"左派社会革命党人"主张**现在**进行战争，显然是脱离了农民，这是事实。而这个事实也就说明左派社会革命党人政策的**不郑重**，正如1907年夏季所有社会革命党人所执行的那种似乎"革命的"政策一样不郑重。

最觉悟最先进的工人正在迅速地抛弃这种革命空谈的歪风，彼得格勒和莫斯科做出了榜样。彼得格勒市内的优秀工人区，如维堡区和瓦西里耶夫岛区已经觉醒起来了。彼得格勒工人代表苏维埃不主张**现在**进行战争，它懂得必须**准备**，并且正在准备[196]。在1918年3月3日和4日举行的莫斯科市布尔什维克代表会议上，反对革命空谈的人已经获得胜利了。[197]

"左派"狂妄自欺到了多么荒唐的地步，这从波克罗夫斯基文章里的一句话就可看出来。他说："要打仗，就要**现在打**"（黑体是波克罗夫斯基用的）……趁——听着！听着！——"趁俄国军队包括新组建的部队尚未复员的时候就打。"

谁不逃避事实，那他就会知道，在1918年2月间，无论在大俄罗斯，无论在乌克兰，无论在芬兰，回击德军的最大**障碍**就是**我们的没有复员的军队**。这是事实。因为这个军队已经不能不慌忙溃逃，并且还带红军部队一起溃逃。

谁愿意从历史中吸取教训，正视对这种教训应负的责任，不逃避这种教训，他至少会记得拿破仑第一与德国的战争。

普鲁士和德国多次同征服者缔结过苛刻**十倍**和屈辱**十倍**（同我们相比）的和约，直到承认由外国人充任警察，直到承担派遣自己的部队去帮助拿破仑第一进行侵略战争的义务。拿破仑第一同普鲁士签订的条约对于德国的压迫和宰割，比现在兴登堡和威廉对我们的压迫要厉害十倍。可是,在普鲁士有这样的人,他们并不装腔作势,而是签订了极其"耻辱"的和约,他们签订这样的和约,是因为没有军队。他们虽然签署了压迫重十倍、屈辱十倍的条件,但后来**终于**举行了起义,进行了战争。这样的情形不是一次,而是许多次。历史上有过好几次类似的和约和战争。有过好几次得到喘息的机会。有过好几次征服者重新宣战的事实,有过好几次某一被压迫民族联合某一压迫民族的事件,这个压迫民族既是征服者的竞争对手,同时自己也是一个征服者(请那些主张**不要**帝国主义者帮助而进行"革命战争"的人们注意!)。

历史就是这样演进的。

过去如此。将来还会如此。我们已进入战争**频繁**的时代。我们正接近新的**卫国战争**。我们将在社会主义革命日益成熟的条件下去进行这个新战争。在这艰难的道路上,俄国无产阶级和俄国革命一定会纠正装腔作势和革命空谈的作风,一定既能接受极苛刻的和约,也能重新奋起。

我们签订了**蒂尔西特式和约**。我们也会取得我们的胜利,获得我们的解放,正如德国人在1807年签订蒂尔西特和约之后,在1813年和1814年便达到了从拿破仑压迫下解放出来的目的一样。从我们签订蒂尔西特式和约到我们获得解放的距离,很可能要短一些,因为现在历史进展得更快了。

打倒装腔作势的作风! 认真进行整顿纪律、加强组织的工作!

载于1918年2月21日(3月6日)　　　　译自《列宁全集》俄文第5版
《真理报》第42号　　　　　　　　　　第35卷第415—420页

附　　录

在全俄农民代表苏维埃
非常代表大会上关于
土地问题的讲话的提纲①

(1917 年 11 月 14 日〔27 日〕)

提纲

引言 { (1)不代表政府,而代表党和党团。
{ (2)维护自己的事业。

(3)没收——**社会革命党人**背叛了。

(4)**第二次**革命是必要的,"政权在资产阶级手里"(一位报
告人说)和在**妥协派**手里。

(5)工人社会主义革命。

(6)同农民的"联合"。

(7)法令=**242 份委托书**,下层。

(8)下层和上层,群众和官吏,劳动人民和习惯者[198]。

(9)根据 **242 份委托书**拟定的法令中的社会主义:

---

10. ⎰没收……
    ⎱银行……   不分掉，而是公共产业。
    ⎱农具……

11. 同妥协决裂……

12. ————立宪会议的选举。名单。

译自《列宁全集》俄文第 5 版
第 35 卷第 423 页

《关于立宪会议的提纲》的要点[①]

(1917 年 12 月 11 日〔24 日〕)

关于立宪会议的提纲：

1. 立宪会议和 10 月 25 日革命：人民在 11 月 12 日还不可能知道。

2. 立宪会议和争取和平的斗争：人民在 11 月 12 日还不可能对这一斗争作出判断，甚至不可能知道。

3. 立宪会议和党派（比例制选举）。

4.   1917 年 12 月 6 日农民代表大会的分裂。

5.   社会革命党的分裂（1917 年 11 月底）。

6.   全俄铁路工会执行委员会和铁路工人代表大会内部的斗争（12 月 10 日和 15 日）

7.   军队内部的斗争（群众和集团军委员会）。

（与 4—7 有关。）工人浪潮和苏维埃浪潮（1917 年 10 月 25 日以前）：在 11 月 12 日以前，总共 18 天时间就准备好了名单。

军队**跟着**行动（1917 年 11 月的军队代表大会）。

农民**跟着**行动（1917 年 12 月 7 日的全俄农民第二次代表大会）。

---

① 提纲见本卷第 167—171 页。——编者注

8. 立宪会议和苏维埃政权。群众的先锋队和全体群众。

9. 立宪会议和国内战争(立宪民主党人和卡列金分子的武装暴动)。

10. 总结=并非人为安息日而生。

11. (革命)高涨的浪潮和立宪会议的选举不是同时发生的。

12. 改选权。

  选举和民主制。罢免权。

13. 盲目选举:在人民还**不知道**斗争的真正对象时。

  (与 12 有关。)

14. 立宪会议和党纲。

  纲领同 1917 年 10—12 月对比:

    有立宪会议的共和国高于有预备议会的共和国。

    苏维埃共和国高于有立宪会议的共和国。

    完全的社会主义共和国高于苏维埃共和国。

    共产主义社会高于社会主义共和国。

载于 1957 年《苏共历史问题》杂志第 3 期

译自《列宁全集》俄文第 5 版第 35 卷第 426—427 页

《关于实行银行国有化及有关必要措施的法令草案》的草稿和提纲[①]

(1917 年 12 月 14 日〔27 日〕以后)

1

草　稿[②]

5. 应专门公布关于银行现金支付以及银行结算私人账户和贷款合同等账目的业务细则。

向消费合作社出售产品并通过银行往来账户支取现金时,按一般价格的 50％征收产品费。[③]

7. 私人的全部现金(个人每周消费的 100—200 卢布除外),必须存入国家银行及其分行的往来账户。隐瞒者以没收惩处。

8. 凡属于富有阶级者,必须备有劳动消费(收支)手册,并将其摘记每周送交国家银行。

9. 凡占有不动产＞25 000 卢布或每月收入超过 500 卢布,或持有现金 1 000 卢布以上者,均属富有阶级。

---

① 法令草案见本卷第 180—183 页。——编者注
② 手稿第 1 页没有保存下来。——俄文版编者注
③ 手稿中这一段已删去,缺编号"6"。——俄文版编者注

　　10. 最高国民经济委员会建立若干流动检查小组（包括监察员、统计员、会计员等），这些小组持有最高国民经济委员会的委托书，有权彻底地、无条件地检查任何企业和任何私营经济。

　　11. 宣布对外贸易由国家垄断。

2

提　　纲

　　1. 宣布一切股份企业为国家财产。

　　2. 董事、经理及**全部**财产达 5 000 卢布的股东，必须以其财产和自由来保证很好地经营业务（"人民公敌"）。

(8) 3. 强制居民参加消费合作社。

(9) 4. 在这方面协助贫民（特别是农民）。打击投机倒把分子和逃避者："人民公敌"。

(7) 5. 现金超过 500 卢布必须全部存入银行，否则就要没收和逮捕（然后盖上戳子，兑换成其他纸币以及采取其他措施）。每周消费额不得＞125 卢布。

押送前线
强迫劳动 ｝ (3) 6. 普遍劳动义务制：第一个步骤——为富人准备劳动消费手册、劳动收支手册，监督他们。他们的义务——按规定劳动，否则——"人民公敌"。

{没收} (12)(10)7. 怠工者和罢工的官吏——人民公敌。
{逮捕}

（4）8. 铁路火速优先运输粮食和必需品，首先要遵循最高国民经济委员会和工兵农代表苏维埃的指令。同"私贩粮食者"作斗争，全面追捕投机倒把分子。

（5）9. 转向生产有用的产品并开始进行粮食和产品的合理的商品交换：上下齐动手，寻找订货、原料等，从各方面着手。

（6）10. 废除公债。保护和照顾小额存户的利益。

(10)11. 流动检查小组(最高国民经济委员会和苏维埃)应有党组织推荐的人参加。

(11)12. 由工人(和农民)组成法庭，检查劳动的数量和质量。

载于1957年《苏维埃政权法令汇编》第1卷

译自《列宁全集》俄文第5版第35卷第428—430页

经济政策问题笔记[199]

(不早于 1917 年 12 月 14 日〔27 日〕)

备忘:

联合成消费合作社。劳动消费手册。

从富人开始:劳动消费手册,每册 50 卢布。

收入 2 400 卢布以上的房产主

房间数超过人口数的房产主

不动产超过 25 000 卢布者。

担任国家职务和社会职务收入 3 000 卢布以上者(每册 10 卢布)。

((1)准备实行普遍劳动义务制和(2)同怠工作斗争)+((3)农业工人和贫苦农民的阶级联合。)

私营铁路(收归国有)予以没收。

股份公司收归国有。

工人超过 20 名或资金周转额超过 10 万卢布的工厂予以没收。

中央执行委员会布尔什维克党团:每五人抽一人
"Whip" 当"值班"或"督办"("whip")或"催办"。

党团委员会:表决时服从。

　　检查组织委员会或流动检查组织小组(从中央执行委员会布尔什维克党团中委派)。

　　流动会计小组:银行及其他经理处。

载于 1959 年《列宁文集》俄文版第 36 卷　　　　　　　　　　译自《列宁全集》俄文第 5 版第 54 卷第 488—489 页

《关于消费公社的
法令草案》的提纲初稿

(1917 年 12 月 24—27 日〔1918 年 1 月 6—9 日〕)

提 纲 初 稿

粮食人民委员部关于"供给局"、"代表委员会"等的草案,以及最高国民经济委员会关于"区国民经济委员会"的草案²⁰⁰,使人产生一种必须把这些组织联合起来的思想。

提纲初稿:

(大致是):

> 供销委员会?
> 供给和销售委员会? ①

基层单位应当是乡的消费生产联合会(比采购贸易等等联合会好),其作用相当于供给委员会和销售机构,乡界必要时可以改变。

在城市中,可能要以街区委员会或街道委员会作为基层单位。

如果能在各地建立起这样的基层单位委员会,那么把这些委

---

① 工兵农代表苏维埃所属供给和销售委员会(供销委员会)。

员会联合起来,就会形成能够正确组织全体居民一切必需品的供应和正确组织全国范围内生产的整套的组织。

　　也可能不是"联合会",而是包括商业服务人员等等在内的"工农代表苏维埃"。

　　每个这样的联合会或委员会或苏维埃(或供销委员会),将按销售品的**生产部门**和供应的**产品种类**分科或部,以便统一调整生产和消费(每个供销委员会都应该有财务科或出纳科)。在有权征收所得税,可以给无产者贷款而不取利息,以及实行普遍劳动义务制的情况下,这种组织可以成为社会主义社会的基层单位。乡银行那时就应该同国家储金局合并,应该把账目纳入全国簿记,纳入国家收支总账。

　　产品的调运以及买卖**只能**在供销委员会之间进行,禁止一切私人间的销售。凭乡(一般是"基层的"即下层的)供给和销售委员会的证明,个人也可以向中央仓库购买产品,但必须记在乡或其他供给和销售委员会的账上(在小单位内或购买零星物品不在此例)。没有供销委员会的证明,产品不许作任何调运。

这就要

　　　合并农业人民委员部
　　　　工商业人民委员部
　　　　　劳动人民委员部
　　　　　粮食人民委员部
　　最高国民经济委员会
　　　　财政人民委员部
　　　　交通人民委员部

　　注意:

　　"供给和销售委员会":乡的、县的、省的、区域的(总计
=最高国民经济委员会)

　　供给和销售委员会所属各部:中央布匹委员会、中央制糖工业
委员会、中央煤炭工业委员会等等(总计=最高国民经济委员会),
中央银行等。

　　注意:

　　城市的富人区(或富人的别墅区等),应该服从工兵农代表
苏维埃的代表,就是工农所占的百分比低于,譬如说,60%的
某些住宅区等等也应如此。

载于1929年1月22日《消息报》　　　译自《列宁全集》俄文第5版
第22号　　　　　　　　　　　　　　第35卷第206—208页

《解散立宪会议的法令草案》的提纲

(1918 年 1 月 5—6 日〔18—19 日〕)

1

提 纲 初 稿

(1 月 5 日〔18 日〕)

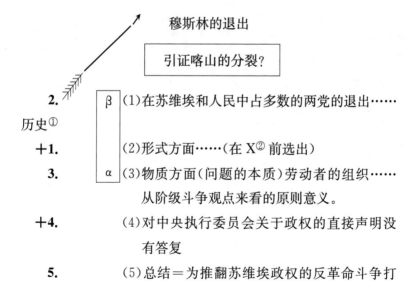

穆斯林的退出

引证喀山的分裂？

2. β (1)在苏维埃和人民中占多数的两党的退出……

历史①

+1. (2)形式方面……(在 X② 前选出)

3. α (3)物质方面(问题的本质)劳动者的组织……

从阶级斗争观点来看的原则意义。

+4. (4)对中央执行委员会关于政权的直接声明没

有答复

5. (5)总结＝为推翻苏维埃政权的反革命斗争打

---

① 见本卷第 240—242 页。——编者注

② 指十月革命。——编者注

　　　　　　　掩护。

6.　　　　　（6）解散……

7.　　　　　（7）提交中央执行委员会［苏维埃第三次代表大会］。

与＋1 **有关：**　　＋右派社会革命党人在苏维埃代表大会上当选
　　　　　　　　　（各省的名单）

补＋4：　　仍是这个政治派别（社会革命党人和孟什维克）进行反
　　　　　　对苏维埃政权的最疯狂的斗争。

译自《列宁文集》俄文版第 18 卷
第 48 页

1918 年 1 月 6 日(19 日)列宁所拟
关于解散立宪会议的法令草案的提纲的手稿
(按原稿缩小)

2

提　　纲

（1月6日〔19日〕）

1. 发展中的俄国革命的历史进程已到达立宪会议与苏维埃政权之间发生冲突的阶段：

——苏维埃是摧毁君主制的唯一的人民力量；

——从2月28日到10月25日期间苏维埃的成长和巩固；

——社会革命党人分裂**以前**和伟大的十月革命以前的立宪会议选举；

——根据苏维埃提出的名单选举社会革命党人。

2. 在苏维埃和劳动群众中显然占多数的两个党

穆斯林的退出 { 一天的事？ | ——布尔什维克党和左派社会革命党退出立宪会议，明显地表明了苏维埃同它决裂，造成了它不可能存在的局面。

3. 社会主义革命所必需的不是资产阶级议会制的所谓"全民"机关，而是被剥削劳动群众的阶级机关。

俄国革命在斗争和妥协的发展过程中废除了资产阶级议会制，创建了苏维埃共和国这一无产阶级和贫苦农民专政的形式。

一步也不后退。

4. 对中央执行委员会直接和公开提出的质问立宪会议没有答复……

5. 右派社会革命党和孟什维克党在立宪会议外面,疯狂地进行着反对十月革命的反革命斗争。

6. 结论:立宪会议,即留在立宪会议里的那部分人,是为反革命分子推翻苏维埃政权的斗争打**掩护**的……

7. 解散立宪会议。

8. 此法令草案今天就提交中央执行委员会。

载于1931年《列宁文集》俄文版第18卷

译自《列宁全集》俄文第5版第35卷第232—235页

《关于立刻缔结单独的
兼并性和约问题的提纲》的要点[201]

(不晚于 1918 年 1 月 7 日〔20 日〕)

9. 主张立刻进行革命战争的各种理由(理由的不正确)

9.—(rr)(1)"答应过"……(对比 1915 年 10 月 13 日)————

——(我们的责任是**准备**革命战争)

10.—(aa)(2)国际义务……①

11.—(вв)(3)士气沮丧……

　　　(бб)(4)同德帝国主义"妥协"。①

补 11.│同德帝国主义"妥协"?

　　　　　　　　不正确。罢工的例子。

12. 反对立刻进行革命战争,赞成兼并性和约:

　　　(α)客观上=威尔逊的走狗

　　　　　(每个士兵 100 卢布)

13.(β)孤注一掷(雷瓦尔和爱斯兰将被占领,损失炮兵,可能还会丢掉彼得格勒)。

14.(γ)在继续进行战争的情况下,**不可能**完成俄国社会主义

---

① 手稿中的"10.—(aa)(2)"和"11.—(бб)(4)"两项已删去。列宁在"11.—(бб)(4)"这一项之后写了"见背面的补 11",页边也注有"见补 11"字样。—俄文版编者注

革命的各项任务。

14.(δ)军队(现在已是民主的)的疲劳和情绪。

15.(ε)首先扼杀俄国资产阶级,对俄国进行社会主义改造,然后,开始革命战争。一刻都不停顿地准备革命战争。

16.总的结论:如果最近三个月到半年德国发生革命,那么,尽管有革命战争的重压,我们也能打赢。

如果再晚一些发生革命,那么百分之九十九的可能是,疲惫不堪的工人和农民将要推翻我们的政权,把政权交给冒险家,而冒险家们会去签订更加不利的兼并性和约。

17.我们没有权利使俄国社会主义革命的命运陷于这种捉摸不定的、毫无把握的处境。

18.怎样更好:失掉波兰+立陶宛+库尔兰+其他,还是失掉俄国的社会主义革命?

接着是:

为了波兰等,甘冒失掉社会主义革命的风险?

对这个问题的回答是毫无疑问的。

19.不把赌注押在欧洲革命的迅速(三个月到半年)到来上,而要利用两大帝国主义集团"忙于"战争的时机,坚持不懈地、没有狂热地准备革命战争。

20.漂亮姿势和革命空谈的政策——这就是当前的危险。

21.客观上:同威尔逊结盟,或者宁愿失败也绝不同帝国主义者建立任何联盟。

22.我们退出之后,两大集团几乎势均力敌。让他们去两败俱伤(直到他们那里也爆发革命),而我们将巩固社会主义革命。这是走向国际社会主义革命的更可靠的途径。这是唯一的没有冒险、没有狂热、不孤注一掷的道路。

载于 1929 年《列宁文集》俄文版
第 11 卷

译自《列宁全集》俄文第 5 版
第 54 卷第 489—491 页

注　　释

1　《**告俄国公民书**》是列宁在 1917 年 10 月 25 日（11 月 7 日）上午为彼得格勒工兵代表苏维埃军事革命委员会起草的文告，由"阿芙乐尔"号巡洋舰电台播发，并在当天刊登于彼得格勒工兵代表苏维埃机关报《工人和士兵报》，后来转载于《农村贫民报》、《中央执行委员会消息报》和其他报纸。——1。

2　彼得格勒苏维埃军事革命委员会是彼得格勒工兵代表苏维埃的机关，是十月革命准备和实行期间的公开的军事作战司令部。十月起义就是以军事革命委员会的名义夺取政权的。

　　彼得格勒苏维埃于 1917 年 10 月 9 日（22 日）决定成立军事革命委员会。委员会最初是以巩固城防的名义建立的，曾称做彼得格勒城防革命委员会。彼得格勒苏维埃执行委员会 10 月 12 日（25 日）通过的军事革命委员会条例也规定，由军事革命委员会确定保卫首都所必需的不得撤离的战斗部队的数量，统计和登记卫戍部队全体人员和装备，制定城防计划等。但是军事革命委员会的主要任务是由布尔什维克党中央决议规定的，这就是动员一切力量举行武装起义，保证起义的军事技术准备，统一赤卫队、卫戍部队士兵和波罗的海舰队水兵的作战行动。

　　军事革命委员会的活动是在布尔什维克党中央和列宁直接领导下进行的（列宁是军事革命委员会委员）。在 10 月 16 日（29 日）中央委员会会议上成立的由安·谢·布勃诺夫、费·埃·捷尔任斯基、雅·米·斯维尔德洛夫、斯大林、莫·索·乌里茨基组成的军事革命总部参加了军事革命委员会。参加军事革命委员会的还有党的彼得堡委员会，党的军事组织，彼得格勒苏维埃，工厂委员会，工会，芬兰陆军、海军和工人区域委员会,波罗的海舰队中央委员会,喀琅施塔得苏维埃,铁路工会,邮电工会,左派社会革命党人等组织的代表。军事革命委员会主席最初是帕·叶·拉济米尔(当时是左派社会革命党人,1918年起是布尔什维克),后改由尼·伊·波德沃伊斯基担任。

　　十月革命胜利后,军事革命委员会的主要任务是打击反革命和维护革命秩序。在全俄中央执行委员会派13名代表加入后,曾正式改称为全俄中央执行委员会军事革命委员会。随着苏维埃机关的建立和巩固,军事革命委员会逐步把所属机构人员移交给了全俄中央执行委员会、人民委员会和彼得格勒苏维埃的相应部门。1917年12月5日(18日),军事革命委员会宣布停止活动。——1。

3　彼得格勒工兵代表苏维埃于1917年10月25日(11月7日)下午2时35分召开紧急会议,听取军事革命委员会关于临时政府已被推翻和革命取得胜利的汇报。列宁在这次会上作了关于苏维埃政权的任务的报告。会议以绝大多数票通过了列宁提出的决议。——2。

4　指俄国沙皇政府和资产阶级临时政府同英、法、德、日及其他帝国主义国家签订的秘密条约。从1917年11月10日(23日)起,苏维埃政府在《真理报》和《中央执行委员会消息报》上陆续公布这些秘密条约。1917年12月—1918年2月出版了7部《前外交部档案秘密文件汇编》。秘密条约的公布,起了巨大的革命宣传作用。——3。

5　这是关于全俄工兵代表苏维埃第二次代表大会的一组文献。

　　全俄工兵代表苏维埃第二次代表大会于1917年10月25—27日(11月7—9日)在彼得格勒斯莫尔尼宫举行,有一些县和省的农民代表苏维埃也派代表参加了这次代表大会。根据代表大会开幕时的统计,到会代表共649人,按党派分,有布尔什维克390人,社会革命党人160人,孟什维克72人,统一国际主义者14人,孟什维克国际主义者6人,乌克兰社会党人7人。

　　根据全俄工兵代表苏维埃第一次代表大会的决议,这次代表大会本应在9月中旬召开。社会革命党人和孟什维克把持的第一届中央执行委员会对这个决议实行怠工。他们打算用民主会议来代替苏维埃的代表大会。只是由于布尔什维克党团的坚持,中央执行委员会才不得不于9月23日(10月6日)通过决议召开这次代表大会,日期先定在10月20日(11月2日),后来改为10月25日(11月7日)。10月21日(11月3日),布尔什维克党中央开会讨论了代表大会的议程,并委托列宁就政权、战争、土地等问题作报告。

代表大会于10月25日(11月7日)晚10时40分开幕。当时赤卫队、水兵和革命的彼得格勒卫戍部队正在冲击临时政府所在地冬宫。列宁因忙于领导起义,没有出席大会的第1次会议。被选进代表大会主席团的有列宁、弗·亚·安东诺夫-奥弗申柯、尼·瓦·克雷连柯、阿·瓦·卢那察尔斯基等14名布尔什维克,还有波·达·卡姆柯夫、弗·亚·卡列林、玛·亚·斯皮里多诺娃等7名左派社会革命党人和1名乌克兰社会党人。孟什维克和右派社会革命党人拒绝参加主席团,他们把正在进行的社会主义革命称为阴谋,要求与临时政府谈判建立联合政府。孟什维克、右派社会革命党人和崩得分子在断定代表大会的多数支持布尔什维克之后,退出了大会。10月26日(11月8日)凌晨3时许,代表大会听取了安东诺夫-奥弗申柯关于占领冬宫和逮捕临时政府成员的报告,随后通过了列宁起草的《告工人、士兵和农民书》。会议在凌晨5时15分结束。

代表大会第2次会议于10月26日(11月8日)晚9时开始。列宁在会上作了关于和平问题和土地问题的报告。大会一致通过了列宁起草的和平法令,以绝大多数票(有1票反对,8票弃权)通过了列宁起草的土地法令。代表大会组成了工农政府——以列宁为首的人民委员会。由于左派社会革命党人拒绝参加,政府名单上全是布尔什维克。代表大会选出了由101人组成的全俄中央执行委员会,其中布尔什维克62人,左派社会革命党人29人,社会民主党人国际主义者6人,乌克兰社会党人3人,社会革命党人最高纲领派1人。代表大会还决定,农民苏维埃和部队组织的代表以及退出大会的那些集团的代表可以补进全俄中央执行委员会。会议还通过了关于在前线废除死刑、在军队中成立临时革命委员会、立即逮捕前临时政府首脑亚·费·克伦斯基等决定。10月27日(11月9日)凌晨5时15分,代表大会闭幕。——5。

6 指1917年6月在彼得格勒召开的全俄苏维埃第一次代表大会选出的中央执行委员会。在这一届中央执行委员会中,支持资产阶级临时政府的右派社会革命党人和孟什维克占多数。——5。

7 宪章运动是19世纪30—50年代英国无产阶级争取实行《人民宪章》的革命运动,是世界上第一次广泛的、真正群众性的、政治性的无产阶级革命运动。19世纪30年代,英国工人运动迅速高涨。伦敦工人协会于1836年成立,1837年起草了一份名为《人民宪章》的法案,1838年5月在伦敦公布。宪章提出六点政治要求:(一)凡年满21岁的男子皆有选举权;(二)实行无记名投票;(三)废除议员候选人的财产资格限制;(四)给当选议员支付薪俸;(五)议会每年改选一次;(六)平均分配选举区域,按选民人数产生代表。1840年7月成立了全国宪章派协会,这是工人运动史上第一个群众性的工人政党。宪章运动在1839、1842、1848年出现过三次高潮。三次请愿均被议会否决,运动也遭镇压。宪章运动终究迫使英国统治阶级作了某些让步,并对欧洲工人运动的发展产生了重大影响。马克思和恩格斯同宪章运动的左翼领袖乔·朱·哈尼、厄·琼斯保持联系,并积极支持宪章运动。——11。

8 指反社会党人非常法。

反社会党人非常法(反社会党人法)即《反社会民主党企图危害治安法》,是德国俾斯麦政府从1878年10月21日起实行的镇压工人运动的反动法令。这个法令规定取缔德国社会民主党和一切进步工人组织,查封工人刊物,没收社会主义书报,并可不经法律手续把革命者逮捕和驱逐出境。在反社会党人非常法实施期间,有1 000多种书刊被查禁,300多个工人组织被解散,2 000多人被监禁和驱逐。在工人运动的压力下,反社会党人非常法于1890年10月1日被废除。——11。

9 指彼得格勒工兵代表苏维埃发表的《告全世界人民书》。这个号召书是苏维埃中的社会革命党人和孟什维克多数在要求停止战争的群众运动的压力下被迫在1917年3月14日(27日)的苏维埃会议上通过的,第二天发表于《真理报》和《彼得格勒工兵代表苏维埃消息报》。号召书充满关于和平的华丽词句,但没有揭露战争的掠夺性质,没有

提出争取和平的任何实际措施,实质上是为资产阶级临时政府继续
进行帝国主义战争辩护。——12。

10　海军起义指发生在 1917 年 8 月的德国水兵起义。这次起义由以"弗里
德里希大帝"号军舰水兵马克斯·赖希皮奇和阿尔宾·克比斯为首的
革命水兵组织领导。6 月中旬,这个组织通过了争取民主和平和准备
起义的决议。8 月初开始公开行动。停泊在威廉港的"卢伊特波尔德
摄政王"号战列舰上的水兵自行登岸,要求释放早些时候因罢工而被捕
的同志。8 月 16 日,"威斯特伐利亚"号军舰上的司炉拒绝工作。与此
同时,正在海上航行的"纽伦堡"号巡洋舰全体人员举行了起义。水兵
运动还扩大到了威廉港几个分舰队的舰艇。这次起义遭到残酷镇压,
领导人赖希皮奇和克比斯被枪决,约有 50 名积极参加者被判处服长期
苦役。——13。

11　社会革命党人是俄国最大的小资产阶级政党社会革命党的成员。该党
是 1901 年底—1902 年初由南方社会革命党、社会革命党人联合会、老
民意党人小组、社会主义土地同盟等民粹派团体联合而成的。成立时
的领导人有马·安·纳坦松、叶·康·布列什柯-布列什柯夫斯卡娅、
尼·谢·鲁萨诺夫、维·米·切尔诺夫、米·拉·郭茨、格·安·格尔
舒尼等,正式机关报是《革命俄国报》(1901—1904 年)和《俄国革命通
报》杂志(1901—1905 年)。社会革命党人的理论观点是民粹主义和修
正主义思想的折中混合物。他们否认无产阶级和农民之间的阶级差
别,抹杀农民内部的矛盾,否认无产阶级在资产阶级民主革命中的领导
作用。在土地问题上,社会革命党人主张消灭土地私有制,按照平均使
用原则将土地交村社支配,发展各种合作社。在策略方面,社会革命党
人采用了社会民主党人进行群众性鼓动的方法,但主要斗争方法还是
搞个人恐怖。为了进行恐怖活动,该党建立了事实上脱离该党中央的
秘密战斗组织。

　　在 1905—1907 年俄国第一次革命中,社会革命党曾在农村开展焚
烧地主庄园、夺取地主财产的所谓"土地恐怖"运动,并同其他政党一起
参加武装起义和游击战,但也曾同资产阶级的解放社签订协议。在国

家杜马中,该党动摇于社会民主党和立宪民主党之间。该党内部的不统一造成了1906年的分裂,其右翼和极左翼分别组成了人民社会党和最高纲领派社会革命党人联合会。在斯托雷平反动时期,社会革命党经历了思想上、组织上的严重危机。在第一次世界大战期间,社会革命党的大多数领导人采取了社会沙文主义的立场。1917年二月革命后,社会革命党中央实行妥协主义和阶级调和的政策,党的领导人亚·费·克伦斯基、尼·德·阿夫克森齐耶夫、切尔诺夫等参加了资产阶级临时政府。七月事变时期该党公开转向资产阶级方面。社会革命党中央的妥协政策造成党的分裂,左翼于1917年12月组成了一个独立政党——左派社会革命党。十月革命后,社会革命党人(右派和中派)公开进行反苏维埃的活动,在国内战争时期进行反对苏维埃政权的武装斗争,对共产党和苏维埃政权的领导人实行个人恐怖。内战结束后,他们在"没有共产党人参加的苏维埃"的口号下组织了一系列叛乱。1922年,社会革命党彻底瓦解。——17。

12　《全俄农民代表苏维埃消息报》(《Известия Всероссийского Совета Крестьянских Депутатов》)是全俄农民代表苏维埃的正式机关报(日报),1917年5月9日(22日)——1918年1月在彼得格勒出版,编辑为璐·雅·贝霍夫斯基。该报代表社会革命党右翼的观点,敌视十月革命。被苏维埃政权查封。——18。

13　《工人监督条例草案》于1917年10月26日或27日(11月8日或9日)在有列宁参加的彼得格勒工厂委员会中央理事会会议上进行了讨论并基本上通过,随后于10月27日提交人民委员会审查。人民委员会委托弗·巴·米柳亭和尤·拉林在两天之内制定出工人监督条例的详细草案。但他们制定出来的草案违背了列宁提出的革命工人监督的任务,例如草案没有写进企业主必须服从工人监督机构的决定这一最重要的条款。列宁的草案是后来制定工人监督法案的基础,这一草案经过补充之后于11月1日(14日)发表在《工农临时政府报》第3号上,标题为《工人监督法草案(提交劳动委员会审查稿)》。在进一步讨论草案的过程中,有人提议由国家机关代替正在各地成立的工人监督机构和只在最大的工厂、铁路等企业建立工人监督机构。列宁坚决主张普遍实施工人监督，充分发挥工人的主动精神。草案的定稿工作委托给了在11月8日(21日)全俄中央执行委员会会议上成立的专门委员会。11月14日(27日)，全俄中央执行委员会审议了专门委员会提出的草案并通过了《工人监督条例》这一法令。列宁草案的基本原则都体现在这个条例中。这个法令发表于11月16日(29日)《中央执行委员会消息报》第227号。实行工人监督生产对准备工业国有化起了重大作用。——24。

14 这是有关彼得格勒卫戍部队各团代表会议的一组文献。这个会议是军事革命委员会在1917年10月29日(11月11日)召开的，主要研究反击反革命力量、保卫彼得格勒的问题。出席会议的有40名部队代表。会议议程是：通报情况，成立司令部，武装军队，建立城市秩序。人民委员会主席列宁作了关于目前形势的报告，并就议事日程中其他问题发了言。会议的一些参加者就各地情况在会上作了报告。会议一致通过了告彼得格勒士兵书。——30。

15 左派社会革命党人是俄国小资产阶级政党社会革命党的左翼，于1917年12月2日(15日)组成了独立的政党，其领袖人物是玛·亚·斯皮里多诺娃、波·达·卡姆柯夫和马·安·纳坦松。

左派社会革命党人这一派别在第一次世界大战中形成，1917年七月事变后迅速发展，在十月革命中加入了军事革命委员会，参加了武装起义。在全俄苏维埃第二次代表大会上，左派社会革命党人在社会革命党党团中是多数派。当右派社会革命党人遵照社会革命党中央的指示退出代表大会时，他们仍然留在代表大会中，并且在议程的最重要的问题上和布尔什维克一起投票。但是在参加政府的问题上，他们拒绝了布尔什维克的建议，而同孟什维克国际主义派一起要求建立有社会革命党、孟什维克和布尔什维克参加的所谓"清一色的社会党人政府"。左派社会革命党人在长期犹豫之后，为了保持他们在农民中的影响，决定参加苏维埃政府。经过布尔什维克和左派社会革命党人的谈判，1917年底有7名左派社会革命党人加入了人民委员会，而左派社会革命党人也保证在自己的活动中实行人民委员会的总政策。

　　左派社会革命党人虽然走上和布尔什维克合作的道路,但是反对无产阶级专政,在建设社会主义的一些根本问题上同布尔什维克有分歧。1918年初,左派社会革命党人反对签订布列斯特和约,在同年3月苏维埃第四次(非常)代表大会批准布列斯特和约后退出了人民委员会,但仍留在中央执行委员会和其他苏维埃机关中。左派社会革命党人也反对苏维埃政权关于在企业和铁路部门中建立一长制和加强劳动纪律的措施。1918年夏天,随着社会主义革命在农村中的展开和贫苦农民委员会的建立,左派社会革命党人中的反苏维埃情绪开始增长。1918年6月24日,左派社会革命党中央通过决议,提出用一切可行的手段来"纠正苏维埃政策的路线"。接着,左派社会革命党人于1918年7月6日在莫斯科发动了武装叛乱。这次叛乱被粉碎之后,全俄苏维埃第五次代表大会通过决议,把那些赞同其上层领导路线的左派社会革命党人从苏维埃开除出去。左派社会革命党的很大一部分普通党员甚至领导人并不支持其领导机构的冒险主义行动。1918年9月,一部分采取同布尔什维克合作立场的左派社会革命党人组成了民粹派共产党和革命共产党。这两个党的大部分党员后来参加了俄共(布)。20年代初,左派社会革命党不复存在。——31。

16　《人民事业报》(《Дело Народа》)是俄国社会革命党的报纸(日报),1917年3月15日(28日)起在彼得格勒出版,1917年6月起成为该党中央机关报。先后担任编辑的有B.B.苏霍姆林、维·米·切尔诺夫、弗·米·晋季诺夫等,撰稿人有尼·德·阿夫克森齐耶夫、阿·拉·郭茨、亚·费·克伦斯基等。该报反对布尔什维克党,号召工农群众同资本家和地主妥协、继续帝国主义战争、支持资产阶级临时政府。该报对十月革命持敌对态度,鼓动用武力反抗革命力量。1918年1月14日(27日)被苏维埃政府查封。以后曾用其他名称及原名(1918年3—6月)出版。1918年10月在捷克斯洛伐克军和白卫社会革命党叛乱分子占领的萨马拉出了4号。1919年3月20—30日在莫斯科出了10号后被查封。——31。

17　这句话在播发时作了改动。"共和国"号战列舰和"马卡罗夫海军上将"

号巡洋舰的收报记录本上记的是："忠于革命事业的波罗的海舰队已来支援起义的人民了。"实际上前往彼得格勒的是"奥列格"号巡洋舰和"胜利者"号驱逐舰。——35。

18 俄国社会民主工党(布)中央委员会会议记录有两种：一种是秘书的原始记录，记在单张纸上，包括1917年10月10日(23日)—1918年2月24日的记录；另一种是中央书记处的记录，记在记录本上，包括1917年8月4日(17日)—1918年2月24日的记录。本卷收载的列宁在俄国社会民主工党(布)中央委员会会议上的发言，在俄文原本中是按秘书的原始记录刊印的，并根据中央书记处的记录作过校订，只有1917年11月29日(12月12日)和12月11日(24日)的发言是按中央书记处的记录刊印的。——38。

19 这里说的是布尔什维克参加全俄铁路工会执行委员会召开的会议、就政府组成问题进行谈判一事。

1917年10月29日(11月11日)，孟什维克和社会革命党人把持的全俄铁路工会执行委员会通过决议，要求建立新的、从布尔什维克到人民社会党人都有代表参加的所谓"清一色的社会党人政府"，并出面召开关于政府组成问题的会议。孟什维克护国派、孟什维克国际主义派、右派社会革命党人、左派社会革命党人、邮电职员联合会、彼得格勒市杜马、农民代表苏维埃执行委员会都派代表参加了会议。列·波·加米涅夫和格·雅·索柯里尼柯夫受布尔什维克党中央的委托参加会议。全俄中央执行委员会也派了自己的代表达·波·梁赞诺夫等人出席。布尔什维克党中央认为，关于扩大政府和全俄中央执行委员会的组成问题的一切谈判，都应在承认苏维埃第二次代表大会通过的苏维埃政权活动纲领的基础上进行。然而孟什维克和社会革命党人却妄想在联合政府中居领导地位，并利用它来反对无产阶级专政。他们坚持建立由他们领导的组织的代表占优势的"人民会议"来取代全俄中央执行委员会，并要求成立以维·米·切尔诺夫或尼·德·阿夫克森齐耶夫为首的新政府。参加会议的布尔什维克代表采取了妥协立场，没有反对讨论这些建议。

　　11月1日(14日),布尔什维克党中央会议讨论了同全俄铁路工会执委会的谈判和布尔什维克代表的行为问题。大多数中央委员谴责妥协立场,建议中断谈判或是使谈判具有最后通牒性质。会议通过的决议指出,参加关于政权问题的会议的唯一目的是揭露建立联合政权的企图的荒谬性,并最终停止谈判。11月1日(14日)晚,全俄中央执行委员会会议讨论了谈判进行情况,通过了布尔什维克党团根据中央11月1日(14日)决议的精神起草的决议,11月2日(15日),党中央又通过了关于中央内部反对派问题的决议(见本卷第44—46页)。但是加米涅夫、格·叶·季诺维也夫、阿·伊·李可夫、弗·巴·米柳亭、尤·拉林、梁赞诺夫等人坚持对抗中央的路线。在11月2日(15日)深夜举行的全俄中央执行委员会会议上,当左派社会革命党人发言要求重新审查全俄中央执行委员会关于协议条件的决议时,加米涅夫和季诺维也夫提出了一项与中央委员会11月2日(15日)决议背道而驰的决议案,要求改变政府组成,使布尔什维克在政府中只占一半席位。反对派在全俄中央执行委员会对这一决议案投了赞成票。在中央委员会多数于11月3日(16日)向反对派少数提出最后通牒(见本卷第47—49页)后,加米涅夫、季诺维也夫、李可夫、米柳亭和维·巴·诺根退出了中央委员会,后3人和伊·阿·泰奥多罗维奇一起辞去了人民委员职务。在这种情况下,党中央再次写信向反对派代表提出最后通牒,并在《真理报》发表告全体党员及俄国一切劳动阶级书,谴责反对派的逃兵行为(见本卷第70、71—75页)。——38。

20　俄国社会民主工党(布)彼得堡委员会11月1日(14日)会议于当日晚8时许开始,提交会议讨论的只有一个问题——关于孟什维克和社会革命党的代表参加苏维埃政府的问题。

　　列宁在这次会议上的发言最初发表在大约于1929年11—12月出版的《反对派公报》第7期第31—37页上。随后又载于列·达·托洛茨基的《斯大林伪造学派》一书(1932年柏林版,见1990年莫斯科版第117—121页)。托洛茨基认为,这篇文献没有在苏联发表是因为文中有列宁对他在1917年10月间的观点作出的正面评价。

　　1927年列宁格勒十月革命史和共产党党史资料收集研究委员会

出版了文集《1917年第一个合法的彼得堡布尔什维克委员会》，其中收载了俄国社会民主工党（布）彼得堡委员会1917年间的历次会议记录，但是1917年11月1日（14日）的会议记录没有载入该文集。文集编者普·库杰莉在序言中解释说，这是因为发言记录不清楚。这个理由不大有说服力，因为几乎所有的记录都存在这种情况。——40。

21　《工人之路报》（《Рабочий Путь》）是俄国布尔什维克党的中央机关报（日报），1917年9月3日—10月26日（9月16日—11月8日）在彼得格勒出版，以代替被临时政府查封的《真理报》。该报共出了46号。从10月27日（11月9日）起，《真理报》用本名继续出版。——40。

22　《新生活报》（《Новая Жизнь》）是由一批孟什维克国际主义者和聚集在《年鉴》杂志周围的作家创办的俄国报纸（日报），1917年4月18日（5月1日）起在彼得格勒出版，1918年6月1日起增出莫斯科版。出版人是阿·谢列布罗夫（阿·尼·吉洪诺夫），编辑部成员有马·高尔基、谢列布罗夫、瓦·阿·杰斯尼茨基、尼·苏汉诺夫，撰稿人有弗·亚·巴扎罗夫、波·瓦·阿维洛夫、亚·亚·波格丹诺夫等。在1917年9月2—8日（15—21）被克伦斯基政府查封期间，曾用《自由生活报》的名称出版。十月革命以前，该报的政治立场是动摇的，时而反对临时政府，时而反对布尔什维克。该报对十月革命和建立苏维埃政权抱敌对态度。1918年7月被查封。

　　1917年10月18日（31日）《新生活报》第156号刊登了一篇题为《尤·加米涅夫谈"发起行动"》的短评，文中讲到了列·波·加米涅夫反对武装起义的声明（见《俄国社会民主工党（布）中央委员会会议记录（1917年8月—1918年2月）》1958年莫斯科版第115—116页）。——41。

23　罗、黑、敖苏维埃中央执行委员会即罗马尼亚战线、黑海舰队和敖德萨区域士兵、水兵、工人和农民代表苏维埃中央执行委员会，于1917年5月10—27日（5月23日—6月9日）在敖德萨举行的战线和区域苏维埃第一次代表大会上选举产生。其大部分成员是社会革命党人和孟什维克。支持临时政府。根据大本营所属军事革命委员会和最高总司令尼·瓦·克雷连柯的命令,于1917年12月3日(16日)被取缔。——42。

24　全俄铁路工会执行委员会是在全俄铁路工会成立大会(1917年7月15日(28日)—8月25日(9月7日)在莫斯科举行)上选举产生的。入选委员会的有14名社会革命党人,6名孟什维克和3名布尔什维克。1917年12月12日(25日),全俄铁路员工非常代表大会对全俄铁路工会执行委员会表示不信任,并选出了新的全俄铁路工会执行委员会。——42。

25　决议的头3点在手稿中被勾掉。看来决议先逐点表决,因为页边上有列宁记的表决结果。在最后一页的背面上写着:"整个

$$+10$$
$$-\ 5$$
$$0"。——44。$$

26　这个最后通牒是向坚持同小资产阶级妥协派政党分掌政权的少数中央委员发出的。在最后通牒上签名的,除列宁外,还有安·谢·布勃诺夫、费·埃·捷尔任斯基、阿·阿·越飞、马·康·穆拉诺夫、雅·米·斯维尔德洛夫、格·雅·索柯里尼柯夫、斯大林、列·达·托洛茨基和莫·索·乌里茨基。——47。

27　新生活派是在《新生活报》周围形成的孟什维克国际主义者集团。——49。

28　《关于出版自由的决议草案》是为全俄中央执行委员会1917年11月4日(17日)会议讨论出版问题而写的。1917年10月26日(11月8日),军事革命委员会查封了进行反革命煽动的《言语报》、《日报》等资产阶级报纸。第二天,人民委员会通过了关于出版问题的法令。11月4日(17日),在全俄中央执行委员会讨论出版问题时,尤·拉林和左派社会革命党人安·卢·柯列加耶夫、弗·亚·卡列林、普·佩·普罗相等人反对该法令。列宁针对他们的发言,明确指出军事革命委员会和人民委员会采取的措施是必要的(见本卷第53—55页)。会议以多数票

(34票赞成,24票反对,1票弃权)通过了布尔什维克党团提出的关于无保留地支持人民委员会的出版政策的决议案。列宁写的决议草案没有提交全俄中央执行委员会讨论。——51。

29　突击队是俄国军队中一种由志愿人员组成的部队。这种部队是在第一次世界大战末期俄军进攻力普遍低落的情况下组建的,在亚·费·克伦斯基当政时期,有若干个特种突击团,甚至还有一个女兵突击营。实行这一措施并没有提高俄军的士气。突击队本身后来变成了反革命的工具。——53。

30　《言语报》(《Речь》)是俄国立宪民主党的中央机关报(日报),1906年2月23日(3月8日)起在彼得堡出版,实际编辑是帕·尼·米留可夫和约·弗·盖森。积极参加该报工作的有马·莫·维纳维尔、帕·德·多尔戈鲁科夫、彼·伯·司徒卢威等。1917年二月革命后,该报积极支持资产阶级临时政府的对内对外政策,反对布尔什维克。1917年10月26日(11月8日)被查封。后曾改用《我们的言语报》、《自由言语报》、《时代报》、《新言语报》和《我们时代报》等名称继续出版,1918年8月最终被查封。——54。

31　《俄罗斯言论报》(《Русское Слово》)是俄国报纸(日报),1895年起在莫斯科出版(第1号为试刊号,于1894年出版)。出版人是伊·德·瑟京,撰稿人有弗·米·多罗舍维奇(1902年起实际上为该报编辑)、亚·瓦·阿姆菲捷阿特罗夫、彼·德·博博雷金、弗·阿·吉利亚罗夫斯基、瓦·伊·涅米罗维奇-丹琴科等。该报表面上是无党派报纸,实际上持资产阶级自由派立场。1917年后完全支持资产阶级临时政府,并曾拥护科尔尼洛夫叛乱。十月革命后不久被查封,其印刷厂被没收。1918年1月起,该报曾一度以《新言论报》和《我们的言论报》的名称出版,1918年7月最终被查封。——55。

32　在全俄中央执行委员会1917年11月4日(17日)会议上,左派社会革命党党团就人民委员会未经全俄中央执行委员会批准公布一系列法令一事向人民委员会主席列宁提出质问;在列宁作了答复后又认为答复不能令人满意。莫·索·乌里茨基代表布尔什维克党团提出了完全信任人民委员会的决议案。在这一决议案表决之前,左派社会革命党声明:人民委员作为当事人不应当参加投票。列宁对这一声明作了回答(见本卷第59页)。全俄中央执行委员会以多数票通过了赞同人民委员会活动的决议。——56。

33 指彼得格勒城防部队总司令米·阿·穆拉维约夫1917年11月1日(14日)发布的第1号命令。命令号召士兵、水兵、赤卫队无情地、毫不犹豫地镇压犯罪分子。由于命令的措辞可能引起不良影响,全俄中央执行委员会在11月2日(15日)的会议上建议内务人民委员部撤销这个命令。——58。

34 这句话是左派社会革命党人Г.Д.扎克斯说的。他在为赞成建立所谓"清一色的社会党人政府"的维·巴·诺根、阿·伊·李可夫、弗·巴·米柳亭等人辩护时说:他担心俄国的社会主义革命可能仍然是孤立的,因为"西欧可耻地保持沉默"。——60。

35 斯巴达克派(国际派)是德国左派社会民主党人的革命组织,第一次世界大战初期形成,创建人和领导人有卡·李卜克内西、罗·卢森堡、弗·梅林、克·蔡特金、尤·马尔赫列夫斯基、莱·约吉希斯(梯什卡)、威·皮克等。1915年4月,卢森堡和梅林创办了《国际》杂志,这个杂志是团结德国左派社会民主党人的主要中心。1916年1月1日,全德左派社会民主党人代表会议在柏林召开,会议决定正式成立组织,取名为国际派。代表会议通过了一个名为《指导原则》的文件,作为该派的纲领,这个文件是在卢森堡主持和李卜克内西、梅林、蔡特金参与下制定的。1916年至1918年10月,该派定期出版秘密刊物《政治书信》,署名斯巴达克,因此该派也被称为斯巴达克派。1917年4月,斯巴达克派加入了德国独立社会民主党,但保持组织上和政治上的独立。斯巴达克派在群众中进行革命宣传,组织反战活动,领导罢工,揭露世界大战的帝国主义性质和社会民主党机会主义领袖的叛卖行为。斯巴达克派在理论和策略问题上也犯过一些错误,列宁曾屡次给予批评和帮助。1918年11月,斯巴达克派改组为斯巴达克联盟,12月14日公布了联盟的纲领。1918年底,联盟退出了独立社会民主党,并在1918年12月30日—1919年1月1日举行的全德斯巴达克派和激进派代表会议上创建了德国共产党。——60。

36　指《工人监督法草案(提交劳动委员会审查稿)》。——63。

37　拯救委员会(社会保安委员会)是直属莫斯科市杜马的反革命组织,以进行武装斗争反对莫斯科各苏维埃为目的,1917年10月25日(11月7日)成立。拯救委员会领导了10月28日(11月10日)爆发的反革命士官生叛乱。叛乱于11月2日(15日)失败后,拯救委员会被解散。——65。

38　《答复农民的问题》是针对农民请愿代表给人民委员会送来的大量请愿书而写的。《答复》用打字机打出,由列宁亲笔签名,分发给请愿代表。《答复》刊登在《农村贫民报》、《中央执行委员会消息报》和其他报纸上,并用《给农民的指示》这个标题印成传单。1917年12月4日(17日),《答复》收入《工农政府法令汇编》中,标题为《关于把土地交给土地委员会处置》。——68。

39　指全俄铁路工会执行委员会召开的就建立所谓"清一色的社会党人政府"问题进行谈判的会议。——74。

40　《为前线士兵征收防寒物品的法令草案》于1917年11月8日(21日)提交彼得格勒工兵代表苏维埃会议讨论通过。法令定稿时考虑了列宁对法令草案补充中有关征收防寒物品的意见(见1917年11月9日(22日)《真理报》第184号)。关于为减轻贫民困难而征用富户住房的问题,根据列宁的建议制定了《关于红军家属和失业工人迁入资产阶级的住宅和关于住房分配标准的法令草案》。这一法令经彼得格勒苏维埃1918年3月1日会议批准(见1918年3月2日《全俄中央执行委员会消息报》第38号)。——76。

41　苏维埃政府成员同设在莫吉廖夫的最高总司令大本营进行谈话的有关情况,列宁在1917年11月9日(22日)致各团、师、军、集团军等委员会及全体革命陆军士兵和革命海军水兵的通电中和在全俄中央执行委员会11月10日(23日)会议上关于同尼·尼·杜鹤宁通话的报告中作了说明(见本卷第81—82、86—89页)。大本营当时是制定扼杀苏维埃政权的反革命计划的中心之一,11月20日(12月3日)被革命部队所占领。——78。

42 谈话是以陆军人民委员尼·瓦·克雷连柯的名义进行的。——79。

43 苏维埃政府向士兵发出的关于把停战谈判的主动权掌握在自己手中的号召,得到了广泛的响应。在各战区,个别的师、团、集团军,甚至整个方面军(例如西方面军),都派遣了军使到和自己对垒的敌方部队中谈判缔结停战协定。在停战协定的条款中规定停止军事行动、停止运送军队和停止构筑军事设施等。这些条约,即所谓"士兵的和约",生效到总的停战协定缔结为止。——81。

44 列·波·加米涅夫建议成立一个委员会,用全俄中央执行委员会的名义起草告人民书,以解释1917年11月9日(22日)通过无线电播发的人民委员会告士兵书(见本卷第81—82页)。在列宁作了总结发言后,加米涅夫宣称,他同意不要预先决定委员会的职能。——89。

45 这是有关全俄农民代表苏维埃非常代表大会的一组文献。

全俄农民代表苏维埃非常代表大会是根据全俄中央执行委员会的决定召开的,1917年11月11—25日(11月24日—12月8日)在彼得格勒举行。右派社会革命党人把持的第一届农民代表苏维埃执行委员会企图阻挠大会的召开,但没有得逞。出席大会的有各省、县农民苏维埃和各方面军、集团军、军、师农民委员会的代表330名(据11月18日(12月1日)的统计),其中有左派社会革命党人195名、布尔什维克37名、右派和中派社会革命党人65名。会议议程包括政权问题、土地问题、粮食问题和其他问题。代表大会左翼同右翼之间进行了尖锐的斗争。左派社会革命党人的立场不坚定,影响了对右派社会革命党人的斗争。在由左派社会革命党人提出的代表大会关于政权问题的决议里,包含了社会革命党人、孟什维克关于成立所谓"清一色的社会党人政府"的要求,但是这项决议承认成立政府是为了实现全俄苏维埃第二次代表大会的纲领,并规定农民代表苏维埃执行委员会要同全俄中央执行委员会合并。11月15日(28日)下午,代表大会讨论并批准了大会主席团关于它同全俄中央执行委员会主席团共同拟定的全俄中央执行委员会和农民代表苏维埃执行委员会合并的条件的报告。然后,大会全体代表前往斯莫尔尼宫参加全俄中央执行委员会、农民代表苏维埃非常代表大会和彼得格勒苏维埃的联席会议。会议听取并讨论了关于全俄中央执行委员会同农民代表苏维埃非常代表大会选出的执行委员会合并的报告,还通过了承认全俄苏维埃第二次代表大会的和平法令和土地法令以及全俄中央执行委员会的工人监督法令的决议。在土地问题上,代表大会通过了左派社会革命党人提出的以平均使用土地的原则为基础的决议。代表大会委托主席团于11月26日(12月9日)召开全俄农民代表苏维埃第二次代表大会。非常代表大会的代表全部参加了第二次代表大会。——91。

46 这个声明是因左派社会革命党人反对布尔什维克党团要求让列宁以人民委员会主席的身份在代表大会上发言一事而写的。左派社会革命党人认为,这样发言将预先决定政权问题。根据他们的建议,代表大会以多数票否决了布尔什维克的要求。因此列宁在代表大会上是以布尔什维党团成员的身份发言的。——91。

47 指1917年6月23日(7月6日)全俄工兵代表苏维埃第一次代表大会批准的乡土地委员会工作条例。该条例于1917年11月3日(16日)以《关于乡委员会》为题公布于《工农临时政府报》。——93。

48 这里说的是苏维埃俄国同德国开始和平谈判一事。

全俄苏维埃第二次代表大会通过的和平法令颁布以后,苏维埃政府就开始采取使交战国之间签订普遍的民主和约的实际步骤。1917年11月7日(20日),人民委员会发布特别命令,责成俄军最高总司令尼·尼·杜鹤宁将军向敌军司令部提出停止军事行动和开始和平谈判的建议。11月8日(21日),外交人民委员部向各盟国大使发出照会,建议在各条战线立即签订停战协定并开始和平谈判。11月9日(22

日),协约国大使在彼得格勒美国大使馆开会,通过了不理睬苏维埃政府照会的决定。在这种情况下,人民委员会不得不与德国单独进行和谈。11月14日(27日),苏维埃政府收到了德国最高统帅部同意进行停战谈判的通知。根据苏维埃政府的建议,谈判推迟5天开始,以便在这段时间内再次建议各盟国政府决定自己对媾和问题的态度。11月15日(28日),苏维埃政府向各交战国的政府和人民发出呼吁,建议它们参加和平谈判。这一呼吁没有得到盟国的回答。11月19日(12月2日),阿·阿·越飞率领的苏维埃政府和谈代表团抵达中立区,前往布列斯特-里托夫斯克,在那里会见了包括保加利亚和土耳其代表在内的德奥同盟的代表团。11月20—22日(12月3—5日),双方进行谈判,达成了临时停战10天的协议。苏维埃政府利用停战的机会,再一次试图把同德国的单独谈判变成签订普遍的民主和约的谈判。11月24日(12月7日),重新给各盟国大使发出建议参加谈判的照会。照会没有得到答复。12月2日(15日)双方恢复谈判,同日签订了停战28天的协定。停战协定中规定要召开的和平会议,于12月9日(22日)在布列斯特-里托夫斯克举行。——93。

49 指1917年11月12—14日(25—27日)举行的彼得格勒(首都)选区立宪会议选举的情况。11月15日(28日),选举的初步结果揭晓。第二天公布了最后结果:布尔什维克得票424 000张(6个席位,而彼得格勒选区共有12个席位);立宪民主党得票247 000张(4个席位),社会革命党得票152 000张(2个席位,包括左派社会革命党的1个席位)。——101。

50 在1917年5月底—6月初举行的彼得格勒区杜马选举中,百分之二十的选民投了布尔什维克的票。在8月20日(9月2日)举行的彼得格勒市杜马选举中,布尔什维克获得了百分之三十三的选票。列宁谈到的9月选举,指的大概是1917年9月24日(10月7日)举行的莫斯科区杜马选举。那次选举中布尔什维克获得了百分之五十一的选票。列宁指出,这次投票是全国人心发生极深刻变化的最明显的征兆之一(见本版全集第32卷第273页)。——101。

51 这个草案是在人民委员会1917年11月18日(12月1日)会议讨论人

民委员薪金问题时写的。草案略加修改后通过,作为人民委员会《关于
人民委员、高级职员和官员的薪金额的决定》发表于 1917 年 11 月 23
日(12 月 6 日)《工农临时政府报》第 16 号。布尔什维克党和苏维埃政
府后来重新考虑了专家报酬问题。这个问题可参看《人民委员会关于
高级公职人员的薪金标准的决定草案》(本卷第 227 页)和列宁 1921 年
10 月 29 日在莫斯科省第七次党代表会议上关于新经济政策的报告
(本版全集第 42 卷第 227—250 页)。——105。

52　《罢免权法令草案》是列宁在 1917 年 11 月 19 日(12 月 2 日)写的,由布尔
什维克党团在全俄中央执行委员会 11 月 21 日(12 月 4 日)会议上提出。
讨论中,全俄中央执行委员会大多数委员原则上同意罢免权,只有两人
反对,一人未表示意见。草案随后交给有左派社会革命党人参加的协
商委员会最后定稿。定稿中对列宁的草案作了一些补充,如决定改选
的权力不归苏维埃而归工兵农代表苏维埃代表大会,但是苏维埃可以
根据相应选区半数以上选民的要求决定改选。协商委员会提出的法令
草案由全俄中央执行委员会一致通过,公布于 11 月 23 日(12 月 6 日)
《中央执行委员会消息报》第 233 号。根据罢免权法令,一些农民和军
队的代表大会通过决议,罢免了立宪会议中的立宪民主党人、右派社会
革命党人和孟什维克代表,包括尼·德·阿夫克森齐耶夫、阿·拉·郭
茨、帕·尼·米留可夫等。——106。

53　这个草案是列宁在 1917 年 11 月 19 日(12 月 2 日)写的,由人民委员会
当天的会议通过。——108。

54　阿·阿·马尼科夫斯基将军被捕后,军事部门的管理工作即由陆军人
民委员尼·伊·波德伏伊斯基以及陆军人民委员部部务委员波·瓦·列
格兰、康·亚·梅霍诺申和埃·马·斯克良斯基接管。
　　11 月 30 日(12 月 13 日),人民委员会决定将马尼科夫斯基和弗·
弗·马鲁舍夫斯基交保释放。——108。

55　1917 年 11 月 25 日(12 月 8 日),拉脱维亚步兵第六图库姆团从瓦尔克
调到彼得格勒。从 11 月 28 日(12 月 11 日)起,该团在斯莫尔尼宫和塔

夫利达宫地区执行警备任务。——108。

56　这是列宁为人民委员会制定关于城市不动产国有化的法令草案而写的提纲。该法令草案由人民委员会1917年11月23日(12月6日)会议批准后,以《关于废除城市不动产私有权的法令草案(人民委员会通过)》为题公布于11月25日(12月8日)《工农临时政府报》第18号。法令于1918年8月20日由全俄中央执行委员会会议批准,8月24日公布于《全俄中央执行委员会消息报》第182号。——109。

57　指1917年11月11—25日(11月24日—12月8日)召开的全俄农民代表苏维埃非常代表大会。——112。

58　这是列宁在全俄海军第一次代表大会上作的关于目前形势的讲话。

全俄海军第一次代表大会于1917年11月18—25日(12月1—8日)在彼得格勒举行。大会议程包括关于目前形势问题和关于政权、关于海军中央执行委员会的活动、关于海军部门的改革等问题。大会谴责了由社会革命党人和孟什维克占多数的海军中央执行委员会的活动,指出它背叛了自己的选举人。大会欢迎海军革命委员会解散海军中央执行委员会的行动。大会批准了成立海军部门管理机构的方案,选出20人参加工兵农代表苏维埃全俄中央执行委员会。——113。

59　1917年11月27日(12月10日),人民委员会讨论了给去布列斯特-里托夫斯克同德国进行和平谈判的苏维埃代表团的指示问题。这个文件看来是为此而写的。

布列斯特和平谈判于1917年12月9日(22日)开始。苏俄代表团首先提出以没有兼并没有赔款的民主和约的原则为谈判基础,德方(以德国为主的同盟国)虚伪地声明同意,但以协约国也承认这些原则为先决条件。随后德方就以协约国拒绝参加谈判为由而宣布其声明失效,并于1918年1月5日(18日)向苏俄方面提出领土要求(所谓霍夫曼线),将原属俄国的约15万平方公里的土地,包括波兰、立陶宛和爱沙尼亚、拉脱维亚的一部分以及乌克兰人和白俄罗斯人居住的大片地区——划出去。苏俄方面要求暂停谈判。

面对德方提出的掠夺性条件,布尔什维克党内在是否签订和约的问题上发生了尖锐分歧。列宁权衡国内和国际形势,主张接受德方的条件,签订和约,以便得到喘息时机,保卫十月革命成果,巩固苏维埃政权。以尼·伊·布哈林为首的"左派共产主义者"集团坚决反对签订和约,主张对国际帝国主义宣布革命战争。列·达·托洛茨基则主张苏俄应宣布停战、复员军队、但不签订兼并性和约,即所谓不战不和。列宁的主张暂时未能得到中央多数的支持。在这种情况下,列宁在 1 月 11 日(24 日)中央会议上提出了竭力拖延谈判的提案,以 12 票对 1 票获得通过。1 月 14 日(27 日),在当时担任谈判代表团团长的托洛茨基动身前往布列斯特-里托夫斯克时,列宁和他约定:"德国人不下最后通牒,我们就坚持下去,等他们下了最后通牒我们再让步。"(见本版全集第 34 卷第 27 页)

谈判重新开始后,德方拒绝同乌克兰苏维埃政权的代表团进行谈判,而在 1 月 27 日(2 月 9 日)同乌克兰中央拉达代表团签订了和约。根据这个条约,拉达同意向德方提供大量粮食、牲畜等物资,以换取德方的军事援助。德方随后即以最后通牒口气要求苏俄立即接受德方条件。1 月 28 日(2 月 10 日),托洛茨基违背了同列宁的约定,书面声明苏俄宣布停止战争、复员军队、但拒绝在和约上签字,随即退出谈判。德方利用这一点,于 2 月 16 日宣布停战协定失效,2 月 18 日发起全线进攻。在十分危急的形势下,布尔什维克党中央经过激烈争论,终于在 2 月 18 日晚以 7 票赞成、5 票反对、1 票弃权通过了同意签订和约的决定。2 月 23 日上午,苏俄方面收到了德方提出的新的、条件更为苛刻的最后通牒。当天中央会议以 7 票赞成、4 票反对、4 票弃权同意签订和约。2 月 24 日晨,全俄中央执行委员会通过决议,接受德方的最后通牒。3 月 3 日,在布列斯特-里托夫斯克签订了和约。根据和约,苏俄共丧失约 100 万平方公里领土(包括乌克兰),还必须复员全部军队,立即同乌克兰中央拉达签订和约。

1918 年 11 月 13 日,在德国爆发了革命以后,全俄中央执行委员会通过决定,宣布废除布列斯特和约。——121。

60　这个决定草案是列宁为人民委员会 1917 年 11 月 27 日(12 月 10 日)会

议讨论他提出的关于成立贯彻社会主义经济政策的特别委员会的建议
而写的。草案稍作修改后被批准。——123。

61 国防特别会议是1915年8月17日(30日)成立的,其任务是"讨论和统一
国家防务措施并保证对陆、海军作战物资及其他物资的供应"。1917年
12月11日(24日),人民委员会通过决定,责成国防特别会议"结束国
防订货或将其降至和平时期的正常水平,并与之相应,使工厂复员,转
向和平时期的生产"(《苏维埃政权法令汇编》1957年俄文版第1卷第
214页)。——123。

62 这里说的工业复员是指军事工厂转产消费品。这对于消除战后的经济
破坏现象和改善全国居民的经济状况具有重大意义。列宁在《关于实
行银行国有化及有关必要措施的法令草案》和《人民委员会关于组织专
家委员会的决定草案》(见本卷第180—183、184页)中,进一步阐明了
这个问题。1917年12月9日(22日)人民委员会通过的《告俄国全体
工人同志书》,提出了使工业转入和平生产的措施。——123。

63 这个文件是列宁在人民委员会1917年11月27日(12月10日)会议讨
论他提出的关于成立贯彻社会主义经济政策的特别委员会的建议时写
的。实际上就是一张准备贯彻经济政策问题的项目单。——124。

64 《对游行示威口号的补充》是列宁对彼得格勒苏维埃《告彼得格勒工人
和士兵书》的补充意见。
立宪民主党人定于1917年11月28日(12月11日)举行游行示威,
并企图非法召开立宪会议,发动反革命政变。11月27日(12月10日),
彼得格勒苏维埃会议在听取了弗·沃洛达尔斯基关于这一策划中的反
革命活动的报告后,通过了《告彼得格勒工人和士兵书》,号召工人和士
兵不要参加立宪民主党组织的游行示威。这个文件于11月28日(12月
11日)发表在《真理报》和《中央执行委员会消息报》上。——126。

65 《关于逮捕反革命内战祸首的法令》是人民委员会在1917年11月28日
(12月11日)晚上通过的。颁布这一法令的直接原因是:这一天立宪民

主党人在彼得格勒组织了所谓保卫立宪会议的反革命游行示威；游行
示威后，几十名立宪民主党及其他政党的立宪会议代表，违反人民委员
会1917年11月26日（12月9日）颁布的关于立宪会议应在有400名
以上立宪会议代表出席的情况下由人民委员会授权专人召开的法令，
冲进塔夫利达宫，企图擅自召开立宪会议，并发动反革命政变。人民委
员会命令赤卫队占领塔夫利达宫，将这些立宪会议代表驱散。——127。

66 关于追究诬告责任的决定草案是由于雅·斯·加涅茨基被匿名指控曾
在德国商行供职而写的。列宁就此问题还给俄国社会民主工党（布）中
央委员会写过一封信（见本版全集第48卷第26号文献）。——128。

67 用小号字刊印的文字是俄文版编者加的，下同。——129。

68 指筹备中的苏维埃国家最高经济机关。这一机关起初曾打算称为最高
经济会议。——129。

69 阿·伊·李可夫、列·波·加米涅夫、弗·巴·米柳亭和维·巴·诺根
要求接受他们回到俄国社会民主工党（布）中央委员会的申请以及列宁
起草的关于这个申请的决议草案，在布尔什维克党中央的记录中都没
有保存下来。中央基本上通过了列宁的草案，决定把它交给由三名中
央委员组成的委员会进行审定，并在加米涅夫等人要求公布他们的申
请时加以公布。结果两个文件都未公布。——130。

70 十月革命胜利后立即提出成立最高国民经济委员会的问题。1917年
10月26日或27日（11月8日或9日），在列宁参加下，彼得格勒工厂委
员会中央理事会召开会议讨论了成立经济领导机关的方案。11月15日
（28日），人民委员会组织一个专门委员会来制定成立最高经济机关的
方案。11月25日（12月8日）和12月1日（14日），全俄中央执行委员会
讨论成立最高国民经济委员会的方案时，左派社会革命党人要求将最
高国民经济委员会百分之五十的席位给予他们所领导的全俄中央执行
委员会农民部，并且主张最高国民经济委员会不由人民委员会领导而
直属全俄中央执行委员会。会议以多数票否决了左派社会革命党人的

这些修正案。《关于最高国民经济委员会的法令》于12月2日(15日)被批准,公布于12月5日(18日)《工农临时政府报》第25号。这里收载的列宁的讲话,就是对上述左派社会革命党人修正案的回答。——135。

71 这个讲话是在全俄中央执行委员会会议讨论左派社会革命党党团1917年11月25日(12月8日)提出的质问时发表的。左派社会革命党人就担任全俄立宪会议选举委员会委员的立宪民主党人被逮捕一事提出质问,并要求解释:作为最高权力机构成员的立宪会议代表,其人身不受侵犯的权利为什么遭到破坏。在列宁发言和进行辩论以后,会议以150票赞成、98票反对、3票弃权通过了列宁起草的赞同人民委员会关于逮捕反革命内战祸首的法令的决议。

　　十月革命胜利后,立宪民主党人把持的全俄立宪会议选举委员会百般阻挠选举的筹备工作,拒绝向人民委员会报告全国立宪会议选举的进度。为了对选举委员会的活动加以领导,人民委员会于11月23日(12月6日)委派莫·索·乌里茨基主持该委员会的工作。同一天,该委员会的委员因拒绝在乌里茨基领导下工作被逮捕。但是11月27日(12月10日)就按照列宁的命令把他们释放了。——136。

72 指《关于召开立宪会议的法令》。该法令在人民委员会1917年11月26日(12月9日)会议上通过,并在11月27日的《中央执行委员会消息报》第237号上公布。人民委员会之所以颁布这个法令,是因为11月17日(30日)一些右派报纸刊登了一批前临时政府部长以“临时政府”名义发表的所谓“决定”,说什么立宪会议定于11月28日(12月11日)下午2时在塔夫利达宫开幕。——136。

73 这是列宁在全俄农民代表苏维埃第二次代表大会上的讲话。

　　全俄农民代表苏维埃第二次代表大会于1917年11月26日—12月10日(12月9—23日)在彼得格勒举行。出席大会的有来自各地的代表以及参加全俄农民代表苏维埃非常代表大会的全体代表。在790名有表决权的代表中,有303名右派和中派社会革命党人,350名左派社会革命党人,91名布尔什维克。大会是在异常紧张的气氛下进行的。右派社会革命党人力图把采取妥协立场的左派社会革命党人拉到自己方

面去。大会在对待立宪会议的态度和对待人民委员会宣布立宪民主党
人为人民公敌的法令的态度问题上,展开了特别尖锐的斗争。大会起
初以不多的票数通过了右派社会革命党人提出的要求把国家权力交给
立宪会议和谴责人民委员会下令逮捕立宪民主党人的决议。在布尔什
维克党团的坚决要求下,大会对这个决议重新进行表决,结果通过了左
派社会革命党人的决议案。在土地问题上,大会也通过了左派社会革
命党人提出的决议,表示欢迎苏维埃政府废除土地私有制,但要求按社
会革命党纲领的精神解决土地问题。右派和部分中派社会革命党人退
出了大会。此后,代表大会表示赞同苏维埃政府的活动,并同意全俄苏
维埃第二次代表大会的决议。大会选出了由250人组成的新的农民代
表苏维埃执行委员会,其中108人(布尔什维克20人,左派社会革命党
人81人,社会革命党最高纲领派1人,无党派人士6人)被选入工兵农
代表苏维埃全俄中央执行委员会。这次代表大会对于巩固苏维埃政权
具有重大意义。——140。

74　拉达(中央拉达)是乌克兰资产阶级和小资产阶级民族主义政党和团体
的联合机关,1917年3月4日(17日)在有乌克兰社会民主工党、乌克
兰社会革命党以及各社会团体参加的乌克兰社会联邦党总委员会会议
上成立。1917年6月,产生了称为小拉达的执行机关,主席是乌克兰
资产阶级思想家米·谢·格鲁舍夫斯基,副主席是弗·基·温尼琴科
和谢·亚·叶弗列莫夫。中央拉达在1917年3月9日(22日)的告乌
克兰人民书中号召支持资产阶级临时政府。6月10日(23日),它宣布
乌克兰自治,建立了名为总书记处的政府,但很快就同临时政府妥协,
赞成将自治问题搁置到召开立宪会议时再解决。十月社会主义革命
后,中央拉达于11月7日(20日)宣布自己是乌克兰人民共和国的最
高机关,1918年1月11日(24日)宣布乌克兰独立。1917年11月—
1918年1月,中央拉达同苏俄人民委员会举行谈判,同时却支持阿·
马·卡列金等白卫将军,并违背自己的诺言,不解决土地问题、工人问
题及民族问题。中央拉达既向协约国寻求财政上的支持,又同德奥同
盟进行秘密谈判。1917年12月,列宁起草的俄罗斯联邦人民委员会
告乌克兰人民书(见本卷第144—146页)揭露了中央拉达的反革命面

目。12月11—12日(24—25日)在哈尔科夫举行的乌克兰苏维埃第一次代表大会宣布乌克兰为苏维埃共和国,中央拉达不受法律保护。俄罗斯联邦人民委员会承认乌克兰苏维埃政府是乌克兰唯一合法的政府。乌克兰人民逐渐认清了中央拉达的反革命政策,于1917年12月—1918年1月在乌克兰全境举行了反对中央拉达的武装起义。1918年1月26日(2月8日)在乌克兰的苏维埃军队占领基辅后,中央拉达逃往沃伦。次日它与德奥同盟签订了叛卖性的布列斯特-里托夫斯克条约。根据条约,中央拉达必须在1918年7月31日以前向德国和奥匈帝国提供100万吨粮食、4亿个鸡蛋、毛重5万吨的牛羊以及其他物资,以换取德奥的军事援助。3月中央拉达与德奥占领军一起返回基辅,成了武装占领者操纵的傀儡。由于中央拉达无力镇压乌克兰的革命运动和往德国调运粮食,4月29日德军指挥部将它解散,而以君主派地主、乌克兰盖特曼帕·彼·斯科罗帕茨基的傀儡政府代之。——144。

75 本文是列宁对德国自由主义政治家赫·费尔瑙给他的公开信的答复。费尔瑙的公开信载于1917年12月18日法文报纸《日内瓦日报》第348号,标题是《一个德国人致列宁先生的公开信》。——150。

76 这些人都是当时德国和奥匈帝国的政界人物:格·赫特林于1917—1918年任德意志帝国首相;理·屈尔曼于1917—1918年任德意志帝国外交大臣,在布列斯特和平谈判中率领德国代表团;冯·赛德勒尔于1917—1918年任奥地利首相;奥·采尔宁于1916—1918年任奥地利外交大臣,在布列斯特和平谈判中率领奥匈帝国代表团。——151。

77 《全俄农民代表苏维埃第二次代表大会告农民书草稿》是列宁在1917年12月6日或7日(19日或20日)写的。草稿先向代表大会主席团成员作了介绍,然后以主席团的名义于12月8日(21日)在大会上宣读。由于左派社会革命党人的坚持,草稿中许多处措辞被改得缓和了。告农民书通过后,以全俄农民代表苏维埃执行委员会的名义公布于12月15日(28日)《劳动农民呼声报》第22号,标题为《告劳动农民书》。——155。

78 这次代表大会的开幕、闭幕日期见注73。——158。

79 鉴于苏维埃政权采取的措施遭到激烈抵抗以及政府机关的高级职员有可能举行罢工,列宁在人民委员会1917年12月6日(19日)会议上提出了同国内反革命分子和怠工分子作斗争的问题。费·埃·捷尔任斯基受命组织一个委员会,制定同怠工行为作斗争的办法。12月7日(20日),捷尔任斯基在人民委员会会议上作了报告。这里收载的法令草案看来是列宁听取捷尔任斯基的报告以后起草的。就在这次会议上成立了全俄肃清反革命和怠工非常委员会(全俄肃反委员会),捷尔任斯基被任命为该委员会主席。——161。

80 答复中提到的亚历山德罗-格鲁舍夫斯克矿区的问题,在人民委员会1917年12月9日(22日)会议上进行了讨论。——164。

81 燃料垄断委员会即顿涅茨燃料贸易垄断事务委员会,是俄国临时政府在1917年建立的。十月革命后,燃料垄断委员会对苏维埃俄国中部地区运输业和工业企业的燃料供应实行了怠工政策。——164。

82 这是列宁在俄国社会民主工党(布)中央委员会1917年12月11日(24日)会议上的讲话。这次会议专门讨论了立宪会议布尔什维克党团的立场问题。当时,立宪会议布尔什维克党团临时委员会反对中央委员会的路线,从资产阶级民主的立场出发对立宪会议的作用进行估价,认为立宪会议的召开是革命的完成阶段,建议不要对此实行监督。党中央委员会决定草拟关于立宪会议的提纲,并定于12月12日(25日)下午4时在斯莫尔尼宫召开党团会议,讨论中央委员会的报告和提纲并改选党团委员会。在这次会议上,列宁宣读了他受中央委托起草的《关于立宪会议的提纲》(见本卷第167—171页)。党团会议经过长时间的讨论,一致通过了提纲。12月13日(26日),提纲在《真理报》上发表。——165。

83 这是列宁在全俄铁路工人非常代表大会上所致的贺词。

全俄铁路工人非常代表大会于1917年12月12—30日(1917年12月25日—1918年1月12日)在彼得格勒举行。这次大会是根据莫斯科枢纽站和彼得格勒枢纽站铁路工会的倡议召开的。出席大会的代

表约 300 名左右,其中半数以上是布尔什维克。列宁被选为代表大会
的名誉主席。大会听取了关于目前形势的报告、全俄铁路工会执行委
员会代表的讲话、关于粮食状况的报告、关于工会建设的报告和关于普
遍成立地方铁路代表苏维埃的报告。出席大会的绝大多数代表拥护全
俄苏维埃第二次代表大会。大会通过决议,认为全俄铁路工会执行委
员会的政策帮助了反革命资产阶级,对它表示不信任。大会选派 78 名
代表出席全俄铁路工会执行委员会定于 1917 年 12 月 19 日(1918 年 1 月
1 日)召开的全国铁路员工第二次(非常)代表大会。——172。

84 指全俄农民第一次代表大会。

全俄农民第一次代表大会于 1917 年 5 月 4—28 日(5 月 17 日—6 月
10 日)在彼得格勒举行。出席代表大会的有由各省农民代表大会和军
队农民组织选出的代表 1 115 名,其中社会革命党人 537 名,社会民主
党人 103 名(大部分是孟什维克,布尔什维克党团只有 9 人),人民社会
党人 4 名,劳动派分子 6 名,无党派人士 136 名(其中由米·瓦·伏龙
芝组织的"14 名无党派人士集团"完全支持布尔什维克),党派背景不
详的 329 名。列入大会议程的有联合临时政府问题、粮食问题、战争与
和平问题、土地问题等。

在大会的主要问题——土地问题上,布尔什维克和社会革命党人
展开了特别尖锐的斗争。列宁十分重视农民代表大会,直接领导了布
尔什维克党团的工作。他以布尔什维克党团的名义向大会提出的决
议草案和他发表的讲话产生了巨大影响。社会革命党人为了避免他们自
己的关于土地问题的决议案遭到否决,不得不在他们已经准备好的决议
草案中写上"一切土地应当毫无例外地交土地委员会管理"(第 2 条)。
在他们的操纵下大会表示支持资产阶级临时政府的政策,赞成社会党
人参加联合政府,主张把战争继续进行"到最后胜利"和在前线发动进
攻,同意社会革命党人关于把土地问题拖延到召开立宪会议时再解决
的主张。大会选出了由社会革命党人把持的农民代表苏维埃执行委
员会。——172。

85 1917 年 12 月 11 日(24 日),人民委员会为研究政府机关职员的工资问

题而任命了一个协商委员会。12月13日(26日),财政人民委员助理德·彼·博哥列波夫在人民委员会会议上作了关于协商委员会工作结果的报告。这里收载的决定草案是列宁在会议讨论博哥列波夫的报告时写的。草案稍加修改后通过。

　　鉴于国家机关职员物质生活状况极端困难,人民委员会根据通过的决定向所有人民委员部发出命令:自1917年11月1日(14日)起实行新的提高了的国家机关职员工资标准;各人民委员受命立即对1918年工资预算作必要的修改。——174。

86　《为了面包与和平》是应瑞典左派社会民主党人卡·塞·康·霍格伦的请求而写的,最初于1918年5月用德文刊登在国际社会主义青年组织联盟的机关刊物《青年国际》杂志上。1919年11月,左派社会党前进出版社为纪念俄国十月社会主义革命两周年而在斯德哥尔摩出版的专刊《俄国革命。1917年11月7日—1919年11月7日》把这篇文章的开头部分作为插图制版刊出。——175。

87　这个讲话是在全俄中央执行委员会会议讨论银行国有化法令时发表的。

　　俄国国家银行是1917年10月25日(11月7日)在十月武装起义中被夺取的。苏维埃政权粉碎了资产阶级官吏的怠工,很快就实际掌握了国家银行,并且作为国有化的过渡措施,对私营银行建立了监督。银行人员的怠工迫使苏维埃政府加速实行私营银行的国有化。12月14日(27日),按照政府的命令,工人和赤卫队占领了彼得格勒所有的银行和信贷机构。当天,在全俄中央执行委员会会议上通过了《关于银行国有化的法令》和《关于检查银行钢制保险箱的法令》。两个法令公布于12月15日(28日)《全俄中央执行委员会消息报》第252号。——177。

88　指统一社会民主党人国际主义派的代表波·瓦·阿维洛夫的发言。他说:"你们用这样简单的方法来处理问题,希望一斧头下去就解决一切,这只能破坏信贷制度的脆弱机体,降低卢布的市价,因而,我确信,除了彻底崩溃以外,不会有别的结果。"——177。

89　《关于实行银行国有化及有关必要措施的法令草案》是列宁1917年12月

14日(27日)前后提交最高国民经济委员会常务委员会讨论的。——180。

90 这个草案是列宁在人民委员会1917年12月15日(28日)会议讨论普梯洛夫工厂停工问题时提出并得到通过的。文件作为人民委员会《关于组织专家委员会的决定》公布于1917年12月17日(30日)《工农临时政府报》第35号。——184。

91 列宁关于向人民委员会会议提出议案的程序的建议,在人民委员会1917年12月18日(31日)会议上进行了讨论。会议通过决定:"批准列宁提出的指令和尼·彼·哥尔布诺夫关于在事先指定的会议开始时间前半小时停止接受议案的建议,责成各人民委员签阅后遵照执行。"——185。

92 这些问题是1917年12月17日(30日)列宁在为复员军队而召开的全军代表大会部分代表会议上提出的,由与会者书面作答。这是一次调查,它使列宁确信继续对德作战已不可能,对布尔什维克党确定对德和谈的策略有重要作用。12月18日(31日),人民委员会会议讨论了调查结果,认为它是详尽的,并通过了列宁提出的决议草案(见本卷第188页)。

列宁的问题表手稿没有保存下来。在《列宁全集》俄文第5版第35卷中,这一文献是按照会议参加者Д.С.维捷布斯基1924年给列宁研究院的信中提供的文本刊印的。

为复员军队而召开的全军代表大会于1917年12月15日—1918年1月3日(1917年12月28日—1918年1月16日)在彼得格勒举行。出席代表大会的有各工兵代表苏维埃、方面军和军的委员会、工程兵部队、炮兵部队、参谋部等单位派出的代表。大会开幕时到会代表234人,其中布尔什维克119人,左派社会革命党人45人。孟什维克和右派社会革命党人在无党派集团旗号的掩护下出席会议。代表大会的任务是使自发开始的军队复员有组织地进行,并讨论建立新的军队——社会主义国家军队的问题。代表大会实际上成了领导军队复员工作的临时机关,在这方面做了大量的工作。1917年12月28日(1918年1月10日),在大会讨论组建社会主义军队问题时,孟什维克和右派社会革命党人反对布尔什维克党团提出的建立工农军队的方案。有过一些动摇的左派社会革命党人终于支持了布尔什维克。布尔什维克的方案以153人赞成、40人反对、13人弃权被通过。——186。

93　这个决议草案由人民委员会于1917年12月18日(31日)通过。——188。

94　根据列宁的这个意见,苏维埃政府曾于1917年12月20日(1918年1月2日)分别致电德国、奥匈帝国、土耳其和保加利亚,要求把谈判地点改在中立国瑞典的斯德哥尔摩。这一要求为德方所拒绝。——188。

95　这个决定草案是就人民委员会1917年12月19日(1918年1月1日)会议讨论全俄肃反委员会主席费·埃·捷尔任斯基对左派社会革命党人——司法人民委员伊·扎·施泰因贝格和司法人民委员部部务委员弗·亚·卡列林的抗议而写的。前一天晚上,人民委员会举行会议时,列宁获悉全俄肃反委员会在自由经济学会会所逮捕了反革命组织保卫立宪会议同盟的一些成员,这些人无视人民委员会的法令,企图擅自召开立宪会议。人民委员会当即决定对被捕人员加以拘留以查明其身份。施泰因贝格和卡列林赶赴现场处理此事,却违背人民委员会的决定把全部被捕人员释放了,连全俄肃反委员会也没有通知。

　　人民委员会批准了列宁写的这个决定草案。——189。

96　指彼得格勒工兵代表苏维埃侦查委员会、海军侦查委员会和打击酗酒肇事委员会。——189。

97　《政论家札记(待研究的问题)》是列宁1917年12月24—27日(1918年1月6—9日)在芬兰度假期间写的。札记开列的第一个问题"现在不用怕带枪的人了",是列宁在芬兰铁路的火车上从群众交谈中听到的一句话。列宁后来于1918年1月11日(24日)在全俄苏维埃第三次代表大会上讲到过这件事(见本卷第274页)。列宁在休假期间还写了《被旧事物的破灭吓坏了的人们和为新事物而斗争的人们》、《怎样组织竞赛?》和《关于消费公社的法令草案》(见本卷第200—203、204—215、216—217页),对札记中提出的很大一部分问题作了研究。列宁认为

上述文章尚未定稿,因此他在世时均未发表。《政论家札记》中提出的
关于经济建设方面的问题,列宁在他 1918 年 3—4 月写的《苏维埃政权
的当前任务》一文中作了充分研究(见本版全集第 34 卷)。——195。

98 指人民社会党人阿·瓦·彼舍霍诺夫 1917 年 6 月 5 日(18 日)在全俄
工兵代表苏维埃第一次代表大会发言中讲的一句话:"资本家的反抗看
来已经被粉碎了。"——196。

99 指格·瓦·普列汉诺夫 1903 年 7 月 30 日(8 月 12 日)在俄国社会民主
工党第二次代表大会上的发言。普列汉诺夫在这次发言中指出:所有
的民主原则都应该完全服从革命的利益,工人阶级的利益,为了革命的
胜利,社会民主党可以暂时限制某一个民主原则的作用;为了革命的利
益,社会民主党人甚至可以反对普遍选举制。(见《俄国社会民主工党
第二次代表大会记录》1958 年俄文版第 181—182 页)列宁在《普列汉
诺夫论恐怖》一文(见本卷第 192—194 页)中专门论述了革命政党对待
恐怖的态度问题。——196。

100 在《关于立刻缔结单独的兼并性和约问题的提纲》(见本卷第 251—
259 页)中,列宁研究了第 20 个问题及"补 20"。《提纲》的第 11 条对
"德国人需要失败"一语作了详细分析。——197。

101 刊登在 1917 年 12 月 24 日(1918 年 1 月 6 日)《真理报》第 233 号上的
一篇未署名文章《他们的计划》说:英国首相"劳合-乔治讲话的意思是:
让俄国先确定同德国和奥匈帝国的未来疆界,然后再来进行全面的
和谈",而"协约国官方政论家们讲得更坦率:对盟国来说,把俄国排除
在外进行和平谈判将更为有利,因为俄国是共同企业里的一个有亏欠
的股东"。该文得出结论说,盟国正在试探对德和平谈判的基础,"但盟
国认为先让德国同俄国清账更为有利。德国应该……靠牺牲俄国获得
补偿"。——197。

102 指彼·基辅斯基(尤·皮达可夫)《无产阶级和银行》一文,该文发表于
1917 年 12 月 5 日(18 日)《真理报》第 206 号。——198。

103　“旧亚当”意为旧的人。《旧约全书·创世记》说,亚当是上帝造的第一
　　　个人。——203。

104　《关于消费公社的法令草案》是 1917 年 12 月底,列宁在芬兰度假期间
　　　写的。粮食人民委员部根据这个草案拟了一个详细的法令草案,由粮
　　　食人民委员亚·格·施利希特尔签署,公布于 1918 年 1 月 19 日(2 月
　　　1 日)《中央执行委员会消息报》第 14 号。草案遭到了资产阶级合作社
　　　工作者的激烈反对,他们坚持合作社应该完全独立,不受苏维埃机关
　　　领导。人民委员会为了利用现有的合作社机构来开展商业工作和搞
　　　好对居民的粮食分配,不得不对合作社工作者作了一些让步。1918 年
　　　3—4 间,最高国民经济委员会、合作社和粮食组织三方代表举行谈
　　　判,重新制定了法令草案。4 月 9 日和 10 日,草案提交人民委员会讨
　　　论,经列宁作了补充和修改后通过。法令的第 11、12、13 条完全是列宁
　　　写的。4 月 11 日,全俄中央执行委员会批准了这个法令,同时通过了
　　　布尔什维克党团提出的决议,指出关于消费合作社的法令是妥协的产
　　　物,有一些重大缺点,因而是作为过渡性措施通过的。法令公布于 4 月
　　　13 日《真理报》第 71 号和 4 月 16 日《全俄中央执行委员会消息报》第
　　　75 号。列宁在《苏维埃政权的当前任务》一文中对这个法令作了评价
　　　(见本版全集第 34 卷第 167—168 页)。——216。

105　这个草案是就全俄中央执行委员会申请拨款 200 万卢布以供 1918 年
　　　1 月筹备和召开全俄工兵代表苏维埃第三次代表大会和全俄农民代表
　　　苏维埃第三次代表大会之用一事而写的。——218。

106　指当时任全俄工会中央理事会书记的索·阿·洛佐夫斯基向中央执
　　　行委员会布尔什维克党团提出的声明,声明发表于 1917 年 11 月 4 日
　　　(17 日)《新生活报》第 172 号。1917 年 12 月,洛佐夫斯基被开除出布
　　　尔什维克党。1919 年 12 月,他重新加入了俄共(布)。——221。

107　指索·阿·洛佐夫斯基发表在 1917 年《工会通报》杂志第 7 期和第 8 期
　　　上的《论全俄工会代表大会》和《工会和苏维埃政权》两篇文章。
　　　　《工会通报》杂志(《Профессиональный Вестник》)是全俄工会中央理事

会的机关刊物,1917年9月—1919年3月在彼得格勒出版。——222。

108 由于俄国旧军队的复员和前线的普遍崩溃,1917年底,苏维埃政权在彼得格勒开始着手组织社会主义军队志愿部队,用它们来代替离开前线的部队。欢送第一批社会主义军队上前线的大会于1918年1月1日(14日)在彼得格勒米哈伊洛夫练马场举行。列宁在会上讲了话。——225。

109 这个草案是在人民委员会1918年1月2日(15日)会议讨论亚·加·施略普尼柯夫关于工厂管理机构高级公职人员薪金标准的询问时由列宁提出并经会议通过的。——227。

110 指1917年11月18日(12月1日)人民委员会《人民委员会关于高级职员和官员的薪金额的决定》(参看本卷第105页)。——227。

111 《被剥削劳动人民权利宣言》的草案是在全俄中央执行委员会1918年1月3日(16日)会议上提出的。草案以多数票(有两票反对,一票弃权)通过后,交协商委员会最后审定。《宣言》发表于1月4日(17日)《真理报》第2号和《中央执行委员会消息报》第2号。1月5日(18日),雅·米·斯维尔德洛夫在立宪会议第一次会议上代表全俄中央执行委员会宣读了《宣言》,并建议批准。立宪会议的反革命多数拒绝予以讨论。《宣言》于1月18日(31日)被全俄苏维埃第三次代表大会批准,后来被写入1918年俄罗斯联邦宪法,作为它的第1篇。全俄苏维埃第三次代表大会通过宣言时,删去了原稿中涉及立宪会议的地方。斯大林和尼·伊·布哈林参加了草案的起草;列宁手稿的第2部分中,有斯大林的修改;第4部分第2段是由布哈林起草、列宁审定的。——228。

112 1917年12月6日(19日),芬兰议会通过了宣布芬兰为独立国家的宣言。12月18日(31日),人民委员会通过了关于承认芬兰独立的法令。列宁亲自把法令文本交给了芬兰政府代表团团长、芬兰政府首脑佩·埃·斯温胡武德。全俄中央执行委员会在1917年12月22日(1918年1月4日)批准了关于芬兰独立的法令。

1917 年 12 月 19 日(1918 年 1 月 1 日),苏维埃政府根据 12 月 2 日(15 日)俄国同德国、奥匈帝国、土耳其和保加利亚在布列斯特-里托夫斯克签订的停战协定,向波斯政府提出了关于制定撤退波斯境内俄军的总计划的建议。

1917 年 12 月 29 日(1918 年 1 月 11 日),人民委员会通过了《关于"土耳其属亚美尼亚"的法令》,并公布于 1917 年 12 月 31 日(1918 年 1 月 13 日)《真理报》第 227 号。——232。

113　这个声明是列宁在立宪会议休会时起草的。

在立宪会议的反革命多数拒绝讨论《被剥削劳动人民权利宣言》后,布尔什维克党团和左派社会革命党党团要求休会,以便各党团举行会议。在布尔什维克党团会议上,列宁提议在复会后宣读他起草的布尔什维克党团声明并退出立宪会议。党团通过了这一建议。

布尔什维克退出会议以后,在对待立宪会议问题上有过摇摆的左派社会革命党人,提议立即就对苏维埃政权的和平政策的态度问题进行表决。立宪会议的右翼否决了这一建议,于是左派社会革命党人也离开了会议大厅。

在布尔什维克和左派社会革命党人离开后不久,负责警卫塔夫利达宫的海军人民委员帕·叶·德宾科向卫兵下达了制止立宪会议继续开会的命令。列宁得知这一情况后,曾命令士兵不得对立宪会议的反革命代表采取任何暴力行动(参看 1918 年 1 月 5 日夜的命令,见本版全集第 48 卷第 55 号文献)。

立宪会议于 1918 年 1 月 6 日(19 日)凌晨 4 时 40 分停止了会议。——238。

114　法国小资产阶级社会主义者路易·勃朗否认资本主义制度下的阶级矛盾是不可调和的,采取同资产阶级妥协的立场,反对无产阶级革命。他口头上喊"社会主义",实际上是帮助资产阶级加强对无产阶级的影响。列宁在这里用"路易·勃朗式的空话"来说明右派社会革命党人和孟什维克的机会主义立场。——240。

115　人民委员会1918 年 1 月 6 日(19 日)会议审议了解散立宪会议的问题。

在会议前一天,列宁写了关于解散立宪会议的法令提纲初稿(见本卷第455—456页)。在会议召开前,列宁又在初稿的基础上写成了法令提纲。会议逐条宣读和批准了提纲。根据人民委员会记录,对第2条所作的决定是:"通过,并指出穆斯林党团的一部分人也退出了"。对其余各条所作的决定是:"通过"。1月6日(19日)深夜举行了全俄中央执行委员会会议。会议以多数票(有2票反对、5票弃权)通过了解散立宪会议的法令。列宁发表了关于解散立宪会议的讲话(见本卷第246—250页)。列宁的草案是全俄中央执行委员会通过的法令的基础。——243。

116　套中人是俄国作家安·巴·契诃夫的同名小说的主人公别利科夫的绰号。此人对一切变动担惊害怕,忧心忡忡,一天到晚总想用一个套子把自己严严实实地包起来。后被喻为因循守旧、害怕变革的典型。——248。

117　《关于立刻缔结单独的兼并性和约问题的提纲》于1918年1月8日(21日)由列宁在有党的工作人员参加的中央委员会会议上宣读。出席会议的共有63人。会议记录没有保存下来,只留下了列宁所作的恩·奥新斯基(瓦·瓦·奥博连斯基)、列·达·托洛茨基、阿·洛莫夫(格·伊·奥波科夫)、列·波·加米涅夫等人发言的简要记录。提纲第21条结尾(从"但是,任何一个马克思主义者"起)是由列宁在会上口头叙述、会后补写的。在提纲手稿中,列宁在该处画了三条竖线,并在页边上写道:"缮写员:请在缮写时也打上这三条竖线。"列宁在中央委员会1918年1月11日(24日)会议上的发言中说,那次会议的参加者中有15人投票赞成这个提纲,32人支持"左派共产主义者"的立场,16人支持托洛茨基的立场。提纲到2月24日才发表。这时在签订和约的问题上,中央委员会的多数已站到列宁的立场上来了。——251。

118　俄国社会民主工党(布)中央莫斯科区域局是党中央的全权代表机关,从1917年3月起领导下述中部工业地区各省的党组织:莫斯科、雅罗斯拉夫尔、特维尔、科斯特罗马、弗拉基米尔、沃罗涅日、斯摩棱斯克、下诺夫哥罗德、图拉、梁赞、坦波夫、卡卢加和奥廖尔,稍后还包括库尔斯克。在1918年春季以前,莫斯科区域局实际上是"左派共产主义者"这个派别组织的中心。——260。

119　这是列宁在俄国社会民主工党(布)中央委员会1918年1月11日(24日)会议上的三次讲话。这次会议讨论了战争与和平的问题。"左派共产主义者"和列·达·托洛茨基发言反对列宁。一部分"左派共产主义者"——尼·伊·布哈林、莫·索·乌里茨基和阿·洛莫夫(格·伊·奥波科夫)——发言支持托洛茨基的不战不和的建议。斯大林、费·安·谢尔盖耶夫(阿尔乔姆)、格·雅·索柯里尼柯夫和格·叶·季诺维也夫主张签订和约。"左派共产主义者"看到立即进行革命战争的口号没有成功的希望(只有2人投票赞成),就在投票的时候支持托洛茨基的建议,使之获得9票对7票的多数。为了消除中央委员会内部在签订和约问题上的阻力和转变一部分追随革命战争拥护者的群众的情绪,列宁提出了竭力拖延谈判的建议。该建议以12票对1票被会议通过。——262。

120　大概是指刊登在1918年1月11日(24日)《新生活报》第7号上的一篇未署名文章:《布尔什维克与德国社会民主党》。该报说,这篇文章是德国独立社会民主党的一位著名代表写的。——263。

121　指会议记录中下述斯大林的话:"斯大林同志认为,如果接受革命战争的口号,那我们就帮助了帝国主义。托洛茨基同志的立场是不成其为立场的。现在西方没有革命运动,没有事实,有的只是可能性,而对这种可能性,我们是不能重视的。如果德国人开始进攻,就会加强我国的反革命。"

格·叶·季诺维也夫的话,在会议记录中是:"……当然,我们面临着一次严重的外科手术,因为我们缔结和约就会加强德国的沙文主义,并在一段时间内削弱西方各国的运动。接着还会出现另一个前景——这就是社会主义共和国的灭亡。"(见《俄国社会民主工党(布)中央委员会会议记录。1917年8月—1918年2月》1958年俄文版第171—172页)——264。

122　这是关于全俄工兵农代表苏维埃第三次代表大会的一组文献。

全俄工兵农代表苏维埃第三次代表大会于1918年1月10—18日（23—31日）在彼得格勒举行。大会起初是工兵代表苏维埃代表大会，有1 046名代表。1月13日（26日），代表大会和全俄农民代表苏维埃第三次代表大会合并，加上陆续到会的其他方面的代表，大会结束时共有有表决权的代表1 647名（其中有布尔什维克860多名），有发言权的代表219名。

在代表大会上，雅·米·斯维尔德洛夫作了关于全俄中央执行委员会工作的报告，列宁作了关于人民委员会工作的报告。在讨论这两个报告时，孟什维克、右派社会革命党人和孟什维克国际主义者发言反对苏维埃政权的内外政策。列宁在关于人民委员会工作报告的总结发言中，专门批判了他们的立场。大会所通过的决议完全赞同全俄中央执行委员会和人民委员会的政策，并对它们表示完全信任。

代表大会以多数票批准了列宁起草的《被剥削劳动人民权利宣言》，并赞同人民委员会在和平问题上的政策，授予它处理这个问题的最广泛的权力。

代表大会听取了民族事务人民委员斯大林关于苏维埃共和国的联邦制度的基础和关于苏维埃政权的民族政策的报告，通过了关于俄罗斯共和国联邦机关的决议并宣布俄国为俄罗斯社会主义联邦苏维埃共和国（俄罗斯联邦）。代表大会赞同苏维埃政权的民族政策。

代表大会批准了根据土地法令制定的土地社会化基本法。代表大会赞同解散立宪会议，并把苏维埃政府的名称由“工农临时政府”改为“俄罗斯苏维埃共和国工农政府”。

大会选出了由322人组成的全俄中央执行委员会，其中正式委员305人，候补委员17人。——266。

123 指全俄制革工人工会和企业主的谈判。这一谈判是1917年12月开始的，主要问题是按照民主原则改组在十月革命以前成立的制革业总委员会，增加其中的工人代表。1918年初，根据多次谈判的结果，制革业总委员会和各地区委员会都进行了改组，工人在委员会中得到了三分之二席位。1918年4月6日向各地苏维埃发出了列宁签署的关于制革业总委员会的地方机关必须民主化和制革业总委员会和各地区委员会的指示必须严格执行的电报。——281。

124　指1917年8月在意大利都灵爆发的工人反战总罢工和1918年1月奥
地利工人在布列斯特和平谈判期间举行的要求缔结全面和约和改善粮
食状况的罢工。——283。

125　全俄苏维埃第三次代表大会审议了关于取消苏维埃法律中涉及立宪会
议的内容的问题后,通过了以本草案最末一段为内容的决定。手稿中
第1、2两段和第3段开头部分均被删掉。——289。

126　指发表在1918年1月17日(30日)《真理报》第13号(晚上版)上的《芬
兰革命政府致俄罗斯共和国人民委员会书》。
　　　　芬兰革命于1918年1月在芬兰南部工业地区爆发。1918年1月
27日夜,芬兰赤卫队占领了芬兰首都赫尔辛福斯,资产阶级的斯温胡
武德政府被推翻。1月28日,工人们建立了芬兰革命政府——人民代
表委员会。参加革命政府的有库·曼纳、奥·库西宁、尤·西罗拉等
人。国家政权的基础是由工人选出的工人组织议会。芬兰革命政府在
斗争初期还没有明确的社会主义纲领,主要着眼解决资产阶级民主革
命的任务,但这一革命从性质上说是社会主义革命。革命政府的最主
要的措施是:将一部分工商企业和大庄园收归国有;把芬兰银行收归政
府管理,并建立对私营银行的监督;建立工人对企业的监督;将土地无
偿地交给佃农。芬兰这次无产阶级革命只是在芬兰南部取得了胜利。
斯温胡武德政府在芬兰北部站稳了脚跟后,集结了一切反革命力量,在
德国政府的援助下向革命政权发动进攻。由于德国的武装干涉,芬兰
革命经过激烈的内战以后于1918年5月初被镇压下去。——292。

127　指提交全俄苏维埃第三次代表大会批准的《土地社会化基本法》。这个
法令的草案是农业人民委员部部务委员会拟定的,曾交有列宁参加的
代表大会特设的委员会审定。1918年1月18日(31日),代表大会批
准了《土地社会化基本法》(第一章《总则》)。法令的进一步详细制定是
在土地委员会代表大会代表和苏维埃第三次代表大会农民代表的联席
会议上进行的。法令的最后文本于1918年1月27日(2月9日)经全

俄中央执行委员会批准,2月6日(19日)在报上公布。

《土地社会化基本法》规定平均分配土地(按劳动土地份额或消费土地份额),这是苏维埃政府为巩固工农联盟而对中农作出的让步。法令还提出了发展农业中的集体经济的任务,规定农业公社、农业劳动组合和农业协作社享有使用土地的优先权。——292。

128 这是列宁在全俄铁路员工非常代表大会上作的报告和对代表们围绕这个报告提出的问题所作的回答。

全俄铁路员工非常代表大会于1918年1月5—30日(1月18日—2月12日)在彼得格勒举行。参加代表大会的是1917年12月19日(1918年1月1日)全俄铁路工会执行委员会召开的铁路员工第二次(非常)代表大会中的左派代表,他们在右派代表(右派社会革命党人、孟什维克等)于1月4日(17日)以12票的多数强使代表大会通过了全国政权应归立宪会议的决议后退出了这个代表大会。

全俄铁路员工非常代表大会通过的决议说,代表大会完全站在苏维埃政权一边。代表大会制定了铁路员工的新的工资标准,通过了铁路管理条例和铁路民兵条例,听取了关于私营铁路国有化的报告并选举了全俄铁路员工执行委员会。——296。

129 阿塔曼是革命前俄国哥萨克军队的统领和哥萨克行政单位的长官。——300。

130 阿·马·卡列金签发对在卡缅斯克村举行的前线哥萨克代表大会代表的逮捕令晚了一步,因为在代表大会上成立的军事革命委员会已经夺取了卡缅斯克村的政权。卡缅斯克村事变的参加者、全俄苏维埃第三次代表大会的一位代表在代表大会上讲了这件事。——300。

131 预备议会是根据全俄民主会议主席团1917年9月20日(10月3日)的决定,由参加会议各集团分别派出名额为其人数15%的代表组成的常设机关。成立预备议会是企图造成俄国已经建立了议会制度的假象。

9月23日(10月6日),预备议会首次会议批准了社会革命党人和孟什维克同立宪民主党人达成的关于建立新的联合政府的协议。

而 9 月 25 日(10 月 8 日)组成的新的联合临时政府则把一大批立宪民
主党人及其他资产阶级地主组织的代表补充进预备议会,并且限制了
它的权利和职能。根据临时政府批准的条例,预备议会被称为俄罗斯
共和国临时议会,仅仅是政府的咨询机关。

俄国社会民主工党(布)中央于 9 月 21 日(10 月 4 日)曾以 9 票对
8 票作出了不参加预备议会的决定。由于双方票数大体相等,问题又
交给民主会议布尔什维克党团会议讨论,结果却以 77 票对 50 票作出
了参加预备议会的决议,并经中央批准。列宁批评了布尔什维克在对
待民主会议问题上的策略错误,坚决要求布尔什维克退出预备议会,集
中力量准备起义。布尔什维克党中央讨论了列宁的建议,不顾列·
波·加米涅夫、阿·伊·李可夫等人的反对,作出了退出预备议会的决
定。10 月 7 日(20 日),在预备议会开幕那天,布尔什维克代表宣读声明后
退出。10 月 25 日(11 月 7 日),预备议会被赤卫队解散。——302。

132　指交通人民委员马·季·叶利扎罗夫 1918 年 1 月 2 日(15 日)发布的
关于铁路员工劳动报酬标准的指令。根据这项指令,熟练工人和工程
师的劳动报酬几乎与非熟练工人没有差别。1918 年 1 月 7 日(20 日),
人民委员会就把这项指令撤销了。——311。

133　列宁所作的补充,稍加修改后写进了《土地社会化基本法》,作为该法令
的第 26 条。这一条构成法令的第 5 章:《为建筑、副业生产、文化教育
等等之用拨给土地时土地使用标准的确定》(见《苏维埃政权法令汇编》
1957 年俄文版第 1 卷第 414 页)。——313。

134　这是关于彼得格勒苏维埃主席团和粮食机关代表联席会议的两篇文
献。这次会议是为了讨论彼得格勒工人和卫戍部队士兵口粮严重不足
的问题而召开的,当时他们每天只领 1/4 磅面包。会议听取了粮食局
代表关于向彼得格勒运输粮食的前景的报告和装卸委员会代表的报
告。根据人民委员会的决定,从 1918 年 1 月 19 日(2 月 1 日)起,彼得
格勒全市居民的口粮增加到了 1/2 磅。——314。

135　人民委员会关于改善粮食状况的措施的决定于 1918 年 1 月 14 日(27 日)

在人民委员会会议上通过。

全俄粮食委员会是在1917年11月于莫斯科举行的粮食代表大会上选出的,对粮食人民委员部采取对立态度并抵制苏维埃政权的措施。这个决定是争取它同苏维埃政权一道工作的尝试。有全俄苏维埃第三次代表大会代表参加的全俄苏维埃第一次粮食代表大会于1月14日(27日)在彼得格勒开幕。大会撤销了粮食委员会和其他粮食组织,把解决粮食问题的领导权集中到苏维埃政权机关的手中。——318。

136 根据左派社会革命党人、司法人民委员伊·扎·施泰因贝格的建议,人民委员会于1918年1月11日(24日)决定对彼得格勒苏维埃侦查委员会的活动进行审查,并停止该委员会全体人员的工作,直到情况查明为止。1月14日(27日),人民委员会研究了侦查委员会主席美·尤·科兹洛夫斯基和彼·阿·克拉西科夫要求重新考虑人民委员会决定的声明后,建议人民委员会所成立的检查委员会在48小时内提出审查结果,同时还决定就左派社会革命党彼得格勒委员会不许其代表参加侦查委员会问题向左派社会革命党中央提出质问。列宁根据该决定写了这里收载的文件。

人民委员会在1918年1月17日(30日)、1月21日(2月3日)和2月26日的会议上讨论了检查委员会的报告。1月21日(2月3日),人民委员会根据列宁所拟的草案(见本卷第329页)通过了一个决定。2月26日,人民委员会认定"对侦查委员会负责人犯有贪污受贿和其他罪行或丑行的指控是毫无根据的",决定结束对侦查委员会活动的审查,恢复该委员会领导人克拉西科夫、科兹洛夫斯基、林杰曼、米茨根德列尔和罗津的工作。(参看《苏维埃政权法令汇编》1957年俄文版第1卷第499页和本卷419页)——319。

137 这个草案在人民委员会1918年1月15日(28日)会议上获得批准。——320。

138 指1918年1月8日(21日)最高海军委员会命令批准的《海军民主化条例》第51条的附注。这个附注说:"包括海军部门和各全国性部门在内的各中央机关的所有命令,以及任何委员会的决议……只有得到中央海军委员会的确认,才能在舰队或区舰队执行……"——320。

139　这个决定草案是列宁为人民委员会1918年1月16日(29日)会议研究邮电职员工资问题而写的。决定草案被会议通过。——321。

140　这两个决定草案是列宁在人民委员会1918年1月16日(29日)会议上写的。这次会议讨论了1918年1月14日(27日)在彼得格勒开幕的全俄苏维埃第一次粮食代表大会主席团关于建立粮食工作统一中心问题的报告。根据会上宣读的代表大会决议,中央和地方的粮食机关均将由各级工兵农代表苏维埃组建,这证明苏维埃政权在团结粮食工作者的工作中取得了重大进展。

两个草案中,第二个草案是针对以粮食人民委员亚·格·施利希特尔为一方,以粮食代表大会主席团、全俄粮食委员会和最高国民经济委员会粮食局为另一方发生了意见分歧这件事而写的,没有载入会议记录;第一个草案由人民委员会通过。——322。

141　人民委员会1918年1月18日(31日)会议讨论了关于海洋与内河商船国有化的问题。会议听取了三个报告:水运工会伏尔加航区委员会的报告、全俄海洋与内河商船船工工会中央委员会的报告和最高国民经济委员会代表的报告。列宁拟的法令草案作为《人民委员会关于海洋与内河商船船工的决定》被批准。在法令草案手稿的第4条后面有列宁写的批注:"补充奥博连斯基的第3条",第5条后面写着:"++奥博连斯基同志的决议第1条"。恩·奥新斯基(瓦·瓦·奥博连斯基)提出的人民委员会决议草案的第3条说:"在解决商船国有化问题以前,查封海洋与内河的货船和客船,在船工组织的监督下,强迫船主出资修理这些船只。"第1条说:"建议内河与海洋船工工会中央委员会同水运工会伏尔加航区委员会在这次内河船工和海员代表大会上合并,并立即进行事务上的联系。"——323。

142　指全俄海洋与内河商船船工工会中央委员会。——323。

143　指"左派共产主义者"集团——尼·伊·布哈林、阿·洛莫夫(格·伊·奥波科夫)、恩·奥新斯基(瓦·瓦·奥博连斯基)等人于1918年1月15日(28日)向党中央委员会提出的要求召开党的代表会议以讨论和决定和平问题的声明。——325。

144　列宁关于召开代表大会的建议获得通过。中央委员会1918年1月19日(2月1日)会议原确定于2月20日召开代表大会,后来推迟到3月6日。——325。

145　列宁关于召开和平问题各派代表协商会议的建议被通过。会议于1918年1月21日(2月3日)举行。关于这次会议,保存下来的只有与会者对有关缔结和约的10个问题的表决记录。对"是否允许立即签订德国提出的兼并性的和约?"这一基本问题,同意的有5人:列宁、斯大林、马·康·穆拉诺夫、阿尔乔姆(费·安·谢尔盖耶夫)和格·雅·索柯里尼柯夫;反对的有9人:阿·洛莫夫(格·伊·奥波科夫)、尼·尼·克列斯廷斯基、安·谢·布勃诺夫、斯·维·柯秀尔、恩·奥新斯基(瓦·瓦·奥博连斯基)、英·尼·斯图科夫、叶·阿·普列奥布拉任斯基、亚·彼·斯蓬德和雅·亨·费尼格施泰因。格·叶·季诺维也夫、尼·伊·布哈林和莫·索·乌里茨基在表决前离开了会议。——327。

146　指莫斯科和布列斯特-里托夫斯克之间电报联系的中断。这一联系常被德国人破坏或切断。——328。

147　文件上有列宁的批注:"一致通过"。文件上方有列宁的批示:"发表";列宁圈掉了"即……一名布尔什维克"这段话,在旁边空白处注明:"不必发表"。文件在文字上稍作修订并删去列宁圈掉的那段话后,作为人民委员会的决定公布于1918年1月23日(2月5日)《全俄中央执行委员会消息报》第17号。——329。

148　卡缅斯克村哥萨克代表大会的一名参加者在1918年1月16日(29日)苏维埃第三次代表大会上所作的报告中提到了这件事。——335。

149　这个决定草案经人民委员会1918年1月23日(2月5日)会议批准。——336。

150 这个决定草案是列宁在 1918 年 1 月 23 日（2 月 5 日）人民委员会讨论缩短刑事犯罪分子的刑期和改善其处境问题时起草并由会议批准的。——338。

151 俄国社会民主工党（布）中央委员会于 1918 年 1 月 24 日（2 月 6 日）举行会议，专门讨论了即将召开的党的第七次代表大会的议程，列宁在会上作了这三次发言。根据各种建议，中央委员会批准了如下议程：修改党纲；当前局势（国内形势、国外形势、经济状况）；工会、工厂委员会等等；组织问题；其他。为了制定党纲草案，成立了由列宁、尼·伊·布哈林、格·雅·索柯里尼柯夫组成的委员会。——339。

152 列宁的这篇讲话是在土地委员会代表大会代表和苏维埃第三次代表大会农民代表联席会议最后一次会上发表的。土地委员会代表大会于 1918 年 1 月 17 日（30 日）在彼得格勒开幕。出席大会第 1 次会议的有来自 43 个省和 243 个县的 472 名代表。后来，代表大会和 1 月 18 日（31 日）结束的全俄苏维埃第五次代表大会的农民代表联合举行。出席土地委员会代表大会代表和农民代表联席会议的有 1 000 多人。在联席会议以及分组会上进一步详细制定了《土地社会化基本法》。——341。

153 这封电报是对列·达·托洛茨基就 1918 年 1 月 28 日（2 月 10 日）德国人在布列斯特-里托夫斯克提出最后通牒一事而发来的询问电报的答复。在电报上署名的除列宁外，还有斯大林。——343。

154 这是列宁对关于建立部际保卫铁路特设委员会法令草案的补充。这个草案由为制订改善彼得格勒粮食状况的措施而在 1 月 25 日（2 月 7 日）成立的一个委员会起草。1918 年 1 月 30 日（2 月 12 日），人民委员会讨论并通过了这个法令草案。列宁的补充构成人民委员会批准后的法令的第 5 条（见《苏维埃政权法令汇编》1957 年俄文版第 1 卷第 454 页）。人民委员会就上述委员会的报告还通过了一个决议，其中采纳了列宁的关于改善彼得格勒粮食状况的措施的建议（见本卷第 345 页）。——344。

155 这几点补充是列宁在1918年1月31日（2月13日）人民委员会开会讨论司法人民委员伊·扎·施泰因贝格提出的明确区分全俄肃反委员会和彼得格勒苏维埃侦查委员会职能的建议时起草的，被会议所批准。——346。

156 反奸是指对反革命分子组织的以败坏苏维埃政权声誉为目的的挑拨活动进行调查。——346。

157 《关于接收怠工者参加工作的手续的决定》是人民委员会1918年1月31日（2月13日）会议讨论雅·米·斯维尔德洛夫关于消灭旧官吏怠工行为的报告后通过的。——347。

158 这是列宁在中央委员会1918年2月18日上午的会议讨论德国进攻和向德国政府发出同意签订和约的电报问题时的三次发言。

　　1918年2月16日19时30分，德国统帅部向在布列斯特-里托夫斯克的苏俄代表正式声明，从2月18日12时起结束俄德停战，恢复战争状态。按照1917年12月2日（15日）签订的停战协定，缔约一方如果想废除协定，必须在开始军事行动前7天通知另一方。德国统帅部违反了这一规定。苏维埃政府就此向德国政府提出抗议，但没有得到答复。2月18日晨，已收到德军活动频繁的情报。

　　在中央委员会会议上，列·达·托洛茨基和尼·伊·布哈林发言反对列宁关于立刻发电报给德国政府的建议，格·叶·季诺维也夫表示赞成发电报。列宁的建议付诸表决，结果6票赞成，7票反对。会议决定于次日2时召开下一次会议。由于德国开始进攻，下一次会议提前于2月18日晚间召开。——348。

159 指俄国社会民主工党（布）中央委员会在前一天即2月17日晚举行的会议。会上讨论了德国可能发动进攻的问题。列宁提议立即再次与德国就缔结和约问题进行谈判。对这一建议投赞成票的有5人，他们是列宁、斯大林、雅·米·斯维尔德洛夫、格·雅·索柯里尼柯夫和伊·捷·斯米尔加；投反对票的有6人，他们是列·达·托洛茨基、尼·伊·布哈林、阿·洛莫夫、莫·索·乌里茨基、阿·阿·越飞和尼·尼·克列斯廷斯基。但是当变换问题提法，提出"如果德国发动进攻已成事实，而德国和奥地利的革命高潮还没有到来,我们是否要缔结和约"的问题进行表决时,托洛茨基投了赞成票,布哈林、洛莫夫、乌里茨基和克列斯廷斯基弃权,只有越飞1人投反对票。这个建议便以多数票通过。——349。

160 这是列宁在俄国社会民主工党(布)中央委员会1918年2月18日晚间的会议上所作的三次发言。这次会议是在非常紧急的情况下召开的,当天德军发动了全线进攻,并迅速推进,占领了德文斯克。在这次会议上,"左派共产主义者"再一次反对列宁的立场。列·达·托洛茨基建议向柏林和维也纳询问德国政府的要求,但不提同意缔结和约一事。斯大林、雅·米·斯维尔德洛夫、格·叶·季诺维也夫赞成向德国政府发出同意恢复和谈的电报。经过激烈的斗争,列宁首次赢得了赞成缔结和约的多数票。列宁关于立即通知德国政府同意缔结和约的建议,以7票赞成、6票反对得到通过。——350。

161 给德意志帝国政府的无线电报是在1918年2月19日晨以人民委员会的名义发往柏林的,然而德国政府拖到2月22日才把答复交给苏俄信使;2月23日上午答复才送到彼得格勒。德国政府在答复中提出了新的更加苛刻的条件,并限定48小时内接受。德国在拖延答复的同时继续进攻,迅速推进,占领了许多城市,并威胁到彼得格勒。——353。

162 《论革命空谈》一文发表于1918年2月21日《真理报》,署名卡尔波夫。列宁在报刊上为缔结和约展开公开斗争由此开始。——357。

163 人民委员会于1918年1月15日(28日)通过了建立工农红军的法令,1月29日(2月11日)通过了建立工农红海军的法令。——358。

164 指1918年1月11日(24日)和2月17日在俄国社会民主工党(布)中央委员会会议上讨论和平问题时的表决情况。——359。

165 这里说的是全俄民主会议就同资产阶级联合的问题进行表决的情况。列宁在《布尔什维克能保持国家政权吗?》一文中对这次表决作了分析(参看本版全集第32卷第290—293页)。

全俄民主会议是根据孟什维克和社会革命党人把持的工兵代表苏

维埃中央执行委员会和农民代表苏维埃执行委员会的决议召开的,1917年9月14—22日(9月27日—10月5日)在彼得格勒举行。参加会议的有苏维埃、工会、陆海军组织、合作社和民族机关等方面的代表共1 582人。这个会议是为解决政权问题而召开的。在科尔尼洛夫叛乱被粉碎以后,妥协主义政党的领导人失去了在苏维埃中的多数地位,他们便伪造民主会议,企图以此代替全俄工兵代表苏维埃第二次代表大会,并建立新的联合临时政府,使政权继续留在资产阶级手里。他们力图把国家纳入资产阶级议会制的轨道,阻止资产阶级民主革命向社会主义革命发展。布尔什维克参加了民主会议,目的是利用会议的讲坛来揭露孟什维克和社会革命党人。9月20日(10月3日),民主会议主席团通过决定,由组成会议各集团分别派出名额为其人数15%的代表组成常设机关——预备议会,以履行民主会议的职能。成立预备议会是企图造成俄国已经建立了议会制度的假象。根据临时政府批准的条例,预备议会仅仅是它的咨询机关。

俄国社会民主工党(布)中央于9月21日(10月4日)决定从民主会议主席团召回布尔什维克,但不退出会议,同时以9票对8票决定不参加预备议会。由于双方票数大体相等,问题又交给民主会议布尔什维克党团会议讨论,结果却以77票对50票作出了参加预备议会的决议,并经中央批准。列宁批评了布尔什维克在对待民主会议问题上的策略错误,坚决要求布尔什维克退出预备议会,集中力量准备起义。布尔什维克党中央讨论了列宁的建议,不顾列·波·加米涅夫、阿·伊·李可夫等人的反对,作出了退出预备议会的决定。10月7日(20日),在预备议会开幕那天,布尔什维克代表宣读声明后退出。10月25日(11月7日),预备议会被赤卫队解散。——364。

166 指格·叶·季诺维也夫和列·波·加米涅夫在1917年10月反对武装起义的机会主义错误。——364。

167 第一次世界大战初期,德国粗暴地破坏比利时的中立,占领了比利时,企图利用它的领土对法国进行决定性打击。由于德国的占领和掠夺,比利时的经济遭到严重破坏,工业濒于崩溃。1918年德国战败后,比利时才获得解放。——366。

168　新光线派是指集结在《新光线报》周围的孟什维克。

　　《新光线报》(《Новый Луч》)是俄国孟什维克统一中央委员会的机关报,1917年12月1日(14日)起在彼得格勒出版。编辑是费·伊·唐恩、尔·马尔托夫、亚·萨·马尔丁诺夫等。因进行反革命宣传于1918年6月被查封。——366。

169　人民事业派是指集结在俄国社会革命党机关报《人民事业报》周围的右派社会革命党人。关于《人民事业报》,见注16。——366。

170　这篇电话稿是由列宁和斯大林两人署名的,曾按保存下来的打字稿编入《斯大林全集》俄文版第4卷。《列宁全集》俄文第5版是按后来得到的列宁手稿刊印的。——369。

171　《社会主义祖国在危急中!》这一法令于1918年2月21日由人民委员会通过,2月22日在《真理报》和《中央执行委员会消息报》上公布,并印成了单页。——370。

172　《论疥疮》一文是为"左派共产主义者"在俄国社会民主工党(布)中央委员会1918年2月22日会议上反对从英法方面购买武器和粮食以抵抗德帝国主义者一事而写的。

　　人民委员会于2月21日讨论这个问题时,左派社会革命党人反对利用盟国援助。会议决定休会,让各党团自行磋商。2月22日,俄国社会民主工党(布)中央委员会讨论这一问题。列宁因故没有出席,他给中央委员会送来了一个声明:"我**赞成**从英法帝国主义强盗方面取得马铃薯和武器,请把我这一票加上。"(见本版全集第48卷第105号文献)中央委员会以6票对5票通过决议,认为可以从资本主义国家的政府方面购买为装备革命军队所必需的一切物资,而同时保持外交政策的完全独立。表决后,尼·伊·布哈林申请退出中央委员会并辞去《真理报》编辑的职务。阿·洛莫夫(格·伊·奥波科夫)、莫·索·乌里茨基、布哈林、安·谢·布勃诺夫、弗·米·斯米尔诺夫、英·尼·斯图科夫、美·亨·勃朗斯基、瓦·尼·雅柯夫列娃、亚·彼·斯蓬德、米·尼·波克罗夫斯基和格·列·皮达可夫共 11 名"左派共产主义者"向中央委员会提出声明,指责中央委员会投降国际资产阶级,声称要开展广泛的鼓动,以反对中央委员会的政策。

同一天,人民委员会再次讨论这个问题,作出了同意购买的决定。——376。

173　这个电报是对莫斯科市和莫斯科区域邮电委员瓦·尼·波德别尔斯基如下询问的答复:"刚才有人以托洛茨基名义打电话通知我们,似乎奥匈帝国已声明拒绝进攻俄国。请您立即设法同托洛茨基或任何一位人民委员通话,核实这个消息并通知我们。我们正在召开工人代表苏维埃会议,会议等待着这个消息核实的结果。顺便请您设法弄到最新消息,只要是经过核实的,请立即告诉我们。同志,这件事请您一定办到,它对我们非常重要。"——380。

174　这是列宁在俄国社会民主工党(布)中央委员会 1918 年 2 月 23 日会议上的八次发言。这次会议是由于德国提出了新的更加苛刻的和约条件并限定 48 小时内接受而召开的。"左派共产主义者"尼·伊·布哈林、莫·索·乌里茨基、阿·洛莫夫(格·伊·奥波科夫)再次反对列宁提出的立即接受德国的条件并签订和约的最后通牒式的建议。列·达·托洛茨基反对签订和约,并且宣称,由于不同意列宁的意见他要辞去外交人民委员的职务。雅·米·斯维尔德洛夫、格·叶·季诺维也夫、格·雅·索柯里尼柯夫赞成签订和约。表决时赞成立即接受德国条件的有:列宁、叶·德·斯塔索娃、季诺维也夫、斯维尔德洛夫、斯大林、索柯里尼柯夫和伊·捷·斯米尔加;反对的有:安·谢·布勃诺夫、乌里茨基、布哈林和洛莫夫(奥波科夫);弃权的有:托洛茨基、尼·尼·克列斯廷斯基、费·埃·捷尔任斯基和阿·阿·越飞。表决后,"左派共产主义者"集团的布哈林、洛莫夫、布勃诺夫、格·列·皮达可夫、瓦·尼·雅柯夫列娃和乌里茨基发表声明,宣布他们辞去党和苏维埃的一切负责职务,保留在党内和党外进行鼓动的充分自由。——384。

175　《给皇村无线电台的指令》是在全俄中央执行委员会开会讨论缔结对德

和约问题之前草拟和下达的。全俄中央执行委员会开会后,列宁根据
会议决议起草了人民委员会决定(见本卷第400页)。决定于6时40分
发往皇村无线电台,7时32分由电台发往柏林。——388。

176　指拿破仑第一击败普鲁士和俄国军队后,法国和普鲁士于1807年7月
在蒂尔西特缔结的和约。和约使普鲁士承担了沉重的、屈辱性的义务。
普鲁士丧失了一半领土,担负了1亿法郎的赔款,此外还必须把军队缩
减到4万人,按照拿破仑第一的要求提供辅助性的军队,并停止同英国
的贸易。——389。

177　这是列宁在1918年2月23日晚举行的全俄中央执行委员会布尔什维
克党团和左派社会革命党党团联席会议上的讲话。这次会议讨论接受
德国提出的新的和约条件的问题,会上气氛非常紧张。最高总司令尼·
瓦·克雷连柯报告了前线形势以及军队自发复员的情况以后,卡·伯·
拉狄克、达·波·梁赞诺夫和左派社会革命党人伊·扎·施泰因贝格发
言反对签订和约。列宁发表讲话,维护签订和约的主张。会议没有通过
任何决议。继两党团联席会议之后,举行了全俄中央执行委员会布尔什
维克党团会议。党团会议否决了“左派共产主义者”关于在即将召开的
全俄中央执行委员会会议上自由投票的建议,以多数票通过了在这个会
议上投票赞成签订和约的决议。——391。

178　《错在哪里?》一文是为分析11名“左派共产主义者”于1918年2月
22日向俄国社会民主工党(布)中央委员会提出的声明而写的。参看
注172。——392。

179　这是列宁在全俄中央执行委员会专门讨论缔结对德和约问题的会议上
作的报告。这次会议于1918年2月24日凌晨3时在雅·米·斯维尔
德洛夫主持下召开。在讨论列宁的报告时,孟什维克、右派和左派社会
革命党人以及无政府主义者发言反对签订和约。会议以116票赞成、
85票反对、26票弃权批准了布尔什维克提出的接受德国和约条件的决
议。大部分“左派共产主义者”退出了会场,没有参加表决。——395。

180 指尼·瓦·克雷连柯的致士兵书。列宁在《布尔什维主义和军队"瓦解"》一文(见本版全集第 30 卷)中曾经加以引用。——396。

181 人民委员会的这一决定在 1918 年 2 月 24 日清晨就通知了柏林德国政府,但是,德国统帅部却拒绝苏维埃军队最高总司令尼·瓦·克雷连柯关于承认以前签订的停战协定有效的建议,坚持认为该协定已经失效。德军的进攻直到 3 月 3 日和约签订后才停止。——400。

182 指人民委员会和全俄中央执行委员会发给各省、县苏维埃和各省、县、乡土地委员会的电报征询书。征询书叙述了德国的和约条件,说全俄中央执行委员会同意接受这些条件,举出了全俄中央执行委员会的表决结果,叙述了在缔结和约问题上的两种观点,要求各单位收到后立即报告它们对签署德国提出的和约条件的态度。这个文件当时没有在报上公布,1929 年首次发表于《列宁文集》俄文版第 11 卷。列宁十分重视收到的答复。在发出征询书的第二天,他就对通过直达电报收到的头一批答复作了研究,指出:"很显然,农村不想打仗,应该专门征询各乡的意见,这样,情况就会完全清楚。"随后就以人民委员会和全俄中央执行委员会的名义用急电直接向各乡发出了征询书。两周内,陆续收到了俄国各地的答复。列宁把答复按"主和"和"主战"分类,编成了两份汇总表(见《列宁文集》俄文版第 11 卷第 59—60 页和第 36 卷第 30页)。下表大约是在党的第七次代表大会开幕前夕编的。

	主和	主战		答复:	
2 月 26 日	60	61			
2 月 27 日	54	24	收到答复者:	主和	主战
2 月 28 日	26	23	人民委员会	155+119=274	
3 月 1 日	9	7	中央执行委员会	95+105=200	
3 月 2 日	6	4	总计=250+224=474		
总计:	155	119		167+128=295	
3 月 3、4、5 日	12	9		95+105=200	
	167	128		262+233=495	

——404。

183 1918年2月25日,"左派共产主义者"就他们要求退出中央委员会和辞去负责职务问题发表声明说:"当中央委员会和人民委员会还在被迫实行防御路线时,我们延缓实行自己的决定。"然而在和约签订以后,他们又重申这些要求。——406。

184 指1918年2月23日召开的全俄中央执行委员会布尔什维克党团和左派社会革命党党团联席会议。——412。

185 1918年1月14日(27日)芬兰发生革命,政权转到无产阶级手中。2月,根据芬兰工人政府——人民代表委员会的倡议,开始了关于缔结俄罗斯和芬兰两个社会主义共和国之间的条约的谈判。俄芬协商委员会草拟的条约草案在人民委员会2月25、27、28日的会议上进行了讨论。3月1日,缔约双方的代表在条约上签字。这是历史上第一个社会主义国家之间的条约。列宁直接参加了条约的制定工作,同受权签订条约的芬兰工人政府代表进行了会谈,并审定了条约草案。——416。

186 这个决定草案在人民委员会1918年2月25日会议上被批准。——416。

187 这个决定草案在人民委员会1918年2月27日会议上通过。俄罗斯和芬兰两个社会主义共和国之间的条约第13条规定:"俄罗斯联邦苏维埃共和国给予属于工人阶级或不雇用他人劳动的农民的在俄芬兰公民以俄国公民的全部政治权利,如果他们居住在俄国境内是为了从事劳动的话。芬兰社会主义工人共和国方面则保证给在芬俄罗斯联邦苏维埃共和国公民以获得政治权利的最方便条件,并特别照顾非定居的劳动人民的利益。"(见《苏维埃政权法令汇编》1957年俄文版第1卷第508页)——417。

188 由于德军进攻普斯科夫,人民委员会1918年2月26日会议讨论了将政府和政府机关从彼得格勒撤往莫斯科的问题。列宁的决定草案略经修改后被人民委员会通过。2月底,全俄中央执行委员会作出了苏维埃共和国迁都莫斯科的决定。1918年3月,全俄苏维埃第四次(非常)代表大会批准了这个决定。——418。

189 这个文件是列宁在人民委员会1918年2月26日会议上写的,作为人民委员会关于审查彼得勒苏维埃侦查委员会活动问题决定的补充被会议通过(参看注136)。——419。

190 指1918年1月21日(2月3日)党中央委员会和党内各派代表的协商会议。在这次会议上,投票反对社会主义国家与帝国主义国家缔结任何和约的有两名"左派共产主义者"——恩·奥新斯基(瓦·瓦·奥博连斯基)和英·尼·斯图科夫。大多数"左派共产主义者"在表决时采取骑墙立场:他们一方面认为社会主义国家与帝国主义国家可以缔结和约,另一方面又反对立刻和德国签订和约。——423。

191 汉尼拔已经到了门前意为情况危急。相传这是古代迦太基统帅汉尼拔奇袭罗马城时,猝不及防的罗马人喊出的一句话。——428。

192 这里说的是水运工会中央委员会代表关于把水运管理集中在工会手里的建议。人民委员会拒绝了水运员工的这个要求。根据人民委员会的决定,水上运输转归最高国民经济委员会管理;委员会水路交通局的局务委员会应由最高国民经济委员会、人民委员会、水运工会和各个区域的国民经济委员会的代表组成。

　　人民委员会1918年3月4日会议讨论了根据1918年2月27日通过的人民委员会《关于海洋与内河商船及水路交通管理的决定》建立水运管理委员会的问题和付给伏尔加河和玛丽亚水系各船坞工人薪金的问题,并就这些问题作出了决定。决定的主要条款是列宁写的(见本卷第435页)。——431。

193 指1918年1月23日(2月5日)人民委员会通过的《关于商船国有化的法令》。该法令公布于1月26日(2月8日)《工农临时政府报》第18号。——431。

194 《共产主义者报》(《Коммунист》)是"左派共产主义者"这一派别组织的报纸(日报),以俄国社会民主工党彼得堡委员会和彼得堡郊区委员会机关报的名义,于1918年3月5—19日在彼得格勒出版,共出了11号。

根据彼得格勒市党代表会议 1918 年 3 月 20 日决定,《共产主义者报》停刊。代表会议宣布以《彼得格勒真理报》为彼得格勒党组织的机关报。——436。

195 本来要进这间屋子,结果却跑进了那间屋子这句话出自俄国作家亚·谢·格里鲍耶陀夫的喜剧《智慧的痛苦》第 1 幕第 4 场,意为主观上要做某一件事,结果却做了另外一件事。——439。

196 1918 年 2 月 24 日,彼得格勒工兵代表苏维埃通过决议,赞同全俄中央执行委员会关于必须签订和约的决议,同时决定采取一切必要措施来组织军队开往前线。——440。

197 1918 年 3 月 3 日,莫斯科工兵农代表苏维埃举行全体会议,参加会议的还有工厂委员会、工会、区苏维埃的代表和负责工作人员等。大多数与会者赞同签订和约。3 月 4 日,俄国社会民主工党(布)莫斯科委员会讨论和约问题,以 10 票对 7 票通过了赞成签订和约的决议。3 月 4 日深夜举行的俄国社会民主工党(布)莫斯科市代表会议以多数票通过决议,赞同俄国社会民主工党(布)中央委员会在和约问题上的立场。——440。

198 指惯于为资产阶级效劳的官吏和资产阶级知识分子(参看本卷第 202、208 页)。——443。

199 这篇笔记中提出的经济政策问题,列宁在《关于实行银行国有化及有关必要措施的法令草案》和该草案的准备材料中作了详细研究(见本卷第 180—183、447—448 页)。——450。

200 指粮食人民委员部拟定的关于组织粮食机构给各地苏维埃的指令、粮食人民委员部关于供给委员部的方案和最高国民经济委员会关于区国民经济委员会的条例。

　　鉴于旧的粮食机关对苏维埃政权的法令实行怠工,粮食人民委员部于 1917 年 12 月 22 日(1918 年 1 月 4 日)向各地苏维埃发出指令,要求它们依靠在粮食机关之下建立的各消费省份和军队的代表组织("代表委员会"),把粮食工作掌握在自己手里,成立自己的粮食机构。粮食

人民委员部同时还曾制定把该委员部改组为供给委员部的方案。根据
方案，这个委员部的工作范围是不仅向居民供应食品，而且供应一切商
品，私人贸易从而应当大大缩减。供给委员部的地方机关应成为各苏
维埃的供给局。

　　最高国民经济委员会为组织和调整各工业区的经济生活，于1917年
12月23日(1918年1月5日)通过了《区(区域)和地方国民经济委员会
条例》。根据条例，地方国民经济委员会应在最高国民经济委员会的领
导下组织和调整各地的生产。——452。

201　《〈关于立刻缔结单独的兼并性和约问题的提纲〉的要点》的开头部分没
　　　有找到。列宁注明写于1918年1月7日(20日)的《提纲》，见本卷第
　　　251—259页。——461。

人 名 索 引

A

阿布拉莫维奇，拉法伊尔（**雷因，拉法伊尔·阿布拉莫维奇**）（Абрамович，
Рафаил（Рейн，Рафаил Абрамович）1880—1963）——俄国孟什维克，崩得领
袖之一。斯托雷平反动时期和新的革命高涨年代是取消派分子，曾参加托
洛茨基于 1912 年 8 月在维也纳召开的反布尔什维克的代表会议，会上结
成"八月联盟"。第一次世界大战期间是中派分子。1917 年回国后加入孟
什维克国际主义派右翼。十月革命后反对苏维埃政权，主张成立有孟维维
克和社会革命党人参加的联合政府，反对签订布列斯特和约。1920 年流
亡柏林，同尔·马尔托夫一起创办和编辑孟什维克的《社会主义通报》杂志。
1923 年参与组织社会主义工人国际，任国际执行委员会常务局成员。30 年
代移居美国，为犹太右翼社会党人的报纸《前进报》撰稿。——74、75。

阿尔加索夫，В.А.（Алгасов，В.А. 1887—1938）——1918 年加入俄共（布）。
1917—1918 年为左派社会革命党中央委员，参加司法人民委员部部务委
员会。——329。

阿尔乔姆（**谢尔盖耶夫，费多尔·安德列耶维奇**）（Артем（Сергеев，Федор
Андреевич）1883—1921）——1901 年加入俄国社会民主工党。曾在叶卡
捷琳诺斯拉夫、哈尔科夫、乌拉尔从事革命工作。多次被捕。1911 年流亡
澳大利亚，积极参加当地的工人运动。1917 年二月革命后回国，当选为党
的顿涅茨-克里沃罗格区域委员会书记。在党的第六、第七、第九和第十次
代表大会上当选为中央委员。第八次代表大会上当选为候补中央委员。
1917 年 10 月是哈尔科夫和顿巴斯武装起义的组织者之一，11 月任哈尔科
夫苏维埃主席、省军事革命委员会主席，12 月当选为乌克兰苏维埃中央执
行委员会委员和工商业人民书记。1918 年 2—4 月任顿涅茨-克里沃罗格

苏维埃共和国人民委员会主席,1918年10月—1920年10月任乌克兰共产党(布)中央委员;是同乌克兰反革命势力和德奥占领者斗争的组织者之一。1920—1921年任俄共(布)莫斯科委员会书记,1921年2月起任全俄矿工工会中央委员会主席。曾任全俄中央执行委员会委员。在莫斯科—库尔斯克铁路试验螺旋桨式机车时殉职。——164。

阿夫克森齐耶夫,尼古拉·德米特里耶维奇(Авксентьев,Николай Дмитриевич 1878—1943)——俄国社会革命党领袖之一,该党中央委员。1905年为彼得堡工人代表苏维埃委员。斯托雷平反动时期和新的革命高涨年代参加社会革命党右翼,任社会革命党中央机关刊物《劳动旗帜报》编委。第一次世界大战期间是社会沙文主义者,为护国派刊物《在国外》、《新闻报》、《号召报》撰稿。1917年二月革命后任彼得格勒苏维埃执行委员会委员、全俄农民代表苏维埃执行委员会主席、第二届联合临时政府内务部长,10月任俄罗斯共和国临时议会(预备议会)主席。十月革命后是反革命叛乱的策划者之一。1918年是所谓乌法督政府的主席。后流亡国外,继续反对苏维埃政权。——17、92、157—158、172、194、238、244。

阿列克谢耶夫,米哈伊尔·瓦西里耶维奇(Алексеев,Михаил Васильевич 1857—1918)——沙俄将军。第一次世界大战期间任西南方面军参谋长、西北方面军司令;1915年8月—1917年3月任最高总司令尼古拉二世的参谋长。1917年3—5月任临时政府最高总司令,8月30日(9月12日)起任最高总司令克伦斯基的参谋长。十月革命后逃往新切尔卡斯克,纠集反革命力量于1917年11月建立了所谓阿列克谢耶夫军官组织,该组织后来成为白卫志愿军的核心。1918年8月起为白卫志愿军最高领导人。——411。

阿普雷列夫,А.П.(Апрелев,А.П. 1887—1921)——1919年加入俄共(布)。1918年任水运工会中央委员会主席,俄罗斯联邦水运管理委员会委员。——435。

阿维洛夫,尼古拉·巴甫洛维奇(格列博夫,尼·)(Авилов,Николай Павлович (Глебов,Н.)1887—1942)——1904年加入俄国社会民主工党。曾在卡卢加、莫斯科、彼得堡、乌拉尔等地做党的工作。积极参加俄国第一次革命,多次被捕和流放。1917年二月革命后任党的彼得堡委员会执行委员会委员,在彼得格勒总工会工作,6月起任全俄工会中央理事会执行委员会委

员。1917 年在党的第七次全国代表会议(四月代表会议)上当选为候补中央
委员。十月革命后参加第一届人民委员会,任邮电人民委员。1918 年 5 月
任黑海舰队政委,后任全俄工会中央理事会主席团委员和书记、乌克兰劳
动人民委员。1922 年起在彼得格勒做党的工作。1924 年在党的第十三次
代表大会上再次当选为候补中央委员。1925 年起参加"新反对派",后承
认错误。1928 年起任罗斯托夫农机制造厂厂长。——23。

安东诺夫——见安东诺夫-奥弗申柯,弗拉基米尔·亚历山德罗维奇。

安东诺夫-奥弗申柯,弗拉基米尔·亚历山德罗维奇(安东诺夫;奥弗申柯,
　弗·亚·)(Антонов-Овсеенко, Владимир Александрович(Антонов, Овсеенко,
　В.А.)1883—1939)——1901 年参加俄国革命运动,1903 年加入俄国社会
　民主工党。1905—1906 年是新亚历山德里亚和塞瓦斯托波尔武装起义的
　组织者之一,被判处死刑,后改判二十年苦役,潜逃后于 1910 年流亡巴黎,
　加入孟什维克。1914 年底与孟什维克决裂。第一次世界大战期间是国际
　主义者。1917 年 5 月回国,6 月加入布尔什维克。十月革命期间任彼得格
　勒军事革命委员会秘书,是攻打冬宫和逮捕临时政府成员的领导人之一。
　十月革命后加入第一届人民委员会,任陆海军事务委员会委员,彼得格勒
　军区司令。1917 年底—1918 年初指挥同卡列金匪帮和反革命乌克兰中央
　拉达部队作战的苏维埃部队。1918 年 3—5 月任南俄苏维埃部队最高总
　司令,1919 年 1—6 月任乌克兰方面军司令。1922—1924 年任共和国革
　命军事委员会政治部主任。1923—1927 年属托洛茨基反对派,1928 年与
　托派决裂。1924 年起从事外交工作。1934 年起任俄罗斯联邦检察长。
　1936—1937 年任苏联驻巴塞罗那总领事。——22、223。

奥波科夫,格·伊·——见洛莫夫,阿·。

奥博连斯基,瓦·瓦·——见奥新斯基,恩·。

奥弗申柯,弗·亚·——见安东诺夫-奥弗申柯,弗拉基米尔·亚历山德罗维奇。

奥新斯基,恩·(**奥博连斯基,瓦列里安·瓦列里安诺维奇**)(Осинский, Н.
　(Оболенский, Валериан Валерианович)1887—1938)——1907 年加入俄国
　社会民主工党。曾在莫斯科、特维尔、哈尔科夫等地做党的工作。屡遭沙
　皇政府迫害。斯托雷平反动时期是召回派分子,新的革命高涨年代参加布
　尔什维克的《明星报》、《真理报》和《启蒙》杂志的工作。1917 年二月革命

后在党的莫斯科区域局工作,参加布尔什维克的《社会民主党人报》编辑部。十月革命后任俄罗斯联邦国家银行总委员、最高国民经济委员会主席。1918年是"左派共产主义者"纲领起草人之一。1918—1919年在《真理报》编辑部和全俄中央执行委员会宣传部工作;是共产国际第一次代表大会的代表。1920年任图拉省执行委员会主席、粮食人民委员部部务委员。1920—1921年是民主集中派的骨干分子。1921—1923年任副农业人民委员、最高国民经济委员会副主席。后历任苏联驻瑞典全权代表、国家计划委员会主席团委员、中央统计局局长、最高国民经济委员会副主席。在党的第十次和第十四至第十七次代表大会上当选为候补中央委员。——327、438。

B

彼得罗夫斯基,格里戈里·伊万诺维奇(Петровский, Григорий Иванович 1878—1958)——1897年参加俄国社会民主主义运动。俄国第一次革命期间是叶卡捷琳诺斯拉夫工人运动的领导人之一。第四届国家杜马叶卡捷琳诺斯拉夫省工人代表,布尔什维克杜马党团主席。1912年被增补为党中央委员。因进行反对帝国主义战争的革命活动,1914年11月被捕,1915年流放图鲁汉斯克边疆区,在流放地继续进行革命工作。积极参加十月革命。1917—1919年任俄罗斯联邦内务人民委员,1919—1938年任全乌克兰中央执行委员会主席。1922—1937年为苏联中央执行委员会主席之一,1937—1938年任苏联最高苏维埃主席团副主席。在党的第十至第十七次代表大会上当选为中央委员,1926—1939年为中央政治局候补委员。1940年起任国家革命博物馆副馆长。——404。

彼舍霍诺夫,阿列克谢·瓦西里耶维奇(Пешехонов, Алексей Васильевич 1867—1933)——俄国社会活动家和政论家。19世纪90年代为自由主义民粹派分子。《俄国财富》杂志撰稿人,1904年起为该杂志编委;曾为自由派资产阶级的《解放》杂志和社会革命党的《革命俄国报》撰稿。1903—1905年为解放社成员。小资产阶级政党"人民社会党"的组织者(1906)和领袖之一,该党同劳动派合并后(1917年6月),参加劳动人民社会党中央委员会。1917年二月革命后任彼得格勒工兵代表苏维埃执行委员会委员,同年5—8月任临时政府粮食部长,后任预备议会副主席。十月革命后反对苏维埃政权,参加了反革命组织"俄罗斯复兴会"。1922年被驱逐出境,成为白俄流亡分子。——195、202。

别林斯基,维萨里昂·格里戈里耶维奇(Белинский, Виссарион Григорьевич 1811—1848)——俄国革命民主主义者,文学批评家和政论家,唯物主义哲学家;对俄国社会思想的进一步发展和解放运动产生了巨大影响。1833—1836年为《望远镜》杂志撰稿,1838—1839年编辑《莫斯科观察家》杂志,1839—1846年主持《祖国纪事》杂志文学批评栏。1847年起领导《同时代人》杂志批评栏,团结文学界进步力量,使这家杂志成为当时俄国最先进的思想阵地。是奋起同农奴制作斗争的农民群众的思想家,在思想上经历了由唯心主义到唯物主义、由启蒙主义到革命民主主义的复杂而矛盾的发展过程。是俄国现实主义美学和文学批评的奠基人。在评论普希金、莱蒙托夫、果戈理的文章中,以及在1840—1847年间发表的对俄国文学的评论中,揭示了俄国文学的现实主义和人民性,肯定了所谓"自然派"的原则,同反动文学和"纯艺术"派进行了斗争。1847年赴国外治病,于7月3日写了著名的《给果戈理的信》,提出了俄国革命民主派的战斗纲领,这是他一生革命文学活动的总结。——208。

波德别尔斯基,瓦季姆·尼古拉耶维奇(Подбельский, Вадим Николаевич 1887—1920)——1905年加入俄国社会民主工党。曾在坦波夫和莫斯科做党的工作。多次被捕和流放。曾侨居法国。1917年二月革命后任党的莫斯科委员会委员、莫斯科市杜马布尔什维克代表、《社会民主党人报》编委。十月革命期间是领导莫斯科武装起义的党总部成员、莫斯科军事革命委员会委员。十月革命后任莫斯科和莫斯科地区邮电委员。1918年4月起任俄罗斯联邦邮电人民委员。曾参与平定莫斯科、坦波夫、雅罗斯拉夫尔等地的反革命叛乱。1919年5—8月任党中央和全俄中央执行委员会驻南方战线坦波夫地段特派员。——380。

波德沃伊斯基,尼古拉·伊里奇(Подвойский, Николай Ильич 1880—1948)——1901年加入俄国社会民主工党。曾在乌克兰、伊万诺沃-沃兹涅先斯克、雅罗斯拉夫尔、科斯特罗马、巴库、彼得堡等地做党的工作,因从事革命活动多次被捕。积极参加俄国第一次革命。1910—1914年参与创办和出版《明星报》和《真理报》。1917年二月革命后任党的彼得堡委员会委员、彼得堡委员会军事组织的领导人、党中央委员会全俄前线和后方军事组织局主席。十月革命期间任彼得格勒军事革命委员会主席,是攻打冬宫的领导人之一。克伦斯基—克拉斯诺夫叛乱期间任彼得格勒军区司令,积极参与平定叛乱。1917年11月—1918年3月任陆军人民委员。1918年1月起任全俄红军建军委员会主席。1918年9月—1919年7月任共和国革命军事委员会委员,1919年1—9月兼任乌克兰陆海军人民委员。1919—1927年任普遍军训部部长兼特种任务部队司令、红色体育运动国际主席。1924—1930年为党中央监察委员会委员。晚年从事宣传和著述活动。——234。

波尔什,H.B.(Порш,H.B.生于1879年)——乌克兰革命党领导人之一,该党于1905年12月改名为乌克兰社会民主工党。从小资产阶级民族主义立场出发,力求按照崩得分子的方式实行民族文化自治。作为有发言权的代表出席了俄国社会民主工党第四次(统一)代表大会,主张乌克兰社会民主工党与俄国社会民主工党按联邦制原则实行合并,但代表大会否决了他的建议。1917—1918年是反革命的乌克兰中央拉达的成员。1917年11月被选进中央拉达总书记处,任劳动书记。1918年1月,总书记处改组为人民部长会议后,任陆军部长和劳动部长。——190。

波克罗夫斯基,米哈伊尔·尼古拉耶维奇(Покровский,Михаил Николаевич 1868—1932)——1905年加入俄国社会民主工党,历史学家。曾参加1905—1907年革命,任党的莫斯科委员会委员。1907年在党的第五次(伦敦)代表大会上当选为候补中央委员。1908—1917年侨居国外。斯托雷平反动时期参加召回派和最后通牒派,后加入“前进”集团,1911年与之决裂。第一次世界大战期间持国际主义立场,从事布尔什维克书刊的出版工作,曾编辑出版列宁的《帝国主义是资本主义的最高阶段》一书。1917年8月回国,参加了莫斯科武装起义,是莫斯科河南岸区革命司令部的成员。1917年11月—1918年3月任莫斯科苏维埃主席。布列斯特和约谈判期间是第一个苏俄代表团的成员,一度持“左派共产主义者”立场。1918年5月起任俄罗斯联邦副教育人民委员。1923—1927年积极参加反对托洛茨基主义的斗争。在不同年代曾兼任共产主义科学院、共产主义科学院历史研究所、红色教授学院、中央国家档案馆、马克思主义历史学家协会等单位的领导人。1929年起为科学院院士。1930年起为党中央监察委员会委员。多次当选为全俄中央执行委员会和苏联中央执行委员会委员。写有《俄国古代史》（五卷本，1910—1913）、《俄国文化史概论》（上下册，1915—1918）、《俄国历史概要》（上下册，1920）等著作。——439、440。

勃朗施坦，列·达·——见托洛茨基，列夫·达维多维奇。

博哥列波夫，德米特里·彼得罗维奇（Боголепов，Дмитрий Петрович 1885—1941）——1907年加入俄国社会民主工党。1914—1915年在第四届国家杜马社会民主党党团工作。1917年在《社会民主党人报》、《真理报》及其他布尔什维克报社工作。在莫斯科参加十月革命。十月革命后任财政人民委员部部务委员和副财政人民委员。1918年是"左派共产主义者"。1919—1920年任北方公社财政委员。1920年起从事教学科研工作。写有一些财政和经济问题的著作。——405—406。

布哈林，尼古拉·伊万诺维奇（Бухарин，Николай Иванович 1888—1938）——1906年加入俄国社会民主工党。1907年进入莫斯科大学法律系经济学专业学习。1908年起任党的莫斯科委员会委员。1909—1910年几度被捕，1911年从流放地逃往欧洲。在国外开始著述活动，参加欧洲工人运动。1917年二月革命后回国，当选为莫斯科苏维埃执行委员会委员、党的莫斯科委员会委员，任《社会民主党人报》和《斯巴达克》杂志编辑。在党的第六至第十六次代表大会上当选为中央委员。1917年10月起任莫斯科军事革命委员会委员，参与领导莫斯科的武装起义。同年12月起任《真理报》主编。1918年初反对签订布列斯特和约，是"左派共产主义者"集团的领袖。1919年3月当选为党中央政治局候补委员。1919年共产国际成立后任共产国际执行委员会委员和主席团委员。1920—1921年工会问题争论期间领导"缓冲"派。1924年6月当选为中央政治局委员。1926—1929年主持共产国际的工作。1929年被作为"右倾派别集团"的领袖受到批判，同年被撤销《真理报》主编、中央政治局委员、共产国际执行委员会委员和主席团委员职务。1931年起任苏联最高国民经济委员会主席团委员。1934—1937年任《消息报》主编。1934年当选为候补中央委员。1937年3月被开除出党。1938年3月13日被苏联最高法院军事审判庭以"参与托洛茨基的恐怖、间谍和破坏活动"的罪名判处枪决。1988年平反并恢复党籍。——123、129、326、327、339、348、351、437—439。

布赖斯，詹姆斯（Brais，James）——英国历史学家、法学家和国务活动家。
　　——150—151。

C

策列铁里，伊拉克利·格奥尔吉耶维奇（Церетели，Ираклий Георгиевич 1881—
　　1959）——俄国孟什维克领袖之一。1902 年参加社会民主主义运动。第二
　　届国家杜马代表，在杜马中领导社会民主党党团，参加土地委员会，就斯托
　　雷平在杜马中宣读的政府宣言以及土地等问题发了言。作为社会民主党
　　杜马党团的代表参加了俄国社会民主工党第五次（伦敦）代表大会的工作。
　　斯托雷平反动时期和新的革命高涨年代是取消派分子。第一次世界大战
　　期间是中派分子。1917 年二月革命后任彼得格勒苏维埃执行委员会委
　　员、第一届中央执行委员会主席团委员，护国派分子。1917 年 5—7 月任
　　临时政府邮电部长，七月事变后任内务部长，极力反对布尔什维克争取政
　　权的斗争。十月革命后领导立宪会议中的反苏维埃联盟；是格鲁吉亚孟什
　　维克反革命政府首脑之一。1921 年格鲁吉亚建立苏维埃政权后流亡法
　　国。1923 年是社会主义工人国际的组织者之一。1940 年移居美国。——
　　240—241、249、276—277、283、302、305。

D

德宾科，帕维尔·叶菲莫维奇（Дыбенко，Павел Ефимович 1889—1938）——
　　1907 年参加俄国革命运动，1912 年起为布尔什维克。1911 年起在波罗的海
　　舰队服役。第一次世界大战期间在军队中从事革命宣传活动，是 1915 年"保
　　罗一世"号战列舰水兵反战运动的领导人之一；多次被捕。1917 年二月革
　　命后任赫尔辛福斯苏维埃委员，4 月起任波罗的海舰队中央委员会主席。
　　积极参加波罗的海舰队准备十月武装起义的工作，任彼得格勒军事革命委
　　员会委员。十月革命后参加第一届人民委员会，任陆海军事务委员会委
　　员，后任海军人民委员，是苏联海军的组织者之一。1918 年 10 月至国内
　　战争结束在乌克兰、南方、高加索等战线指挥红军部队和兵团，后在红军中
　　担任指挥职务。1928—1938 年历任中亚军区、伏尔加河沿岸军区、西伯利
　　亚军区和列宁格勒军区司令。——22。

杜鹤宁,尼古拉·尼古拉耶维奇(Духонин, Николай Николаевич 1876 — 1917)——沙俄将军,君主派分子。第一次世界大战期间任团长、军务总监、西南方面军参谋长和西方面军参谋长。1917 年 9 月由临时政府任命为最高总司令克伦斯基的参谋长。十月革命爆发和克伦斯基逃跑后代理最高总司令职务。企图依靠大本营的反革命分子组织反苏维埃叛乱。因拒不执行人民委员会 1917 年 11 月 7 日(20 日)关于立即停战、与德奥统帅部和谈的命令,于 1917 年 11 月 9 日(22 日)被撤职,11 月 20 日(12 月 3 日)被捕,被起义士兵打死。——78、79、80、81 — 82、86、88 — 89、93、97、108、142 — 143。

杜托夫,亚历山大·伊里奇(Дутов, Александр Ильич 1879 — 1921)——沙俄上校。第一次世界大战期间任哥萨克团副团长。1917 年二月革命后当选为反动的全俄哥萨克军联盟主席,同年 6 月主持反革命的全俄哥萨克代表大会,同科尔尼洛夫保持密切联系;9 月被选为军政府主席和奥伦堡哥萨克军阿塔曼(统领)。十月革命后伙同孟什维克和社会革命党人在奥伦堡建立反革命组织——拯救祖国和革命委员会。1917 年 11 月中旬发动反革命叛乱,逮捕军事革命委员会委员,攫取了当地政权。1918 年 1 月被赤卫队逐出奥伦堡。1918 — 1919 年在高尔察克手下指挥奥伦堡哥萨克独立集团军。高尔察克部队被击溃后,于 1920 年 3 月率残部流窜中国,后在中国被打死。——330、333。

E

恩格斯,弗里德里希(Engels, Friedrich 1820 — 1895)——科学共产主义创始人之一,世界无产阶级的领袖和导师,马克思的亲密战友。——198、201、282、283。

F

费奥菲拉克托夫,A.E.(Феофилактов, A.E.)——俄国左派社会革命党人。1917 年 11 月召开的全俄农民代表苏维埃非常代表大会的代表,会上被选为农业人民委员部部务委员。——103。

费尔瑙,赫尔曼(Fernau, Herman)——德国自由派政治活动家。——153。

费尼格施泰因，雅柯夫·亨利霍维奇（Фенигштейн，Яков Генрихович 1888—
1937）——波兰和俄国革命运动活动家。1904年加入波兰王国和立陶宛社
会民主党。曾在波兰和国外做党的工作。1917年任俄国社会民主工党（布）
彼得堡委员会委员和彼得堡委员会执行委员会委员，兼任波兰王国和立陶
宛社民主党中央委员和波兰布尔什维克的《论坛》杂志编委。1918年为
"左派共产主义者"。1918年底起任立陶宛和白俄罗斯共产党中央委员、立
陶宛和白俄罗斯苏维埃社会主义共和国人民委员会副主席。1920年红军进
攻华沙时在中央委员会波兰局和波兰革命委员会工作。国内战争结束后从
事苏维埃工作，先后任罗斯塔社和塔斯社负责人。——327。

芬-叶诺塔耶夫斯基，亚历山大·尤利耶维奇（Финн-Енотаевский，Александр
Юльевич 1872—1943）——俄国社会民主党人，经济学家。1903—1914年
是布尔什维克。1906年参加俄国社会民主工党第四次（统一）代表大会土
地纲领起草委员会的工作；反对国有化，要求没收地主土地并分配给农民
作为他们的私产。第一次世界大战期间是社会沙文主义者。写有一些经
济学著作，歪曲马克思主义的实质。十月革命后为半孟什维克的《新生活
报》撰稿。1919年和1920年从事教学工作。1931年因孟什维克反革命组
织案件被判刑。——311。

弗拉基米罗夫（舍印芬克尔），米龙·康斯坦丁诺维奇（Владимиров（Шейн-
финкель），Мирон Константинович 1879—1925）——1903年加入俄国社会
民主工党，布尔什维克。曾在彼得堡、戈梅利、敖德萨、卢甘斯克和叶卡捷
琳诺斯拉夫做党的工作。1905年是代表波列斯克委员会出席党的第三次
代表大会的代表，参加1905—1907年革命。因从事革命活动被捕和终身
流放西伯利亚，1908年从流放地逃往国外。1911年脱离布尔什维克，后加
入出版《护党报》的普列汉诺夫派巴黎小组。第一次世界大战期间参加托
洛茨基的《我们的言论报》的工作。1917年二月革命后回国，参加区联派，
在俄国社会民主工党（布）第六次代表大会上随区联派集体加入布尔什维
克党。十月革命后在彼得格勒市粮食局和粮食人民委员部工作。1919年
任南方面军铁路军事特派员和粮食特设委员会主席。1921年先后任乌克
兰粮食人民委员和农业人民委员。1922—1924年任俄罗斯联邦财政人民
委员和苏联副财政人民委员。1924年11月起任苏联最高国民经济委员

会副主席。1924 年在党的第十三次代表大会上当选为候补中央委员。
——314。

G

歌德,约翰·沃尔弗冈(Goethe, Johann Wolfgang 1749—1832)——德国诗
人、作家和思想家。早年学法律,深受卢梭、莱辛和斯宾诺莎著作的影响,
成为狂飙运动的领导人之一。1775 年应魏玛公爵邀请,任魏玛公国国务
参议。1786—1788 年游历意大利,研究希腊罗马的古典艺术。回国后致
力于文学创作和自然科学研究。1794 年起与席勒建立友谊,密切合作,共
同促进了德国古典文学的繁荣。写有大量诗歌、小说和剧本。代表作诗剧
《浮士德》,描写主人公浮士德一生探求真理的痛苦经历,反映进步的、科学
的力量和反动的、神秘的力量之间的斗争,宣扬资产阶级人道主义思想,被
认为是德国当时的进步思想在艺术上的最高成就。除文学外,在自然科学
方面也颇有贡献。——152。

格列博夫,尼·——见阿维洛夫,尼古拉·巴甫洛维奇。

格鲁舍夫斯基,米哈伊尔·谢尔盖耶维奇(Грушевский, Михаил Сергеевич
1866—1934)——乌克兰历史学家,乌克兰资产阶级民族主义运动的领袖
之一。1917 年 3 月加入乌克兰社会革命党,1917—1918 年任反革命的乌
克兰中央拉达主席。德国占领者被赶出乌克兰后,于 1919 年初侨居奥地
利。1924 年获准返回基辅,在乌克兰苏维埃社会主义共和国科学院工作。
1929 年起为苏联科学院院士。——190。

古科夫斯基,伊西多尔·埃马努伊洛维奇(Гуковский, Исидор Эммануилович
1871—1921)——1898 年加入俄国社会民主工党,布尔什维克。曾在彼得
堡和巴库的社会民主党组织中工作。1905 年是布尔什维克《新生活报》的
秘书,后侨居国外。1907 年回国后在莫斯科工作。十月革命后任副财政
人民委员和财政人民委员。1919—1920 年任俄罗斯联邦驻爱沙尼亚全权
代表。——131。

古契柯夫,亚历山大·伊万诺维奇(Гучков, Александр Иванович 1862—1936)
——俄国大资本家,十月党的组织者和领袖。1905—1907 年革命期间支持
政府镇压工农。1907 年 5 月作为工商界代表被选入国务会议,同年 11 月

被选入第三届国家杜马;1910年3月—1911年3月任杜马主席。第一次
世界大战期间是中央军事工业委员会主席和国防特别会议成员。1917年
3—5月任临时政府陆海军部长。同年8月参与策划科尔尼洛夫叛乱。十
月革命后反对苏维埃政权,1918年起为白俄流亡分子。——303。

H

海涅,亨利希(Heine,Heinrich 1797—1856)——德国诗人和作家。反对封建
容克反动势力,抨击资产阶级市侩习气,显示了卓越的讽刺才能,得到马克
思和恩格斯的高度评价。与马克思的结识和通信对诗人政治上的成长有
很大影响。晚年诗作中有时流露彷徨苦闷情绪,但仍洋溢着战斗豪情。
——152。

汉尼拔(Hannibal 公元前247或前246—前183)——迦太基统帅。少时随父
哈米尔卡·巴卡出征西班牙,立誓向奴役过迦太基的罗马"复仇"。公元前
221年任迦太基军统帅。在第二次布匿战争(公元前218—前201)中,率
六万军队越过阿尔卑斯山,远征意大利,连战皆捷,于公元前216年大破罗
马军于卡内,但未乘胜进攻罗马。后长期征战意大利各地,军力耗尽,后援
不继,几次失利。公元前204年罗马将军西庇阿率军攻入迦太基本土后,
奉召回国御敌,于公元前202年在扎马战役中被击溃。公元前196年逃往
叙利亚,参加安条克三世对罗马的战争。作战失败后,不甘为罗马俘虏,在
小亚细亚的维菲尼亚自杀。——428。

J

季诺维也夫(拉多梅斯尔斯基),格里戈里·叶夫谢耶维奇(Зиновьев(Радо-
мысльский),Григорий Евсеевич 1883—1936)——1901年加入俄国社会民
主工党,党的第二次代表大会后是布尔什维克。在党的第五至第十四次代
表大会上当选为中央委员。1908—1917年侨居国外,参加布尔什维克《无
产者报》编辑部和党的中央机关报《社会民主党人报》编辑部。斯托雷平反
动时期对取消派、召回派和托洛茨基分子采取调和主义态度。1912年后
和列宁一起领导中央委员会俄国局。第一次世界大战期间持国际主义立
场。1917年4月回国,进入《真理报》编辑部。十月革命前夕反对举行武

装起义的决定。1917 年 11 月主张成立有孟什维克和社会革命党人参加的联合政府,遭到否决后声明退出党中央。1917 年 12 月起任彼得格勒苏维埃主席。1919 年共产国际成立后任共产国际执行委员会主席。1919 年当选为党中央政治局候补委员,1921 年当选为中央政治局委员。1925 年参与组织"新反对派",1926 年与托洛茨基结成"托季联盟"。1926 年被撤销中央政治局委员和共产国际的领导职务。1927 年 11 月被开除出党,后来两次恢复党籍,两次被开除出党。1936 年 8 月 25 日被苏联最高法院军事审判庭以"参与暗杀基洛夫、阴谋刺杀斯大林及其他苏联领导人"的罪名判处枪决。1988 年 6 月苏联最高法院为其平反。——40、41、42、70、72、73、264、364、402、403—404.

加米涅夫(罗森费尔德),列夫·波里索维奇(Каменев(Розенфельд),Лев Борисович 1883—1936)——1901 年加入俄国社会民主工党,党的第二次代表大会后是布尔什维克。是高加索联合会出席党的第三次代表大会的代表。1905—1907 年在彼得堡从事宣传鼓动工作,为党的报刊撰稿。1908 年底出国,任布尔什维克的《无产者报》编委。斯托雷平反动时期对取消派、召回派和托洛茨基分子采取调和主义态度。1914 年初回国,在《真理报》编辑部工作,曾领导第四届国家杜马布尔什维克党团。1914 年 11 月被捕,在沙皇法庭上宣布放弃使沙皇政府在帝国主义战争中失败的布尔什维克口号,次年 2 月被流放。1917 年二月革命后反对列宁的《四月提纲》。从党的第七次全国代表会议(四月代表会议)起多次当选为中央委员。十月革命前夕反对举行武装起义的决定。在全俄苏维埃第二次代表大会上当选为全俄中央执行委员会第一任主席。1917 年 11 月主张成立有孟什维克和社会革命党人参加的联合政府,遭到否决后声明退出党中央。1918 年起任莫斯科苏维埃主席。1922 年起任人民委员会副主席,1924—1926 年任劳动国防委员会主席。1923 年起为列宁研究院第一任院长。1919—1925 年为党中央政治局委员。1925 年参与组织"新反对派",1926 年 1 月当选为中央政治局候补委员,同年参与组织"托季联盟",10 月被撤销政治局候补委员职务。1927 年 12 月被开除出党,后来两次恢复党籍,两次被开除出党。1936 年 8 月 25 日被苏联最高法院军事审判庭以"参与暗杀基洛夫、阴谋刺杀斯大林及其他苏联领导人"

的罪名判处枪决。1988年6月苏联最高法院为其平反。——38、40、41、70、72、73、89、130、364。

捷尔任斯基,费利克斯·埃德蒙多维奇(Дзержинский,Феликс Эдмундович 1877—1926)——波兰和俄国革命运动活动家,波兰王国和立陶宛社会民主党的组织者和领导人之一。1895年在维尔诺加入立陶宛社会民主党组织,1903年当选为波兰王国和立陶宛社会民主党总执行委员会委员。积极参加1905—1907年革命,领导波兰无产阶级的斗争。1907年在俄国社会民主工党第五次(伦敦)代表大会上被缺席选入中央委员会。屡遭沙皇政府迫害,度过十年以上的监禁、苦役和流放生活。1917年二月革命后在莫斯科做党的工作。在党的第六次代表大会上当选为中央委员,进入党中央书记处。十月革命期间是彼得格勒军事革命委员会委员和党的军事革命总部成员。十月革命后当选为全俄中央执行委员会委员和主席团委员。1917年12月起任全俄肃反委员会(1923年起为国家政治保卫总局)主席。1918年初在布列斯特和约问题上一度采取"左派共产主义者"的立场。1919—1923年兼任内务人民委员,1921—1924年兼任交通人民委员,1924年起兼任最高国民经济委员会主席。1920年4月起为党中央组织局候补委员,1921年起为中央组织局委员,1924年6月起为中央政治局候补委员。——161—163。

К

卡尔波夫——见列宁,弗拉基米尔·伊里奇。

卡拉汉(**卡拉汉尼扬**),列夫·米哈伊洛维奇(Карахан(Караханян),Лев Михайлович 1889—1937)——1904年参加俄国革命运动,1913年在彼得堡加入俄国社会民主工党区联组织。1915年秋被捕并流放托木斯克。1917年4月回到彼得格勒,在俄国社会民主工党(布)第六次代表大会上随区联派集体加入布尔什维克党。1917年6月当选为第一届工兵代表苏维埃全俄中央执行委员会委员,8—9月任彼得格勒工兵代表苏维埃主席团委员和苏维埃秘书。十月革命期间任彼得格勒军事革命委员会委员。1917年11月—1918年初任苏俄布列斯特和谈代表团秘书,后在外交部门担任负责工作:1918—1920年任外交人民委员部部务委员、副外交人民委员,

1921—1922 年任驻波兰全权代表,1923—1926 年任驻中国全权代表,1927—1934 年任副外交人民委员,后任驻土耳其大使。——402。

卡利亚耶夫,伊万·普拉东诺维奇(Каляев, Иван Платонович 1877—1905)——俄国社会革命党人。1898 年起是彼得堡工人阶级解放斗争协会会员。1903 年加入社会革命党,是该党战斗组织的成员;曾参与多起暗杀活动。1905 年 2 月 4 日(17 日)刺杀了尼古拉二世的叔父莫斯科总督谢尔盖·亚历山德罗维奇大公。5 月 10 日(23 日)在施吕瑟尔堡被处死。——377。

卡列金,阿列克谢·马克西莫维奇(Каледин, Алексей Максимович 1861—1918)——沙俄将军,顿河哥萨克军阿塔曼(统领)。第一次世界大战期间任骑兵师师长、步兵第 12 军军长、西南方面军第 8 集团军司令。1917 年 6 月被选为顿河哥萨克军阿塔曼(统领),领导反革命的顿河军政府。1917 年 8 月在莫斯科国务会议上提出镇压革命运动的纲领,积极参加科尔尼洛夫叛乱。十月革命期间在外国干涉者的支持下,在顿河流域组建白卫志愿军并策动反革命叛乱。1918 年 2 月叛乱被革命军队粉碎。叛军覆灭前,卡列金于 1918 年 1 月 29 日(2 月 11 日)在哥萨克军政府会议上承认处境绝望,宣布辞职。当日开枪自杀。——6、39、42、53、54、55、74、127、138、142、145、164、190、219、223、241、249、273、274、293、300、301、310、328、330、331、333、411。

卡列林,弗拉基米尔·亚历山德罗维奇(Карелин, Владимир Александрович 1891—1938)——俄国左派社会革命党组织者之一,该党中央委员。1917 年 11 月在全俄苏维埃第二次代表大会上代表左派社会革命党被选进全俄中央执行委员会主席团。同年 12 月进入人民委员会,任国家产业人民委员,兼任司法人民委员部部务委员。1918 年是苏俄布列斯特和谈代表团的成员,因反对签订布列斯特和约退出人民委员会。1918 年 7 月参与领导莫斯科左派社会革命党人的叛乱。1919 年 2 月被捕,获释后逃往国外,继续进行反苏维埃活动。——53、71、189。

卡姆柯夫(卡茨),波里斯·达维多维奇(Камков(Кац), Борис Давидович 1885—1938)——俄国社会革命党人,左派社会革命党的组织者和领袖之一。第一次世界大战期间侨居法国、瑞典,属国际主义派。1917 年二月革命后回国,当选为社会革命党彼得格勒委员会委员;反对战争,主张政权归苏维埃。在全俄苏维埃第二次代表大会上当选为全俄中央执行委员会委员,在左派社会革命党第一次代表大会上当选为中央委员。1918年反对签订布列斯特和约,是刺杀德国大使威·米尔巴赫的主谋和莫斯科左派社会革命党人叛乱的策划者之一。因进行反革命活动被军事法庭判处三年徒刑。后在统计部门工作。——71。

考茨基,卡尔(Kautsky,Karl 1854—1938)——德国社会民主党和第二国际的领袖和主要理论家之一。1875年加入奥地利社会民主党,1877年加入德国社会民主党。1881年与马克思和恩格斯相识后,在他们的影响下逐渐转向马克思主义。从19世纪80年代到20世纪初写过一些宣传和解释马克思主义的著作:《卡尔·马克思的经济学说》(1887)、《土地问题》(1899)等。但在这个时期已表现出向机会主义方面摇摆,在批判伯恩施坦时作了很多让步。1883—1917年任德国社会民主党理论刊物《新时代》杂志主编。曾参与起草1891年德国社会民主党纲领(爱尔福特纲领)。1910年以后逐渐转到机会主义立场,成为中派领袖。第一次世界大战前夕提出超帝国主义论,大战期间打着中派旗号支持帝国主义战争。1917年参与建立德国独立社会民主党,1922年拥护该党右翼与德国社会民主党合并。1918年后发表《无产阶级专政》等书,攻击俄国十月革命,反对无产阶级专政。——103、263。

柯列加耶夫,安德列·卢基奇(Колегаев,Андрей Лукич 1887—1937)——俄国左派社会革命党组织者之一。1906年加入社会革命党,1917年二月革命后参加社会革命党左翼。1917年12月代表左派社会革命党进入人民委员会,任农业人民委员。1918年3月因反对签订布列斯特和约退出人民委员会。1918年7月左派社会革命党人叛乱被平定后同该党断绝关系,并于同年11月加入俄共(布)。1918—1920年任南方面军供给部长和革命军事委员会委员。1920—1921年任交通人民委员部部务委员和劳动国防委员会所属运输总委员会主席,后从事经济工作。——61。

柯秋宾斯基,尤里·米哈伊洛维奇(Коцюбинский,Юрий Михайлович 1896—1937)——1913年加入俄国社会民主工党。1916年被征入伍,在士兵中进行革命宣传工作。十月革命期间任彼得格勒军事革命委员会委员,参加了攻打冬宫的战斗。1917 年 12 月在乌克兰苏维埃第一次代表大会上被选入乌克兰工农共和国人民书记处,任副陆军人民书记。1918 年 1 月 16 日(29 日)被任命为乌克兰共和国军队总司令。1919 年任切尔尼戈夫省执行委员会主席和党的省委书记。1921—1930 年从事外交工作。1932 年起任乌克兰苏维埃社会主义共和国人民委员会副主席兼国家计划委员会主席。——328。

科尔尼洛夫,拉甫尔·格奥尔吉耶维奇(Корнилов, Лавр Георгиевич 1870—1918)——沙俄将军,君主派分子。第一次世界大战期间曾任师长和军长。1917 年二月革命后任彼得格勒军区司令,5—7 月任第 8 集团军和西南方面军司令。1917 年 7 月 19 日(8 月 1 日)—8 月 27 日(9 月 9 日)任最高总司令。8 月底发动叛乱,进军彼得格勒,企图建立反革命军事专政。叛乱很快被粉碎,本人被捕入狱。11 月逃往新切尔卡斯克,和米·瓦·阿列克谢耶夫一起组建和领导白卫志愿军。1918 年 4 月在进攻叶卡捷琳诺达尔时被击毙。——31、39、74、127、138、142、193、194、271、411。

科兹洛夫斯基,美契斯拉夫·尤利耶维奇(Козловский, Мечислав Юльевич 1876—1927)——波兰和俄国革命运动活动家,法学家。1900 年加入社会民主党,布尔什维克。曾任波兰王国和立陶宛社会民主党总执行委员会委员。1917 年二月革命后任彼得格勒苏维埃执行委员会委员、第一届中央执行委员会委员和维堡区杜马主席。十月革命后任彼得格勒特别调查委员会主席、司法人民委员部部务委员和小人民委员会主席。1919 年任立陶宛—白俄罗斯共和国司法人民委员。1923—1927 年任交通人民委员部总法律顾问。——319。

科兹明,彼得·阿列克谢耶维奇(Козьмин, Петр Алексеевич 1871—1936)——俄国工艺工程师,后为工科博士,教授。十月革命后任粮食人民委员部部务委员、农村农业机械供应委员、国防特别会议副主席。1920 年起任面粉工业总管理局生产处处长。曾参与制定俄罗斯国家电气化委员会的计划。1921 年起从事教学和科研工作。——123。

克拉斯诺夫,彼得·尼古拉耶维奇(Краснов, Петр Николаевич 1869—1947)——沙俄将军。第一次世界大战期间任哥萨克旅长和师长、骑兵军军长。1917 年 8 月积极参加科尔尼洛夫叛乱。十月革命期间伙同克伦斯基发动反苏维埃叛乱,担任从前线调往彼得格勒镇压革命的军队指挥。叛乱被平定后逃往顿河流域。1918—1919年领导顿河哥萨克白卫军。1919年逃亡德国,继续进行反苏维埃活动。第二次世界大战期间与希特勒分子合作,被苏军俘获,由苏联最高法院军事庭判处死刑。——53。

克拉辛,列昂尼德·波里索维奇(Красин, Леонид Борисович 1870 —1926)——1890年参加俄国社会民主主义运动,是布鲁斯涅夫小组成员。1895年被捕,流放伊尔库茨克三年。流放期满后进入哈尔科夫工艺学院学习,1900年毕业。1900—1904年在巴库当工程师,与弗·扎·克茨霍韦利一起建立《火星报》秘密印刷所。俄国社会民主工党第二次代表大会后加入布尔什维克党,被增补进中央委员会;在中央委员会里一度对孟什维克采取调和主义态度,帮助把三名孟什维克代表增补进中央委员会,但不久即同孟什维克决裂。俄国社会民主工党第三次代表大会的参加者,在会上当选为中央委员。1905年是布尔什维克第一份合法报纸《新生活报》的创办人之一。1905—1907年革命期间参加彼得堡工人代表苏维埃,领导党中央战斗技术组。在党的第四次(统一)代表大会上代表布尔什维克作了关于武装起义问题的报告,并再次当选为中央委员,在第五次(伦敦)代表大会上当选为候补中央委员。1908年侨居国外。一度参加反布尔什维克的"前进"集团,后脱离政治活动,在国内外当工程师。十月革命后是红军供给工作的组织者之一,任红军供给非常委员会主席、最高国民经济委员会主席团委员、工商业人民委员、交通人民委员。1919年起从事外交工作。1920年起任对外贸易人民委员,1920—1923年兼任驻英国全权代表和商务代表,参加了热那亚国际会议和海牙国际会议。1924年任驻法国全权代表,1925年起任驻英国全权代表。在党的第十三次和第十四次代表大会上当选为中央委员。——403。

克雷连柯,尼古拉·瓦西里耶维奇(Крыленко, Николай Васильевич 1885 —1938)——1904年加入俄国社会民主工党。1905—1906年是彼得堡学生运动领袖之一,在彼得堡布尔什维克组织中工作。1907年脱党。1911年又回到布尔什维克组织中工作,先后为《明星报》和《真理报》撰稿。1913年12月被捕。第一次世界大战期间,1914—1915年侨居国外,后在军队服役。1917年二月革命后在《士兵真理报》工作,同年6月参加俄国社会民主工党(布)前线和后方军事组织全国代表会议,被选入党中央委员会全俄军事组织局。积极参加十月革命,是彼得格勒军事革命委员会委员。十月革命后参加第一届人民委员会,任陆海军事务委员会委员,1917 年 11 月被任命为最高总司令。1918 年 3 月起在司法部门工作。1922—1931 年任全俄中央执行委员会最高革命法庭庭长、俄罗斯联邦副司法人民委员、检察长。1931 年起任俄罗斯联邦司法人民委员,1936 年起任苏联司法人民委员。1927—1934 年为党中央监察委员会委员。全俄中央执行委员会主席团委员。——22、79、80、81、82、86、93、254、263、395。

克列孟梭,若尔日(Clemenceau,Georges 1841—1929)——法国国务活动家。第二帝国时期属左翼共和派。1871 年巴黎公社时期任巴黎第十八区区长,力求使公社战士与凡尔赛分子和解。1876 年起为众议员,80 年代初成为激进派领袖,1902 年起为参议员。1906 年 3—10 月任内务部长,1906 年 10 月—1909 年 7 月任总理。维护大资产阶级利益,镇压工人运动和民主运动。第一次世界大战期间是沙文主义者。1917—1920 年再度任总理,在国内建立军事专制制度,积极策划和鼓吹经济封锁和武装干涉苏维埃俄国。1919—1920 年主持巴黎和会,参与炮制凡尔赛和约。1920 年竞选总统失败后退出政界。——87、152。

克伦斯基,亚历山大·费多罗维奇(Керенский, Александр Федорович 1881—1970)——俄国政治活动家,资产阶级临时政府首脑。1917 年 3 月起为社会革命党人。第四届国家杜马代表,劳动派党团领袖。第一次世界大战期间是护国派分子。1917 年二月革命后任彼得格勒工兵代表苏维埃副主席、国家杜马临时委员会委员。在临时政府中任司法部长(3—5 月)、陆海军部长(5—9 月)、总理(7 月 21 日起)兼最高总司令(9 月 12 日起)。执政期间继续进行帝国主义战争,七月事变时镇压工人和士兵,迫害布尔什维克。1917 年 11 月 7 日彼得格勒爆发武装起义时,从首都逃往前线,纠集部队向彼得格勒进犯,失败后逃亡巴黎。在国外参加白俄流亡分子的反革命活动,1922—1932 年编辑《白日》周刊。1940 年移居美国。——6、26、30、31、35、41、47、54、56、65、74、87、113、116、136、137、167、193—194、238、244、248、271、273、274、287、291、293、297—298、299、302、303、304、306、310、311、333、365、378、379、395、411、413。

库西宁，奥托·威廉莫维奇（Куусинен，Отто Вильгельмович 1881—1964）——芬兰工人运动和国际工人运动活动家，苏联共产党和国家的活动家。1904年起是芬兰社会民主党左翼领袖。1906—1908年任芬兰社会民主党理论刊物《社会主义杂志》编辑，1907—1916年任党中央机关报《工人日报》编辑，1911—1917年任芬兰社会民主党执行委员会主席。1908—1917年为芬兰议会议员和社会民主党议会党团领袖。1918年是芬兰革命的领导人之一和芬兰革命政府成员。1918年8月参与创建芬兰共产党，是共产国际历次（第二次除外）代表大会代表。在共产国际第三次代表大会上当选为执行委员会委员。1921—1939年任共产国际执行委员会书记。1940—1958年任卡累利阿-芬兰苏维埃社会主义共和国最高苏维埃主席团主席和苏联最高苏维埃主席团副主席。1941年起任苏共中央委员，1957年起任苏共中央主席团委员和苏共中央书记。1958年当选为苏联科学院院士。写有关于芬兰革命运动史和国际共产主义运动问题的著作。——90。

L

拉狄克，卡尔·伯恩哈多维奇（Радек，Карл Бернгардович 1885—1939）——生于东加利西亚。20世纪初参加加利西亚、波兰和德国的社会民主主义运动。1901年起为加利西亚社会民主党的积极成员，1904—1908年在波兰王国和立陶宛社会民主党内工作。1908年到柏林，为德国左派社会民主党人的报刊撰稿。第一次世界大战期间持国际主义立场，但表现出向中派方面动摇。1917年加入俄国社会民主工党（布）。十月革命后在外交人民委员部工作。1918年是"左派共产主义者"。在党的第八至第十二次代表大会上当选为中央委员。1920—1924年任共产国际执行委员会书记、委员和主席团委员。1923年起属托洛茨基反对派。1925—1927年任莫斯科中山大学校长。长期为《真理报》、《消息报》和其他报刊撰稿。1927年被开除出党，1930年恢复党籍，1936年被再次开除出党。1937年1月被苏联最高法院军事审判庭以"进行叛国、间谍、军事破坏和恐怖活动"的罪名判处十年监禁。1939年死于狱中。1988年6月苏联最高法院为其平反。——403、437、438。

拉林,尤·(卢里叶,米哈伊尔·亚历山德罗维奇)(Ларин, Ю.(Лурье, Михаил
　 Александрович)1882—1932)——1900 年参加俄国社会民主主义运动,在
　 敖德萨和辛菲罗波尔工作。1904 年起为孟什维克。1905 年是俄国社会民
　 主工党彼得堡孟什维克委员会委员。1906 年进入党的统一的彼得堡委员
　 会;是党的第四次(统一)代表大会有表决权的代表。维护孟什维克的土地
　 地方公有化纲领,支持召开"工人代表大会"的取消主义思想。党的第五次
　 (伦敦)代表大会波尔塔瓦组织的代表。斯托雷平反动时期和新的革命高
　 涨年代是取消派领袖之一,参加了"八月联盟"。第一次世界大战期间是中
　 派分子。1917 年二月革命后领导出版《国际》杂志的孟什维克国际主义
　 派。1917 年 8 月加入布尔什维克党。在彼得格勒参加十月武装起义。十
　 月革命后主张成立有孟什维克和社会革命党人参加的联合政府。在苏维
　 埃和经济部门工作,曾任最高国民经济委员会主席团委员、国家计划委员
　 会主席团委员等职。1920—1921 年工会问题争论期间先后支持布哈林和
　 托洛茨基的纲领。——70。

拉斯科尔尼科夫,费多尔·费多罗维奇(Раскольников, Федор Федорович
　 1892—1939)——1910 年加入俄国社会民主工党。曾在彼得堡做党的工
　 作,为布尔什维克的《明星报》和《真理报》撰稿。第一次世界大战期间在海
　 军服役。1917 年二月革命后任党的喀琅施塔得委员会委员、喀琅施塔得
　 工兵代表苏维埃副主席和《真理呼声报》编辑。十月革命后任副海军人民
　 委员、共和国革命军事委员会委员、东方面军革命军事委员会委员、伏尔加
　 河—里海区舰队和波罗的海舰队司令。1920—1921 年工会问题争论期间
　 支持托洛茨基的纲领。1921—1938 年从事外交工作,历任苏联驻阿富汗、
　 爱沙尼亚、丹麦、保加利亚全权代表。——131。

拉斯普廷(诺维赫),格里戈里·叶菲莫维奇(Распутин(Новых),Григорий
　 Ефимович 1872—1916)——俄国冒险家,沙皇尼古拉二世的宠臣。出身于
　 农民家庭。1907 年冒充"先知"和"神医"招摇撞骗,混入宫廷,干预国政。
　 尼古拉二世和皇后把他奉为"活基督",言听计从。1916 年 12 月被君主派
　 分子刺死。——117。

劳合—乔治,戴维(Lloyd George,David 1863—1945)——英国国务活动家和外
　 交家,自由党领袖。1890 年起为议员。1905—1908 年任商业大臣,1908—

1915年任财政大臣。对英国政府策划第一次世界大战的政策有很大影响。曾提倡实行社会保险等措施,企图利用谎言和许诺来阻止工人阶级建立革命政党。1916—1922年任首相,残酷镇压殖民地和附属国的民族解放运动;是武装干涉和封锁苏维埃俄国的鼓吹者和策划者之一。曾参加1919年巴黎和会,是凡尔赛和约的炮制者之一。——197。

李伯尔(戈尔德曼),米哈伊尔·伊萨科维奇(Либер(Гольдман),Михаил
　　Исаакович 1880—1937)——崩得和孟什维克领袖之一。1898年起为社会
　　民主党人,1902年起为崩得中央委员。1903年率领崩得代表团出席俄国
　　社会民主工党第二次代表大会,在会上采取极右的反火星派立场,会后成
　　为孟什维克。1907年在党的第五次(伦敦)代表大会上代表崩得被选入中
　　央委员会,是崩得驻中央委员会国外局的代表。斯托雷平反动时期是取消
　　派分子,1912年是"八月联盟"的骨干分子,第一次世界大战期间是社会沙
　　文主义者。1917年二月革命后任彼得格勒工兵代表苏维埃执行委员会委
　　员和第一届中央执行委员会主席团委员,采取孟什维克立场,支持资产阶
　　级联合内阁,敌视十月革命。后脱离政治活动,从事经济工作。——194。

李卜克内西,卡尔(Liebknecht,Karl 1871—1919)——德国工人运动和国际
　　工人运动活动家,德国社会民主党左翼领袖之一,德国共产党创建人之一;
　　威·李卜克内西的儿子;职业是律师。1900年加入社会民主党,积极反对
　　机会主义和军国主义。1912年当选为帝国国会议员。第一次世界大战期
　　间持国际主义立场,反对支持本国政府进行掠夺战争。1914年12月2日
　　是国会中唯一投票反对军事拨款的议员。是国际派(后改称斯巴达克派和
　　斯巴达克联盟)的组织者和领导人之一。1916年因领导五一节反战游行示
　　威被捕入狱。1918年10月出狱,领导了1918年十一月革命,与卢森堡一起
　　创办《红旗报》,同年底领导建立德国共产党。1919年1月柏林工人斗争被
　　镇压后,于15日被捕,当天惨遭杀害。——60、328、362、409、412、414—415。

李可夫,阿列克谢·伊万诺维奇(Рыков,Алексей Иванович 1881—1938)——
　　1899年加入俄国社会民主工党。曾在萨拉托夫、莫斯科、彼得堡等地做党的
　　工作。1905年党的第三次代表大会起多次当选为中央委员。斯托雷平反动
　　时期对取消派、召回派和托洛茨基分子采取调和主义态度。曾多次被捕流
　　放并逃亡国外。1917年二月革命后被选进莫斯科苏维埃主席团,同年10月

在彼得格勒参与领导武装起义。十月革命后参加第一届人民委员会,任内务人民委员。1917 年 11 月主张成立有孟什维克和社会革命党人参加的联合政府,遭到否决后声明退出党中央和人民委员会。1918 年 2 月起任最高国民经济委员会主席,1921 年夏起任人民委员会和劳动国防委员会副主席。1923 年当选为党中央政治局委员。1924—1930 年任苏联人民委员会主席。1929 年被作为"右倾派别集团"领袖之一受到批判。1930 年 12 月被撤销政治局委员职务。1931—1936 年任苏联交通人民委员。1934 年当选为候补中央委员。1937 年被开除出党。1938 年 3 月 13 日被苏联最高法院军事审判庭以"参与托洛茨基的恐怖、间谍和破坏活动"的罪名判处枪决。1988 年平反昭雪并恢复党籍。——22、58、72、130。

里亚布申斯基,帕维尔・巴甫洛维奇(Рябушинский,Павел Павлович 1871—1924)——俄国莫斯科大银行家和企业主,反革命首领之一。曾积极参与创建资产阶级的进步党,出版反映大资产阶级利益的《俄国晨报》。1917 年 8 月扬言要以饥饿手段窒息革命,是科尔尼洛夫叛乱的策划者和领导人之一。十月革命后逃亡法国,继续进行反对苏维埃俄国的活动。——241、249、271、272、300、301、303、311、312。

梁赞诺夫(戈尔登达赫),达维德・波里索维奇(Рязанов(Гольдендах),Давид Борисович 1870—1938)——1889 年参加俄国革命运动。曾在敖德萨和基什尼奥夫开展工作。1900 年出国,是著作家团体斗争社的组织者之一;该社反对《火星报》制定的党纲和列宁的建党组织原则。俄国社会民主工党第二次代表大会反对斗争社参加大会的工作,并否决了邀请梁赞诺夫作为该社代表出席大会的建议。代表大会后是孟什维克。1905—1907 年在国家杜马社会民主党党团和工会工作。后再次出国,为《新时代》杂志撰稿。1909 年在"前进"集团的卡普里党校(意大利)担任讲课人,1911 年在隆瑞莫党校(法国)讲授工会运动课。曾受德国社会民主党委托从事出版《马克思恩格斯全集》和第一国际史的工作。第一次世界大战期间是中派分子,为孟什维克的《呼声报》和《我们的言论报》撰稿。1917 年二月革命后参加区联派,在俄国社会民主工党(布)第六次代表大会上随区联派集体加入布尔什维克党。十月革命后从事工会工作。1918 年初因反对签订布列斯特和约一度退党。1920—1921 年工会问题争论期间持错误立场,被解除工会职务。1921年参与创建马克思恩格斯研究院，担任院长直到1931年。1931年2月因同孟什维克国外总部有联系被开除出党。——70。

列宁，弗拉基米尔·伊里奇（乌里扬诺夫，弗拉基米尔·伊里奇；卡尔波夫；尼·列宁）（Ленин，Владимир　Ильич（Ульянов，Владимир　Ильич，Карпов，Н.Ленин）1870—1924）——9、14—15、17、22、26、27、29、31、33、34、36、38、39、46、47、48、50、55、56、58、59、60、61、62、63、64、68、69、79—80、81、82、84、85、86、89、90、91、92、93、96、97、98、99、101、102、103、104、113、114、115、119—120、126、127、129、135、136、138、140、141、150、151、152、153、154、161、164、165、172、173、185、189、218、225—226、234、235、236、240、246、248、249、251、260、261、262、264、265、266、271、273、274、275、277、279、280、281、284、285、286、287、290、292、293、294、295、296、304、305、307、309、310、311、325、326、327、328、332、333、339、340、341、343、345、348、349、350、351、352、354、355、356、357、363、366、367、369、377、379、380、381—382、384、385、386、388、391、392、393、395、396、397、398、400、401、402、403、404、405、406、421—422、425、426、430、431、432、433、436、437、439。

林杰，Ф.Ф.（Линде，Ф.Ф. 1881—1917）——俄国彼得格勒第一届工兵代表苏维埃执行委员会委员。1917年4月曾参加士兵的游行示威，后任临时政府派驻西南方面军的委员。在试图说服士兵去打仗时，被打死。——303。

卢那察尔斯基，阿纳托利·瓦西里耶维奇（Луначарский，Анатолий　Васильевич1875—1933）——19世纪90年代参加俄国社会民主主义运动。俄国社会民主工党第二次代表大会后是布尔什维克。曾先后参加布尔什维克的《前进报》、《无产者报》和《新生活报》编辑部。代表《前进报》编辑部出席了党的第三次代表大会，受列宁委托，在会上作了关于武装起义问题的报告。党的第四次（统一）代表大会和第五次（伦敦）代表大会的参加者，布尔什维克出席第二国际斯图加特代表大会（1907）和哥本哈根代表大会（1910）的代表。斯托雷平反动时期脱离布尔什维克，参加"前进"集团；在哲学上宣扬造神说和马赫主义。第一次世界大战期间持国际主义立场。1917年二月革命后参加区联派，在俄国社会民主工党（布）第六次代表大会上随区联派集体加入布尔什维克党。十月革命后到1929年任教育人民委员，以后任苏联中央执行委员会学术委员会主席。1930 年起为苏联科学院院士。在艺术和文学方面著述很多。——22、320。

罗曼诺夫——见尼古拉二世（**罗曼诺夫**）。

洛莫夫，阿·（**奥波科夫，格奥尔吉·伊波利托维奇**）（Ломов, A.（Оппоков, Георгий Ипполитович）1888—1938）——1903 年加入俄国社会民主工党。曾在彼得堡、伊万诺沃-沃兹涅先斯克、莫斯科、萨拉托夫做党的工作，屡遭沙皇政府迫害。1917 年二月革命后任党的莫斯科区域局和莫斯科委员会委员、莫斯科工人代表苏维埃副主席。十月革命期间任莫斯科军事革命委员会委员。十月革命后参加第一届人民委员会，任司法人民委员。1918 年是"左派共产主义者"。1918—1921 年任最高国民经济委员会主席团委员和副主席，林业总委员会主席，1921—1931 年在党的机关和经济部门担任领导工作，1931—1933 年任苏联国家计划委员会副主席。在党的第六、第七和第十四次代表大会上当选为候补中央委员，第十五次和第十六次代表大会上当选为中央委员。历届苏联中央执行委员会委员。——23、327、348、385、405—406、438—439。

洛佐夫斯基（**德里佐**），索洛蒙·阿布拉莫维奇（Лозовский（Дридзо），Соломон Абрамович 1878—1952）——1901 年加入俄国社会民主工党。曾在彼得堡、喀山、哈尔科夫做党的工作。积极参加俄国第一次革命。1906 年被捕，1908 年在押解途中逃往国外。1909—1917 年流亡日内瓦和巴黎，1912 年参加布尔什维克调和派。第一次世界大战期间参与组织法国社会党和工会中的国际主义派。1917 年 6 月回国，在全俄工会第三次代表会议（1917 年 7 月）上被选为全俄工会中央理事会书记。1917 年 12 月因反对党的政策被开除出党。1918—1919 年领导社会民主党人国际主义派，1919 年 12 月以该派成员身份重新加入俄共（布）。1920 年任莫斯科省工会理事会主席。曾参加共产国际第二次代表大会的工作。1921—1937 年任红色工会国际总书记。1937—1939 年任国家文学出版社社长，1939—1946 年先后任苏联副外交人民委员和外交部副部长。1927 年党的第十五次代表大会起为候补中央委员，1939 年在党的第十八次代表大会上当选为中央委员。——221—222。

M

马尔金,波里斯·费多罗维奇(Малкин, Борис Федорович 1891—1938)——
1908年加入俄国社会革命党,是左派社会革命党组织者之一和党中央委
员。十月革命后任第二届和第六届全俄中央执行委员会主席团委员;领导
彼得格勒电讯社,是《消息报》编辑之一。1918年春加入俄共(布)。
1919—1921年是中央出版物发行处的领导人。曾任国家造型艺术出版社
社长。——401。

马尔托夫,尔·(**策杰尔包姆,尤利·奥西波维奇**)(Мартов, Л.(Цедербаум,
Юлий Осипович)1873—1923)——俄国孟什维克领袖之一。1895年参与
组织彼得堡工人阶级解放斗争协会。1896年被捕并流放图鲁汉斯克三
年。1900年参与创办《火星报》,为该报编辑部成员。在俄国社会民主工
党第二次代表大会上是《火星报》组织的代表,领导机会主义少数派,反对
列宁的建党原则;从那时起成为孟什维克中央机关的领导成员和孟什维克
报刊的编辑。曾参加党的第五次(伦敦)代表大会的工作。斯托雷平反动
时期和新的革命高涨年代是取消派分子,编辑《社会民主党人呼声报》,参
与组织"八月联盟"。第一次世界大战期间是中派分子,参加齐美尔瓦尔德
代表会议和昆塔尔代表会议。曾参加孟什维克组织委员会国外书记处,为
书记处编辑机关刊物。1917年二月革命后领导孟什维克国际主义派。十
月革命后反对镇压反革命和解散立宪会议。1919年当选为全俄中央执行
委员会委员,1919—1920年为莫斯科苏维埃代表。1920年9月侨居德国。
参与组织第二半国际,在柏林创办和编辑孟什维克杂志《社会主义通报》。
——49、74、75。

马克思,卡尔(Marx, Karl 1818—1883)——科学共产主义的创始人,世界无
产阶级的领袖和导师。——198、201、212、282、283、436。

马鲁舍夫斯基,弗拉基米尔·弗拉基米罗维奇(Марушевский, Владимир
Владимирович 1874—1952)——俄国中将。曾参加第一次世界大战。
1917年9月起任总参谋长,君主派分子。十月革命后被捕,越狱潜逃。
1918—1919年在北方组建白卫军,参加白卫政府——北方区域临时政府,
任总督、白卫军司令等职。1919年8月逃亡国外。——108。

马尼科夫斯基,阿列克谢·阿列克谢耶维奇(Маниковский, Алексей Алек-
сеевич 1865—1920)——沙俄将军,喀琅施塔得要塞司令。第一次世界大战
期间任炮兵总署署长。1917 年 9 月起在最后一届临时政府中任陆军部副部
长。十月革命后在红军中任职;1917 年 11 月底前任军需部门的技术领导,
1918 年起任军械总部部长,后任工农红军供给部长。——78、79、86、108。

马斯洛夫,谢苗·列昂季耶维奇(Маслов, Семен Леонтьевич 1873—
1938)——俄国右派社会革命党人。1917 年二月革命后任全俄农民代表
苏维埃执行委员会委员,9 月起任临时政府农业部长。早先主张土地社会
化,但 1917 年提出一个法案,主张地主土地所有制保持不变,甚至按“公
平”议价订出的、农民“租用”土地的租金也必须交给地主。十月革命后在
经济部门和科研机关工作。写有一些关于土地问题的著作。——84、
157—158。

曼纳,库勒沃(Manner, Kullervo 1880—1936)——1905 年加入芬兰社会民主
党。1911—1913 年任芬兰社会民主党执行委员会委员,1917—1918 年任
主席。1910—1918 年为议员。1918 年芬兰革命时期领导革命政府——
人民代表委员会。曾参与创建芬兰共产党。——90。

曼努伊尔斯基,德米特里·扎哈罗维奇(Мануильский, Дмитрий Захарович
1883—1959)——1903 年加入俄国社会民主工党。曾在彼得堡、德文斯
克、喀琅施塔得和莫斯科做党的工作。1906 年是喀琅施塔得和斯维亚堡
武装起义的组织者之一,因参加起义被捕和流放,押解途中逃跑。1907 年
底流亡法国。斯托雷平反动时期参加“前进”集团。第一次世界大战期间
持国际主义立场,但向中派动摇。1917 年 5 月回国,参加区联派,在俄国
社会民主工党(布)第六次代表大会上随区联派集体加入布尔什维克党。
十月革命期间任彼得格勒军事革命委员会委员。1917 年 12 月起先后任
粮食人民委员部部务委员和副粮食人民委员。1919—1922 年任全乌克兰
革命委员会委员、乌克兰苏维埃社会主义共和国农业人民委员、乌克兰共
产党(布)中央委员会书记以及《共产党人报》编辑。1922 年起在共产国际
工作,1924 年起任共产国际执行委员会主席团委员,1928—1943 年任共
产国际执行委员会书记。1944—1953 年任乌克兰苏维埃社会主义共和国
人民委员会(部长会议)副主席兼外交人民委员(部长)。在党的第十一次

代表大会上当选为候补中央委员,党的第十二至第十八次代表大会上当选为中央委员。——123。

米茨根德列尔(Мицгендлер)——俄国彼得格勒苏维埃调查委员会的主要领导人之一(1918)。——419。

米哈伊洛夫(Михайлов)——芬兰陆军、海军和工人区域委员会军事部主任(1917)。——27。

米留可夫,帕维尔·尼古拉耶维奇(Милюков, Павел Николаевич 1859—1943)——俄国立宪民主党领袖,俄国自由派资产阶级思想家,历史学家和政论家。1886年起任莫斯科大学讲师。90年代前半期开始政治活动,1902年起为资产阶级自由派的《解放》杂志撰稿。1905年10月参与创建立宪民主党,后任该党中央委员会主席和中央机关报《言语报》编辑。第三届和第四届国家杜马代表。第一次世界大战期间为沙皇政府的掠夺政策辩护。1917年二月革命后任第一届临时政府外交部长,推行把战争进行到"最后胜利"的帝国主义政策;同年8月积极参与策划科尔尼洛夫叛乱。十月革命后同白卫分子和武装干涉者合作。1920年起为白俄流亡分子,在巴黎出版《最新消息报》。著有《俄国文化史概要》、《第二次俄国革命史》及《回忆录》等。——54、298、303。

米柳亭,弗拉基米尔·巴甫洛维奇(Милютин, Владимир Павлович 1884—1937)——1903年参加俄国社会民主主义运动,起初是孟什维克,1910年起为布尔什维克。曾在库尔斯克、莫斯科、奥廖尔、彼得堡和图拉做党的工作,屡遭沙皇政府迫害。1917年二月革命后任俄国社会民主工党(布)萨拉托夫委员会委员、萨拉托夫苏维埃主席。在党的第七次全国代表会议(四月代表会议)和第六次代表大会上当选为中央委员。十月革命后参加第一届人民委员会,任农业人民委员。1917年11月主张成立有孟什维克和社会革命党人参加的联合政府,遭到否决后声明退出党中央和人民委员会。1918—1921年任最高国民经济委员会副主席。1922年任西北地区经济会议副主席。1924年起历任工农检查人民委员部部务委员、中央统计局局长、国家计划委员会副主席、苏联中央执行委员会学术委员会主席等职。1920—1922年为候补中央委员。1924—1934年为中央监察委员会委员。写有一些关于经济问题的著作。——22、72、130、435。

穆拉维约夫，米哈伊尔·阿尔捷米耶维奇（Муравьев, Михаил Артемьевич 1880—1918）——沙俄中校（1917）。1917 年起为左派社会革命党人。十月革命期间转为苏维埃政权服务。1917 年 10 月 28 日（11 月 10 日）被任命为彼得格勒城防司令，指挥平定克伦斯基—克拉斯诺夫叛乱的部队。1918 年初指挥同乌克兰中央拉达和卡列金作战的部队，同年 6 月被任命为东方面军总司令。左派社会革命党人发动叛乱后背叛苏维埃政权，于 7 月 10 日在辛比尔斯克发动叛乱。武装拒捕时被击毙。——58。

N

拿破仑第一（**波拿巴**）（Napoléon I（Bonaparte）1769—1821）——法国皇帝，资产阶级军事家和政治家。法国资产阶级革命时期参加革命军。1799 年发动雾月政变，自任第一执政，实行军事独裁统治。1804 年称帝，建立法兰西第一帝国，颁布《拿破仑法典》，巩固资本主义制度。多次粉碎反法同盟，沉重打击了欧洲封建反动势力。但对外战争逐渐变为同英俄争霸和掠夺、奴役别国的侵略战争。1814 年欧洲反法联军攻陷巴黎后，被流放厄尔巴岛。1815 年重返巴黎，再登皇位。滑铁卢之役战败后，被流放大西洋圣赫勒拿岛。——389、425、426、440、441。

尼·列宁——见列宁，弗拉基米尔·伊里奇。

尼古拉二世（**罗曼诺夫**）（Николай II（Романов）1868—1918）——俄国最后一个皇帝，亚历山大三世的儿子。1894 年即位，1917 年二月革命时被推翻。1918 年 7 月 17 日根据乌拉尔州工兵代表苏维埃的决定在叶卡捷琳堡被枪决。——116、117、155、232、298、300、302、303、413。

涅夫斯基，弗拉基米尔·伊万诺维奇（**克里沃博科夫，费奥多西·伊万诺维奇**）（Невский, Владимир Иванович（Кривобоков, Феодосий Иванович）1876—1937）——1897 年参加俄国社会民主主义运动，布尔什维克。曾在顿河畔罗斯托夫、莫斯科、彼得堡、沃罗涅日和哈尔科夫等城市做党的工作。积极参加 1905—1907 年革命，屡遭沙皇政府迫害。1913 年被增补为候补中央委员。1917 年二月革命后是党的彼得堡委员会军事组织和中央委员会全俄军事组织局的组织者和领导人之一。积极参加十月武装起义，任彼得格勒军事革命委员会委员。十月革命后担任苏维埃和党的负责工作以及科

研教学工作,历任副交通人民委员、交通人民委员、全俄中央执行委员会主
席团委员和副主席、斯维尔德洛夫共产主义大学校长、党史委员会副主任、
国立列宁图书馆馆长等职。写有一些哲学著作和历史著作。——295。

诺根,维克多·巴甫洛维奇(Ногин,Виктор Павлович 1878—1924)——1898 年
加入俄国社会民主工党,布尔什维克。曾在国内外做党的工作,是《火星
报》代办员。积极参加 1905—1907 年革命。1907 年和 1917 年两度当选
为党中央委员。屡遭沙皇政府迫害。斯托雷平反动时期对孟什维克取消
派采取调和主义态度。第一次世界大战期间在莫斯科和萨拉托夫的自治
机关工作,为《莫斯科合作社》等杂志撰稿。1917 年二月革命后先后任莫
斯科苏维埃副主席和主席。十月革命后参加第一届人民委员会,任工商业
人民委员。1917 年 11 月主张成立有孟什维克和社会革命党人参加的联
合政府,遭到否决后声明退出党中央和人民委员会。1918—1924 年历任
副劳动人民委员、最高国民经济委员会主席团委员、全俄纺织辛迪加管理
委员会主席等职。1921 年起任俄共(布)中央检查委员会主席。曾任苏联
中央执行委员会主席团委员。——22、58、72、130。

P

皮达可夫,格奥尔吉·列昂尼多维奇(Пятаков,Георгий Леонидович 1890—
1937)——1910 年加入俄国社会民主工党。1914—1917 年先后侨居瑞士
和瑞典;曾参加伯尔尼代表会议,为《共产党人》杂志撰稿。1917 年二月革
命后任党的基辅委员会主席和基辅工人代表苏维埃执行委员会委员。十
月革命后任国家银行总委员。1918 年在乌克兰领导"左派共产主义者"。
1918 年 12 月任乌克兰临时工农政府主席。1919 年后担任过一些集团军
的革命军事委员会委员。1920 年起历任顿巴斯中央煤炭工业管理局局
长、国家计划委员会和最高国民经济委员会副主席、驻法国商务代表、苏联
国家银行管理委员会主席、副重工业人民委员、租让总委员会主席等职。
1920—1921 年工会问题争论期间支持托洛茨基的纲领。1923 年起属托
洛茨基反对派。在党的第十二、十三、十四、十六和十七次代表大会上当选
为中央委员。1927 年被开除出党,1928 年恢复党籍,1936 年被再次开除
出党。1937 年 1 月被苏联最高法院军事审判庭以"进行叛国、间谍、军事

破坏和恐怖活动"的罪名判处枪决。1988 年 6 月苏联最高法院为其平反。
——123、198、327、405—406。

普利什凯维奇，弗拉基米尔·米特罗范诺维奇（Пуришкевич，Владимир
　　Митрофанович 1870— 1920）——俄国大地主，黑帮反动分子，君主派。
　　1900 年起在内务部任职，1904 年为维·康·普列韦的内务部特别行动处
　　官员。1905 年参与创建黑帮组织"俄罗斯人民同盟"，1907 年退出同盟并
　　成立了新的黑帮组织"米迦勒天使长同盟"。第二届、第三届和第四届国家
　　杜马代表，因在杜马中发表歧视异族和反犹太人的演说而臭名远扬。第一
　　次世界大战期间鼓吹把战争进行到"最后胜利"。1917 年二月革命后主张
　　恢复君主制。十月革命后竭力反对苏维埃政权，是 1917 年 11 月初被揭露
　　的军官反革命阴谋的策划者。——74。

普列汉诺夫，格奥尔吉·瓦连廷诺维奇（Плеханов，Георгий Валентинович
　　1856—1918）——俄国早期的马克思主义理论家，后来成为孟什维克和第
　　二国际机会主义领袖之一。19 世纪 70 年代参加民粹主义运动，是土地和
　　自由社成员及土地平分社领导人之一。1880 年侨居瑞士，逐步同民粹主
　　义决裂。1883 年在日内瓦创建俄国第一个马克思主义团体——劳动解放
　　社。翻译和介绍了马克思和恩格斯的许多著作，对马克思主义在俄国的传
　　播起了重要作用；写过不少优秀的马克思主义著作，批判民粹主义、合法马
　　克思主义、经济主义、伯恩施坦主义、马赫主义。20 世纪初是《火星报》和
　　《曙光》杂志编辑部成员。曾参与制定俄国社会民主工党纲领草案和参加
　　党的第二次代表大会的筹备工作。在代表大会上是劳动解放社的代表，属
　　火星派多数派，参加了大会常务委员会，会后逐渐转向孟什维克。1905—
　　1907 年革命时期反对列宁的民主革命的策略，后来在孟什维克和布尔什
　　维克之间摇摆。在俄国社会民主工党第四次（统一）代表大会上作了关于
　　土地问题的报告，维护马斯洛夫的孟什维克方案；在国家杜马问题上坚持
　　极右立场，呼吁支持立宪民主党人的杜马。斯托雷平反动时期和新的革命
　　高涨年代反对取消主义，领导孟什维克护党派。第一次世界大战期间持社
　　会沙文主义立场。1917 年二月革命后支持资产阶级临时政府。对十月革
　　命持否定态度，但拒绝支持反革命。最重要的理论著作有《社会主义与政
　　治斗争》(1883)、《我们的意见分歧》(1885)、《论一元论历史观之发展》

(1895)、《唯物主义史论丛》(1896)、《论个人在历史上的作用》(1898)、《没有地址的信》(1899—1900)，等等。——192—194、196。

普罗相，普罗什·佩尔切维奇（Прошьян, Прош Перчевич 1883—1918）——俄国社会革命党人，左派社会革命党的组织者和领袖之一。20世纪初参加革命运动，1905年加入社会革命党。1905—1913年服苦役，后逃往国外。第一次世界大战期间是国际主义者。1917年二月革命后回国，在赫尔辛福斯出版《社会革命党人报》，加入社会革命党左翼。主张同布尔什维克结盟，在彼得格勒参加十月武装起义。在全俄苏维埃第二次代表大会上当选为全俄中央执行委员会委员。左派社会革命党成立后为该党中央委员。1917年12月进入人民委员会，任邮电人民委员。1918年3月因反对签订布列斯特和约退出人民委员会；是莫斯科左派社会革命党人叛乱的领导人之一。叛乱被平定后转入地下。死于伤寒病。——58、190、320。

Q

齐赫泽，尼古拉·谢苗诺维奇（Чхеидзе, Николай Семенович 1864—1926）——俄国孟什维克领袖之一。19世纪90年代末参加社会民主主义运动。俄国社会民主工党第二次代表大会后是孟什维克。第三届和第四届国家杜马代表，第四届国家杜马孟什维克党团主席。第一次世界大战期间是中派分子。1917年二月革命后任国家杜马临时委员会委员、彼得格勒工兵代表苏维埃主席和第一届中央执行委员会主席，极力支持资产阶级临时政府。1918年起是反革命的外高加索议会主席，1919年起是格鲁吉亚孟什维克政府——立宪会议主席。1921年格鲁吉亚建立苏维埃政权后流亡法国。——276。

契切林，格奥尔吉·瓦西里耶维奇（Чичерин, Георгий Васильевич 1872—1936）——1904年参加俄国革命运动，1905年在柏林加入俄国社会民主工党。长期在国外从事革命活动。斯托雷平反动时期是孟什维主义的拥护者。第一次世界大战期间是国际主义者。1917年底转向布尔什维主义立场，1918年加入俄共（布）。1918年初回国后被任命为副外交人民委员，参加了布列斯特的第二阶段谈判，同德国签订了布列斯特和约。1918年5月—1930年任外交人民委员，是出席热那亚国际会议和洛桑国际会议的苏俄代表团团长。曾任全俄中央执行委员会和苏联中央执行委员会委员。在党的第十四次和第十五次代表大会上当选为中央委员。——404。

切尔诺夫,维克多·米哈伊洛维奇(Чернов, Виктор Михайлович 1873—1952)——俄国社会革命党领袖和理论家之一。1902—1905 年任社会革命党中央机关报《革命俄国报》编辑。曾撰文反对马克思主义,企图证明马克思的理论不适用于农业。第一次世界大战期间持社会沙文主义立场,曾参加齐美尔瓦尔德代表会议和昆塔尔代表会议。1917 年 5—8 月任临时政府农业部长,对夺取地主土地的农民实行残酷镇压。敌视十月革命。1918 年 1 月任立宪会议主席;曾领导萨马拉的反革命立宪会议委员会,参与策划反苏维埃叛乱。1920 年流亡国外,继续反对苏维埃政权。在他的理论著作中,主观唯心主义和折中主义同修正主义和民粹派的空想混合在一起;企图以资产阶级改良主义的"结构社会主义"对抗科学社会主义。——84、138、157—158、196、238、240—241、244、249、257、276、283、302、305。

丘德诺夫斯基,格里戈里·伊萨科维奇(Чудновский, Григорий Исаакович 1890—1918)——1905 年参加俄国革命运动,活动初期是孟什维克。1910 年因进行革命活动流放西伯利亚,1913 年逃往国外。1917 年 5 月回国,参加区联派,在俄国社会民主工党(布)第六次代表大会上随区联派集体加入布尔什维克党。十月革命期间是党中央委员会全俄军事组织局成员、彼得格勒军事革命委员会委员;攻打冬宫的领导人之一。十月革命后任西南方面军特别政委,参加了同乌克兰中央拉达的战斗。1918 年苏维埃军队解放基辅后任基辅市民事委员。在乌克兰战线的一次战斗中牺牲。——88。

S

萨文柯夫,波里斯·维克多罗维奇(Савинков, Борис Викторович 1879—1925)——俄国社会革命党领袖之一,作家。在彼得堡大学学习时开始政治活动,接近经济派-工人思想派,在工人小组中进行宣传,为《工人事业》杂志撰稿。1901 年被捕,后被押送沃洛格达省,从那里逃往国外。1903 年加入社会革命党,1903—1906 年是该党"战斗组织"的领导人之一,多次参

加恐怖活动。1909 年和 1912 年以维·罗普申为笔名先后发表了两部浸
透神秘主义和对革命斗争失望情绪的小说:《一匹瘦弱的马》和《未曾有过
的东西》。1911 年侨居国外。第一次世界大战期间是社会沙文主义者。
1917 年二月革命后回国,任临时政府驻最高总司令大本营的委员、西南方
面军委员、陆军部副部长、彼得格勒军事总督;根据他的提议在前线实行
了死刑。十月革命后参加克伦斯基—克拉斯诺夫叛乱,参与组建顿河志
愿军,建立地下反革命组织"保卫祖国与自由同盟",参与策划反革命叛
乱。1921—1923 年在国外领导反对苏维埃俄国的间谍破坏活动。1924
年偷越苏联国境时被捕,被判处死刑,后改为十年监禁。在狱中自杀。
——35、194。

舍印曼,亚伦·李沃维奇(Шейнман, Арон Львович 1886—1944)——1903 年
加入俄国社会民主工党。1917 年 3 月任党的赫尔辛福斯委员会委员,10
月任芬兰赫尔辛福斯陆军、海军和工人代表苏维埃执行委员会主席。1918
年起在财政人民委员部、粮食人民委员部和对外贸易人民委员部担任负责
工作,历任副对外贸易和国内商业人民委员、俄罗斯联邦国家银行管理委
员会委员和苏联国家银行管理委员会主席、苏联副财政人民委员。1928
年起侨居国外。——26—27。

施雷德尔,А.А.(Шрейдер, А.А.)——俄国左派社会革命党人,1918 年任副
司法人民委员。曾任俄罗斯联邦宪法起草委员会委员。——419。

施略普尼柯夫,亚历山大·加甫里洛维奇(Шляпников, Александр Гаврилович
1885—1937)——1901 年加入俄国社会民主工党。曾在索尔莫沃、穆罗姆、
彼得堡和莫斯科做党的工作。1905—1906 年两度被捕,1908 年移居国外。
第一次世界大战期间在彼得堡和国外做党的工作,负责在党中央委员会国
外局同俄国局和彼得堡委员会之间建立联系。1917 年二月革命后任党的
彼得堡委员会委员、彼得格勒工兵代表苏维埃执行委员会委员和彼得格勒
五金工会主席。十月革命后参加第一届人民委员会,任劳动人民委员,后
领导工商业人民委员部。1918 年参加国内战争,先后任南方面军革命军
事委员会委员和里海-高加索方面军革命军事委员会主席。1919—1922
年任全俄五金工会中央委员会主席,1921 年 5 月起任最高国民经济委员
会主席团委员。1920—1922 年是工人反对派的组织者和领袖。1921 年

在党的第十次代表大会上当选为中央委员。后在经济部门担任负责职务。
1933 年清党时被开除出党。1935 年因所谓"莫斯科反革命组织'工人反对
派'集团"案被追究刑事责任,死于狱中。1988 年恢复名誉。——22、123、
227、433、435。

施泰因贝格,伊萨克·扎哈罗维奇(Штейнберг, Исаак Захарович)——俄国左
派社会革命党领袖之一;职业是律师。十月革命后曾参加人民委员会,任
司法人民委员。极力反对签订布列斯特和约。和约批准后,和其他左派社
会革命党人一起退出人民委员会。左派社会革命党人叛乱被彻底粉碎后
移居国外,在国外领导第二半国际中的社会革命党人集团;为在柏林出版
的反苏维埃的左派社会革命党人杂志《斗争旗帜》撰稿。——138、
189、412。

斯大林(**朱加施维里**),约瑟夫·维萨里昂诺维奇(Сталин (Джугашвили),
Иосиф Виссарионович 1879—1953)——苏联共产党和国家领导人,国际共
产主义运动活动家。1898 年加入俄国社会民主工党,党的第二次代表大
会后是布尔什维克。曾在梯弗利斯、巴统、巴库和彼得堡做党的工作。多
次被捕和流放。1912 年 1 月在党的第六次(布拉格)全国代表会议选出的
中央委员会会议上,被缺席增补为中央委员并被选入中央委员会俄国局;
积极参加布尔什维克《真理报》的编辑工作。1917 年二月革命后从流放地
回到彼得格勒,参加党中央委员会俄国局。在党的第七次全国代表会议
(四月代表会议)以及此后的历次代表大会上当选为中央委员。在十月革
命的准备和进行期间参加领导武装起义的彼得格勒军事革命委员会和党
总部。在全俄苏维埃第二次代表大会上当选为全俄中央执行委员会委员;
参加第一届人民委员会,任民族事务人民委员。1919 年 3 月起兼任国家
监察人民委员,1920 年起为工农检查人民委员。国内战争时期任共和国
革命军事委员会委员和一些方面军的革命军事委员会委员。1922 年 4 月
起任党中央总书记。1941 年起同时担任苏联人民委员会主席,1946 年起
为部长会议主席。1941—1945 年卫国战争时期任国防委员会主席、国防
人民委员和苏联武装力量最高统帅。1919—1952 年为中央政治局委员,
1952—1953 年为苏共中央主席团委员。1925—1943 年为共产国际执行
委员会委员。——23、80、81、129、235、236、264、339、384、386。

斯捷潘诺夫——见斯克沃尔佐夫-斯捷潘诺夫,伊万·伊万诺维奇。

斯克沃尔佐夫-斯捷潘诺夫,伊万·伊万诺维奇(斯捷潘诺夫;斯克沃尔佐夫)
(Скворцов-Степанов, Иван Иванович(Степанов, Скворцов)1870—1928)——
1891年参加俄国社会民主主义运动,1904年成为布尔什维克。1905—
1907年革命期间在党的莫斯科委员会写作演讲组工作。1906年是俄国社
会民主工党第四次(统一)代表大会的代表。1907年和1911年代表布尔
什维克被提名为国家杜马代表候选人。斯托雷平反动时期在土地问题上
持错误观点,对"前进"集团采取调和主义态度,但在列宁影响下纠正了自
己的错误。因进行革命活动多次被捕和流放。1914—1917年在莫斯科做
党的工作。1917年任俄国社会民主工党(布)莫斯科委员会委员、《莫斯科
苏维埃消息报》主编和《社会民主党人报》编委。十月革命期间任莫斯科军
事革命委员会委员。十月革命后参加第一届人民委员会,任财政人民委
员。1919—1925年历任全俄工人合作社理事会副主席、中央消费合作总
社理事会理事、国家出版社编辑委员会副主任。1925年起历任《消息报》
编辑、《真理报》副主编、中央列宁研究院院长等职。多次当选全俄中央执
行委员会和苏联中央执行委员会委员。1921年起为党中央检查委员会委
员,1925年起为党中央委员。马克思《资本论》(第1—3卷,1920年俄文
版)以及马克思和恩格斯的其他一些著作的译者和编者。写有许多有关革
命运动史、政治经济学、无神论等方面的著作。——22、240—241。

斯米尔诺夫,弗拉基米尔·米哈伊洛维奇(Смирнов, Владимир Михайлович
1887—1937)——1907年加入俄国社会民主工党。1917年二月革命后在
莫斯科工作,任布尔什维克报刊《社会民主党人报》和《斯巴达克》杂志编委。
十月革命后任最高国民经济委员会主席团委员。1918年是"左派共产主
义者"。国内战争期间担任几个集团军的革命军事委员会委员。1919年
在党的第八次代表大会上是军事反对派的首领之一。1920—1921年是民
主集中派的骨干分子。1921—1922年任国家计划委员会主席团委员。
1923年属托洛茨基反对派。1926年被开除出党,不久恢复党籍,1927年
被再次开除出党。——327、405—406。

斯蓬德,亚历山大·彼得罗维奇(Спундэ, Александр Петрович 1892—
1962)——1909年加入俄国社会民主工党。曾在里加做党的工作。屡遭

沙皇政府迫害。1917 年二月革命后任党的彼尔姆省委员会委员和乌拉尔
区域委员会委员。十月革命后任国家银行总委员助理。1919—1922 年在
一些省担任党的省委员会主席和省执行委员会主席。1926—1930 年任苏
联国家银行管理委员会副主席、财政人民委员部和交通人民委员部部务委
员。1931 年起为特种退休金领取者。——405—406、435。

斯皮里多诺娃,玛丽亚・亚历山德罗夫娜(Спиридонова, Мария Александровна
　　1884—1941)——俄国社会革命党领袖之一。1906 年因刺杀策划黑帮暴
　　行、镇压坦波夫省农民起义的首领加・尼・卢热诺夫斯基而被判处终身苦
　　役。1917 年二月革命后是左派社会革命党的组织者之一,12 月起为该党
　　中央委员。十月革命后为全俄中央执行委员会委员。反对签订布列斯特
　　和约,参加 1918 年 7 月左派社会革命党人的叛乱。被捕后由全俄中央执
　　行委员会赦免。后脱离政治活动。——401。

斯皮罗,В.Б.(Спиро, В.Б.)——俄国左派社会革命党人,全俄苏维埃第二次
　　代表大会代表。1918 年春任罗马尼亚方面军特别政委。——71。

斯图科夫,英诺森・尼古拉耶维奇(Стуков, Иннокентий Николаевич 1887—
　　1936)——1905 年加入俄国社会民主工党。曾在基辅、托木斯克、巴尔瑙
　　尔做党的工作,屡遭沙皇政府迫害。1917 年二月革命后先后任党的彼得
　　堡委员会委员和莫斯科区域委员会委员,参加区域委员会的常务委员
　　会。十月革命期间任莫斯科军事革命委员会委员。十月革命后从事党的
　　工作和苏维埃工作,历任党的莫斯科委员会鼓动宣传部部长、《莫斯科工人
　　报》编辑、《红色处女地》杂志出版社编辑等职。1918 年是"左派共产主义
　　者"。1920—1921 年支持民主集中派。1927 年参加托洛茨基反对派。
　　——327、438。

斯托雷平,彼得・阿尔卡季耶维奇(Столыпин, Петр Аркадьевич 1862—
　　1911)——俄国国务活动家,大地主。1884 年起在内务部任职。1902 年任
　　格罗德诺省省长。1903—1906 年任萨拉托夫省省长,因镇压该省农民运
　　动受到尼古拉二世的嘉奖。1906—1911 年任大臣会议主席兼内务大臣。
　　1907 年发动"六三政变",解散第二届国家杜马,颁布新选举法以保证地
　　主、资产阶级在杜马中占统治地位,残酷镇压革命运动,大规模实施死刑,
　　开始了"斯托雷平反动时期"。实行旨在摧毁村社和培植富农的土地改革。

1911 年被社会革命党人 Д.Г.博格罗夫刺死。——393、409。

斯维尔德洛夫,雅柯夫·米哈伊洛维奇(Свердлов, Яков Михайлович 1885 —
1919)——1901 年加入俄国社会民主工党。曾在下诺夫哥罗德、索尔莫
沃、科斯特罗马、喀山、莫斯科、彼得堡等地从事革命工作。1905 — 1907 年
革命期间领导乌拉尔布尔什维克组织。1912 年俄国社会民主工党第六次
(布拉格)全国代表会议后被增补为中央委员,参加中央委员会俄国局。曾
参加《真理报》编辑部,是《真理报》领导人之一。第四届国家杜马布尔什维
克党团领导人之一。屡遭沙皇政府迫害,在狱中和流放地度过十二年。
1917 年二月革命后是乌拉尔党组织领导人之一。在党的第七次全国代表
会议(四月代表会议)上当选为中央委员,会后被选为中央委员会书记。党
的第六次代表大会后领导中央书记处的工作。积极参加十月革命的准备
和组织工作,任领导武装起义的彼得格勒军事革命委员会委员和党总部成
员。1917 年 11 月 8 日(21 日)当选为全俄中央执行委员会主席。1918 年发
起成立全俄中央执行委员会鼓动员和指导员训练班,该训练班于 1919 年
7 月改组为斯维尔德洛夫共产主义大学。——329、339、386。

索柯里尼柯夫(**布里利安特**),格里戈里·雅柯夫列维奇(Сокольников
(Бриллиант), Григорий Яковлевич 1888 — 1939)——1905 年加入俄国社
会民主工党。1905 — 1907 年在莫斯科做宣传鼓动工作。1907 年被捕,流
放西伯利亚,后从流放地逃走。1909 — 1917 年住在国外,第一次世界大战
期间为托洛茨基的《我们的言论报》撰稿。1917 年二月革命后是党的莫斯
科委员会和莫斯科区域局成员、《真理报》编委。在党的第六、第七、第十一
至第十五次代表大会上当选为中央委员。1924 — 1925 年为政治局候补委
员。1930 — 1936 年为候补中央委员。十月革命后从事苏维埃、军事和外交
工作。1918 — 1920 年任几个集团军革命军事委员会委员。1920 年 8 月 —
1921 年 3 月任土耳其斯坦方面军革命军事委员会委员和方面军司令、全俄
中央执行委员会和俄罗斯联邦人民委员会土耳其斯坦事务委员会主席。
1921 年起任财政人民委员部部务委员、副财政人民委员,1922 年起任财政
人民委员,1926 年起任国家计划委员会副主席。1932 年任副外交人民委
员。1925 年参加"新反对派",后加入"托季联盟"。1936 年被开除出党。
1937 年 1 月被苏联最高法院军事审判庭以"进行叛国、间谍、军事破坏和

恐怖活动"的罪名判处十年监禁。1939 年死于狱中。1988 年 6 月苏联最高法院为其平反。——129、327、403—404。

T

泰奥多罗维奇,伊万·阿道福维奇(Теодорович, Иван Адольфович 1875—1937)——1895 年加入莫斯科工人阶级解放斗争协会,1903 年俄国社会民主工党第二次代表大会后是布尔什维克。1905 年在日内瓦任《无产者报》编辑部秘书。1905—1907 年为党的彼得堡委员会委员。俄国社会民主工党第四次(统一)代表大会代表,被选入记录审订委员会。后在莫斯科、彼得堡、斯摩棱斯克、西伯利亚等地工作。1907 年在党的第五次(伦敦)代表大会上当选为中央委员,1917 年在党的第七次全国代表会议(四月代表会议)上当选为候补中央委员。十月革命后参加第一届人民委员会,任粮食人民委员。1917 年 11 月主张成立有孟什维克和社会革命党人参加的联合政府,遭到否决后声明退出人民委员会。国内战争期间参加游击队同高尔察克作战。1920 年起在农业人民委员部工作,起初任部务委员,1922 年起任副农业人民委员,1926 年起兼任国际农业研究所所长。1928—1930 年任农民国际总书记。后来任政治苦役犯协会出版社总编辑和《苦役与流放》杂志责任编辑。写有农业问题和革命运动史方面的著作。——23。

唐恩(**古尔维奇**),费多尔·伊里奇(Дан(Гурвич), Федор Ильич 1871—1947)——俄国孟什维克领袖之一;职业是医生。1894 年参加社会民主主义运动,加入彼得堡工人阶级解放斗争协会。1896 年 8 月被捕,监禁两年左右,1898 年流放维亚特卡省,为期三年。1901 年夏逃往国外,加入《火星报》柏林协助小组。1902 年作为《火星报》代办员参加了俄国社会民主工党第二次代表大会的筹备会议,会后再次被捕,流放东西伯利亚。1903 年9 月逃往国外,成为孟什维克。俄国社会民主工党第四次(统一)代表大会和第五次(伦敦)代表大会及一系列代表会议的参加者。斯托雷平反动时期和新的革命高涨年代在国外领导取消派,编辑取消派的《社会民主党人呼声报》。第一次世界大战期间是社会沙文主义者。1917 年二月革命后任彼得格勒苏维埃执行委员会委员和第一届中央执行委员会主席团委员,支持资产阶级临时政府。十月革命后反对苏维埃政权,1922 年被驱逐出境,在柏林领导孟什维克进行反革命活动。1923年参与组织社会主义工人国际。同年被取消苏联国籍。——17、42、194、260。

特鲁托夫斯基,弗拉基米尔·叶夫格拉福维奇（Трутовский, Владимир Евграфович 1889—1937）——俄国左派社会革命党党员,中央委员。1917年12月进入人民委员会,任城市和地方自治人民委员。1918年3月因反对签订布列斯特和约退出人民委员会。——431。

托尔斯泰,列夫·尼古拉耶维奇（Толстой, Лев Николаевич 1828—1910）——俄国作家。出身贵族。他的作品深刻地反映了俄国社会整整一个时代（1861—1905）的矛盾,列宁称托尔斯泰为"俄国革命的镜子"。作为天才的艺术家,托尔斯泰创作了无与伦比的俄国生活的图画,创作了世界文学中第一流的作品,对俄国文学和世界文学产生了巨大影响;同时他的作品又突出地表现了以宗法制社会为基础的农民世界观的矛盾:一方面无情地揭露沙皇专制制度和新兴资本主义的种种罪恶,另一方面又鼓吹"不用暴力抵抗邪恶",鼓吹不问政治和道德上的自我修养。列宁在一系列著作中评述了托尔斯泰的世界观,并对他的全部活动作了评价。——153。

托洛茨基（**勃朗施坦**）,列夫·达维多维奇（Троцкий（Бронштейн）, Лев Давидович 1879—1940）——1897年参加俄国社会民主主义运动。在俄国社会民主工党第二次代表大会上是西伯利亚联合会的代表,属火星派少数派。1905年同亚·帕尔乌斯一起提出和鼓吹"不断革命论"。斯托雷平反动时期和新的革命高涨年代,打着"非派别性"的幌子,实际上采取取消派立场。1912年组织"八月联盟"。第一次世界大战期间持中派立场。1917年二月革命后参加区联派,在党的第六次代表大会上随区联派集体加入布尔什维克党,当选为中央委员。参加十月武装起义的领导工作。十月革命后任外交人民委员,1918年初反对签订布列斯特和约,同年3月改任共和国革命军事委员会主席、陆海军人民委员等职。参与组建红军。1919年起为党中央政治局委员。1920年起历任共产国际执行委员会候补委员、委员。1920—1921年挑起关于工会问题的争论。1923年起进行派别活动。1925年初被解除革命军事委员会主席和陆海军人民委员职务。1926年与季诺维也夫结成"托季联盟"。1927年被开除出党,1929年被驱逐出境,1932年被取消苏联国籍。在国外组织第四国际。死于墨西哥。——23、42、53、59、79、129、235—236、260、264、330、343、349、380、389、403、404、405。

W

瓦尔帕斯-汉尼宁,爱德华(Walpas-Hänninen, Edward 1873—1937)——芬兰社会民主党党员。1905—1909年任芬兰社会民主党执行委员会主席,1901—1918年任党中央机关报《工人日报》编辑。1920年被控"准备起义",被判处无期徒刑,1924年获赦。后从事工会和新闻工作。——90。

威尔逊,伍德罗(Wilson, Woodrow 1856—1924)——美国国务活动家。1910—1912年任新泽西州州长。1913年代表民主党当选为美国总统,任期至1921年。任内镇压工人运动,推行扩张政策,对拉丁美洲各国进行武装干涉,并促使美国站在协约国一方参加第一次世界大战。俄国十月革命后是武装干涉苏维埃俄国的策划者之一。1918年提出帝国主义的和平纲领"十四点",妄图争夺世界霸权。曾率领美国代表团出席巴黎和会(1919—1920)。1920年总统竞选失败,后退出政界。——461、462。

威廉二世(**霍亨索伦**)(Wilhelm II(Hohenzollern)1859—1941)——普鲁士国王和德国皇帝(1888—1918)。——13、16、362、379、389、440。

维克,卡尔·哈拉德(Wiik, Karl Harald 1883—1946)——芬兰社会民主党党员。1909—1940年(稍有间断)任芬兰社会民主党执行委员会委员,1926—1936年任党的书记。列宁1917年8月进入赫尔辛福斯以前曾在他的别墅逗留一天。1918年芬兰革命时期参加革命政府——人民代表委员会。多次当选议员。1941年因参加反战运动被剥夺了议员的不受侵犯权,并被逮捕。1941—1944年被监禁。1944年以他为首的一批左派社会民主党人和芬兰共产党一起建立了芬兰人民民主联盟,并担任联盟的第一任主席。——90。

温尼琴科,弗拉基米尔·基里洛维奇(Винниченко, Владимир Кириллович 1880—1951)——乌克兰作家,乌克兰民族主义反革命首领之一。1901年加入小资产阶级民族主义的乌克兰革命党(后更名为乌克兰社会民主工党)。1907年当选为乌克兰社会民主工党中央委员。1907—1914年侨居国外。1917年二月革命后是反革命的乌克兰中央拉达的组织者和领导人之一,后与佩特留拉一起领导乌克兰督政府(1918—1919年乌克兰的民族主义政府),交替为德国和英法帝国主义者效劳。乌克兰建立苏维埃政权后成为白俄流亡分子。1920年表面上同苏维埃政权和解,获准返回乌克兰,加入俄共(布),被任命为乌克兰苏维埃社会主义共和国人民委员会副主席。同年10月再次流亡国外。——190。

沃罗夫斯基,瓦茨拉夫·瓦茨拉沃维奇(Воровский, Вацлав Вацлавович 1871—1923)——1890年在大学生小组中开始革命活动,1894—1897年是莫斯科工人协会领导人之一。1902年侨居国外,成为列宁《火星报》撰稿人。俄国社会民主工党第二次代表大会后是布尔什维克。1904年初受列宁委派,在敖德萨建立俄国社会民主工党中央委员会南方局;8月底出国,赞同22个布尔什维克的宣言。1905年同列宁、米·斯·奥里明斯基、阿·瓦·卢那察尔斯基一起参加《前进报》和《无产者报》编辑部,是俄国社会民主工党第三次代表大会代表。1905年底起在彼得堡的布尔什维克组织和布尔什维克的《新生活报》编辑部工作。1906年是党的第四次(统一)代表大会代表。1907—1912年领导敖德萨的布尔什维克组织。因积极从事革命活动被捕和流放。1915年去斯德哥尔摩,1917年根据列宁提议进入党中央委员会国外局。十月革命后从事外交工作:1917—1919年任俄罗斯联邦驻斯堪的纳维亚国家的全权代表,1921—1923年任驻意大利全权代表。曾出席热那亚国际会议和洛桑国际会议。在洛桑被白卫分子杀害。——305。

沃伊诺夫,伊万·阿夫克森齐耶维奇(Воинов, Иван Авксентьевич 1884—1917)——1909年加入俄国社会民主工党,布尔什维克,工人。《明星报》和《真理报》的通讯员。出身于雅罗斯拉夫尔省一个贫苦农民家庭。迁居彼得堡后,曾在一些企业和尼古拉耶夫铁路工作,同铁路上的布尔什维克组织建立了联系。多次被捕和流放。1917年二月革命后回到彼得格勒,在印刷《真理报》的劳动印刷所工作,并为报社撰写通讯稿。7月6日(19日),在散发《〈真理报〉小报》时,被哥萨克和士官生在什帕列拉街杀害。——142—143。

乌里茨基,米哈伊尔(莫伊塞)·索洛蒙诺维奇(Урицкий, Михаил(Моисей) Соломонович 1873—1918)——1898年加入俄国社会民主工党,党的第二次代表大会后是孟什维克。1905年在彼得堡进行革命工作。多次被捕和流放。第一次世界大战期间持中派立场。1917年二月革命后参加区联派，在俄国社会民主工党(布)第六次代表大会上随区联派集体加入布尔什维克党，当选为中央委员。积极参加十月革命，是领导武装起义的彼得格勒军事革命委员会委员和党总部成员。十月革命后任内务人民委员部部务委员、驻全俄立宪会议选举委员会特派员。1918年2月任彼得格勒革命防卫委员会委员。在布列斯特和约问题上持"左派共产主义者"立场。在党的第七次代表大会上当选为候补中央委员。1918年3月起任彼得格勒肃反委员会主席。同年8月在彼得格勒被社会革命党人杀害。——350、405—406、438—439。

X

西罗拉(**西利安**)，尤里约·埃利亚斯(Sirola(Siljan)，Yrjö Elias 1876—1936)——芬兰工人运动活动家，芬兰共产党创建人之一。1903—1918年为芬兰社会民主党党员，1905—1906年任书记，1909—1911年任主席。多次当选议员。芬兰1918年革命时期参加革命政府——人民代表委员会。从1918年芬兰共产党成立时起即为党中央委员。1921—1922年和1928—1936年任国际监察委员会委员。曾积极从事政治工作和宣传工作，将许多马克思列宁主义经典著作译成芬兰文和瑞典文。——90。

席勒，约翰·克里斯托夫·弗里德里希(Schiller，Johann Christoph Friedrich 1759—1805)——德国诗人和剧作家。——152。

兴登堡，保尔(Hindenburg，Paul 1847—1934)——德国军事家和国务活动家，元帅(1914)。普奥战争(1866)和普法战争(1870—1871)的参加者。第一次世界大战期间，1914年8月起任东普鲁士的德军第8集团军司令，11月起任东线部队司令，1916年8月起任总参谋长，实际上是总司令。1918年是武装干涉苏维埃俄国的策划者之一。参与镇压德国1918年十一月革命。1925年和1932年两度当选魏玛共和国总统。1933年授命希特勒组织政府，从而把全部政权交给了法西斯分子。——440。

Y

雅库波夫，阿尔沙克·斯捷潘诺维奇(Якубов，Аршак Степанович 1882—

1923)——1900年加入俄国社会民主工党。曾在梯弗利斯、莫斯科和西伯
利亚做党的工作。十月革命后任俄罗斯联邦粮食人民委员部部务委员、共
和国革命军事委员会委员、乌克兰工农检查人民委员。——345。

雅罗斯，格里戈里·莫伊谢耶维奇（Яррос，Григорий Моисеевич 1882—
1965)——新闻工作者。1917年是美联社通讯员。1924年到苏联，从事新
闻和教学活动。——101。

叶利扎罗夫，马尔克·季莫费耶维奇（Елизаров，Марк Тимофеевич 1863—
1919)——1893年参加俄国社会民主主义运动，布尔什维克；列宁的姐夫。
曾在彼得堡、莫斯科和伏尔加河流域做党的工作。俄国第一次革命的积极
参加者，1905年铁路员工大罢工的领导人之一。多次被捕和流放。十月
革命后历任交通人民委员、保险事务委员会主任委员、工商业人民委员部
部务委员。——311。

伊兹迈洛夫，尼古拉·费多罗维奇（Измайлов，Николай Федорович 1891—
1971)——俄国波罗的海舰队水兵，彼得格勒十月武装起义和国内战争的
积极参加者。1917年7月加入俄国社会民主工党（布)。1913年应征入
伍，在波罗的海舰队服役。1917年二月革命后当选为喀琅施塔得第一届
工兵代表苏维埃代表。1917年6月起为波罗的海舰队中央委员会委员和
该委员会军事部主任，后任波罗的海舰队中央委员会副主席和主席。在彼
得格勒十月武装起义和平定克伦斯基—克拉斯诺夫叛乱期间，遵照列宁的
指示把舰艇从赫尔辛福斯派往彼得格勒。1918年2月起任波罗的海舰队
总政委，5月起任海洋经济总管理局委员。1920年任西南方面军海军和江
河部队司令。国内战争结束后担任行政职务。——28—29。

越飞，阿道夫·阿布拉莫维奇（Иоффе，Адольф Абрамович 1883—1927)——
19世纪末参加俄国社会民主主义运动。1903年俄国社会民主工党第二次
代表大会后是孟什维克。1908年起和托洛茨基一起在维也纳出版《真理
报》。1917年二月革命后参加区联派，任彼得格勒工兵代表苏维埃委员、
第一届中央执行委员会委员。在俄国社会民主工党（布)第六次代表大会
上随区联派集体加入布尔什维克党，被选为候补中央委员。十月革命期间
任彼得格勒军事革命委员会委员。在党的第七次代表大会上再次当选为
候补中央委员。1918年布列斯特谈判期间先后任苏俄和谈代表团团长和

团员,谈判后期为顾问;采取托洛茨基的"不战不和"的立场。1918 年 4—
11 月任俄罗斯联邦驻柏林全权代表。1919—1920 年是同爱沙尼亚、立陶
宛、拉脱维亚、波兰进行和谈的代表团成员。1922—1924 年和 1924—
1925 年先后任驻中国大使和驻奥地利大使。1925—1927 年追随托洛茨
基反对派。——343、350、352、402、403。

Z

扎克斯,Г.Д.(Закс,Г.Д. 1882—1937)——俄国社会革命党人,左派社会革
　　命党的组织者之一。十月革命期间任军事革命委员会委员、特别调查委员
　　会委员、彼得格勒市杜马副主席。1917 年 12 月起任副教育人民委员、全
　　俄肃反委员会副主席。1918 年 7 月左派社会革命党人叛乱和该党分裂
　　后,是"民粹派共产党"的组织者之一。1918 年 11 月加入俄共(布)。曾参
　　加国内战争,后从事军事和苏维埃工作。——61。

朱加施维里,约·维·——见斯大林,约瑟夫·维萨里昂诺维奇。

文 献 索 引

над русской революцией. — «Коммунист», Пг., 1918, №1, 5 марта, стр. 1—2)——437。

[列宁，弗·伊·]《被剥削劳动人民权利宣言》(1918 年 1 月 3 日(16 日))
([Ленин, В. И.] Декларация прав трудящегося и эксплуатируемого народа. 3(16) января 1918 г. — «Известия Центрального Исполнительного Комитета Советов Крестьянских, Рабочих и Солдатских Депутатов и Петроградского Совета Рабочих и Солдатских Депутатов», 1918, №2 (266), 4 января, стр. 1)——237、244。

—《第一次革命的第一阶段》(远方来信。第一封信)(Первый этап первой революции. (Письма из далека; письмо 1-ое). — «Правда», Пг., 1917, №14, 21 марта, стр. 2 — 3; №15, 22 марта, стр. 2. Подпись: Н. ленин)——195。

—《俄国社会民主工党(布)中央委员会多数派给少数派的最后通牒》(1917 年 11 月 3 日(16 日))(Ультиматум большинства ЦК РСДРП(б) меньшинству. 3(16) ноября 1917 г.)——70。

—《俄国社会民主工党(布)中央委员会关于中央内部反对派问题的决议(1917 年 11 月 2 日(15 日))》——见列宁，弗·伊·《决议(俄国社会民主工党中央委员会 11 月 2 日会议通过)》。

—《告工人、士兵和农民书》(Рабочим, солдатам и крестьянам! — «Рабочий и Солдат», Пг., 1917, №9, 26 октября (8 ноября), стр. 1. Подпись: Всероссийский съезд Советов рабочих и солдатских депутатов. Делегаты от крестьянских Советов)——54。

—《告乌克兰人民并向乌克兰拉达提出最后通牒式的要求》——见列宁，弗·伊·《人民委员会——告拉达》。

—《工兵代表苏维埃代表大会土地法令(10 月 26 日会议凌晨 2 时通过)》(载于[列宁，弗·伊·]《土地问题资料》一书)(Декрет о земле съезда Советов рабочих и солдатских депутатов (принят на заседании 26-го октября, в 2 ч. ночи). — В кн.: [Ленин, В. И.] Материалы по аграрному вопросу. Пг., «Прибой», 1917, стр. 30 — 32. (РСДРП). Перед загл. авт.: Н. Ленин)——119。

—《工兵代表苏维埃代表大会土地法令》(10 月 26 日会议凌晨 2 时通过)
(载于1917 年 10 月 28 日《中央执行委员会和彼得格勒工兵代表苏维埃消
息报》第 209 号)(Декрет о земле съезда Советов рабочих и с.д.(Принят
на зас. 26 окт. в 2 ч.н.).—«Известия Центрального Исполнительного
Комитета и Петроградского Совета рабочих и Солдатских Депутатов»,
1917,№209,28 октября,стр. 1) —— 17—21、30、35、45、56、65、69、83、
94、95、103、115、117—120、157—158、238、332、341。

—《工兵代表苏维埃第二次代表大会土地法》(10 月 26 日会议凌晨 2 时通
过)(Закон о земле Второго съезда Советов раб. и солд. депутатов.(Принят
на заседании 26-го октября в 2 час. ночи).—В кн.:[Ленин,В. И.] Как
обманули народ социалисты-революционеры и что дало народу новое
правительство большевиков. Пг., тип. «Сельского Вестника», 1917, стр.
27—32. (Солдатская и крестьянская б-ка. №18). Перед загл. авт.: Н.
Ленин)——84。

—《关于成立工农政府的决定》——见列宁,弗·伊·《全俄工兵农代表苏
维埃代表大会决定》。

—[《关于和平问题的报告(1917 年 10 月 26 日(11 月 8 日)在全俄工兵代表
苏维埃第二次代表大会上)》]([Доклад о мире на Втором Всероссийском
съезде Советов рабочих и солдатских депутатов 26 октября (8 ноября)
1917 г.].—«Известия Центрального Исполнительного Комитета и
Петроградского Совета Рабочих и Солдатских Депутатов», 1917, №209,
28 октября, стр. 4—5. Под общ. загл.: 2-й Всероссийский съезд Совет.
рабочих и солд. депутатов совместно с представителями уездных и
губернских Советов крестьянских депутатов)——14。

—《关于立刻缔结单独的兼并性和约问题的提纲》——见列宁,弗·伊·
《谈谈不幸的和约问题的历史》。

—《关于立宪会议的提纲》(Тезисы об Учредительном собрании.—«Правда»,
Пг.,1917,№213(144),26 (13)декабря,стр. 3)——165。

—《关于土地问题的讲话》(Речь по аграрному вопросу. М.,Моск. подрайон-
ный комитет печатников РСДРП,[1917]. 16 стр. (РСДРП). Перед.

загл. авт.：Н. Ленин)——341。

—《关于土地问题的决议》——见列宁，弗·伊·《关于土地问题的决议(1917年4月24—29日俄国社会民主工党(布尔什维克)全国代表会议通过)》。

—《关于土地问题的决议(1917年4月24—29日俄国社会民主工党(布尔什维克)全国代表会议通过)》(Резолюция о земельном вопросе，принятая на Всероссийской конференции РСДРП (большевиков) 24 — 29 апреля 1917 года.—В кн.：[Ленин, В. И.]Материалы по аграрному вопросу. Пг.,«Прибой»,1917，стр. 27 — 29. (РСДРП). Перед загл. авт.：Н. Ленин)——119。

—《和平法令(1917年10月26日全俄工兵农代表苏维埃代表大会会议一致通过)》(Декрет о мире，принятый единогласно на заседании Всероссийского съезда Советов рабочих，солдатских и крестьянских депутатов 26 октября 1917 г.—«Известия Центрального Исполнительного Комитета и Петроградского Совета Рабочих и Солдатских Депутатов»，1917，№208，27 октября，стр. 1)——9、11、12、14 — 16、30、35、56、62、65、238。

—《几个要点》(Несколько тезисов. От редакции.—«Социал-Демократ»，Женева，1915，№47，13 октября，стр. 2)——255。

—《决议(11月2日俄国社会民主工党中央委员会会议通过)》(Резолюция，принятая на заседании ЦК РСДРП в заседании 2-го ноября.—«Правда»，Пг.，1917，№180(111)，17(4)ноября，стр. 2)——47、48。

—《论革命空谈》(О революционной фразе.—«Правда»，Пг.，1918，№31(257)，21(8)февраля，стр. 2 — 3. Подпись：Карпов)——377、381。

—《论疥疮》(О чесотке.—«Правда». Вечерний вып.，Пг.，1918，№33，22(9)февраля，стр. 1. Подпись：Карпов)——381。

—《论无产阶级在这次革命中的任务》(О задачах пролетариата в данной революции.—«Правда»，Пг.，1917，№26，7 апреля，стр. 1 — 2. Подпись：Н. Ленин)——248、286、302。

—《全俄工兵农代表苏维埃代表大会决定》(Всероссийский съезд Советов рабочих，солдатских и крестьянских депутатов постановляет.—«Рабочий и Солдат», Пг., 1917, №10, 27 октября (9 ноября), стр. 1. Под общ. загл.: Совет Народных Комиссаров)——40、68、72。

——《人民委员会——告拉达》(Совет Комиссаров—Раде.—«Известия Центрального Исполнительного Комитета и Петроградского Совета Рабочих и Солдатских Депутатов», 1917, №244, 6 декабря, стр. 1—2. Подпись: Совет Народных Комиссаров)——219。

——《人民委员会工作报告(1918 年 1 月 11 日(24 日)在全俄工兵农代表苏维埃第三次代表大会上)》——见列宁,弗·伊·《人民委员会主席列宁同志在全俄苏维埃第三次代表大会上的讲话》。

——《[人民委员会]关于逮捕反革命内战祸首的法令》(1917 年 11 月 28 日)(Декрет [СНК] об аресте вождей гражданской войны против революции. 28 ноября 1917 г.—«Известия Центрального Исполнительного Комитета и Петроградского Совета рабочих и Солдатских Депутатов», 1917, №239, 29 ноября, стр. 1)——138、139、142。

——《人民委员会主席列宁同志在全俄苏维埃第三次代表大会上的讲话》(Речь Председателя Совета Народных Комиссаров тов. Ленина на 3-м Всерос. съезде.—«Известия Центрального Исполнительного Комитета Советов Крестьянских, Рабочих и Солдатских Депутатов и Петроградского Совета Рабочих и Солдатских Депутатов», 1918, №8 (272), 12 января, стр. 2; №9 (273), 13 января, стр. 2; №10(274), 14 января, стр. 2. Под общ. загл.: Третий Всероссийский съезд Советов рабочих и солдатских депутатов)——284。

——《社会革命党对农民的新骗术》(载于《工人之路报》)(Новый обман крестьян партией эсеров.—«Рабочий Путь», Пг., 1917, №44, 6 ноября(24 октября), стр. 1. Подпись: Н. Ленин)——84。

——《社会革命党对农民的新骗术》(载于[列宁,弗·伊·]《社会革命党人怎样欺骗人民,布尔什维克新政府给了人民什么》一书)(Новый обман крестьян партией эсеров.—В кн.: [Ленин, В. И.] Как обманули народ социалисты-революционеры и что дало народу новое правительство большевиков. Пг., тип. «Сельского Вестника», 1917, стр. 17—26. (Солдатская и крестьянская б-ка. №18). Перед загл. авт.: Н. Ленин)——84。

—《社会革命党人怎样欺骗人民，布尔什维克的新政府给了人民什么》
(Как обманули народ социалисты-революционеры и что дало народу
новое правительство большевиков. Пг., тип. «Сельского Вестника», 1917.
32 стр. (Солдатская и крестьянская б-ка. №18). Перед загл. авт.: Н.
Ленин)——83—84。

—《社会主义祖国在危急中!》(Социалистическое отечество в опасности!
[Декрет Совета Народных Комиссаров. 21 февраля 1918 г.].—«Известия
Центрального Исполнительного Комитета Советов Крестьянских,
Рабочих и Солдатских Депутатов и Петроградского Совета Рабочих и
Солдатских Депутатов», 1918, №31 (295), 22 (9) февраля, стр. 1)
——374。

—《谈谈不幸的和约问题的历史》(К истории вопроса о несчастном мире.—
«Правда», Пг., 1918, №34 (260), 24 (11) февраля, стр. 2—3. Подпись:
Н. Ленин)——197、260、262、381—382、392、393、421、422、437、439。

—《通电(致各团、师、军、集团军等委员会,全体革命陆军士兵和革命海军
水兵)》——见列宁,弗·伊·《通告》。

—《通告》(Всем! —«Рабочий и Солдат», Пг., 1917, №20, 9 (22) ноября,
стр. 2)——88、89。

—《土地问题资料》(Материалы по аграрному вопросу. Пг., «Прибой»,
1917. 32 стр. (РСДРП). Перед загл. авт.: Н. Ленин)——119。

—[《在全俄农民代表苏维埃非常代表大会上的总结发言(1917 年 11 月 18 日
(12 月 1 日))》]([Заключительное слово на Чрезвычайном Всероссийском
съезде Советов крестьянских депутатов 18 ноября (1 декабря) 1917 г.].—
«Правда», Пг., 1917, №(126) 195, 4 декабря (21 ноября), стр. 2. Под общ.
загл.: Заседание Крестьянского съезда)——102—104。

—《政论家札记》(Из дневника публициста. Крестьяне и рабочие.—«Рабочий»,
Пг., 1917, №6, 11 сентября (29 августа), стр. 2—3. Подпись: Н. Ленин)
——119—120。

[列宁,弗·伊·等]《政府同大本营在直达电报中的谈话》([Ленин, В. И. и

др.] Разговор правительства со Ставкой по прямому проводу.—«Рабочий и Солдат», Пг., 1917, №20, 9 (22) ноября, стр. 2. Подписи: Ленин, Сталин, Крыленко)——86。

洛佐夫斯基,索·阿·《工会和苏维埃政权》(Лозовский, С. А. Профессиональные союзы и Советская власть.—«Профессиональный Вестник», Пг., 1917, №8, 20 декабря, стр. 1—3)——222。

—《向中央执行委员会布尔什维克党团提出的声明》(Заявление в большевистскую фракцию ЦИК.—«Новая Жизнь», Пг., 1917, №172 (166), 4 (17) ноября, стр. 1—2)——221。

—《致全俄工会代表大会》(К Всероссийскому съезду профессиональных союзов.—«Профессиональный Вестник», Пг., 1917, №7, 10 декабря, стр. 2—3)——222。

马克思,卡·《给弗·恩格斯的信》(1870年2月12日)(Маркс, К. Письмо Ф. Энгельсу. 12 февраля 1870 г.)——282。

—《给路·库格曼的信》(1871年4月12日)(Письмо Л. Кугельману. 12 апреля 1871 г.)——201。

—《给威·白拉克的信》(1875年5月5日)(Письмо В. Бракке. 5 мая 1875 г.)——212。

—《给威·李卜克内西的信》(1871年4月6日)(Письмо В. Либкнехту. 6 апреля 1871 г.)——201。

马克思,卡·和恩格斯,弗·《神圣家族,或对批判的批判所做的批判》(Маркс, К. и Энгельс, Ф. Святое семейство, или критика критической критики. Против Бруно Бауэра и компании. Сентябрь—ноябрь 1844 г.)——198。

马斯洛夫,谢·列·[《土地委员会调整土地和农业关系法案》](Маслов, С. Л. [Законопроект об урегулировании земельными комитетами земельных и сельскохозяйственных отношений].—В кн.: [Ленин, В. И.] Как обманули народ социалисты-революционеры и что дало народу новое правительство большевиков. Пг., тип. «Сельского Вестника», 1917, стр. 7—15. (Солдатская и крестьянская б-ка. №18). Перед загл. авт.: Н.

Ленин)——83、84。

——《土地委员会调整土地和农业关系条例》(Правила об урегулировании земельными комитетами земельных и сельскохозяйственных отношений.——«Дело Народа», Пг., 1917, №183, 18 октября, стр. 4)——84。

米留可夫，帕·尼·《俄国获得的领土》(Милюков, П. Н. Территориальные приобретения в России.——В кн.: Чего ждет Россия от войны. Сборник статей: Туган-Барановского, М. Н. и др. С прил. 4-х географ. карт. Изд. 2-е. Пг., «Прометей», [1915], стр. 53—66)——298。

涅列金斯基-梅列茨基，尤·亚·《诗歌一首》("我走向小河畔……")(Нелединский-Мелецкий, Ю. А. Песня(«Выйду я на реченьку···»))——366、367。

皮达可夫，格·列·《无产阶级和银行》([Пятаков, Г. Л.] Пролетариат и банки. —«Правда», Пг., 1917, №206 (137), 18 (5) декабря, стр. 2. Подпись: П. Киевский)——199。

契诃夫，安·巴·《套中人》(Чехов, А. П. Человек в футляре)——249、284。

托尔斯泰，列·尼·《呆子伊凡的故事))(Толстой, Л. Н. Сказка об Иване-дураке)——153。

席勒，弗·《欢乐颂》(Schiller, Fr. An die Freude)——152。

　　　　　　*　　　　　*　　　　　*

《彼得格勒工兵代表苏维埃消息报》(«Известия Петроградского Совета Рабочих и Солдатских Депутатов», 1917, №15, 15 марта, стр. 1)——12。
——1917, №85, 7 июня, стр. 11—16.——195、202。

《[波兰最高军事委员会]声明》[1917 年 11 月 12 日](Воззвание [Верховного польского военного комитета. 12 ноября 1917 г.].—«Известия Центрального Исполнительного Комитета и Петроградского Совета Рабочих и Солдатских Депутатов», 1917, №230, 19 ноября, стр. 5—6)——97。

《布尔什维克党团的决议[1917 年 11 月 17 日(4 日)在全俄中央执行委员会会议上提出]》(Резолюция фракции большевиков, [предложенная на заседании ВЦИК 17 (4) ноября 1917 г.].—«Правда», Пг., 1917, №181 (112), 18 (5) ноября, стр. 2. Под общ. загл.: Заседание Центр. Исполн.

Ком. С. р. и с. д.）——54。

《布尔什维克与德国社会民主党》（Большевики и германская социал-демо-
кратия.—«Новая Жизнь», Пг., 1918, №7(23), 11(24) января, стр. 2)
——263。

《承认芬兰独立》[人民委员会法令(1917年12月18日(31日))]（Признание
независимости Финляндии. [Декрет СНК. 18 (31) декабря 1917 г.].—
«Известия Центрального Исполнительного Комитета и Петроградского
Совета Рабочих и Солдатских Депутатов», 1917, №255, 19 декабря, стр.
4)——232。

《出路何在?》（社论）（Где выход? (Передовая).—«Новая Жизнь», Пг., 1917,
№161 (155), 24 октября (6 ноября), стр. 1)——177。

《德国向人民委员会提出的和约条件》（Германские условия мира Совету
Народных Комиссаров. Петроград. Ответ германского правительства на
обращение русского правительства [от 19(6)февраля 1918 г.].—«Известия
Центрального Исполнительного Комитета Советов Крестьянских, Рабочих и
Солдатских Депутатов и Петроградского Совета Рабочих и Солдатских
Депутатов», 1918, №33 (297), 24 (11) февраля, стр. 3. Под общ. загл.:
Новая война)——381、439。

《帝国法令公报》(«Reichsgesetzblatt», Berlin, 1878, Nr. 34, S. 351 — 358)
——11。

《对人民委员会提出的指责》——见《工兵代表苏维埃中央执行委员会会议》。

《俄国社会民主工党第二次(例行)代表大会》（Второй очередной съезд Росс.
соц.-дем. рабочей партии. Полный текст протоколов. Изд. ЦК. Genève,
тип. партии, [1904]. 397, II стр. (РСДРП))—— 165、167、192 — 193、
196、222、267、446。

《俄国社会民主工党纲领(党的第二次代表大会通过)》（Программа Россий-
ской соц.-дем. рабочей партии, принятая на Втором съезде партии.—В
кн.: Второй очередной съезд Росс. соц.-дем. рабочей партии. Полный
текст протоколов. Изд. ЦК. Genève, тип. партии, [1904], стр. 1 — 6.
(РСДРП))——167、192、196、267、446。

《俄国社会民主工党组织章程(党的第二次代表大会通过)》(Организа-
ционный устав Российской соц.-дем. рабочей партии, принятый на Втором
съезде партии.—В кн.: Второй очередной съезд Росс. соц.-дем. рабочей
партии. Полный текст протоколов. Изд. ЦК. Genève, тип. партии, [1904],
стр. 7—9. (РСДРП))——165。

《俄罗斯言论报》(莫斯科)(«Русское Слово», М.)——55。

《反社会民主党企图危害治安法》(1878 年 10 月 21 日)(Gesetz gegen die
gemeingefährlichen Bestrebungen der Sozialdemokratie. Vom 21. Oktober
1878.—«Reichsgesetzblatt», Berlin, 1878, Nr. 34, S. 351—358)——11。

《芬兰革命政府致俄罗斯共和国人民委员会书》(Обращение Революционного
Финляндского правительства к Совету Народных Комиссаров Российской
Республики.—«Правда». Вечерний вып., Пг., 1918, №13, 30 (17)
января, стр. 1)——291—292。

《告彼得格勒工人和士兵书》(К рабочим и солдатам Петрограда.—«Известия
Центрального Исполнительного Комитета и Петроградского Совета
Рабочих и Солдатских Депутатов», 1917, №238, 28 ноября, стр. 1.
Подпись: Петроградский Сов. раб. и солд. деп.)——126。

《告各工兵农代表苏维埃》(Ко всем Советам рабочих, солдатских и крестьянских
депутатов. [Обращение ВЦИК ко всем Советам об организации продо-
вольственных комиссий. 22 декабря 1917 г. (4 января 1918 г.)].—
«Известия Центрального Исполнительного Комитета и Петроградского
Совета Рабочих и Солдатских Депутатов», 1917, №259, 23 декабря, стр.
4. Под общ. загл.: Всероссийский продовольственный комитет)——452。

《告全世界人民书》(К народам всего мира.—«Известия Петроградского Совета
Рабочих и Солдатских Депутатов», 1917, №15, 15 марта, стр. 1. Подпись:
Петроградский Совет рабочих и солдатских депутатов)——12。

《给彼得格勒城防部队的命令(1917 年 11 月 1 日。第 1 号)》(Приказ по обороне
Петрограда 1 ноября 1917 г. №1.—«Известия Центрального Испол-
нительного Комитета и Петроградского Совета Рабочих и Солдатских
Депутатов», 1917, №214, 2 ноября, стр. 1—2)——58。

《工兵代表苏维埃中央执行委员会会议》[1917 年 11 月 4 日](Заседание Центр. Исполнит.Комитета С．р．и с．д．[4 ноября 1917 г.].—«Известия Центрального Исполнительного Комитета и Петроградского Совета Рабочих и Солдатских Депутатов»，1917，№217，5 ноября，стр. 4; №218，7 ноября，стр. 3—4)——53、56、58、60、61。

《工兵代表苏维埃中央执行委员会会议》[1917 年 11 月 10 日](Заседание ЦИК Сов．р．и с.д.[10 ноября 1917 г.].—«Известия Центрального Исполнительного Комитета и Петроградского Совета Рабочих и Солдатских Депутатов»，1917，№223，12 ноября，стр. 4—5)——88、89。

《工兵农代表苏维埃中央执行委员会会议》(12 月 14 日)(Заседание Центр. Исп. Ком. Сов. р.，с. и кр. депут. Заседание 14 декабря. Вопрос о национализации банков.—«Известия Центрального Исполнительного Комитета и Петроградского Совета Рабочих и Солдатских Депутатов»，1917，№253，16 декабря，стр. 9)——177、179。

《工会通报》杂志(彼得格勒)(«Профессиональный Вестник»，Пг.，1917，№7，10 декабря，стр. 2—3)——222。

——1917，№8，20 декабря，стр. 1—3.——222。

《工农临时政府报》(彼得格勒)(«Газета Временного Рабочего и Крестьянского Правительства»，Пг.，1917，№3，1 (14)ноября，стр. 2—3)——63。

——1917，№4，3(16)ноября，стр. 1—2.——93。

——1918，№1 (46)，3 (16)января，стр. 1—2.——451。

《工人和士兵报》(彼得格勒)(«Рабочий и Солдат»，Пг.，1917，№9，26 октября (8 ноября)，стр. 1)——54。

——1917，№10，27 октября(9 ноября)，стр. 1.——45、68—69、72。

——1917，№20，9 (22)ноября，стр. 2.——86、88、89。

《工人监督法草案》(Проект закона о рабочем контроле. (Внесен для рассмотрения в комиссию труда).—«Газета Временного Рабочего и Крестьянского Правительства»，Пг.，1917，№3，1 (14)ноября，стр.2—3. Под общ. загл.: О рабочем контроле)——63。

《工人监督法令》——见《[全俄中央执行委员会和人民委员会]关于工人监督

条例》。

《工人日报》(彼得格勒)(«Рабочий», Пг., 1917, №6, 11 сентября (29 августа),
стр. 2—3)——119。

《工人之路报》(彼得格勒)(«Рабочий Путь», Пг., 1917, №44, 6 ноября (24
октября), стр. 1)——84。

《共产主义者报》(彼得格勒)(«Коммунист», Пг.)——436、438。
　　—1918, №1, 5 марта, стр. 1—3.——437、438、439、440。

《关于废除公债的法令[1918 年 1 月 21 日(2 月 3 日)中央执行委员会会议通
过]》(Декрет об аннулировании государственных займов, [принятый в
заседании ЦИК 21 января (3 февраля) 1918 г.].—«Известия Централь-
ного Исполнительного Комитета Советов Крестьянских, Рабочих и
Солдатских Депутатов и Петроградского Совета Рабочих и Солдатских
Депутатов», 1918, №20 (284), 26 января, стр. 2, в отд.: Действия и
распоряжения правительства)——232。

《关于和平问题》[全俄工人、士兵、农民和哥萨克代表苏维埃第三次代表大会
通过的决议]》(По вопросу о мире. [Резолюция, принятая на Третьем
Всероссийском съезде Советов рабочих, солдатских, крестьянских и
казачьих депутатов. 14 (27) января 1918 г.].—«Известия Центрального
Исполнительного Комитета Советов Крестьянских, Рабочих и Солдатских
Депутатов и Петроградского Совета Рабочих и Солдатских Депутатов»,
1918, №14 (278), 19 января, стр. 5. Под общ. загл.: Постановления,
вынесенные Всероссийским съездом рабочих, солдатских, крестьянских и
казачьих депутатов)——325。

《关于农民代表苏维埃执行委员会活动的决议(全俄农民代表苏维埃第二次
代表大会通过)》(Резолюция о деятельности Исполнительного Комитета
Советов крестьянских депутатов, принятая на 2-м Всерос. съезде Советов
крестьян. деп.—В кн.: Резолюции Чрезвычайного и Второго Всероссийских
съездов Советов крестьянских депутатов. (Ноябрь—декабрь 1917 г.).
Пг., тип. «Копейка», 1917, стр. 21—22)——157。

《关于区(区域)和地方国民经济委员会的条例》(1917 年 12 月 23 日最高国民

经济委员会会议通过）（Положение о районных（областных）и местных советах народного хозяйства.（Принято на заседании Высшего совета народного хозяйства 23 декабря 1917 г.).—«Газета Временного Рабочего и Крестьянского Правительства»,Пг.,1918,№1（46）,3（16）января,стр. 1—2）——452。

《关于乡委员会》（О волостных комитетах.—«Газета Временного Рабочего и Крестьянского Правительства»,Пг.,1917,№4,3（16）ноября,стр. 1—2）——93。

《关于召开立宪会议》［人民委员会法令（1917 年 11 月 26 日（12 月 9 日））］（К открытию Учредительного собрания.［Декрет СНК. 26 ноября （9 декабря）1917 г.].—«Известия Центрального Исполнительного Комитета и Петроградского Совета Рабочих и Солдатских Депутатов»,1917,№237, 27 ноября,стр. 7. Под общ. загл.: К выборам в Учр. собр. ）——136— 137、154。

《国际歌》（Интернационал）——414。

《和平宣言》——见列宁，弗·伊·《和平法令（1917 年 10 月 26 日全俄工兵农代表苏维埃代表大会会议一致通过）》。

《解散立宪会议的法令（1918 年 1 月 6 日中央执行委员会会议通过）》（Декрет о роспуске Учредительного собрания,принятый в заседании Центр. Исп. К-та 6 января 1918 г.—«Известия Центрального Исполнительного Комитета Советов Крестьянских, Рабочих и Солдатских Депутатов и Петроградского Совета Рабочих и Солдатских Депутатов»,1918,№5 （269）,7 января,стр. 1）——289、298。

［《就卡缅斯克村前线哥萨克代表大会给人民委员会的电报》（1918 年 1 月 13 日）］（［Телеграмма Совету Народных Комиссаров о съезде фронтового казачества в станице Каменской. 13 января 1918 г.].—«Социал-Демократ»,М.,1918,№9,14（27）января,стр. 3,в отд.: По России. Под общ. загл.: Революция на Дону）——300。

《拉达总书记处对人民委员会最后通牒的答复》（Ответ Генерального секретариата Рады на ультиматум Сов. Народн. Комиссаров.—«Известия

Центрального Исполнительного Комитета и Петроградского Совета Рабочих и Солдатских Депутатов», 1917, №246, 8 декабря, стр. 2. Под общ. загл. : Украинская буржуазия и контрреволюция)——219。

《立宪会议速记记录》(Учредительное собрание. Стенографический отчет. Пг., Пятая гос. тип. , 1918. 112 стр. На обл. загл. : Первый день Всероссийского Учредительного собрания)——240—241、271。

《立宪会议选举条例》(Положение о выборах в Учредительное собрание.—«Вестник Временного Правительства», Пг. , 1917, №111 (157), 22 июля (4 августа), стр. 1—2, в отд. : Действия правительства)——111、297。

《列·波·加米涅夫的提议》——见《工兵代表苏维埃中央执行委员会会议》。

《临时政府通报》(彼得格勒)(«Вестник Временного Правительства», Пг., 1917, №111(157), 22 июля(4 августа), стр. 1—2)——111、297。

《农民工人和士兵代表苏维埃中央执行委员会及彼得格勒工兵代表苏维埃消息报》(«Известия Центрального Исполнительного Комитета Советов Крестьянских, Рабочих и Солдатских Депутатов и Петроградского Совета Рабочих и Солдатских Депутатов», 1918, №1 (265), 3 января, стр. 3)——232。

—1918, №2 (266), 4 января, стр. 1.——237、244。

—1918, №5 (269), 7 января, стр. 1.——289、298。

—1918, №8 (272), 12 января, стр. 2; №9 (273), 13 января, стр. 2; №10 (274), 14 января, стр. 2.——284、285。

—1918, №14 (278), 19 января, стр. 2, 5.——231、325。

—1918, №15 (279), 20 января, стр. 2.——289。

—1918, №16 (280), 21 января, стр. 2.——330。

—1918, №20 (284), 26 января, стр. 2.——232。

—1918, №21 (285), 27 января, стр. 4.——431。

—1918, №28 (292), 19 (6)февраля, стр. 3.——360。

—1918, №31 (295), 22 (9)февраля, стр. 1.——374。

—1918, №33 (297), 24 (11)февраля, стр. 3.——381、439。

《农民代表大会会议(11 月 18 日。续)》(Заседание Крестьянского съезда (18

ноября. Продолжение).—«Правда», Пг., 1917, № (126) 195, 4 декабря
(21 ноября), стр. 2)——102、103—104。

《农民非常代表大会关于土地问题的决定》(Постановление Чрезвычайного
Крестьянского съезда по земельному вопросу.—«Известия Чрезвычайного
Всероссийского Крестьянского Съезда», Пг., 1917, №1, 22 ноября, стр. 1)
——98。

《农民、工人、士兵和哥萨克代表苏维埃全俄中央执行委员会及彼得格勒工兵
代表苏维埃消息报》(«Известия Всероссийского Центрального Исполни-
тельного Комитета Советов Крестьянских, Рабочих, Солдатских и Казачьих
Депутатов и Петроградского Совета Рабочих и Солдатских Депутатов»,
1918, №41 (305), 6 марта, стр. 5)——433—434、435。

《前外交部档案秘密文件汇编》(Сборник секретных документов из архива
бывшего Министерства иностранных дел. № №1—7. Изд. Нар. ком. по
иностр. делам. Пг., тип. ком. по иностр. делам, декабрь 1917—февраль
1918. 7 кн.)——10、117、118、158、169、378、413。

《〔全俄工兵代表苏维埃第一次代表大会〕会议（〔1917 年〕6 月 5 日）》
(Заседание 〔Первого Всероссийского съезда Советов рабочих и солдат-
ских депутатов〕 5 июня 〔1917 г.〕. Вечер.—«Известия Петроградского
Совета Рабочих и Солдатских Депутатов», 1917, №85, 7 июня, стр. 11—
16)——195、202。

《全俄工兵代表苏维埃第三次代表大会》(1 月 12 日会议)(Третий Всероссий-
ский съезд Советов рабочих и солдатских депутатов. Заседание 12-го
января.—«Известия Центрального Исполнительного Комитета Советов
Крестьянских, Рабочих и Солдатских Депутатов и Петроградского
Совета Рабочих и Солдатских Депутатов», 1918, №10 (274), 14 января,
стр. 2)——284、285。

《全俄工兵农代表苏维埃第三次代表大会》(Третий Всероссийский съезд
Советов рабочих, солдатских и крестьянских депутатов. Пб., 1918. 99
стр. (РСДРП))——335。

《全俄工兵农代表苏维埃第三次代表大会》(1 月 18 日会议)(Третий Всероссийский съезд Советов рабочих, солдатских и крестьянских депутатов. (Заседание 18 января).—«Известия Центрального Исполнительного Комитета Советов Крестьянских, Рабочих и Солдатских Депутатов и Петроградского Совета Рабочих и Солдатских Депутатов», 1918, №15 (279), 20 января, стр. 2)——289。

《全俄农民代表大会》([1917 年]12 月 2 日会议)(Всероссийский крестьянский съезд. Заседание 2 декабря [1917 г.].—«Известия Всероссийского Совета Крестьянских Депутатов», Пг., 1917, №177, 5 декабря, стр. 2—3)——140。

《全俄农民第二次代表大会》(农民非常代表大会[1917 年]11 月 18 日会议) (2-й Всероссийский съезд крестьянских депутатов. Заседание Чрезвычайного крестьянского съезда 18-го ноября [1917 г.].—«Известия Центрального Исполнительного Комитета и Петроградского Совета Рабочих и Солдатских Депутатов», 1917, №230, 19 ноября, стр. 5)——96。

《全俄农民非常代表大会([1917 年]11 月 14 日)》(Всеросс. чрезв. съезд крестьянских деп. 14 ноября [1917 г.].—«Правда», Пг., 1917, №190 (121), 28 (15) ноября, стр. 2)——93。

《全俄农民代表苏维埃消息报》(彼得格勒)(«Известия Всероссийского Совета Крестьянских Депутатов», Пг.)——18。

　　—1917, №88, 19 августа, стр. 3—4.—— 18—20、21、30、45、115、119—120、441。

　　—1917, №177, 5 декабря, стр. 2—3.——140。

《全俄农民非常代表大会公报》(«Известия Чрезвычайного Всероссийского Крестьянского Съезда», Пг., 1917, №1, 22 ноября, стр. 1)——98。

《"全俄铁路工会执行委员会"声明》——见《全俄农民代表第二次代表大会》。

[《全俄中央执行委员会关于罢免代表权的法令》(1917 年 11 月 21 日(12 月 4 日))]([Декрет ВЦИК о праве отзыва делегатов. 21 ноября (4 декабря) 1917 г.].—«Известия Центрального Исполнительного Комитета и Петроградского Совета Рабочих и Солдатских Депутатов», 1917, №233, 23 ноября, стр. 3. В газ. ошибочно озаглавлено: Проект декрета о праве отзыва)——137、170。

《全俄中央执行委员会关于银行国有化的法令》[1917年12月14日(27日)]（Декрет ВЦИК о национализации банков. [14 (27) декабря 1917 г.].— «Известия Центрального Исполнительного Комитета и Петроградского Совета Рабочих и Солдатских Депутатов», 1917, №252, 15 декабря, стр. 1)——177、179、278、332。

《[全俄中央执行委员会和人民委员会]关于工人监督条例》[1917年11月14日(27日)]（Положение [ВЦИК и СНК] о рабочем контроле. [14 (27) ноября 1917 г.].—«Известия Центрального Исполнительного Комитета и Петроградского Совета Рабочих и Солдатских Депутатов», 1917, №227, 16 ноября, стр. 6, в отд.: Действия правительства)——181、231、238、281。

《[全俄中央执行委员会和人民委员会关于建立最高国民经济委员会的]法令》[1917年12月2日(15日)]（Декрет [ВЦИК и СНК об учреждении Высшего совета народного хозяйства. 2 (15) декабря 1917 г.].—«Известия Центрального Исполнительного Комитета и Петроградского Совета Рабочих и Солдатских Депутатов», 1917, №244, 6 декабря, стр. 11)——241。

《人民事业报》(彼得格勒)（«Дело Народа», Пг.)——35、88、366、382。
　　—1917, №183, 18 октября, стр. 4.——84。

《人民委员会出版法令》[1917年10月27日(11月9日)]（Декрет СНК о печати. [27 октября (9 ноября)1917 г.].—«Известия Центрального Исполнительного Комитета и Петроградского Совета Рабочих и Солдатских Депутатов», 1917, №209, 28 октября, стр. 2)——54。

《[人民委员会]关于海洋和内河商船及水路交通管理的决定》[1918年2月27日]（Постановление [СНК] об управлении морским и речным торговым флотом и водными сообщениями. [27 февраля 1918 г.].—«Известия Всероссийского Центрального Исполнительного Комитета Совета Крестьянских, Рабочих, Солдатских и Казачьих Депутатов и Петроградского Совета Рабочих и Солдатских Депутатов», 1918, №41 (305), 6 марта, стр. 5, в отд.: Действия и распоряжения правительства)——433—434、435。

《人民委员会[关于人民委员、高级职员和官员薪金额的]决定》[1917 年 11 月 18 日(12 月 1 日)](Постановление Совета Народных Комиссаров [о размерах вознаграждения народных комиссаров и высших служащих и чиновников. 18 ноября(1 декабря)1917 г.].—«Правда». Вечерний вып., Пг.,1917, №16, 3 декабря (20 ноября), стр. 1, в отд.: Деятельность правительства)——227。

《人民委员会关于商船国有化的法令》[1918 年 1 月 23 日(2 月 5 日)](Декрет СНК о национализации торгового флота. [23 января (5 февраля) 1918 г.].— «Известия Центрального Исполнительного Комитета Советов Крестьянских, Рабочих и Солдатских Депутатов и Петроградского Совета Рабочих и Солдатских Депутатов», 1918, №21 (285), 27 января, стр. 4, в отд.: Действия и распоряжения правительства)——431。

《人民委员会关于"土耳其属亚美尼亚"的法令》[1917 年 12 月 29 日(1918 年 1 月 11 日)](Декрет СНК о «Турецкой Армении». [29 декабря 1917 г. (11 января 1918 г.)].—«Известия Центрального Исполнительного Комитета Советов Крестьянских, Рабочих и Солдатских Депутатов и Петроградского Совета Рабочих и Солдатских Депутатов», 1918, №1 (265), 3 января, стр. 3)——232。

《人民委员会关于信仰自由以及教会和宗教团体的法令》[1918 年 1 月 20 日 (2 月 2 日)](Декрет СНК о свободе совести, церковных и религиозных обществах. [20 января (2 февраля) 1918 г.].—«Известия Центрального Исполнительного Комитета Советов Крестьянских, Рабочих и Солдатских Депутатов и Петроградского Совета Рабочих и Солдатских Депутатов», 1918, №16 (280), 21 января, стр. 2, в отд.: Действия и распоряжения правительства)——330。

《人民委员会[关于组建工农红军]的法令》(1918 年 1 月 15 日(28 日)) (Декрет Совета Народных Комиссаров [об организации Рабоче-Крестьянской Красной Армии]. 15 (28)января 1918 г.—«Известия Центрального Исполнительного Комитета Советов Крестьянских, Рабочих и Солдатских Депутатов и Петроградского Совета Рабочих и Солдатских

листовке: Постановления и резолюции Объединительн. съезда Российской социал-демократической рабочей партии. [Спб.], тип. Центрального Комитета,[1906],стр. 1. (РСДРП))——115。

《土地社会化基本法》[1918 年 1 月 27 日(2 月 9 日)](Основной закон о социализации земли. [27 января (9 февраля)1918 г.].—«Солдатская Правда», Пг.,1918, №25 (141),15(2)февраля,стр. 2; №26(142),16(3)февраля, стр. 2)——360。

《新光线报》(彼得格勒)(«Новый Луч»,Пг.)——366、382。

《新生活报》(彼得格勒)(«Новая Жизнь»,Пг.)——49、73、202、287、311、366。

——1917, №156 (150),18 (31)октября,стр. 3.——73。

——1917, №161 (155),24 октября (6 ноября),стр. 1.——177。

——1917, №172 (166),4 (17)ноября,стр. 1—2,3.——221。

——1918, №7 (23),11 (24)января,стр. 2.——263。

《言语报》(彼得格勒)(«Речь»,Пг.)——54、202、382。

《游行示威口号》——见《告彼得格勒工人和士兵书》。

《真理报》(彼得格勒)(«Правда»,Пг.)——102、129、304、406、437。

——1917, №14,21 марта,стр. 2—3; №15,22 марта,стр. 2.——195。

——1917, №26,7 апреля,стр. 1—2.——248、286、302。

——1917, №72,16 (3)июня,стр. 1.——395—396。

——1917, №180(111),17 (4)ноября,стр. 2.——47、48。

——1917, №181 (112),18 (5)ноября,стр. 2.——54。

——1917, №190 (121),28 (15)ноября,стр. 2.——93。

——1917, №(126)195,4 декабря (21 ноября),стр. 2.——102—104。

——1917, №206 (137),18 (5)декабря,стр. 2.——198。

——1917, №213 (144),26 (13)декабря,стр. 3.——165。

——1918, №223 (154),6 января (24 декабря),стр. 1.——197。

——1918, №31 (257),21 (8)февраля,стр. 2—3.——377、381。

——1918, №34 (260),24 (11)февраля,стр. 2—3.—— 196、260、262、381—382、392、393、421、422、437、439。

《真理报》(晚上版,彼得格勒)(«Правда». Вечерний вып.,Пг.,1917, №16,3

декабря(20 ноября),стр. 1)——227。

—Вечерний вып.,Пг.,1918,№13,30 (17)января,стр. 1.——292。

—Вечерний вып.,Пг.,1918,№33,22(9)февраля,стр. 1.——381。

《中央执行委员会和彼得格勒工兵代表苏维埃消息报》(«Известия Центрального Исполнительного Комитета и Петроградского Совета Рабочих и Солдатских Депутатов»,1917,№208,27 октября,стр. 1)——9、11、12、14—16、30、35、56、62、65、238。

—1917,№209,28 октября,стр. 1,2.——14、17—21、30、35、45、54、56、58、65、68、83、94、95、103、115、119、157—158、238、332、341。

—1917,№214,2 ноября,стр. 1—2.——58。

—1917,№217,5 ноября,стр. 4；№218,7 ноября,стр. 3—4.——53、56、58、60、61。

—1917,№221,10 ноября,стр. 2.——86、88、89。

—1917,№223,12 ноября,стр. 4—7.——88、89。

—1917,№227,16 ноября,стр. 6.——180、228、238、281。

—1917,№230,19 ноября,стр. 5—6.——96、97。

—1917,№233,23 ноября,стр. 3.——136—137、170。

—1917,№237,27 ноября,стр. 7.——136—137、154。

—1917,№238,28 ноября,стр. 1.——126。

—1917,№239,29 ноября,стр. 1.——138、139、142。

—1917,№243,3 декабря,стр. 4.——138。

—1917,№243,3 декабря. Экстренный вып.,стр. 1—2.——325、353。

—1917,№244,6 декабря,стр. 1—2.——219、228。

—1917,№246,8 декабря,стр. 2.——219。

—1917,№252,15 декабря,стр. 1.——177、179、278、332。

—1917,№253,16 декабря,стр. 9.——177、179。

—1917,№255,19 декабря,стр. 4.——232。

—1917,№259,23 декабря,стр. 4.——452。

《中央执行委员会会议》(1917 年 12 月 1 日) (Заседание Центрального Исполнительного Комитета. 1 декабря 1917 г.—«Известия Центрального

Исполнительного Комитета и Петроградского Совета Рабочих и Солдатских Депутатов», 1917, №243, 3 декабря, стр. 4)——138。

《左派社会革命党人向弗·伊·列宁提出的质问》——见《工兵代表苏维埃中央执行委员会会议》。

年 表

(1917 年 10 月 25 日(11 月 7 日)

——1918 年 3 月 5 日)

1917 年

10 月 24 日(11 月 6 日)深夜

列宁由埃·拉希亚护送来到起义领导中心斯莫尔尼宫,直接领导彼得格勒的工人、士兵和水兵的武装起义;指挥各路起义军民攻占市内各处要地和重要部门。

列宁采取一切措施,争取及时出版布尔什维克党中央机关报《工人之路报》。黎明时分,报纸全部印完。

主持俄国社会民主工党(布)中央委员会会议。会议听取关于武装起义进展情况的汇报,讨论俄国苏维埃政府的组成和名称问题。会议决定,苏维埃政府定名为"工农政府",政府成员称"人民委员"。会议初步确定了人民委员的人选问题,讨论了制定土地法令问题。

10 月 25 日(11 月 7 日)

列宁以军事革命委员会的名义起草《告俄国公民书》,宣告临时政府已被推翻,政权转到军事革命委员会手中。

上午 10 时《告俄国公民书》送去付印。当天发表在《工人和士兵报》第 8 号,署名彼得格勒工兵代表苏维埃军事革命委员会,并印成传单散发。

指示彼得格勒工兵代表苏维埃军事革命委员会攻占冬宫和彼得格勒军区司令部,逮捕临时政府的重要官员。

下午 2 时 35 分,出席彼得格勒工兵代表苏维埃会议。军事革命委员会向会议报告:起义军民已经推翻临时政府,革命取得胜利。

会上,列宁作《关于苏维埃政权的任务的报告》。会议通过了列宁以布尔什维克名义提出的一项决议草案。

晚10时40分以前,出席全俄工兵代表苏维埃第二次代表大会布尔什维克党团的会议,作了讲话。会议讨论了苏维埃第二次代表大会主席团的组成和代表大会的议程问题。

晚10时40分以后,列宁作为布尔什维克党团代表被选入全俄苏维埃第二次代表大会主席团。

午夜1时50分以后,起草全俄工兵代表苏维埃第二次代表大会《告工人、士兵和农民书》。《告工人、士兵和农民书》经代表大会讨论,于凌晨5时被通过。

休会后,列宁离斯莫尔尼宫前往弗·德·邦契-布鲁耶维奇的住所稍事休息,随后起草《土地法令》。

10月25日或26日(11月7日或8日)

作有关苏维埃政府的组织机构和纲领的备忘记事。

10月26日(11月8日)

出席全俄工兵代表苏维埃第二次代表大会布尔什维克党团的会议,会议讨论了苏维埃政府的组成问题。

起草《和平法令》和《关于成立工农政府的决定》。

晚7时左右,出席俄国社会民主工党(布)中央委员会会议(左派社会革命党代表应邀列席会议)。鉴于左派社会革命党代表拒绝参加苏维埃政府,会议决定完全由布尔什维克组成政府,提出政府成员的人选。

晚7时至9时,出席全俄工兵代表苏维埃第二次代表大会布尔什维克党团的会议,会议讨论了列宁起草的《和平法令》、《土地法令》以及其他问题。

晚9时至凌晨5时,出席全俄工兵代表苏维埃第二次代表大会会议,作《关于和平问题的报告》、《关于和平问题的报告的总结发言》和《关于土地问题的报告》。大会讨论并通过列宁起草的《和平法令》、《土地法令》和《关于成立工农政府的决定》。大会宣布组成世界上第一个工农政府——以列宁为首的人民委员会。列宁当选为全俄工兵代表苏维埃中央执行委员会委员。

10 月 26 日或 27 日（11 月 8 日或 9 日）

拟写《工人监督条例草案》。

出席彼得格勒工会和彼得格勒工厂委员会中央理事会工作人员联席会议。会议研究了工人监督法令的几个草案，最后采纳列宁提出的草案作为制定工人监督法令草案的基础。

会议还讨论了成立全俄经济领导机关的问题，列宁建议把苏维埃政权要首先掌握的经济机构开列出来。

10 月 27 日（11 月 9 日）

主持人民委员会第一次会议。会议讨论并通过列宁起草的《工人监督条例草案》，批准《出版法令》和《政府关于如期召开立宪会议的决定》。列宁签署了上述法令和决定。

接见出席全俄苏维埃第二次代表大会的水兵代表，同他们进行了谈话。鉴于全俄海军中央委员会（即海军中央执行委员会）加入了反革命团体——拯救祖国和革命委员会，列宁建议解散海军中央委员会，成立海军管理局。

下午 5 时以后，俄国社会民主工党（布）中央委员会、人民委员会和军事革命委员会成立以列宁为首的委员会来直接领导各个组织保卫彼得格勒、平息克伦斯基—克拉斯诺夫的反革命叛乱。

下午 7 时，出席第二届全俄中央执行委员会第一次会议。会议讨论农业人民委员弗·巴·米柳亭的关于召开农民代表苏维埃代表大会的报告及其他问题。会议通过全俄中央执行委员会《告各级苏维埃、全体工人、士兵和农民书》。

以人民委员会名义命令陆海军事务委员会委员帕·叶·德宾科立即率领陆海军部队从赫尔辛福斯前来支援彼得格勒的工人和士兵。

深夜，来到彼得格勒军区司令部，听取尼·伊·波德沃伊斯基、弗·亚·安东诺夫-奥弗申柯和康·亚·梅霍诺申关于克拉斯诺夫的哥萨克部队占领加契纳后的局势和军区司令部的作战计划的报告，要求军事革命委员会司令部组织彼得格勒保卫战。根据列宁的建议，决定调遣波罗的海舰队的军舰增援。

从彼得格勒军区司令部通过直达电报，同赫尔辛福斯苏维埃执行委员会主席亚·李·舍印曼、芬兰陆军、海军和工人区域委员会军事部主任米哈伊洛夫和波罗的海舰队中央委员会代主席尼·费·伊兹迈洛夫谈话,命令他们立即调遣波罗的海舰队的军舰和水兵以及陆军部队增援彼得格勒,抗击克伦斯基—克拉斯诺夫反革命军队的进犯。

10 月 28 日（11 月 10 日）

凌晨 6 时前,任命左派社会革命党人米·阿·穆拉维约夫沙俄中校为彼得格勒市和彼得格勒地区城防司令。

清晨,离彼得格勒军区司令部回斯莫尔尼宫,召集俄国社会民主工党(布)彼得堡委员会执行委员会委员和各区党的工作者开会,介绍彼得格勒的局势,建议与会者立即动员全体工人奔赴城郊修筑战壕,架设铁丝网。

接见工厂委员会中央理事会主席团代表 Π.H.阿莫索夫和 M.H.日沃托夫,同他们交谈建立最高经济机关一事。

中午 12 时,在军事革命委员会司令部,亲自领导保卫彼得格勒的组织工作,派人去各工厂、机关和团体,动员一切人力和物力参加彼得格勒城市保卫战,抗击克拉斯诺夫反革命军队。

召集各党组织、工厂委员会、区苏维埃、工会和卫戍部队的代表开会,向他们说明,当前的首要任务是以武器、粮食和被服支援革命部队。列宁向到会的代表分配具体任务,限期完成。

下午 5 时左右,来到彼得格勒军区司令部召开军事会议,讨论如何组织力量歼灭来犯的克拉斯诺夫反革命军队问题。

下午 7 时至 8 时,回到斯莫尔尼宫,了解和研究战况。

晚上,接见陆海军事务委员会委员帕·叶·德宾科,就普尔科沃的局势交换意见,赞成德宾科提出的立即把刚从赫尔辛福斯调来的波罗的海水兵部队派往前线迎击敌人的建议。

深夜,听取陆海军事务委员会委员弗·亚·安东诺夫-奥弗申柯关于加契纳前线战况报告。

午夜 1 时左右,来到普梯洛夫工厂,同工人谈话,了解工人的思想状况、粮食供应和燃料等各方面的情况,要求他们加紧生产装甲车和大炮支援前线。

从普梯洛夫工厂回到斯莫尔尼宫,彼得格勒苏维埃执行委员会值班委员 B.A.阿列克谢耶夫向列宁报告士官生从米哈伊洛夫练马场夺走三辆装甲车,列宁立即亲自处理这一事件。

列宁指示军事革命委员会立即采取措施,平定士官生发动的叛乱。

10 月 29 日(11 月 11 日)

清晨,召集军事革命委员会工作人员开会,讨论士官生叛乱问题。

接见莫斯科军事革命委员会代表米·巴·托姆斯基,了解莫斯科十月武装起义的进展情况,请他找斯大林商谈支援莫斯科革命工人和士兵问题。

召集派往彼得格勒卫戍部队各团担任鼓动员的人员谈话,告诉他们彼得格勒的局势非常危急,要求他们深入兵营,动员彼得格勒卫戍部队各团士兵起来抗击克拉斯诺夫反革命军队。

晚 10 时,出席彼得格勒卫戍部队各团代表联席会议,作关于目前形势的报告,还就武装军队问题、建立城市秩序问题作了发言。

10 月 29 日(11 月 11 日)夜

出席全俄中央执行委员会布尔什维克党团会议,会议讨论全俄铁路工会执行委员会提出的建立从布尔什维克到人民社会党人都有代表参加的所谓"清一色的社会党人政府"的建议。

列宁就这一问题作长篇讲话,批评列·波·加米涅夫及其拥护者要求接受建立"清一色的社会党人政府"的妥协政策,重申俄国社会民主工党(布)中央关于同全俄铁路工会执行委员会进行政府组成问题谈判的决议。

深夜,在军事革命委员会司令部讨论支援莫斯科革命工人和士兵的问题。

10 月 30 日(11 月 12 日)

接见芬兰中央革命工人委员会代表尤·西罗拉和埃·胡顿宁(他们代表芬兰工人和芬兰社会民主工党专程到彼得格勒向刚诞生的苏维埃俄国工农政府表示祝贺),同他们进行亲切的谈话;了解芬兰的情况,询问他们能否从芬兰运粮食供应彼得格勒。

出席彼得格勒苏维埃会议,发表关于苏维埃政权的土地政策的讲话。

起草人民委员会告全体公民的广播稿,宣告克伦斯基政府已被推翻,苏维埃新政府正式成立,士官生暴动已平定,新政府将采取一切措施粉碎反革命的进攻。

在革命军事委员会关于采取一系列措施组织保卫彼得格勒的命令上批示:请采取一切办法立即执行。

10 月 31 日(11 月 13 日)

主持彼得格勒军区司令部会议。会议讨论派军队支援莫斯科起义的问题。

10 月底

拟写《职员守则草稿》。

接见彼得格勒市政管理委员会粮食特别会议成员玛·纳·斯米特-法尔克涅尔,同她交谈如何制止粮食机关工作人员怠工问题。

几次接见法国军事使团成员雅克·沙杜尔,向他介绍布尔什维克在建立俄国新苏维埃政府问题上的立场。

11 月初

接见俄国社会民主工党(布)彼得堡委员会委员索·瑙·拉维奇,谈论全俄中央执行委员会和军事革命委员会派往地方的工人特别代表和鼓动员进行准备工作的情况,并应拉维奇的邀请给工人特别代表和鼓动员作报告,列宁教导他们到地方去宣传十月革命的意义,建立革命秩序,把贫农团结在苏维埃政权周围,努力完成建立和巩固苏维埃政权的任务。

11 月 1 日(14 日)

下午 3 时许,同加契纳通电话,得知克拉斯诺夫反革命叛乱已被平息。

下午 7 时许,出席俄国社会民主工党(布)彼得堡委员会会议,发表讲话,阐明苏维埃政权的实质,揭露加米涅夫和季诺维也夫要求在建立"清一色的社会党人政府"问题上同孟什维克和社会革命党人妥协的投降立场。

深夜,出席俄国社会民主工党(布)中央委员会会议。会上,列宁就建立所谓"清一色的社会党人政府"同全俄铁路工会执行委员会进行谈判问题三次发言,批评列·波·加米涅夫等人在这个问题上采取的妥协立场,并向会议提出关于谈判问题的决议草案。

11 月 1 日和 8 日(14 日和 21 日)之间

领导工人监督法令草案起草委员会的工作。

11月2日（15日）

签署《俄国各民族权利宣言》。

出席俄国社会民主工党（布）中央委员会会议，讨论关于中央内部反对派（格·叶·季诺维也夫、列·波·加米涅夫、尤·拉林、弗·巴·米柳亭、阿·伊·李可夫、达·波·梁赞诺夫等人）问题。列宁起草《俄国社会民主工党（布）中央委员会关于中央内部反对派问题的决议》。会议通过决议草案。

11月3日（16日）

撰写《俄国社会民主工党（布）中央委员会多数派给少数派的最后通牒》。

主持人民委员会会议，听取维·巴·诺根关于莫斯科形势的报告。列宁发言反对同全俄铁路工会执行委员会达成任何协议，重申必须从彼得格勒派遣赤卫队、水兵和士兵增援莫斯科。

不早于11月3日（16日）

出席俄国社会民主工党（布）中央委员和全俄中央执行委员会布尔什维克党团代表联席会议，讨论《消息报》编辑部对建立"清一色的社会党人政府"的谈判所持的立场问题。

11月4日（17日）

拟写《关于出版自由的决议草案》。

接见波罗的海舰队中央委员会派赴南方各省和黑海地区工作的宣传员，交谈此行的目的和波罗的海舰队水兵的思想情况，以及他们对党内在建立"清一色的社会党人政府"问题上的分歧所抱的态度。

接见伊万诺沃-沃兹涅先斯克工兵代表苏维埃革命司令部负责人阿·谢·基谢廖夫，向他了解当地革命进行的情况，当地工人、士兵和农民对彼得格勒武装起义的态度，赞扬地方苏维埃的工作，并答应帮助基谢廖夫解决当地缺粮缺钱问题。

起草《告人民书》。

出席俄国社会民主工党（布）中央委员会会议。会议宣读列宁起草的《俄国社会民主工党（布）中央委员会多数派给少数派的最后通牒》，并讨论全俄中央执行委员会关于出版自由问题决议的几个草案。

下午4时许，出席俄国社会民主工党（布）彼得格勒市组织紧急代表

会议,会议讨论主张建立"清一色的社会党人政府"的人退出党中央委员
会和人民委员会的问题。列宁听取会上的发言,不时插话,并发言批评
列·波·加米涅夫和格·叶·季诺维也夫等人的立场。

下午7时半,出席全俄中央执行委员会会议,作关于出版问题的讲
话,对左派社会革命党人提出的所谓人民委员会未经全俄中央执行委员
会批准公布一系列法令的质问作了回答,并两次发言反驳左派社会革命
党人的指责。列宁还就维·巴·诺根、阿·伊·李可夫、弗·巴·米柳
亭和伊·阿·泰奥多罗维奇退出人民委员会的声明发表讲话,并将关于
维·巴·诺根等人声明退出人民委员会问题的决议案提请全俄中央执
行委员会讨论。

11月4日(17日)夜

出席彼得格勒工兵代表苏维埃和前线代表联席会议,作关于苏维埃政府
的形势、它的纲领和任务的讲话。

出席俄国社会民主工党(布)中央委员会会议,讨论关于接替退出人
民委员会的人民委员和其他工作人员的问题。

11月5日(18日)

会见全俄中央执行委员会左派社会革命党党团代表,商谈左派社会革命
党人参加人民委员会问题。

修改《告人民书》,最后定稿,交人民委员会秘书尼·彼·哥尔布诺
夫发表。

撰写《答复农民的问题》。

接见萨拉托夫省谢尔多布斯克苏维埃代表Φ.西嘉金、A.克利莫夫
和A.施什金,同他们进行谈话,并回答了他们要了解的人民革命、新成
立的工农政府以及土地与和平等问题。

接见谢斯特罗列茨克工厂和彼得格勒其他工厂的比利时籍工人代
表团。

晚10时许,接见出席筹备全俄女工第一次代表会议的彼得格勒和
彼得格勒郊区女工预备会议的代表,并同她们进行谈话。列宁说,革命
能否得到巩固,取决于妇女参加革命的积极程度。

午夜2时左右,出席前线代表会议,作关于十月革命的性质和任务

的讲话。

11月5日或6日（18日或19日）

鉴于列·波·加米涅夫、格·叶·季诺维也夫、尤·拉林和达·波·梁赞诺夫等人无视党的纪律，拒不执行党中央的决议，继续阻挠党中央的工作，列宁再次以俄国社会民主工党（布）中央委员会的名义起草给加米涅夫和季诺维也夫等人的第二号最后通牒（《俄国社会民主工党（布尔什维克）中央委员会的信》）。

11月5日—6日（18日—19日）

起草《俄国社会民主工党（布尔什维克）中央委员会宣言》。

11月7日（20日）以前

对《为前线士兵征收防寒物品法令草案》作几点补充。

11月7日（20日）

接见前来请求帮助的普梯洛夫工厂委员会代表A.斯米尔诺夫和H.施洛巴科夫，同他们进行谈话，了解工厂的情况，并帮助解决他们提出的困难。列宁说，苏维埃俄国工人阶级现在面临的任务是整顿生产组织，实行严格的劳动纪律。

签署人民委员会关于解除左派社会革命党人米·阿·穆拉维约夫中校担任的彼得格勒城防司令和彼得格勒军区军队司令的职务和任命弗·亚·安东诺夫-奥弗申柯继任彼得格勒城防司令和彼得格勒军区司令的决定。

11月7日（20日）夜

签署给俄军最高总司令尼·尼·杜鹤宁将军的电报稿，命令他立即向交战国军队司令部提出举行停战谈判的建议，令其随时向人民委员会报告谈判的进行情况。

11月8日（21日）

出席党中央委员会会议，提名雅·米·斯维尔德洛夫担任全俄中央执行委员会主席。

下午3时，出席全俄中央执行委员会会议。会议选举雅·米·斯维尔德洛夫为全俄中央执行委员会主席。

晚9时，出席彼得格勒和彼得格勒郊区军事革命委员会委员会议，

作关于目前形势、苏维埃政权驻各企业、机关和部队特派员的任务和工
作方法的报告。

深夜,出席人民委员会和军事革命委员会联席会议。会议通过决
议,授权列宁、斯大林和尼·瓦·克雷连柯同俄军最高总司令尼·尼·
杜鹤宁将军通过直达电报进行谈判。

不晚于 11 月 9 日(22 日)

接见格·伊·彼得罗夫斯基,就顿巴斯冶金工业和煤炭工业国有化的问
题同他交换了意见。

11 月 9 日(22 日)

午夜 2 时,同斯大林和尼·瓦·克雷连柯一起来到彼得格勒军区司令部,
通过直达电报质问尼·尼·杜鹤宁将军,为何拖延停战谈判。由于杜鹤
宁拒不执行苏维埃工农政府的命令,列宁等宣布解除他最高总司令职务。

凌晨 4 时 30 分,列宁同斯大林和克雷连柯一起驱车前往陆海军电
台。早 6 时,列宁起草《通电(致各团、师、军、集团军等委员会,全体革命
陆军士兵和革命海军水兵)》广播稿,宣布解除杜鹤宁最高总司令职务,
任命尼·瓦·克雷连柯为最高总司令;号召士兵和水兵担负起停止战
争、争取和平的使命,维持前线的秩序;要求前线各团立即推选代表同敌
军举行停战谈判,并及时报告谈判的结果。

为小册子《社会革命党人怎样欺骗人民,布尔什维克的新政府给了
人民什么》和小册子《布尔什维克能保持国家政权吗?》第二版写序言。

晚 8 时许,出席彼得格勒工会理事会扩大会议,作关于目前形势的
讲话,详细阐述十月革命的社会主义性质问题。

11 月 9 日或 10 日(22 日或 23 日)

起草人民委员会给军事革命委员会的命令,要求军事革命委员会采取坚
决措施,取缔投机倒把,制止消极怠工。

11 月 9 日和 14 日(22 日和 27 日)之间

列宁编的小册子《社会革命党人怎样欺骗人民,布尔什维克的新政权给
了人民什么》,附列宁写的序言出版。

11 月 10 日(23 日)

出席全俄中央执行委员会会议,作关于同杜鹤宁通话的报告和关于这个

报告的总结发言。

11月11日(24日)

写信给芬兰社会民主工党左派领导人库·曼纳、尤·西罗拉、奥·库西宁、爱·瓦尔帕斯和卡·维克,代表苏维埃俄国无产阶级向芬兰社会民主工党非常代表大会致贺,并祝愿芬兰社会民主党革命派在为无产阶级事业斗争中取得胜利。

召见停战谈判代表尼·瓦·克雷连柯和阿·阿·越飞,同他们进行谈话,并对如何同德军司令部进行谈判作了详细指示。

签署《关于废除一切等级和文官官衔的法令》。

11月12日(25日)

听取全俄农民代表苏维埃非常代表大会布尔什维克党团主席 Д.И.格拉兹金关于代表大会情况的汇报,写《给全俄农民代表苏维埃非常代表大会布尔什维克党团的声明》。

接见第49军代表团,向他们介绍苏维埃工农政府的对内对外政策,并将自己签署的人民委员会给第49军委员会的正式解释文本交给他们。这份文件是对第49军代表大会紧急会议1917年11月9日(22日)关于政权问题和国内形势问题的决议的答复。

当选为北方面军、波罗的海舰队、彼得格勒、彼得格勒省和莫斯科五个选区的立宪会议代表。

11月12日或13日(25日或26日)

接见从莫斯科来的亚·格·施利希特尔,同他进行谈话,通知他已被任命为代理农业人民委员,委托他立即接待各地的农民代表,并要他着手制定《土地条例》,接管原农业部机关。

11月13日(26日)

俄国社会民主工党(布)中央委员会派列宁作为中央委员会的代表出席全俄农民代表苏维埃非常代表大会。

列宁召见新任驻国家银行政府专员瓦·瓦·奥博连斯基(恩·奥新斯基),同他进行谈话,并告诉他,接管国家银行第一步是把银行金库和各个库房的钥匙拿到手。

11月14日(27日)

拟写全俄农民代表苏维埃非常代表大会关于土地问题的决议草案。

　　出席全俄农民代表苏维埃非常代表大会会议。在聆听左派社会革命党人 B.M.卡钦斯基作关于土地问题报告时记下要点,并写了自己发言提纲,随后以布尔什维克党团的名义作关于土地问题的讲话,并宣读他起草的决议草案。

　　出席全俄中央执行委员会会议。会议讨论并批准《工人监督条例》。

　　签署《工人监督条例》;签署人民委员会致各交战国政府和人民书,吁请各交战国政府参加苏维埃俄国同德奥同盟各国定于 1917 年 11 月 19 日(12 月 2 日)举行的停战谈判。

11 月 14 日(27 日)夜

出席俄国社会民主工党(布)中央委员会和全俄中央执行委员会左派社会革命党党团委员会联席会议。会议讨论关于扩大全俄中央执行委员会的组成和左派社会革命党人参加人民委员会的问题。

　　深夜,出席全俄中央执行委员会主席团和全俄农民代表苏维埃非常代表大会主席团联席会议。会议拟定了关于两个主席团合并和充实全俄中央执行委员会的决定草案。

11 月 15 日(28 日)以前

接见弗拉基米尔省利基纳纺织厂工人 И.C.莫罗兹金和 A.季莫费耶夫,并同他们交谈工厂情况。

11 月 15 日(28 日)

写信给谢·伊·奥金佐夫少将,请他于 11 月 16 日(29 日)早上召集一些愿意同苏维埃政权合作的参谋和将军研究对德停战谈判的军事技术问题,并于当日傍晚把拟定的关于停战协定的基本问题、要点和设想的提纲送来,同时指明哪些专家可以直接参加停战谈判。

　　主持人民委员会会议;提议内务部归军事革命委员会管辖。会议还讨论关于组织最高国民经济委员会问题、关于没收利基纳纺织厂问题、关于失业保险条例草案、关于革命法庭和司法部等问题。

　　接见美联社记者格·雅罗斯,并同他谈话,回答提出的问题,阐明布尔什维克党在彼得格勒(首都)选区的立宪会议选举中取得巨大胜利的深远意义。

　　列宁签署的人民委员会致各交战国政府和人民书在《真理报》第

190号上发表。

11月16日（29日）

主持人民委员会会议。会议讨论关于革命法庭和撤销全部旧司法机关的法令草案、关于把乌克兰的珍贵历史文物归还乌克兰人民的问题，以及关于同左派社会革命党人进行他们参加政府的谈判等问题。

不晚于11月17日（30日）

签署人民委员会告德国士兵书，吁请支持苏维埃俄国劳动者为立即签订民主和约和为社会主义进行的斗争。

11月18日（12月1日）

召见即将前往布列斯特-里托夫斯克的政府和谈代表团首席代表阿·阿·越飞，同他进行谈话，并就和谈代表团在谈判中应采取的策略作了重要指示。

接见粮食人民委员部工作人员彼·阿·科兹明和阿·斯·雅库波夫，同他们交谈部内的情况等问题。

出席全俄农民代表苏维埃非常代表大会会议。会上，全俄铁路工会执行委员会代表指责布尔什维克发动内战。列宁两次发言进行批驳，并以布尔什维克党党团的名义同意代表大会主席团提出的关于全俄铁路工会执行委员会声明的决议。列宁还作了关于土地问题的总结发言。

写《工人同被剥削劳动农民的联盟（给〈真理报〉编辑部的信）》。

主持人民委员会会议。在会议讨论人民委员、高级职员和官员的薪金标准问题时，拟写关于高级职员和官员薪金额和人民委员最高薪金的决定草案，并发言。会议还讨论了关于组织最高国民经济委员会的法令草案、关于顿巴斯各工厂国有化问题、关于征用农业机械和农具问题以及其他问题。

11月19日（12月2日）

拟写《罢免权法令草案》。

拟写给莫斯科省苏维埃主席团的回电，告诉他们只要政权在苏维埃手中，苏维埃的任命新的省人民委员的决定就是法律，不需要确认。

主持人民委员会会议；拟写关于陆军部问题的决定草案。会议还讨论关于俄国同芬兰的贸易和财政关系问题、关于乌克兰局势和中央拉达的报告、关于中央各部"清洗"问题,莫斯科苏维埃关于苏维埃是否有权在工厂主进行抵制时暂行接管工厂的请示以及其他问题。

11 月 20 日(12 月 3 日)

主持人民委员会会议;拟写关于拨给全俄中央执行委员会经费决定草案和《没收出租住房法令的提纲》。会议还讨论关于成立特别的人民保健委员会问题以及其他问题。

11 月 21 日(12 月 4 日)

主持人民委员会会议。会议讨论关于城市不动产国有化草案和征收所得税新条例草案等。

出席全俄中央执行委员会会议,作关于罢免权的报告。

11 月 22 日(12 月 5 日)

由列宁签署的苏维埃政府《告俄国和东方全体穆斯林劳动人民书》在《真理报》第 196 号和《消息报》第 232 号上发表。

接见库尔斯克省利戈夫苏维埃代表 А.И.克里施托帕和 Я.М.法捷耶夫,同他们谈话,向他们了解库尔斯克省的情况;回答他们提出的问题,并建议他们给《贫苦农民报》写文章。

出席全俄海军第一次代表大会第五次会议,作关于目前形势讲话。

主持人民委员会会议。会议讨论关于法庭的法令草案和其他问题。

11 月 23 日(12 月 6 日)

主持人民委员会会议。会议讨论《关于废除城市不动产私有权法令草案》、关于召开全俄铁路职工代表大会问题、关于彼得格勒市政管理委员会的状况、赤卫队的状况,以及邮电职工的状况等问题。

11 月 24 日(12 月 7 日)

主持人民委员会会议。会议讨论所得税法令草案、关于成立削减国家开支委员会问题、关于政府机关职员编制等问题。

11 月 24 日和 29 日(12 月 7 日和 12 日)之间

接见前来向俄国劳动者和苏维埃政府转达瑞典左派社会民主党祝贺的瑞典社会民主党人塞特·霍格伦和卡尔·基尔布姆。

11 月 25 日(12 月 8 日)

写便条给俄国社会民主工党(布)彼得格勒委员会,请告知彼得格勒苏维埃是否通过了关于法院的决议,采取了哪些措施,并将如何贯彻执行。

　　主持人民委员会会议,向会议报告接见哥萨克军联合会委员会代表团的情况,拟写关于撤销贵族土地银行和农民土地银行的法令草案的引言部分,提议减轻军事革命委员会的负担,把部分工作交其他人民委员部管理。

不早于11月25日(12月8日)

接见芬兰社会民主党议会党团代表库·曼纳、埃·胡顿宁和埃·萨林(他们是专程来彼得格勒弄清布尔什维克党对给予芬兰国家独立问题的立场),同他们进行亲切的谈话,告诉他们,布尔什维克党和苏维埃政府承认芬兰人民享有完全的自决权,苏维埃政府希望芬兰议会和芬兰社会民主党正式提出这个问题,并将正式文件送来。列宁还向他们了解芬兰工人11月举行总罢工的情况。

11月26日(12月9日)

接见奥伦堡铁路员工代表团,同他们讨论同杜托夫反革命叛乱作斗争的任务;写便条给尼·伊·波德沃伊斯基和弗·亚·安东诺夫-奥弗申柯,请他们解决派军队平定杜托夫叛乱的问题。

11月26日—12月10日(12月9日—23日)

多次会见左派社会革命党领导人安·卢·柯列加耶夫、普·佩·普罗相、玛·亚·斯皮里多诺娃和阿·米·乌斯京诺夫,同他们商讨全俄农民代表苏维埃第二次代表大会问题,并劝告他们不要过早同代表大会的右派分裂;不断地就代表大会工作问题向全俄农民代表苏维埃第二次代表大会布尔什维克党团领导人作指示,要他们多做右派社会革命党普通党员代表的工作,向他们讲清楚苏维埃政府的政策同右派社会革命党领导人尼·德·阿夫克森齐耶夫、谢·列·马斯洛夫和维·米·切尔诺夫的政策的根本区别。

11月27日(12月10日)

写《土地问题资料》一书序言。

　　主持人民委员会会议,提议成立贯彻社会主义财政经济政策的特别委员会,并在讨论这个问题时五次发言,拟写《人民委员会关于贯彻社会主义经济政策问题的决议草案》和《经济政策的若干问题》。会议还讨论关于政府和谈代表团的组成问题和关于进行谈判的指示等问题。

起草《和平谈判纲要》。

不早于 11 月 27 日（12 月 10 日）

拟写《经济措施纲要草稿》。

11 月 28 日（12 月 11 日）

拟写《对游行示威口号的补充意见》——对彼得格勒苏维埃 11 月 27 日（12 月 10 日）通过的《告彼得格勒工人和士兵书》的补充。

写信给全俄立宪会议选举委员会，声明只同意做波罗的海舰队的立宪会议代表。

接见乌法省粮食委员亚·德·瞿鲁巴，同他谈话，要他担任副粮食人民委员，并讨论在口粮分配上贯彻阶级原则的必要性。

得知反革命党派无视人民委员会 11 月 26 日（12 月 9 日）关于召开立宪会议的法令企图召开立宪会议和资产阶级分子要在塔夫利达宫附近举行游行示威，召见彼得格勒军区司令员弗·亚·安东诺夫-奥弗申柯，命令他立即制止反苏维埃政权的行动。

写《关于逮捕反革命内战祸首的法令》草案。

主持人民委员会会议。会议讨论立宪民主党的反革命阴谋问题。列宁提请人民委员会审批由他拟写的关于逮捕反革命内战祸首的法令草案。法令经会议批准，由列宁签署后颁布。

11 月 29 日（12 月 12 日）

拟写《俄国社会民主工党（布）中央委员会关于追究诬告责任的决定草案》。

出席俄国社会民主工党（布）中央委员会会议，就"重新配备力量（《真理报》和党的工作）"问题两次发言。在会议讨论阿·伊·李可夫、列·波·加米涅夫、弗·巴·米柳亭和维·巴·诺根要求接受他们回到党中央的申请时，列宁宣读由他起草的决议草案。

主持人民委员会会议。起草关于军工厂转向有益于经济的生产的决定，并提请人民委员会审批。

11 月 30 日（12 月 13 日）

写《国家与革命》第一版序言。

主持人民委员会会议。会议讨论失业保险条例草案、军事革命委员会的报告以及其他问题。

接见彼得格勒五金工厂工人代表团,告诉他们,人民委员会将采取一切措施保证向军工厂提供所需资金,使工厂转向民用生产。

11 月底

召见乌克兰布尔什维克代表 C.C.巴金斯基,详细了解乌克兰布尔什维克同中央拉达交往的情况。

接见乌拉尔区域工兵代表苏维埃代表维·A.沃罗比约夫,交谈乌拉尔工业情况,并向他了解乌拉尔的情况、当地工人的生活和他们对苏维埃政权的态度以及解决乌拉尔土地问题的计划等;写便条给劳动人民委员亚·加·施略普尼柯夫和彼得格勒军事革命委员会委员费·埃·捷尔任斯基,要他们起草一个把乌拉尔所有工厂收归国有的决定。

接见尼古拉铁路职工非常代表大会左派代表,同他们谈话。

接见俄国社会民主工党(布)莫斯科委员会委员奥·阿·皮亚特尼茨基,就布尔什维克对立宪会议的策略问题同他交换了意见。

去国家银行,召集银行领导干部开会,了解银行的情况,了解他们如何解决怠工问题,如何保证向工厂提供所需的现金。

11 月

写《关于党的任务的提纲＋目前形势》和《对彼得格勒公共图书馆工作的意见》。

12 月 1 日(14 日)

出席立宪会议布尔什维克党团会议,作关于布尔什维克党对立宪会议的策略的报告。

12 月 1 日(14 日)夜

出席全俄中央执行委员会会议,作《关于成立最高国民经济委员会问题的发言》和《关于立宪会议问题的讲话》,向会议提出他起草的《关于处置立宪民主党的法令的决议》,请会议审批。

12 月 2 日(15 日)

签署全俄中央执行委员会和人民委员会关于成立最高国民经济委员会的法令。

主持人民委员会会议。会议讨论就乌克兰问题给最高总司令尼·瓦·克雷连柯的指示、关于白俄罗斯拉达和给白俄罗斯区域委员会财政援助等问题。

12 月 2 日（15 日）夜

出席全俄农民代表苏维埃第二次代表大会会议。会上，列宁代表布尔什维克党团发表讲话，阐明布尔什维克党对苏维埃和立宪会议的政策。

12 月 3 日（16 日）

主持人民委员会会议。会议为讨论乌克兰中央拉达问题，决定成立一个起草委员会，起草告乌克兰人民书和向乌克兰拉达提出的最后通牒。列宁被选入起草委员会。休会期间，列宁拟写《告乌克兰人民书》的提纲和草案。下午 6 时复会。会议审议并通过起草委员会提出的《告乌克兰人民书》。

12 月 4 日（17 日）

出席彼得格勒工兵代表苏维埃工人部、彼得格勒工会理事会、各工会理事会和工厂委员会中央理事会联席会议，作关于彼得格勒工人经济状况和工人阶级任务的报告。

主持人民委员会会议。会议讨论关于征用农业机械和农具的法令草案。列宁对草案的个别条款作了补充。会议还讨论粮食政策等问题。

不晚于 12 月 5 日（18 日）

接见彼得格勒工厂委员会中央理事会成员 Π.H.阿莫索夫、阿·马·卡克滕和 M.C.伊万诺夫-米哈伊洛夫，同他们谈话。在听取他们请求政府正式批准工厂委员会中央理事会起草的工人监督细则后，建议他们先在群众中开展宣传鼓动工作，阐明实行工人监督的革命方法。

12 月 5 日（18 日）

接见叶卡捷琳堡省博戈斯洛夫斯克矿区工厂委员会中央理事会代表 A.B.库尔雷宁和 M.A.安德列耶夫，同他们谈话，向他们了解矿区的纳杰日金斯基工厂和各矿井的情况，询问能否转向民用产品生产，并对工人们要求把矿区企业收归国有表示支持。

主持人民委员会会议。会上成立两个委员会，责成一个委员会审定乡土地委员会条例和细则草案，责成另一个委员会组织军事行动向中央拉达宣战并以人民委员会的名义发布告乌克兰人民和士兵书。列宁被选入两个委员会。

12月5日(18日)夜

接见法国军事使团成员雅克·沙杜尔,同他谈话。列宁认为,俄国昔日的盟国——法国、英国、美国以及其他国家都应参加议和谈判。

12月5日和11日(18日和24日)之间

《关于农业中资本主义发展规律的新材料。第一编。美国的资本主义和农业》一书(写于1914—1915年)由彼得格勒生活和知识出版社出版。

12月5日和23日(12月18日和1918年1月5日)之间

为答复德国政治活动家赫尔曼·费尔瑙在1917年12月5日(18日)《日内瓦报》第348号上发表的《一个德国人给列宁先生的公开信》写《答赫尔曼·费尔瑙》。

12月6日(19日)

主持人民委员会会议。在会议讨论关于没收博戈斯洛夫斯克矿区股份公司财产的法令草案时,拟写对法令草案的补充。

《关于立宪会议开幕的问题》在《真理报》第207号和《消息报》第204号上发表。

12月6日或7日(19日或20日)

拟写《全俄农民代表苏维埃第二次代表大会告农民书草稿》。

12月7日(20日)

写便条给费·埃·捷尔任斯基,并附上拟写的《关于同反革命分子和怠工分子作斗争的紧急措施》草案,请他在向人民委员会会议作关于成立全俄肃反委员会报告时向会议提出。

把《全俄农民代表苏维埃第二次代表大会告农民书草稿》交给全俄农民代表苏维埃第二次代表大会主席团成员、左派社会革命党人阿·米·乌斯京诺夫,并授权他在大会代表提出要求修改时,可对这个草稿作必要的修改。

主持人民委员会会议。会议讨论左派社会革命党人参加苏维埃政府问题以及其他问题。

12月8日(22日)

指示俄国社会民主工党(布)彼得格勒委员会抽调至少百名绝对可靠的

党员由抗暴委员会分配工作。就奥斯特罗戈日斯克苏维埃主席询问如何处置没收庄园时掠走的珍宝一事,打电报指示编造清册,妥为保护,把掠夺者交付法庭,并把判决告人民委员会。

接见从大本营回来的弗·亚·安东诺夫-奥弗申柯,听取他对卡列金反革命军队的作战计划,并查阅他的军事行动准备工作记要。

主持人民委员会会议。会议讨论左派社会革命党人参加苏维埃政府问题以及其他问题。

全俄农民代表苏维埃第二次代表大会讨论并通过列宁起草的《全俄农民代表苏维埃第二次代表大会告农民书草稿》。

12 月 9 日(22 日)以前

接见彼得格勒制管厂工人代表团。

主持人民委员会会议。会议讨论左派社会革命党人参加苏维埃政府问题、工业复员、亚历山德罗-格鲁舍夫斯克区等问题以及几项任命。

12 月 11 日(24 日)

出席俄国社会民主工党(布)中央委员会会议。会议讨论布尔什维克立宪会议党团内部的右倾机会主义情绪问题。列宁建议撤销布尔什维克立宪会议党团临时委员会,阐明党中央对立宪会议的态度,指派一名中央委员领导党团和制定党团章程。

主持人民委员会会议。会议讨论关于国家机关的编制、关于教会学校归国家国民教育委员会管理、关于加速贯彻政教分离等问题。

拟写《关于立宪会议的提纲》的要点和《对亚历山德罗-格鲁舍夫斯克区工人代表团所提问题的答复》。

12 月 11 日或 12 日(24 日或 25 日)

拟写《关于布尔什维克立宪会议党团临时委员会的决议草案》和《关于立宪会议的提纲》。

12 月 12 日(25 日)

就准备把彼得格勒私营银行收归国有一事,指示举行银行职员中的布尔什维克和左派社会革命党人会议。

出席布尔什维克立宪会议党团会议,代表党中央向会议提出《关于立宪会议的提纲》。提纲经党团会议讨论后,一致通过。

12月12日或13日（25日或26日）

主持人民委员会秘密会议,讨论把私人银行收归国有问题。

12月12日和23日（12月25日和1918年1月5日）之间

《社会民主党在1905—1907年俄国第一次革命中的土地纲领(11—12月)》由彼得格勒生活和知识出版社出版。

12月13日（26日）

出席全俄铁路工人非常代表大会,代表人民委员会致贺词。

主持人民委员会会议;拟写人民委员会关于国家机关职员工资问题的决定草案。

12月13日（26日）夜

来到原财政部,主持准备接管彼得格勒各私营银行收归国有的秘密会议,向与会同志交代这次行动计划和任务。

12月14日（27日）

写《为了面包与和平》一文。

领导由赤卫队员、水兵和士兵组成的工作分队接管彼得格勒私营银行的行动,听取工作队领导人的汇报,委派苏维埃政府任命的委员到被接管的私营银行。

接见前来向俄国社会民主工党(布)中央委员会递交请俄国党协助实现芬兰独立的信件的芬兰社会民主工党中央委员会代表库·曼纳、爱·居林和卡·维克,同他们谈话,并表示将在人民委员会讨论支持这一请求。

晚10时半,出席全俄中央执行委员会会议。会议讨论关于银行国有化问题时,列宁作关于银行国有化问题的讲话。

不早于12月14日（27日）

拟写《关于实行银行国有化及有关必要措施的法令草案》及其草稿和提纲;作苏维埃国家经济政策问题笔记。

出席最高国民经济委员会常务委员会会议,提请会议讨论《关于实行银行国有化及有关必要措施的法令草案》,对草案作了说明,对会上提出的问题作了解答。

12月15日（28日）

接见芬兰议会代表团。代表团询问,苏维埃政府对给予芬兰独立的问题

持什么态度。列宁向代表团明确表示，只要芬兰议会正式提出请求，苏
维埃政府一定予以承认。

　　主持人民委员会会议。会议讨论普梯洛夫工厂停工问题和改组燃
料特别会议问题。列宁就上述问题拟写人民委员会关于组织专家委员
会的决定草案和关于改组燃料特别会议的决定草案。

　　会议还讨论关于人民委员会和交通人民委员部对定于 1917 年 12
月 19 日(1918 年 1 月 1 日)举行的铁路工人第二次非常代表大会的态度
问题、关于全体军人一律平等的法令草案、关于军队选举制的法令草案
等问题。

12 月 16 日(29 日)

　　起草《关于将问题列入人民委员会会议议事日程的程序的指令》。

　　主持人民委员会会议。会议讨论军队复员时期军队建设的过渡形
式问题、关于军队中的民族部队问题以及其他问题。

12 月 17 日(30 日)

　　主持人民委员会会议。会议讨论芬兰政府吁请俄罗斯苏维埃政府承认
芬兰独立问题、苏维埃政府和谈代表团关于布列斯特-里托夫斯克和谈
进程的报告以及其他问题。

　　赴陆军人民委员部出席由他提议的有全军代表大会代表选出的各
战线、各部队、海军等单位的代表、陆军人民委员部领导干部和军事专家
数十人参加的小型座谈会，介绍政府和谈代表团向人民委员会所作的报
告内容和谈判情况，听取会上的发言，写了十个问题(即《向为复员军队
而召开的全军代表大会的代表提出的问题》)，要求与会同志对这些问题
作书面回答。

　　《国家与革命》的序言和第一章第一、二节在《真理报》第 217 号上
发表。

12 月 17 日—23 日(12 月 30 日—1918 年 1 月 5 日)

　　《答赫尔曼·费尔瑙》在《国民》周刊第 31 期上发表。

不晚于 12 月 18 日(31 日)

　　《土地问题资料》一书由彼得格勒波涛出版社出版。本书收集了列宁在
1917 年 4 月底至 10 月底发表的关于土地问题的重要文章和讲话。

12月18日（31日）

阅读为复员军队而召开的全军代表大会代表交来的对列宁提出的十个问题的书面答复。

从下午5时到深夜主持人民委员会会议。会议讨论列宁起草的《关于将问题列入人民委员会会议议事日程的程序的指令》、关于成立小人民委员会、关于承认芬兰独立的法令、尼·瓦·克雷连柯关于前线局势和军队状况的报告以及其他问题。列宁就克雷连柯的报告起草《人民委员会关于同德国和谈等问题的决议草案》。

会议期间，列宁在得知以佩·埃·斯温胡武德为首的芬兰政府代表团已到接待室后，当即签署人民委员会刚通过的关于承认芬兰国家独立的法令，随后离开会场会见代表团，将法令文本交给代表团，并同他们谈话。

12月19日（1918年1月1日）

接见顿河军屯州卡缅斯克村第二铸钢厂代表，听取他们反映该厂的问题。代表们请求政府停发该厂的经费。

主持人民委员会会议。会议期间，列宁起草《人民委员会关于司法人民委员伊·扎·施泰因贝格和司法人民委员部部务委员弗·亚·卡列林错误行动的决定草案》和《人民委员会关于同拉达举行谈判的决议草案》，并提交会议讨论批准。

12月20日（1918年1月2日）

写便条给国防特别会议副主席彼·阿·科兹明，请他一起研究处理顿河军屯州卡缅斯克村第二铸钢厂代表反映的问题。

晚8时至深夜主持人民委员会会议。会议讨论斯大林关于人民委员会同全乌克兰中央执行委员会就人民委员会通过的关于同拉达举行谈判的决定进行谈判的情况报告和关于立宪会议开幕等问题。

12月21日（1918年1月3日）

收到法国议员、社会党人沙尔·迪马来信，信中请求接见。列宁复信说，由于彼此之间的重大政治分歧，个人之间的关系早已不复存在，因此，拒绝他的请求。

参加陆军人民委员部工作人员会议，讨论组建苏维埃国家新军队的问题。

晚7时至深夜,主持人民委员会会议,审定和补充关于司法人民委员部、全俄肃反委员会和侦查委员会的相互关系问题的决定草案,修改和补充关于彼得格勒和彼得格勒铁路枢纽站实行扫雪的普遍义务劳动制的法令草案。会议还讨论了关于制止法国使团从事反革命活动而采取的策略和措施等问题。

12月22日(1918年1月4日)

出席陆军人民委员部因最高总司令尼·瓦·克雷连柯来电告急而召开的有总参谋部代表参加的会议。会议讨论罗马尼亚战线的严重局势问题。列宁在听取军事专家们的意见后,反对尼·瓦·克雷连柯要求军队向后方撤退的建议。列宁主张加紧整顿运输工作和供应前线粮食的工作,迅即调遣彼得格勒军区和莫斯科军区的赤卫队增援罗马尼亚战线,并立即在这两个军区内着手组建社会主义新军队十个军。会上还制定了关于建立社会主义新军队的基本条例。

12月22日和23日(1918年1月4日和5日)

《普列汉诺夫论恐怖》一文在《真理报》第221号(标题为《普列汉诺夫赞成恐怖》)和《消息报》第259号上发表。

12月23日(1918年1月5日)

主持人民委员会会议。会议讨论了人民委员会成员的休假问题,作出决定给予列宁3—5天假期。会议还讨论了关于"土耳其属亚美尼亚"的法令草案和关于小人民委员会的组成等问题。

12月24日—27日(1918年1月6日—9日)

在芬兰铁路委员埃·阿·托希亚的陪同下,列宁同克鲁普斯卡娅和妹妹玛丽亚一起去芬兰卡累利阿地峡"哈利拉"疗养院度假。

休假期间,列宁拟写《政论家札记(待研究的问题)》、《关于消费公社的法令草案》提纲初稿和最后定稿以及《被旧事物的破灭吓坏了的人们和为新事物而斗争的人们》和《怎样组织竞赛?》等文章。

12月28日(1918年1月10日)

出席当选为立宪会议代表的布尔什维克会议,会上讨论定于1918年1月5日(18日)立宪会议开幕问题和布列斯特-里托夫斯克和平谈判问题。

列宁接见陆军人民委员尼·伊·波德沃伊斯基,同他谈话,建议他把建立社会主义新军队的问题提交地方苏维埃,首先是彼得格勒苏维埃讨论。

12 月 29 日(1918 年 1 月 11 日)

打电报给在哈尔科夫的人民委员弗·亚·安东诺夫-奥弗申柯,嘉许他在同卡列金分子的斗争中采取的坚决行动。

主持人民委员会会议。会议讨论全俄中央执行委员会关于申请本届苏维埃代表大会经费的报告,讨论期间,列宁起草《人民委员会关于拨款给全俄中央执行委员会以筹备和召开例行苏维埃代表大会的决定草案》。在讨论关于拨给《工农临时政府报》20 万卢布经费的申请报告时,列宁就政府报纸集中问题作了发言。会议还讨论了关于发给商品进出口许可证手续的决定草案、关于"土耳其属亚美尼亚"的法令草案、关于从芬兰撤退军队的问题以及关于政府职员的劳动工资标准等问题。

接见法国军事使团成员雅·沙杜尔,同他谈话,告诉他,苏维埃俄国需要休战时间,将同德国单独缔结和约以及建立社会主义新军队之事。

12 月 30 日(1918 年 1 月 12 日)

拟写《人民委员会关于拉达给人民委员会的答复的决定》草案和《俄国社会民主工党(布)中央委员会关于开除索·阿·洛佐夫斯基的党籍的决议草案》。

主持人民委员会会议。在讨论人民委员、左派社会革命党人对列宁 12 月 29 日(1918 年 1 月 11 日)给弗·亚·安东诺夫-奥弗申柯的电报提出的质询时,列宁拟写人民委员会关于同卡列金作斗争的决定草案和关于弗·亚·安东诺夫-奥弗申柯同全乌克兰中央执行委员会和乌克兰临时特别委员格·康·奥尔忠尼启则之间的相互关系的决定草案,并提交会议批准。在讨论乌克兰中央拉达的照会和苏维埃政府和谈代表团提出的关于对拉达的态度的问题时,列宁提请会议讨论他起草的《人民委员会关于拉达给人民委员会的答复的决定》草案。会议还讨论了关于立宪会议问题和关于教育人民委员部领导人员的任命等问题。

12 月 31 日(1918 年 1 月 13 日)

写便条给雅·米·斯维尔德洛夫,请他同雅·斯·加涅茨基商量派代表团出国同各社会主义政党建立联系之事。

在接到关于罗马尼亚军事当局对俄军第 49 革命师采取敌对行动的报告后,随即命令陆军人民委员部马上逮捕罗马尼亚使馆和罗马尼亚军事使团的全体人员,签署《人民委员会给罗马尼亚政府的最后通牒》,要求迅即释放被捕的俄军士兵,惩办肇事者,并保证不再发生类似事件。

午夜 11 时 30 分,列宁和克鲁普斯卡娅出席俄国社会民主工党(布)维堡区委员会、维堡区苏维埃和赤卫队司令部联合举办的迎新晚会。

1918 年

年初

接见左派社会革命党领导人普·佩·普罗相,就他提出的关于左派社会革命党同布尔什维克党合并的建议交换意见。

1 月初

接见爱沙尼亚布尔什维克领导人之一 Я.Я.安韦尔特,交谈 1917 年 12 月 31 日(1918 年 1 月 13 日)在雷瓦尔(现称塔林)举行的俄国社会民主工党(布)爱斯兰委员会常务委员会委员、爱斯兰执行委员会委员和俄国社会民主工党(布)雷瓦尔委员会工作人员联席会议的情况,这次会议讨论了关于宣布爱沙尼亚为独立的苏维埃共和国的问题。

1 月 1 日(14 日)

接见由乌克兰苏维埃中央执行委员会主席 Е.Г.梅德维捷夫率领的乌克兰苏维埃政府出席布列斯特-里托夫斯克和谈会议代表团,向他们了解乌克兰的形势、乌克兰中央拉达的情况和乌克兰苏维埃政府的各项计划。列宁还向他们提出有关乌克兰苏维埃政府和谈代表团的立场的建议,同时建议教育人民委员弗·彼·扎东斯基留在彼得格勒,担任乌克兰苏维埃政府驻人民委员会代表。

接见前来递交关于罗马尼亚使馆事件备忘录的各协约国和中立国驻彼得格勒的外交代表,同他们谈话。列宁向外交使团代表表示,即日就把备忘录和这次谈话的内容报告人民委员会。

接见陪同俄国政治流亡者从瑞士回国的瑞士社会民主党书记弗·普拉滕,向他介绍建立社会主义新军队的意义,并邀请他一起参加欢送第一批社会主义新军队大会。

列宁、玛·伊·乌里扬诺娃和弗·普拉滕在陆军人民委员尼·伊·波德沃伊斯基的陪同下,乘车前往米哈伊洛夫练马场,出席欢送大会。会上,列宁发表讲话。

会后,在返回斯莫尔尼宫的途中,列宁的汽车遭反革命恐怖分子枪击,列宁脱险,普拉滕为掩护列宁手部负伤。

晚8时,主持人民委员会会议,作关于逮捕罗马尼亚公使及使馆全体人员以后所发生的事件的报告。会议委托列宁起草政府关于逮捕和释放罗马尼亚公使的情况的通告,并授权列宁处理这一事件。

会议讨论人民委员会1917年12月30日(1918年1月12日)关于同卡列金作斗争的决定时,列宁对这一决定作了补充。会议还讨论了关于废除国债的法令草案。

深夜,委托斯大林通过直达电报把人民委员会关于逮捕罗马尼亚公使及使馆全体人员以后所发生的事件的决定通知苏维埃政府布列斯特—里托夫斯克和谈代表团。

午夜2时许,起草并签署给彼得保罗要塞政委格·伊·布拉贡拉沃夫关于释放罗马尼亚公使及使馆全体人员的命令。

1月2日(15日)

接见外交人民委员部代表И.А.扎尔金德,交谈扎尔金德同罗马尼亚公使康·迪亚曼迪谈判情况。

主持人民委员会会议。会议讨论国家监察人民委员部部务委员会问题、改组国家监察人民委员部问题以及关于远洋商船和内河商船国有化等问题。会议期间,列宁拟写《人民委员会关于高级公职人员的薪金标准的决定草案》。

深夜,出席俄国社会民主工党(布)中央委员会和左派社会革命党中央委员会联席会议。会议讨论立宪会议问题和1918年1月1日(14日)列宁遇刺问题。

不晚于1月3日(16日)

拟写《被剥削劳动人民权利宣言》草案。

1月3日(16日)

全俄中央执行委员会通过列宁起草的《被剥削劳动人民权利宣言》。

写信给为复员军队而召开的全军代表大会。

起草《全俄中央执行委员会决定》。

通过直达电报同在布列斯特-里托夫斯克的苏维埃和谈代表团团长列·达·托洛茨基谈话,通知他关于战争与和平的问题必须由全俄中央执行委员会作出决定,并告诉他乌克兰苏维埃中央执行委员会代表团即将前往布列斯特-里托夫斯克。

随后列宁收到苏维埃政府和谈代表团秘书列·米·卡拉汉转发的第8集团军军事革命委员会报告乌克兰中央拉达在罗马尼亚战线进行反革命挑衅活动和集团军军事革命委员会采取相应行动的电报,即复电卡拉汉,并通知最高总司令尼·瓦·克雷连柯不要理睬中央拉达的挑衅活动,而要采取最坚决行动对付罗马尼亚反革命司令部、卡列金反革命分子及其在中央拉达的同谋者。

再次通过直达电报同苏维埃政府和谈代表团谈话,就代表团提出的问题,同斯大林磋商后,指示列·达·托洛茨基暂时停止谈判,立即返回彼得格勒。

1月4日(17日)

主持人民委员会会议。会议讨论关于全俄铁路工会执行委员会反对苏维埃政权的政策和行动的问题、关于红十字会和全俄城市联合会的产业收归国有的法令草案等问题。

1月5日(18日)

下午1时左右,来到塔夫利达宫出席立宪会议。

会前,出席党中央委员会会议,讨论与立宪会议开幕程序有关的问题。

出席布尔什维克立宪会议党团会议。会议宣读列宁起草的《被剥削劳动人民权利宣言》,并且通过决定:如果立宪会议于当天开幕时不通过这个宣言,全体布尔什维克代表就退出立宪会议。

下午4时,列宁出席立宪会议开幕式,听取各党团代表的发言。

晚10时至午夜1时,立宪会议休会。在此期间,列宁出席党中央委员会会议,讨论对立宪会议的策略问题。会上,列宁起草关于布尔什维克代表退出立宪会议的宣言。

立宪会议休会期间,列宁几次会见左派社会革命党中央委员,同他们商讨对待立宪会议的态度问题。

午夜1时许,召集人民委员会成员开会。会上,列宁拟写关于解散立宪会议的法令草案提纲初稿,并就这个问题四次发言。

在得知海军人民委员帕·叶·德宾科下令驱赶反动的立宪会议代表后,指示德宾科和塔夫利达宫警卫队长 A.Γ.热列兹尼亚科夫:对反动的立宪会议代表不得使用暴力,可以放行,但不准许随便进入塔夫利达宫。

1月6日(19日)

写《来自另一个世界的人们》(文章没有写完)和《解散立宪会议的法令草案》的提纲。

听取海军人民委员帕·叶·德宾科关于立宪会议已经按塔夫利达宫警卫队长 A.Γ.热列兹尼亚科夫的要求停止开会的报告。

主持人民委员会会议。会议讨论列宁写的《解散立宪会议的法令草案》提纲和关于吸收布尔什维克立宪会议党团和左派社会革命党立宪会议党团参加全俄中央执行委员会的工作(享有表决权)的问题。

拟写《解散立宪会议的法令草案》。

1月6日(19日)夜

出席全俄中央执行委员会会议,发表关于解散立宪会议的讲话。会议批准列宁起草的《解散立宪会议的法令草案》。

不晚于1月7日(20日)

拟写《关于立刻缔结单独的兼并性和约问题的提纲》要点。

1月7日(20日)

接见保加利亚社会民主党人罗·彼·阿夫拉莫夫,在同他谈话时,收到关于原临时政府部长安·伊·盛加略夫和费·费·科科什金在医院里被一伙无政府主义的水兵杀死的报告,遂召请人民委员会办公厅主任弗·德·邦契-布鲁耶维奇和打电话给司法人民委员伊·扎·施泰因贝格,命令他们立即组织调查,逮捕凶手。

拟写《关于立刻缔结单独的兼并性和约问题的提纲》。

同民族事务人民委员斯大林、穆斯林社会主义委员会主席穆拉努尔·瓦希托夫和巴什基尔区域苏维埃主席沙里夫·马纳托夫谈话,向瓦希托夫和马纳托夫了解鞑靼人和巴什基尔人的民族运动情况,了解穆斯林立宪会议代表的立场;建议拥护苏维埃政权的穆斯林立宪会议代表率先成立穆斯林的中央机构和着手起草有关穆斯林居民的法令。

接见全俄铁路员工非常代表大会左翼代表团。

主持人民委员会会议。会议讨论关于布列斯特-里托夫斯克和平谈判进程的报告以及其他问题。

不早于 1 月 7 日(20 日)

为英国社会主义报纸《呼声报》撰写《什么是苏维埃?》一文。

1 月 8 日(21 日)

在有党的工作者列席的党中央委员会会议上宣读和阐明起草的《关于立刻缔结单独的兼并性和约问题的提纲》。

主持人民委员会会议。会议讨论粮食政策问题和几项人事任命等问题。

1 月 8 日和 11 日(21 日和 24 日)之间

综合党中央委员会 1 月 8 日(21 日)会议上《关于立刻缔结单独的兼并性和约问题的提纲》的讨论情况,增写对《提纲》的补充说明。

1 月 9 日(22 日)

出席党中央委员会会议,会议讨论关于力量配备、党的中央机关报、外交人民委员部、银行等问题。

主持人民委员会会议。会议讨论"关于最高国民经济委员会颁布法令的程序和权利"问题、乌克兰苏维埃共和国代表弗·彼·扎东斯基参加人民委员会等问题。

1 月 10 日—18 日(23 日—31 日)

领导全俄工兵农代表苏维埃第三次代表大会,当选为大会名誉主席。

1 月 11 日(24 日)

出席俄国社会民主工党(布)中央委员会会议,发表关于战争与和平的讲话。会议还讨论了关于全俄工会理事会主席团委员的选举问题。

赴塔夫利达宫出席全俄工兵代表苏维埃第三次代表大会第二次会议,作人民委员会工作报告。

1 月 12 日(25 日)

拟写给赤卫队司令部的命令,命令协助交通人民委员部检查彼得格勒及
其郊区各铁路线的运粮专列,逮捕投机倒把分子和怠工分子。

出席全俄工兵农代表苏维埃第三次代表大会第三次会议,作《关于
人民委员会工作报告的总结发言》。大会通过布尔什维克党团提出的关
于同意全俄中央执行委员会和人民委员会的政策的决议,并批准《被剥
削劳动人民权利宣言》。

1 月 13 日(26 日)

接见乌拉尔苏维埃区域委员会代表 А.И.苏沃洛夫和 П.В.安特罗波夫,
谈话后派他们持他写的便条去粮食人民委员部和最高国民经济委员会
粮食局,指令上述单位必须委托持条同志采取一切坚决措施使运粮专列
从西伯利亚开到彼得格勒。

接见从普斯科夫开赴哈尔科夫同卡列金反革命军队作战的第 3 库
尔泽姆拉脱维亚步兵团代表团,向代表们介绍苏俄的国内外形势和苏维
埃政权镇压反革命的任务。

出席全俄铁路员工非常代表大会,作关于人民委员会工作的报告,
并回答大会代表提出的问题。

1 月 13 日和 27 日(1 月 26 日和 2 月 9 日)之间

参加全俄工兵农代表苏维埃第三次代表大会《土地社会化基本法》草案
审定委员会的工作;对《土地社会化基本法》草案逐条修订并作补充。

出席彼得格勒苏维埃主席团和粮食机关代表联席会议,就与饥荒作
斗争的措施问题两次发言;写《关于同饥荒作斗争的措施的决议草案》,
提请会议审议。

接见全俄粮食代表大会的两位代表,同他们交谈大会的决议。

1 月 14 日(27 日)夜

主持人民委员会会议。会议期间,列宁拟写《人民委员会关于改善粮食
状况的措施的决定草案》。会议讨论了彼得格勒的粮食供应情况和工业
生产情况等问题。

1 月 15 日(28 日)

写《人民委员会对左派社会革命党中央的质问》一文。

写信给在哈尔科夫的乌克兰特别委员格·康·奥尔忠尼启则和司令员弗·亚·安东诺夫-奥弗申柯,要求他们采取最坚决的革命措施,征集粮食,组织并派人护送运粮专列开到彼得格勒。

下令给海军革命委员会,要求立即调派 2 000 名水兵给姆·卡·捷尔-阿鲁琼扬茨,参加讨伐乌克兰中央拉达的军事行动。

主持人民委员会会议。会议讨论关于波罗的海舰队和黑海舰队的隶属问题、陆军人民委员部关于建立红军的法令草案的报告、关于邮电职工工资等问题。

会上,列宁就拨款 100 万卢布给最高总司令大本营革命野战司令部一事作报告,拟写《人民委员会关于波罗的海舰队和黑海舰队的上下隶属关系的决定草案》,并提请人民委员会批准,审定和补充关于建立工农红军的法令草案,审定并签署关于法庭的法令(第 2 号)。

签署人民委员会关于建立工农红军的法令。

1 月 16 日(29 日)

接见卡缅斯卡亚镇顿河哥萨克前线士兵代表大会代表团。

主持人民委员会会议。列宁拟写《人民委员会关于工资的决定草案》。在会议讨论关于建立粮食管理统一中心问题时,列宁赞同全俄粮食代表大会主席团提出的提纲,并拟写《人民委员会关于粮食工作组织问题的两个决定草案》。

1 月 17 日(30 日)

打电报给弗·亚·安东诺夫-奥弗申柯,对顿河哥萨克军事革命委员会承认人民委员会表示欢迎。

主持人民委员会会议。会议讨论关于增加彼得格勒口粮定量等问题。会上,列宁综合一份运送和运到彼得格勒的粮食材料。

同穆斯林事务委员部委员谈话,赞同他们拟定的关于归还穆斯林圣物的法令草案。

1 月 18 日(31 日)

同水运工会伏尔加航区委员会代表交谈人民委员会会议正在讨论的商船国有化问题。

主持人民委员会会议。会议讨论海洋与内河商船国有化等问题。

列宁作了发言,拟定《人民委员会关于海洋与内河商船国有化法令草案》,并对这个法令草案作了补充。

拟写全俄工兵农代表苏维埃第三次代表大会关于取消苏维埃法律中涉及立宪会议的内容的法令草案。

出席全俄工兵农代表苏维埃第三次代表大会布尔什维克党团会议,阐明《土地社会化基本法》草案的实质和解散立宪会议的原因。

1月18日(31日)夜

出席全俄工兵农代表苏维埃第三次代表大会闭幕式。列宁致闭幕词。

1月19日(2月1日)以前

拟写给司法人民委员部部务委员会的指令,要求加快拟定关于政教分离的法令。

1月19日(2月1日)

出席俄国社会民主工党(布)中央委员会会议,就同德国缔结和约问题六次发言。

主持人民委员会会议。会议讨论最高国民经济委员会的工作问题。列宁对关于各人民委员部同最高国民经济委员会的相互关系的决定草案提出修改和补充意见。

1月19日和21日(2月1日和3日)之间

接见海军部立法会议代表 B.Φ.波卢欣,同他交谈舰队状况。

1月20日(2月2日)

接见莫斯科军区司令员尼·伊·穆拉洛夫和副司令 A.B.曼德尔施塔姆,同他们交谈同德国缔结和约问题,批评莫斯科党组织领导提出的进行"革命战争"对付德国的口号,告诉他们前线发来的关于俄军溃败的消息。列宁强调,战争不能再进行下去,战争必须停止,并且坚决地把工人迅速武装起来,组织起来,集中人力和物力,巩固地方政权。

主持人民委员会会议。会议讨论政教分离的问题。列宁审定和补充《关于信仰自由、教会团体和宗教团体法令》草案。在会议讨论《一次财产税草案》时,列宁对草案第一条和第二条提了意见,并建议将草案提交全俄工兵农代表苏维埃第三次代表大会农民部讨论。

会议还讨论了关于增加士兵军饷、发行新币等问题。

1 月 21 日（2 月 3 日）以前

打电报给弗·亚·安东诺夫-奥弗申柯,询问他同乌克兰中央执行委员会不和的原因,指出只要不致动武,就不希望对乌克兰内政作任何干涉。

1 月 21 日（2 月 3 日）

拟写《致全国人民、特别是布列斯特-里托夫斯克和谈代表团的通电》。

出席持有各种不同观点的代表参加的党中央委员会协商会议,讨论同德国缔结和约问题。

主持人民委员会会议。会议讨论关于彼得格勒苏维埃侦查委员会活动的报告。列宁拟写《人民委员会关于彼得格勒苏维埃侦查委员会活动问题的决定草案》。

写信给弗·亚·安东诺夫,再次提醒他消除同乌克兰中央执行委员会之间的不和。

1 月 22 日（2 月 4 日）

鉴于各国资产阶级报刊散布关于苏维埃俄国的种种谣言,列宁拟写《致全国人民的通电》(第 2 号)。

接见法国军事使团成员雅·沙杜尔,谈苏俄政府同德国缔结和约的必要性。

打电报给乌克兰特别委员格·康·奥尔忠尼启则,感谢他对征粮工作采取有力措施,获得成效,希望再接再厉,继续组织征粮和向首都运粮。

1 月 23 日（2 月 5 日）

签署《致全国人民的通电》(第 4 号),宣布苏维埃军队在当地起义军民的配合下,于 1 月 16 日(29 日)开进基辅,乌克兰中央拉达被推翻,奥伦堡宣告解放,奥伦堡哥萨克白军统领杜托夫率残部溃逃,全部政权已掌握在全克里木工兵农代表苏维埃手中。

对派往各地农村的鼓动员训练班的结业学员发表讲话。

主持人民委员会会议。会议讨论《关于撤销已经疏散的专区、省、县三级政府机关的法令》草案、关于赋予副人民委员在人民委员会会议上的表决权问题、亚·加·施略普尼柯夫关于工业复员的报告、关于小人民委员会更名为人民委员会直属委员会问题以及关于增加士兵军饷等问题。

会上,列宁拟写《人民委员会关于军工厂转向有益于经济的生产的决定草案》、《人民委员会关于赋予副人民委员在人民委员会会议上的表决权问题的决定草案》和《人民委员会关于改善彼得格勒各监狱粮食状况的决定草案》。

1月24日(2月6日)

出席俄国社会民主工党(布)中央委员会会议,就俄国社会民主工党(布)第七次代表大会日程问题三次发言。列宁被选入党纲起草委员会。

主持人民委员会会议。会议讨论关于实行新历法问题、关于成立医疗委员会(政府最高医疗机构)问题和关于革命出版法庭等问题。

列宁签署《关于俄罗斯共和国实行公历的法令》。

《对派往地方的鼓动员的讲话》(报道)在《真理报》第18号上发表。

1月25日(2月7日)

主持人民委员会会议。会议讨论粮食现状问题和人事任命等问题。

1月27日(2月9日)

主持人民委员会会议。会议讨论《邮电人民委员关于提高邮电费的决定》,经会议批准后,列宁签署了这一决定。

会议还讨论了关于油田国有化问题以及其他问题。

1月28日(2月10日)

出席全俄土地委员会代表大会代表和苏维埃第三次代表大会农民代表联席会议最后一次会议,发表讲话。

拟写《给布列斯特-里托夫斯克俄国和谈代表团托洛茨基的电报》稿。

主持人民委员会会议。会议讨论关于革命出版法庭的法令草案以及其他问题。

1月29日(2月11日)

主持人民委员会会议,作关于迅速实施财政措施的报告。

会议讨论因和谈代表列·达·托洛茨基发表关于拒绝签订和约并宣布俄国退出战争的声明后而引起的苏俄政治形势问题。会议决定撤销最高总司令尼·瓦·克雷连柯根据列·达·托洛茨基1月28日(2月10日)的电报所发布的各战线停止军事行动和军队总复员令。

会议还讨论了关于海军实行志愿兵制问题(即关于组织工农红海军

的法令草案)和关于把前沙皇尼古拉二世送回彼得格勒交付法庭审判等问题。

电令最高总司令大本营,扣发由列·达·托洛茨基和尼·瓦·克雷连柯签署的关于军队总复员的电报。

1月30日(2月12日)

接见第一个俄国共产党员共耕社管理委员会代表,答应支持他们办社,请他们持他写的便条去找农业人民委员安·卢·柯加耶夫帮助解决土地问题和办社有关的一些问题;写便条给格·叶·季诺维也夫,请他选派一位有经验的人参加第一个俄国共产党员共耕社成立大会,指导办社工作。

接见冯·梅尔策飞机厂工人代表团,听取工厂情况的汇报,并将汇报内容记下。

主持人民委员会会议,对保护铁路法令草案作补充,起草关于责成交通人民委员部拟定禁止任何人免费乘车的法令的决定、关于责成国家银行行长拨发给雅库波夫的征粮队两亿卢布的决定和关于吸收前线筑路队参加粮食工作的决定,对关于法庭的第2号法令草案作修改和补充。

1月31日(2月13日)

接见中断布列斯特-里托夫斯克和平谈判回到彼得格勒的苏维埃政府和谈代表团,同代表团谈话。

签署1918年1月29日(2月11日)人民委员会关于组织工农红海军的法令。

1月31日(2月13日)夜

主持人民委员会会议。会议期间,起草关于成立粮食非常委员会的决定和关于接收怠工者参加工作的手续的决定,并对人民委员会关于区分全俄肃反委员会和彼得格勒苏维埃侦查委员会各种职能的决定草案作几点补充。

会议讨论了关于布列斯特-里托夫斯克和谈会议和国际形势等问题。会上,列宁对拍给最高总司令大本营关于撤销最高总司令尼·瓦·克雷连柯发布的军队复员令的电报一事作了说明。

1月底

接见彼得格勒工厂委员会中央理事会代表,代表们建议政府发布关于集中工业订货的法令。列宁向代表们解释不能采纳他们建议的原因是,俄国现时的国民经济情况不容许这样做。

1月或2月

接见匈牙利共产主义者库恩·贝拉,就同德国缔结和约问题交换意见。

2月14日

阅读波罗的海舰队中央委员会关于瑞典军舰驶入奥兰群岛海域,派兵登陆并迫使波罗的海舰队通信联络人员撤退的报告,批示秘书将报告转交外交人民委员格·瓦·契切林,请他速向瑞典大使提出质问和抗议,并打电报给芬兰人民政府库·曼纳,请他立即向波罗的海舰队中央委员会了解瑞典军舰活动及小股部队登陆的情况,并希告知芬兰人民政府方面所掌握的情况以及它对这一事件所持的态度。

电令在基辅的米·阿·穆拉维约夫在征得俄国罗马尼亚事务最高委员会的同意后,在罗马尼亚战线采取更有力的行动。

打电报给波罗的海舰队中央委员会,核实瑞典军舰驶入奥兰群岛海域和小股部队登陆的消息,询问采取了哪些军事措施。

2月15日

接见奥洛涅茨省普多日苏维埃执行委员会委员 Л.А.吉日茨基,向他了解奥洛涅茨省和普多日县的经济困难情况。列宁写便条给各人民委员部,请各部接待吉日茨基。

主持人民委员会会议。会议讨论油田国有化和粮食仓库国有化问题。列宁对关于粮食仓库国有化法令草案提出补充,并加以审定。

会议还讨论了关于俄德两国交换被扣留的公民的条约问题、关于成立水路、公路和航空人民委员部等问题。

2月16日

主持人民委员会会议。会议讨论关于宣布铁路处于战时状态问题和关于削减特别委员会开支的法令草案等问题。会上,列宁拟写关于拨款10万卢布给人民委员会保护阿尔汉格尔斯克省的俄罗斯苏维埃联邦共和国珍宝的北方工作队的决议草案。

2月17日

出席俄国社会民主工党(布)中央委员会会议。会议就德军司令部2月

16 日发表的关于终止停战状态并从 2 月 18 日 12 时起恢复军事行动的声明进行讨论并决定采取相应的对策。

2 月 18 日

出席俄国社会民主工党(布)中央委员会会议。会议讨论德军当日清晨开始的军事行动问题。列宁两次发言,力持同德国签订和约,建议打电报给德国政府举行和谈。

晚 10 时,主持人民委员会会议。会议讨论由于德国政府提出最后通牒和德军开始全线进攻所造成的局势等问题。

2 月 18 日夜

来到塔夫利达宫,同全俄中央执行委员会主席团委员开会,研究当前的局势等问题。

出席俄国社会民主工党(布)中央委员会会议,两次讲话,主张立即接受德国提出的和约条件,反对列·达·托洛茨基一味拖延不办的策略,也反对主张"立即进行革命战争"的"左派共产主义者"。会议对列宁的建议进行表决,结果 7 票赞成,5 票反对,获得通过。

列宁受党中央的委托拟写人民委员会给德意志帝国政府的无线电报的草稿,抗议德国破坏停战,并且声明同意签订和约。

出席俄国社会民主工党(布)和左派社会革命党两党中央联席会议。

2 月 19 日

凌晨 4 时以前,主持人民委员会紧急会议。在表决向德国政府发出关于同意签订和约的电报时,列宁投赞成票。

上午 10 时,召集紧急会议,讨论抗暴委员会主席弗·德·邦契-布鲁耶维奇关于德国战俘酝酿反对苏维埃政权暴动的报告。

主持人民委员会会议。会议讨论苏俄政府在德军发动进攻和向德国政府发出关于同意签订和约的电报以后的对外政策和组织国防等问题。

晚 8 时至深夜,出席全俄中央执行委员会布尔什维克党团和左派社会革命党党团联席会议。列宁发表长篇讲话,阐述同德国缔结单独和约的必要性,并回答会上提出的问题。

2 月 20 日

主持人民委员会会议。会议讨论关于前线局势的报告以及其他问题。

列宁被选入人民委员会临时执行委员会。

　　通过直达电报同莫斯科苏维埃执行委员会委员Г.К.费尔德曼谈话,回答他询问的德军发动进攻后的局势和人民委员会采取的措施等问题。

　　召集申请上前线的拉脱维亚步兵到斯莫尔尼宫开会,列宁用德语发表关于战争与和平的讲话。

　　参加人民委员会临时执行委员会的工作。午夜2时,临时执行委员会通过人民委员会《告全俄劳动人民书》。

2月21日

《论革命空谈》一文在《真理报》第31号上发表。

　　拟写给布尔什维克党彼得格勒委员会执行委员会及各区委员会的电话稿,命令立即组织保卫彼得格勒的工作。

　　起草人民委员会法令《社会主义祖国在危急中!》。

　　通过直达电报命令哈尔科夫的弗·亚·安东诺夫-奥弗申柯:"立即攻占罗斯托夫和新切尔卡斯克。派去2 000名可靠的彼得格勒赤卫队员助战。"

　　通过直达电报命令雷瓦尔的Я.Я.安韦尔特:"率部迎敌,将其歼灭。如难做到,则破坏所有道路,进行袭扰,不让敌人巩固阵地。"

　　晚上,出席有军事专家参加的人民委员会委员会议,研究保卫彼得格勒的问题。

　　深夜,主持人民委员会会议。会议讨论油田国有化问题时,通过列宁的建议:把油田国有化问题提交财政人民委员部研究办理,三日后将结果报送人民委员会。会议还讨论关于制止资产阶级报刊发表不该公开发表的消息的措施、人民委员会临时执行委员会的活动等问题。会上,列宁宣读由他起草的人民委员会法令《社会主义祖国在危急中!》。法令在会议通过后,由列宁交彼得格勒通讯社立即向全国播发。

2月21日或22日

写对人民委员会法令《社会主义祖国在危急中!》的补充。

2月22日

通过直达电报回答莫斯科市和莫斯科区域邮电委员瓦·尼·波德别尔

斯基的询问。

就党中央委员会讨论关于为组织抵御德国的侵略可否从协约国方面得到武器和粮食的问题,写便条给党中央说,他对讨论的问题投赞成票。

写《论疥疮》一文,当天在《真理报》第33号(下午版)上发表。

主持人民委员会会议。会议讨论俄罗斯苏维埃共和国铁路管理条例草案、关于在军队复员时铁路保护条例草案以及从英法等国得到武器、食品和其他物品等问题。

接见刚从莫吉廖夫来的已被撤销的大本营的参谋长米·德·邦契-布鲁耶维奇和其他将军,同他们谈话,责成他们制定保卫彼得格勒的计划。

2月23日

出席俄国社会民主工党(布)中央委员会会议。会议讨论德国政府最后通牒中提出的新条件。列宁发言,要求签订和约。

写《和平还是战争?》一文,当天在《真理报》第34号(下午版)上发表。

准备以文章形式在《真理报》发表自己的《关于立刻缔结单独的兼并性和约问题的提纲》,文章标题为《谈谈不幸的和约问题的历史》,写了引言。

拟写《给皇村无线电台的指令》,令其作好准备,保证当晚至次日晨7时能够发出苏维埃政府给德国政府的无线电报。

接见美国社会党人阿·威廉斯和C.阿古尔斯基,同他们谈话,对他们提出组织红军国际支队的建议表示赞成。列宁写便条给尼·瓦·克雷连柯,请他协助建立这支部队。

晚上,列宁打电话给《真理报》编辑部,请在《真理报》上刊登阿·威廉斯和C.阿古尔斯基等人号召参加红军国际支队的告全体旅居俄国拥护苏维埃政权的外侨书。

写《不幸的和约》一文。

出席俄国社会民主工党(布)中央委员会和左派社会革命党中央委员会联席会议,尖锐批评"左派共产主义者"和左派社会革命党人要求政府拒绝德国提出的和约条件和进行"革命战争"。

出席全俄中央执行委员会布尔什维克党团和左派社会革命党党团联席会议,发言主张按德国的条件签订和约。

在全俄中央执行委员会布尔什维克党团会议开会前,同党团工人成员交谈,了解他们对战争与和平问题的态度。

晚9时,出席全俄中央执行委员会布尔什维克党团和党的彼得格勒组织积极分子会议,发表讲话,并对会上提出的问题一一作了回答。

2月23日或24日

写《错在哪里?》一文。

2月24日

凌晨3时许,出席全俄中央执行委员会会议,会议讨论签订对德和约问题。列宁作关于德国提出的和约条件的报告。

会议对布尔什维克提出的决议案进行表决,以116票赞成,85票反对,26票弃权,获得通过。

清晨,起草并签署《人民委员会关于接受德国和约条件的决定》。

《谈谈不幸的和约问题的历史》(缺第22条提纲)和《不幸的和约》两篇文章在《真理报》第34号上发表。

出席俄国社会民主工党(布)中央委员会会议。会议讨论派代表团去布列斯特-里托夫斯克签订和约问题和列·达·托洛茨基以及“左派共产主义者”阿·洛莫夫、莫·索·乌里茨基、弗·米·斯米尔诺夫、格·列·皮达可夫、德·彼·博哥列波夫和亚·彼·斯蓬德关于辞去党和苏维埃的负责职务的声明,列宁11次发言。

写《关于必须签订和约的意见》。

与雅·米·斯维尔德洛夫共同起草俄国社会民主工党(布)中央组织局告党员书《俄国社会民主工党(布尔什维克)中央委员会在单独的兼并性和约问题上的立场》。

2月24日夜

主持人民委员会紧急会议,讨论德军占领普斯科夫以后的局势问题。

2月24日或25日

接见前来彼得格勒要求苏俄政府尽早讨论俄芬两国条约草案的芬兰人民代表委员会代表团,就芬兰工人革命的进展情况和芬兰社会民主工党的立场问题交换了意见。

2 月 24 日以后

向上前线抗击进攻彼得格勒的德军的彼得格勒工人队伍发表讲话。

2 月 25 日

收到苏维埃政府和谈代表团从新谢利耶车站发来的电报,得知代表团因桥梁被炸,滞留该地,难以同德意志帝国政府进行联系。列宁复电指示代表团,在签订和约问题上决不允许动摇,督促尽快派出军使同德国方面联系。

　　主持人民委员会会议。会议讨论俄芬条约草案。列宁拟写人民委员会关于俄芬条约的决定草案和人民委员会给俄芬协商委员会的指示。

　　《沉痛的但是必要的教训》一文在《真理报》第 35 号(下午版)上发表。

不早于 2 月 25 日

列宁同粮食人民委员亚·德·瞿鲁巴交谈苏维埃政权粮食政策的原则。

2 月 26 日

打电报给苏俄驻斯德哥尔摩外交全权代表瓦·瓦·沃罗夫斯基,询问他是否了解德国的和约条件和苏俄政府业已接受和约条件的情况,指示他每日报告斯堪的纳维亚的局势和国外报刊上的消息。

　　主持人民委员会会议。拟写《人民委员会关于迁移政府的决定草案》和《对人民委员会关于彼得格勒苏维埃侦查委员会活动的决定草案的补充》。

2 月 27 日

接见法国军事使团成员雅·沙杜尔和让·吕贝尔萨克,就法国爆破军官提出的为阻止德军推进而破坏铁路的建议进行谈话。

　　主持人民委员会会议。会议继续讨论俄芬条约草案。列宁反对草案第 13 条关于俄芬两国公民权利平等的条款所作的规定。列宁拟写关于重新制定第 13 条条文的决定草案,并建议俄芬协商委员会的芬兰代表对这些有争议的问题立即请示本国政府解决。会议还讨论了关于海洋商船、内河商船和水上交通管理的决定草案等问题。

2 月 28 日

复电弗·亚·安东诺夫-奥弗申柯。电报说,顿河州的城乡苏维埃州代表大会可以制定土地法案,但须报请人民委员会批准;顿河州的边界问题须同邻区和顿涅茨-克里沃罗格共和国的居民协商解决。

主持人民委员会会议。会议继续讨论俄芬条约草案。列宁对条约第5、11、13、15、16诸条条文提出修改,人民委员会授权列宁等同志代表俄罗斯苏维埃联邦共和国在俄芬条约上签字。

《奇谈与怪论》一文前半部分在《真理报》第37号上发表。

2月底或3月初

接见芬兰革命家埃·拉希亚,同他交谈芬兰的革命及其前途。列宁还向他介绍了同芬兰人民代表委员会代表团会谈的情况。

3月1日

《奇谈与怪论》一文后半部分和《脚踏实地》一文在《真理报》第38号上发表。

接见法国军事使团成员雅·沙杜尔,建议他去沃洛格达通知美国大使戴维·弗兰西斯,日本在西伯利亚的干涉会给各“盟国”造成困难。

接见英国外交代表罗伯特·洛克哈特,同他交谈布列斯特-里托夫斯克和平谈判的进展情况。

主持人民委员会会议。会议讨论油田国有化问题、普梯洛夫工厂国有化问题以及关于批准俄芬条约等问题。

下午1时半许,签署俄芬条约。

3月2日

主持人民委员会会议。会议讨论关于批准教育人民委员部预算问题和彼得格勒装卸委员会的报告等问题。

起草人民委员会《给各级工人、农民和红军代表苏维埃的命令的草案》。

3月3日

签署人民委员会关于成立最高军事委员会的决定。最高军事委员会由下列人员组成:军事领导人米·德·邦契-布鲁耶维奇、政治委员普·佩·普罗相和К.И.舒特科。

3月4日

清晨,接见最高军事委员会军事领导人米·德·邦契-布鲁耶维奇,就苏维埃俄国的军事状况同他交换意见。列宁听取他从军事角度提出关于苏维埃政府不宜留在彼得格勒的意见后,建议他写报告给人民委员会。

列宁批阅米·德·邦契-布鲁耶维奇关于苏维埃政府必须撤离彼得格勒的报告。

签署关于签订对德和约的通告。通告说,苏维埃俄国已于3月3日下午5时在布列斯特-里托夫斯克签订了苏俄同德国及其盟国的和约,3月17日完成最后批准换文手续。因此,定于3月12日在莫斯科召开全俄工人、农民、士兵和哥萨克代表苏维埃第四次代表大会批准和约。

主持人民委员会会议。会议讨论关于疏散政府机关问题、关于成立水运管理委员会等问题。会上,列宁多次发言和发表讲话,并拟写《人民委员会关于成立水运管理委员会的决定草案》。

3月5日

接见美国红十字会驻俄国使团领导人雷蒙·罗宾斯和陪同的记者亚·龚贝格,向他们解释苏维埃政府给美国政府的照会。询问在苏维埃俄国和德国重启战事时,苏维埃政府能否指望得到美、英、法三国的支持,具体是哪些方面的支持。

写《严重的教训与严重的责任》一文。

3月5日或6日

出席政府成员会议。会上,苏维埃政府和谈代表团作关于苏俄同德国及其盟国在布列斯特-里托夫斯克签订和约的报告。列宁称赞和谈代表团的策略。

列宁把全俄中央执行委员会收到的各地苏维埃就人民委员会2月25日征询各地苏维埃和土地委员会对按德国政府的条件签订和约的态度一事的回答综合成材料。

3月6日

《严重的教训与严重的责任》一文在《真理报》第42号上发表。

项目统筹：崔继新
责任编辑：崔继新
装帧设计：石笑梦
版式设计：周方亚
责任校对：胡　佳

图书在版编目（CIP）数据

列宁全集.第 33 卷/（苏）列宁著；中共中央马克思恩格斯列宁斯大林著作编译局编译.
　—2 版（增订版）-北京：人民出版社，2017.3（2024.7 重印）
ISBN 978-7-01-017126-5

Ⅰ.①列…　Ⅱ.①列…②中…　Ⅲ.①列宁著作-全集　Ⅳ.①A2

中国版本图书馆 CIP 数据核字（2016）第 316438 号

书　　名	**列宁全集**	
	LIENING QUANJI	
	第三十三卷	
编 译 者	中共中央马克思恩格斯列宁斯大林著作编译局	
出版发行	人民出版社	
	（北京市东城区隆福寺街 99 号　邮编　100706）	
邮购电话	（010）65250042　65289539	
经　　销	新华书店	
印　　刷	北京新华印刷有限公司	
版　　次	2017 年 3 月第 2 版增订版　2024 年 7 月北京第 2 次印刷	
开　　本	880 毫米×1230 毫米 1/32	
印　　张	20.75	
插　　页	3	
字　　数	543 千字	
印　　数	3,001－6,000 册	
书　　号	ISBN 978-7-01-017126-5	
定　　价	51.00 元	

ISBN 978-7-01-017126-5

9 787010 171265 >